国家哲学社会科学成果文库

NATIONAL ACHIEVEMENTS LIBRARY
OF PHILOSOPHY AND SOCIAL SCIENCES

从数量型到质量型人口红利
——劳动力素质对产业升级的影响研究

李钢 等著

社会科学文献出版社
SOCIAL SCIENCES ACADEMIC PRESS (CHINA)

作者简介

李　钢　祖籍贵州省思南县，1973年生于内蒙古包头市，1996年毕业于天津大学，2005年于中国社会科学院研究生院获得经济学博士学位。目前为中国社会科学院工业经济研究所研究员、《中国经济学人》编辑部主任。在《中国工业经济》《经济学季刊》《经济学动态》《财贸经济》等期刊上发表论文60余篇，其中20余篇被《新华文摘》《中国社会科学文摘》《人大复印资料》等收录转载，中文论文H指数为17，论文及著作总被引用量超1000余次，收录在Econlit中的论文10余篇。主持多项国家社科基金重点项目、国家软科学重点项目、中国社会科学院国情调研重大课题、中国社会科学院重点课题，多项研究成果获国家级及省部级奖励。

《国家哲学社会科学成果文库》
出版说明

  为充分发挥哲学社会科学研究优秀成果和优秀人才的示范带动作用，促进我国哲学社会科学繁荣发展，全国哲学社会科学规划领导小组决定自2010年始，设立《国家哲学社会科学成果文库》，每年评审一次。入选成果经过了同行专家严格评审，代表当前相关领域学术研究的前沿水平，体现我国哲学社会科学界的学术创造力，按照"统一标识、统一封面、统一版式、统一标准"的总体要求组织出版。

全国哲学社会科学规划办公室
2011年3月

摘　　要

　　课题组首先对劳动力素质与产业升级的文献进行了梳理。通过文献研究，我们发现，一个国家或地区可以通过利用自身要素禀赋结构的比较优势来选择适宜的产业政策，最小化模仿成本，较快地转变产业结构，并实现产业结构的持续升级。对于发展中国家来说，它们可以利用自身的劳动力禀赋优势，提高劳动力素质，较快地进行产业结构的转变。引进技术时，应当选择和自身劳动力素质相匹配的适宜技术，从而以较小的成本实现技术水平的提升和产业结构的升级。课题组利用第三、四、五、六次全国人口普查数据对分省的 6 岁及以上人口的受教育程度进行了计算，分析了中国人口素质的时空演化规律。在前述研究的基础上，课题组以第六次全国人口普查数据为基础，按照四种不同情形的出生率水平，推算了 2010～2030 年六种劳动力年龄标准下中国劳动力素质的变化状况，并将中国劳动力素质与美国、日本进行了对比分析，发现与美国等发达国家相比，中国的劳动力素质提升速度将会非常快。课题组通过案例研究及模型研究分析了劳动力素质对经济增长方式的影响。研究表明，从全国来看，并未发现劳动力素质的提高促进劳动生产率提升的明显证据，这与大家普遍认为过去 30 多年中国经济增长仍旧主要依靠要素的增长，而劳动力素质对经济增长贡献不大的直觉判断是一致的。利用 CGE 模型，我们评估了从 2011 年到 2020 年，劳动力素质提升对中国经济增长的影响。模型运行结果显示，劳动力素质提升将会提高经济增长率；从 2011 年到 2020 年每年提高经济增长约 2 个百分点，到 2020 年将累计提高经济增长 20%。

目 录

第一章 导言 1
    第一节 劳动力素质升级意义及计量 1
    第二节 中国劳动力素质演化及对中国经济的影响 2
    第三节 从数量型人口红利到质量型人口红利 5

基 本 理 论

第二章 劳动力素质对产业结构演化影响理论进展 11
    第一节 引言 12
    第二节 劳动力素质理论回顾 14
    第三节 产业结构演化理论综述 18
    第四节 劳动力素质与产业结构演化 23
    第五节 劳动力素质对经济增长的影响 27
    第六节 结论和思考 31

第三章 劳动力素质计量的理论与方法 35
    第一节 "人力资本"的计量方法概述 36
    第二节 教育法 37
    第三节 成本法 45
    第四节 收益法 51
    第五节 简单评述 61

国 际 比 较

第四章 美国劳动力素质对产业升级的影响 ………………………… 69
  第一节 美国的经济增长和产业结构升级历程 ………………… 70
  第二节 21 世纪以来产业升级的重要影响因素：
      劳动力素质提升 ………………………………………… 80
  第三节 劳动力素质结构优化：与产业结构升级联动 ………… 82
  第四节 教育发展对经济发展的作用 …………………………… 96

第五章 日本劳动力素质对产业升级的影响 ………………………… 101
  第一节 二战结束初期普及九年义务教育 ……………………… 104
  第二节 《国民收入倍增计划》实施期间的教育发展战略 …… 105
  第三节 以企业为主体的人才开发 ……………………………… 115
  第四节 科普教育 …………………………………………………… 115
  第五节 以技术引进改善劳动技术 ……………………………… 120
  第六节 小结 ………………………………………………………… 121

第六章 美、日劳动力素质升级对中国的启示 ……………………… 125
  第一节 中、美、日劳动力的素质比较 ………………………… 126
  第二节 与中国发展水平相当时，美国的社会经济特点 ……… 130
  第三节 与中国发展水平相当时，日本的社会经济特点 ……… 142

中 国 实 践

第七章 中国劳动力素质的时空演化 ………………………………… 153
  第一节 数据来源及处理 ………………………………………… 154
  第二节 全国人口素质的变化 …………………………………… 157
  第三节 四大区域人口素质的时空演化 ………………………… 162
  第四节 分省的人口平均受教育程度的时空演化 ……………… 169

第五节　区分受教育程度人口的空间分布及均衡分析 …………… 175
　　第六节　中国人口素质提高的群体分解 …………………………… 190
　　第七节　经济、人口、劳动力素质重心的变化 …………………… 195

第八章　劳动力素质对经济增长的影响 ………………………………… 201
　　第一节　引言 ………………………………………………………… 201
　　第二节　文献综述 …………………………………………………… 203
　　第三节　测算框架 …………………………………………………… 207
　　第四节　数据来源及处理 …………………………………………… 215
　　第五节　测算结果 …………………………………………………… 217
　　第六节　结论 ………………………………………………………… 230

第九章　劳动力素质对劳动生产率的影响 ……………………………… 237
　　第一节　引言 ………………………………………………………… 238
　　第二节　劳动生产率增速的测算 …………………………………… 240
　　第三节　劳动力素质对劳动生产率的影响 ………………………… 247
　　第四节　结论及建议 ………………………………………………… 251

第十章　劳动力素质对产业升级的影响 ………………………………… 254
　　第一节　引言 ………………………………………………………… 254
　　第二节　中国产业结构的第一次跨越升级 ………………………… 255
　　第三节　以人力资本为基础测量出口结构的升级 ………………… 257
　　第四节　质量型人口红利将进一步优化中国产业结构 …………… 261
　　第五节　结论与展望 ………………………………………………… 268

第十一章　劳动力素质对产业升级影响的案例研究 …………………… 270
　　第一节　劳动力素质与产业升级——以河南省西峡县
　　　　　　双龙镇案例研究 ………………………………………… 271
　　第二节　技术人才缺乏制约企业升级——山西沁新集团
　　　　　　案例研究 ………………………………………………… 280

中 国 展 望

第十二章　中国劳动力素质未来变化趋势分析……………………… 289
　　第一节　推算方法及过程………………………………………… 290
　　第二节　推算结果………………………………………………… 294

第十三章　劳动力素质与经济发展问卷调查………………………… 297
　　第一节　样本量及分布…………………………………………… 297
　　第二节　中高级人才供给不足成为经济增长瓶颈……………… 298
　　第三节　企业各类职工的素质与国外先进同行相比差距较大，
　　　　　　各类劳动力的素质均有待提高………………………… 303
　　第四节　劳动力素质与中国产业国际竞争力
　　　　　　——目前与将来的状况…………………………………… 320
　　第五节　高级管理人员收入与企业员工平均收入的比例不宜
　　　　　　过高，以技术工人为代表的企业员工的收入
　　　　　　提高也受企业关注………………………………………… 327
　　第六节　小结……………………………………………………… 331

第十四章　劳动力素质对中国未来经济影响评估…………………… 335
　　第一节　引言……………………………………………………… 336
　　第二节　劳动力成本与技术进步关系的定量计算……………… 337
　　第三节　劳动力素质提升对中国经济的影响…………………… 339
　　第四节　劳动力素质提升对不同区域的影响…………………… 342
　　第五节　结论与政策建议………………………………………… 350

索　引……………………………………………………………………… 352

后　记……………………………………………………………………… 357

Contents

Chapter 1　Introduction　/ 1
　　1.1　Significance and Measurement of Labor Quality Upgrading　/ 1
　　1.2　Evolution of China's Labor Quality and Its Impact on China's Economy　/ 2
　　1.3　From Quantity to Quality – Oriented Demographic Dividend　/ 5

Basic Theory

Chapter 2　Theoretical Progress of Labor Quality's Effects on the Evolution of Industrial Structure　/ 11
　　2.1　Introduction　/ 12
　　2.2　Theoretical Review of Labor Quality　/ 14
　　2.3　A Summary of the Theorieson Industrial Structure Evolution　/ 18
　　2.4　Labor Quality and Industrial Structure Evolution　/ 23
　　2.5　Labor Quality's Effects on Economic Growth　/ 27
　　2.6　Conclusion and Reflection　/ 31

Chapter 3　Theory and Methods of Measuring Labor Quality　/ 35
　　3.1　Outline of the "Human Capital" Measurement Methods　/ 36

3.2	Education Approach	/ 37
3.3	Cost Approach	/ 45
3.4	Income Approach	/ 51
3.5	Brief Comments	/ 61

International Comparison

Chapter 4 The Effects of U.S. Labor Quality on Industrial Upgrading / 69
    4.1 The U.S. Economic Growth and the History of Industrial Structural Upgrading / 70
    4.2 Major Factors Affecting Industrial Upgrading since the 21st Century: Improvement in Labor Quality / 80
    4.3 Structural Optimization of Labor Quality: Interaction with Industrial Structural Upgrading / 82
    4.4 The Role of Education to Economic Growth / 96

Chapter 5 The Effects of Japanese Labor Quality on Industrial Upgrading / 101
    5.1 Nine Year Compulsory Education since the End of World War II / 104
    5.2 Education Strategy during the Implementation of the *Income Doubling Programme* / 105
    5.3 Enterprises as the Mainstay in Talent Development / 115
    5.4 Popular Science Education / 115
    5.5 Improve Labor Quality Through Technology Import / 120
    5.6 Conclusion / 121

Chapter 6 Implications of the U.S. and Japan's Labor Quality Upgrading to China / 125
    6.1 A Comparison of Labor Quality among China, the U.S. and Japan / 126

	6.2	The U. S. Social-economic Characteristics when Equivalents to China's Development Level	/ 130
	6.3	Japan's Social-economic Characteristics when Equivalents to China's Development Level	/ 142

China's Practice

Chapter 7	Spatial-temporal Evolution of China's Labor Quality		/ 153
	7.1	Data Sources and Processing	/ 154
	7.2	Changes in the Quality of China's Population	/ 157
	7.3	Spatial-temporal Evolution of Labor Quality of China's Four Regional Population	/ 162
	7.4	By-province Spatial-temporal Evolution of the Average Educational Level	/ 169
	7.5	Spatial Distribution of Educated Population and Balanced Analysis	/ 175
	7.6	Group-decomposition of China's Population Quality Improvement	/ 190
	7.7	Changes in Economy, Population and the Core Labor Quality	/ 195
Chapter 8	Labor Quality'sEffects on Economic Growth		/ 201
	8.1	Introduction	/ 201
	8.2	Literature Review	/ 203
	8.3	Measurement Frame	/ 207
	8.4	Data Source and Processing	/ 215
	8.5	Calculation Results	/ 217
	8.6	Conclusion	/ 230

Chapter 9	Labor Quality's Impact on Labor Productivity	/ 237
	9.1 Introduction	/ 238
	9.2 Estimation of the Growth Rate of Labor Productivity	/ 240
	9.3 The Effects of Labor Quality on Labor Productivity	/ 247
	9.4 Conclusion and Recommendation	/ 251
Chapter 10	Labor Quality's Impact on Industrial Upgrading	/ 254
	10.1 Introduction	/ 254
	10.2 The First Leaping Upgrading of China's Industrial Structure	/ 255
	10.3 Measuring the Upgrading of Export Structure Based on Human Capital	/ 257
	10.4 Quality-based Demographic Dividend will Further Optimizing China's Industrial Structure	/ 261
	10.5 Conclusion and Outlook	/ 268
Chapter 11	Case Study of Labor Quality's Effects on Industrial Upgrading	/ 270
	11.1 Labor Quality and Industrial Upgrading: Taking Xixia County in Henan Province as an Example	/ 271
	11.2 Shortage of Technical Talents Constraints Enterprise's Upgrading: Taking Qinxin Group in Shanxi Province as an Example	/ 280

China Outlook

Chapter 12	Trend Analysis of China's Labor Quality	/ 289
	12.1 Calculation Method and Process	/ 290
	12.2 Calculation Results	/ 294

Chapter 13	Questionnaires of Labor Quality and Economic Growth	/ 297
13.1	Sample Size and Distribution	/ 297
13.2	Shortage of Intermediate and Advanced Talents became the Bottleneck of Economic Growth	/ 298
13.3	The Quality of all Types of Employees need to be Improved	/ 303
13.4	Labor Quality and the Competitive of China's Industries	/ 320
13.5	The Quality of Senior Managers Lagging Far behind Its Overseas Peers, Scientific Quality of both Chinese Employees and Foreign Enterprises Employees need to be Improved	/ 327
13.6	Calculation Results	/ 331
Chapter 14	Assessment of Labor Quality's Effects on China's Future Economic Growth	/ 335
14.1	Introduction	/ 336
14.2	Quantitative Calculation of the Relation between Labor Cost and Technical Progress	/ 337
14.3	Labor Quality's Effects on China's Economy	/ 339
14.4	The Effects of Labor Quality Improvement on Different Regions	/ 342
14.5	Conclusion and Policy Recommendations	/ 350

Postscript / 352

Index / 357

第 一 章
导　　言

第一节　劳动力素质升级意义及计量

自从 Schultz 明确提出人力资本（human capital）的概念并用于经济增长的研究，[①] 经济学家对劳动力这一要素投入便有了新的认识。越来越多的经济学家开始将人力资本纳入经济增长方程式中，并进行实证研究考察人力资本、教育、知识等对经济增长的影响。根据 Berman 等的观点，[②] 劳动力素质在产业结构变化中的转移分为"产业内转移"（within industry shift）和"产业间转移"（between industry shift）。前者表现为各个产业内部高素质劳动力的增加，而后者则表现为生产资源由含低素质劳动力份额较高的产业向含高素质劳动力份额较高的产业的重新分配（reallocation）。因此，我们发现劳动力素质的变化则更多地反映为产业结构的升级。技术进步是产业结构升级的根本动因，而技术进步又更加依赖于劳动力素质的推动。人力资本水平一方面决定各国的技术能力，先进技术和新产品的研发依赖于各国高素质的科研人员；另一方面它也决定先进技术在实际生产过程中的生产效率，因为先进技术毕竟需要相应素质的劳动力与之相匹配。[③] 因此，劳动力素质的

[①] Schultz, T. W., "Investment in Human Capital", *American Economic Review*, 1961, 51: 1–17.

[②] Berman E., J. Bound and Z. Griliches, "Changes in the Demand for Skilled Labor within U. S. Manufacturing Industries", *The Quarterly Journal of Economics*, 1994, 109 (2): 367–397.

[③] 邹薇、代谦：《技术模仿、人力资本积累与经济赶超》，《中国社会科学》2003 年第 5 期，第 26—38 页。

提升对于产业结构升级起着至关重要的作用。

在劳动力素质升级与产业结构升级的研究中,基础性的工作是对人力资本进行计量;但由于人力资本的特殊性使得其在计量上存在很大的困难,学术界对于人力资本的计量存在很大争议。目前主要的计量方法有:教育法、成本法和收益法。教育法认为人力资本产生于教育,主张将人们的受教育水平作为衡量人力资本的主要指标,教育法可细分为两类——直接法和间接法。直接法是指学者们选取一个或多个指标进行对比,用以衡量人力资本,主要涉及受教育年限、成人识字率、文盲率、学生在校率、入学率、教育经费、高等教育机构学生注册人数占同龄人口比重以及师生比率等多个指标。间接法不直接将受教育年限作为人力资本指数,而是以受教育年限作为主要变量,进行一系列加工处理得到人力资本指数。间接法主要是考虑到不同受教育阶段对人的影响应该是不同的,一般认为如果时间一样,高年级的教育应是低年级教育的倍数。成本法是依据人力资本积累过程中的累计投入量来确定人力资本当前价值水平的方法。成本法隐含的假设是人们拥有的知识多少和能力大小主要取决于后天为获取这些知识、培养这些能力所花费的投资的多少,其基本思想是:人力资本的价值等于花费于人(或劳动者)身上的相关支出的总和。收益法认为人们收益的多少取决于其拥有的人力资本水平的高低。收益法可分为收入法和未来收益法。未来收益法是最早测量人力资本的方法,其基本思想是:人力资本的货币价值等于每年预期收益的现值之和。与未来收益法相比,收入法最大的区别就在于其以劳动者当期的收入为基础作为计量人力资本的指标,其结果并不依赖于对劳动者未来收益的计量。在三种方法中,教育法和成本法均是从投入的角度来计量人力资本,只有未来收益法是从产出的角度进行计量。三种方法中,教育法使用最为广泛;成本法在国内得到了一定推广,但国外学者较少使用该方法;未来收益法在国外得到了广泛推广,但在国内少有学者使用。在对各国人力资本进行比较研究时,使用得最多的还是人均受教育年限和受教育年限总和两个指标。

第二节 中国劳动力素质演化及对中国经济的影响

课题组通过对第三、四、五、六次全国人口普查数据中的省、自治区、直辖市的 6 岁及以上人口的受教育程度数据进行计算，分析了中国人口素质的时空演化规律。通过对四次人口普查项目数据的分析研究，我们得出如下结论：一是，从绝对量来说，未上过学的人口数量大，减少量也大；小学、初中、高中、大专、大学本科和研究生人数都在上升，且文化程度越高，其增长速度越快。不同素质的人口在地区之间分布不均衡，总的来看，低素质人口主要分布在西部落后地区，高素质人口主要分布在东部沿海和东北地区。对各地区人口占全国人口比例与不同素质人口占地区总人口比例进行对比发现，未上过学人口和小学人口在地区之间的失衡态势在恶化，而其他较高素质人口在地区之间的分布则趋于平衡。二是，改革开放以来，我国人口素质迅速提升，基本呈现出线性增长的趋势。研究各省人口平均受教育年限的动态变化发现，各省份之间的人口平均受教育年限有一定的差异，且这种差异具有规律性。具体而言，北京、上海基本处于人口素质最高一级梯度，其次为东北三省、天津、广东；西藏处于人口素质最弱的地位，其次为甘肃、青海、贵州和云南四省；而在人口素质处于一般水平的省份中，江苏、山西、陕西的人口平均受教育程度处于较优水平，而安徽处于较弱水平。三是，对全国人口平均受教育年限提高进行群体分解研究。其中区域分解结果表明，贡献较大的为人口大省或经济大省，且有由人口大省向经济大省过渡的趋势；而贡献较小的为西部经济落后、人口较少的省份。按受教育程度的分解结果表明，初中人口比例提高是全国人口受教育年限提高的最主要因素，但其作用在逐渐减弱；小学人口起初为正的贡献，但到 1990—2000 年已经变为负的贡献，且负的绝对值有变大趋势；高中人口比例变化的贡献率始终维持在一般水平，并经历了先变大后变小的过程；大专及以上文化程度人口占比提高、贡献较小，但有不断增大的趋势。性别分解结果表明，女性相比男性对全国人口素质提高的贡献更大。四是，研究人口重心、经济重心和人口素质重心的变迁发现，人口素质重心相较于人口重心而言，稍微偏向于东北方向；经济重心相较于人口重心和人口素质重心而言，偏向于东北方向。从同一时间三个点的距离变化研究发现，2010 年与 1982 年相比，东部地区所具有的经济优势并未削弱，但也没有强化；东部地区所具有的人口素质优势在持续弱化。但从绝对水平来看，东部地区一直存在经济优势和人口素质优势。从同一时点三类重心点的纵向距离来看，1982—2010 年，北部地区所具有的人口素质优势在持续弱化，而其所具有的经济优势先是不断减弱，之后又有所增强，但总体而言北部地区的经济优势是弱化的。从1982年到2000年，经济重心、人口重心和人口素质重心移动趋势高度相关；2000年后经济重心与人口重心和人口素质重心移动趋势相悖。从变动幅度来看，大体而言，经济重心变动幅度最大，其次为人口素质重心，而人口重心变动幅度最小。五是，在受教育的平等性方面，就区域而言，区域间的人口受教育不平等程度减小趋势明显。分性别来看，性别间的人口受教育不平等程度持续减小。

课题组在对中国人口素质现状分析的基础上，以第六次全国人口普查数据为基础，根据不同的情景，预测了中国劳动力素质的变化趋势。预测结果显示中国未来的劳动力素质提升速度是比较快的。以中出生率情景为例，25岁及以上劳动人口的平均受教育年限，从2010年的8.5上升到2030年的10.2年。中国劳动力素质的快速提高，将成为中国经济持续发展和产业结构升级的基本推动力。

在前述研究的基础上，课题组将中国劳动力素质与美国、日本进行了对比。从接受了高等教育（大专及以上）的劳动力占比情况来看，2010年中国25岁及以上的劳动力中接受了大专及以上教育的人数占比为8.8%，这还远未达到美国1940年的水平（美国1940年为10.1%），约相当于日本1968年的水平。以25岁及以上劳动力的平均受教育年限为对比指标，中国到2020年劳动力的平均受教育年限为9.7年，大约与美国1951年的水平、日本1975年的水平相当。到2030年，中国劳动力的平均受教育年限为10.2年，大约与美国1965年的水平、日本1983年的水平相当。进一步分析发现，虽然中国近年来的劳动力受教育程度提升得非常快，但没有导致劳动力平均素质提升速度快于美国和日本。重要的原因在于目前中国劳动力的结构特点——低素质的劳动力占比很大。虽然新增劳动力的素质提高得很快，但对基数较大的低素质劳动力的影响较小，因此，拉低了整体劳动力的平均素质水平。通过构造新指标"劳动力素质的净提升"，发现与美国等发达国家相比，中国的劳动力净提升速度非常快。

课题组利用非参数方法对劳动生产率进行了测算，并对其按不同生产要素进行了分解。研究结果发现：1997—2010年全国全要素生产率年均提升约 2.07 个百分点，其中，劳动生产率的贡献是 0.89 个百分点；劳动生产率的提高主要来自于劳动技术的进步；分区域来看，无论是劳动技术进步率还是劳动利用效率，东部地区均处于明显的领先地位。我们检验了劳动力素质等相关变量对劳动生产率增速的影响；研究结果并未发现劳动力素质的提升明显促进劳动生产率提高的证据，这表明劳动力素质提升并未成为经济增长的主要动力，这也从一个侧面反映中国经济增长方式并未实现真正的转变。这一结论虽然出乎意料，甚至可以说不尽如人意，但与最近其他的一些研究结论相同。例如，丁志国等[1]的研究表明，"劳动力不是影响中国经济增长的核心动力"，"中国经济增长的'人口红利说'不存在"。张之光等[2]的研究也表明，"人力资本的产出为负并且不显著，说明物质资本仍然是中国经济增长的主要源泉，否认了人力资本的投资对经济增长的贡献最大，远远超过物质资本的投资对经济增长的贡献的结论"。

第三节　从数量型人口红利到质量型人口红利

虽然到目前为止，劳动力素质提升并未成为经济增长动力，但我们认为随着中国经济与发达国家差距的缩小，经济增长必须要更多的是内涵式增长，劳动力素质提升对经济增长方式的转变提供了内在的动力[3]。但劳动力素质提升并不一定会促进经济增长，这是因为一方面劳动力素质提高将会促使技术进步，提高劳动生产率，从而促进产业升级与经济增长；另一方面劳动力素质提高后必须要求更高的报酬，提高劳动力成本，从而降低经济增长率。因而劳动力素质提升对经济增长的影响难以直接判断，要结合中国实际进行定量分析。课题组采用 CGE 模型对劳动力素质提高与经济增长的关系进行分析。模型运行的结果显示，劳动力素质的提高将会提高经

---

[1]　丁志国等：《中国经济增长的核心动力》，《中国工业经济》2012 年第 9 期。
[2]　张之光等：《信息技术资本、替代性与中国经济增长》，《数量经济技术经济研究》2012 年第 9 期。
[3]　目前的研究基本上都认为劳动力素质没有成为经济发展的关键因素，这一方面与中国经济发展阶段有关，另一方面也与人力资本的计量有关。改革开放 30 多年来，经济高速增长，物质资本存量快速增加，劳动力数量也增加得较快，而劳动力素质可计量的部分增长是较缓慢的。

济增长率；从 2011 年到 2020 年每年提高经济增长 2 个百分点左右；到 2020 年累计提高经济增长 20%（也就是 2020 年冲击结果的 GDP 是基线 GDP 的 1.2 倍）。由于不同行业的生产函数不同，劳动力素质提升对不同行业产生的影响也有较大差异。总体而言，劳动力素质的提高更加有利于资本密集型产业的发展，有利于技术进步较快行业的发展。分区域看，劳动力素质提升对东北地区、东部沿海地区、中部地区和西部地区均有正面冲击，提高四个地区的经济总量分别为 620 亿元、4660 亿元、1413 亿元和 1239 亿元，提高四个地区的 GDP 增长率分别为 1.87%、2.14%、1.87% 和 1.79%。劳动力素质提高对东部沿海地区的经济增长率提高幅度最大，对东北地区及中部地区的经济增长率提高幅度次之，对西部地区的经济增长率提高幅度最小。

  目前有不少学者认为中国经济潜在增长率要下台阶，一个主要的理由是，中国人口红利基本消失，从而会带动中国经济增长速度下降。传统的人口红利主要是指总人口的抚养比不断下降，总人口的总劳动力比例不断提升，从而带动经济增长率下降。但目前的定量分析都没有考虑中国今后 10—20 年劳动力素质的提升；我们认为今后 10—20 年质量型人口红利将是促进中国经济增长的重要因素。质量型人口红利是指退出劳动市场的劳动力素质较低，而新进入的劳动力素质较高，从而使劳动力素质不断提高，不断促进经济增长。由于近年来中国教育大发展，可以想象今后 10—20 年退出劳动力市场的总体劳动力素质是较低的，而新进入劳动力市场的劳动力素质是较高的；这"一进一出"将极大地提高中国劳动力的素质，进而促进中国经济的增长。我们的研究表明，改革开放 30 多年来中国劳动力素质大幅提升，并且今后 20 年劳动力素质还将不断提升。中国社科院蔡昉研究员的研究表明，"在制造业，职工受教育年限每提高 1 年，劳动生产率就会上升 17%。如果企业职工全部由初中以下学历的职工构成，改为全部由高中学历的职工组成的话，企业劳动生产率可以提高 24%，如果进一步改为全部是大专学历的职工组成的话，企业劳动生产率可以再提高 66%"。我们的预测表明，从目前到 2030 年劳动力受教育年限平均每年提高 0.1 年，根据蔡昉研究员的数据我们可以估测仅劳动力素质提高一项就可以带动中国每年经济增长 1.7 个百分点。我们利用 CGE 模型预测的结果也表明由于劳动力素质的提高每年可以带动中国经济增长2个百分点。这些研究都表明，考虑到劳动力素质的提升，不能轻言中国经济潜在增长率已经下台阶了；虽然中国传统的数量型人口红利在不断减弱，但质量型人口红利会不断增强；质量型人口红利将进一步推进中国产业结构优化，实现中国产业的国际竞争力从数量型向质量型、从粗放型向集约型的战略性转变。

基本理论

第 二 章
劳动力素质对产业结构演化影响理论进展

本章提要： 自从 Schultz 明确提出人力资本（human capital）的概念并用于经济增长的研究中，[1] 人们便对劳动力这一要素投入有了新的认识。越来越多的经济学家开始将人力资本纳入经济增长方程式中，并进行实证研究以考察人力资本、教育、知识等对经济增长的影响。[2] 根据 Berman 等的观点，劳动力素质在产业结构变化中的转移分为"产业内转移"（within industry shift）和"产业间转移"（between industry shift）。[3] 前者表现为各个产业内部高素质劳动力的增加，而后者则表现为生产资源由含低素质劳动力份额较高的产业向含高素质劳动力份额较高的产业重新分配（reallocation）。因此，我们发现劳动力素质的变化则更多地反映为产业结构的升级。众所周知，技术进步是产业结构升级的根本动因，而技术进步又更加依赖于劳动力素质的推动。由于新技术和新产品的研发需要具有相应研发能力的高素质的劳动力与之匹配，人力资本水平一方面决定了各国的技术能力，另一方面也决定了先进技术在实际生产

---

[1] Schultz, T. W., "Investment in Human Capital", *American Economic Review*, 1961, 51: 1–17.
[2] Barro, R. J. and Sala-I-Martin, X., "Convergence", *Journal of Political Economy*, 1992, 100 (2): 223–251; Mankiw, N. G., D. Romer and D. N. Weil, "A Contribution to the Empirics of Economic Growth", *The Quarterly Journal of Economics*, 1992, 107 (2): 407–437.
[3] Berman E., J. Bound and Z. Griliches, "Changes in the Demand for Skilled Labor within U. S. Manufacturing Industries", *The Quarterly Journal of Economics*, 1994, 109 (2): 367–397.

过程中的生产与技术转化效率。① 因此，劳动力素质的提升对产业结构升级起着至关重要的作用。

当前中国已经进入工业化的中后期阶段，资本、劳动力等生产要素对经济进一步发展的推动作用将逐步减弱，知识与技术密集型产业的发展将成为目前我国产业结构调整和升级的主角。知识与技术密集型产业的发展又离不开与之相匹配的劳动力素质的提升。因此高素质的劳动力的培养将成为当前以及今后相当长一段时期内我国工业转型发展的基本落脚点。通过文献研究，我们发现，一个国家或地区可以根据自身要素禀赋结构的比较优势来选择适宜的产业政策，最小化模仿成本，较快地转变产业结构，并实现产业结构的持续升级。对于发展中国家来说，首先，它们可以利用自身的劳动力禀赋优势，提高劳动力素质，较快地进行产业结构的转变。其次，在进行技术引进时，应当选择和自身劳动力素质相匹配的适宜技术，从而以较小的成本实现技术水平的提升和产业结构的升级。最后，劳动力素质还可以通过国际贸易的外包和组织变革来实现产业结构的升级。

第一节　引言

工业革命以来，随着社会分工的逐步完善，技术发展的突飞猛进，劳动力素质也出现了较大幅度的提升，而与之相伴的便是社会生产力和劳动生产效率的极大提高。新古典经济增长理论告诉我们，产出是由资本、劳动力等生产要素投入并经过一定方式的转化而形成的，因此生产要素投入的质量和转化效率的高低（技术、制度等）也就成为制约经济产出能力的重要因素。②

自从 Schultz 明确提出人力资本（human capital）的概念并用于经济增长

---

① 邹薇、代谦：《技术模仿、人力资本积累与经济赶超》，《中国社会科学》2003 年第 5 期，第 26—38 页。

② Solow, R. M., "Technical Change and the Aggregate Production Function", *Review of Economics and Statistics*, 1957, 39.

的研究中,[①] 人们便对劳动力这一要素投入有了新的认识。越来越多的经济学家开始将人力资本纳入经济增长方程式中,并进行实证研究以考察人力资本、教育、知识等对经济增长的影响。为了分析人力资本对经济增长的作用,就必须明晰其作用渠道:相对于低素质劳动力来说,高水平的人力资本在某种程度上更加速了技术的使用(旧技术的熟练和新技术的研发),提高了工人的生产效率,从而带来了更快的具有高水平人力资本的产业的全要素生产率(Total Factor Productivity,TFP)的增长,继而表现为更有效率的经济产出增长。[②]

从微观层次来看,各个行业劳动力数量和劳动力素质的变化在一定程度上可以理解为产业结构的调整和升级。劳动力数量在产业之间的迁移(immigration)一方面描述了劳动力就业(employment)在各个产业间份额的调整,另一方面也描述了不同类型产业构成(composition)的重塑,即劳动密集型产业构成和资本密集型产业构成的转化。而劳动力素质的转移(shift)在产业结构的变化中又分为"产业内转移"(within industry shift)和"产业间转移"(between industry shift)。前者表现为各个产业内部高技术劳动力的增加,而后者则表现为生产资源由含低技术劳动力份额较高的产业向含高素质劳动力份额较高的产业重新分配(reallocation)。[③] 因此,我们认为,产业间劳动力数量的变化更多地表现为产业结构的调整,而劳动力素质的变化则更多地表现为产业结构升级。

Lin认为,[④] 一国自身的禀赋结构内生地决定其产业结构,政府应当注重比较优势,通过其禀赋结构的升级而带动产业结构升级。这是由于注重比较优势的禀赋结构升级会促使在市场竞争下追逐利润的企业自发地进行技术和产业的升级,从而引致产业结构发生变化。而类似单纯追逐重工业或者资本密集型产业发展的政府政策往往会扭曲价格体系,进而使得资源配置及市

---

① Schultz, T. W., "Investment in Human Capital", *American Economic Review*, 1961, 51: 1 – 17.
② Nelson, R. R. and Phelps, E. S., "Investment in Humans, Technological Diffusion, and Economic Growth", *American Economic Review*, 1966, 56: 69 – 75; Caselli and Coleman, 2006.
③ Berman E., J. Bound and Z. Griliches, "Changes in the Demand for Skilled Labor within U. S. Manufacturing Industries", *The Quarterly Journal of Economics*, 1994, 109 (2): 367 – 397.
④ Lin, J. Y., *Development Strategy, Viability, and Economic Convergence*, William Davidson Working Paper No. 409, 2001.

场出现低效率①。类似中国的一些发展中国家所具有的比较优势正是丰富的劳动力资源，如何提高劳动力素质，发挥比较优势从而带动禀赋结构升级引致产业结构升级，正是当前经济学界和政府最为关注的问题之一。

根据以上逻辑，本章通过梳理并综述近些年来国内外关于劳动力素质和产业结构的相关理论研究，以期为国内外从事此方面研究的学者提供一些有益的思路。本章的结构安排如下：第二节对劳动力素质的理论进行回顾；第三节是国内外产业结构演化的文献综述；第四节对劳动力素质作用于产业结构的途径进行了梳理；第五节总结了劳动力素质对经济增长的影响；第六节为结论和思考。

第二节 劳动力素质理论回顾

劳动力从质量来看，可以分为未受过教育和培训的简单劳动力、受过一定程度教育和培训的复杂劳动力——也可称为技能劳动力（skilled labor）。我们认为，前者的劳动力素质较低，而后者由于具有从事某一行业的知识和技能而拥有较高的劳动力素质。Marshall 认为教育可以开发人力资源的智力，[②] 教育投资会使原来默默无闻的人获得发挥其潜在能力所需要的初始资本。他进一步指出，追求利益动机引发个人及其父母投资于教育和努力读书，为未来工作作准备。这就类似于资本投资于建设工厂和商业组织，每一个投资家，都希望收益超过投入，并做出了"投资在人的教育，是最有效的投资"的论断。

受科学技术的发展、人类社会的进步和其他社会因素的影响，经济学家和社会学家开始注重人的作用。劳动力素质这一概念的相关理论的发展也大大得益于 20 世纪 50—60 年代人力资本概念的提出，从而将劳动力素质作为一种资本来看待，并用来解释劳动力素质的提升对经济增长的内生作用。

---

① 二战以后，一些发展经济学家认为欠发达国家如果采取这种策略可以加速资本积累，优化产业结构，从而快速追赶发达国家。参见 Chenery, H. B., "Comparative Advantage and Development Policy", *American Economic Review*, 1961, 51（1）：18 - 51；Warr, Peter G., "Comparative and Competitive Advantage", *Asian Pacific Economic Literature*, 1994, 8（2）：1 - 14。

② Marshall, A., *Principles of Economics*, New York：MacMillan, 1920.

一　人力资本理论的发展

现代意义上的人力资本概念是由 Schultz 首先提出来的。[①] Schultz 不仅分析了人力资本的内涵及构成人力资本投资的内容，而且还用人力资本理论解释了现代经济增长之谜。他指出，人们获得的有用的技能和知识是一种资本形态，这种资本在很大程度上是经过慎重思考而进行投资的结果。而此前作为消费的大部分内容构成了人力资本投资，如用于教育、卫生保健和旨在获得较好工作的国内迁移的直接开支，在校的成年学生和接受在职培训的工人的直接开支及其所放弃的机会成本。Schultz 认为，传统资本理论无法解释与现代经济增长密切相关的三大问题，即资本—产出比率的长期变动问题、国民收入的增长快于总生产要素的增加问题、遭受战争重创的国家迅猛崛起的问题。而这些问题都可以用人力资本的概念来加以解释。他指出，人力资本是由人们通过对自身的投资所获得的有用的能力所组成的，即知识和技能；我们之所以称这种资本为人力的，是由于它已经成为人的一个部分，又因为它可以带来未来的满足或收入，所以将其称为资本。

Schultz 还提出了关于经济增长的人力资本模型：$Y = F(K, L, H)$。[②] 其中，K 表示资本，L 表示未受过教育的简单劳动力，H 表示人力资本。可见，人力资本作为经济增长的一个独立的源泉，起着越来越重要的作用。其中人力资本的收益递增性解释了经济增长的原因。Denison 运用实证的方法证明了人力资本在经济增长中的作用。[③] 采用传统计量方法分析劳动和资本对经济增长的影响时，会出现相对比较明显的无法解释的残差值，因此，他通过精细的分解计算发现，美国 1929—1957 年期间的国民收入增加有 23% 归于教育，即人力资本的积累。随着劳动力教育程度的提高，劳动力的平均质量提高了 0.9 个百分点，对美国国民收入增长率的贡献是 0.67 个百分点，

[①] Schwerdt, G. and Turunen, J., *Growth in Euro Area Labour Quality*, European Central Bank, Working Paper Series No. 575, 2006.

[②] Schwerdt, G. and Turunen, J., *Growth in Euro Area Labour Quality*, European Central Bank, Working Paper Series No. 575, 2006.

[③] Denison E. F., "The Sources of Growth in the U.S.", New York: Committee for Economic Development, 1962.

占人均国民收入增长的 42%。

Becker 对人力资本投资和收益的关系进行了研究,[①] 奠定了人力资本测度体系的基本框架。Becker 对人力资本的重要贡献可以归结为以下两个方面：①对正规学校教育和在职培训在人力资本形成中的地位和作用、教育和培训投资的收入效应和收益率计量以及人们在这方面的决策行为进行了深入的理论和经验分析。他认为，唯一决定人力资本投资量的重要因素可能是这种投资的有利性或收益率。②对家庭在人力资本形成中的地位和作用以及家庭人力资本投资问题进行了经典的理论实证和应用研究。

继 Schultz、Denison 和 Becker 等人对人力资本理论做出了重大贡献后,[②] Romer、Lucas 都在不同程度上进一步发展了人力资本理论,[③] 尤其是 20 世纪 80 年代以后新经济增长理论的兴起开始更加强调知识经济的作用。与 60 年代 Schultz 采用的新古典统计分析法不同,[④] 新增长理论采用了数学的方法建立了以人力资本为核心并将其内生化的经济增长模型，同时也克服了经济均衡增长取决于劳动力增长率这一外生变量的缺陷。

二 劳动力素质及其测算

人力资本理论的发展丰富了劳动力素质的概念内涵。劳动力素质的概念偏向于劳动力群体（labor force）的宏观概念，而较少强调个人素质的改变。人力资本的概念则偏重于个人在自身能力提高方面的资本积累，主要强调其在自身能力提高方面的投资收益，但同时人力资本也在一定程度上作为宏观概念应用于宏观经济模型的设定和假设。

Denison、Jorgenson 和 Griliches 最早利用美国的数据对劳动力投入（控

---

① Becker, G. S., *Human Capital*, New York: Columbia University Press, 1964.

② Schwerdt, G. and Turunen, J., *Growth in Euro Area Labour Quality*, European Central Bank, Working Paper Series No. 575, 2006; Denison E. F., "The Sources of Growth in the U.S.", New York: Committee for Economic Development, 1962; Becker, G. S., *Human Capital*, New York: Columbia University Press, 1964.

③ Romer, Paul M., "Increasing Returns and Long-Run Growth", *The Journal of Political Economy*, 1986, 94 (5): 1002–1037; Lucas, Robert E., Jr., "Making a Miracle", *Econometrica*, 1993, 61 (2): 251–272.

④ Schwerdt, G. and Turunen, J., *Growth in Euro Area Labour Quality*, European Central Bank, Working Paper Series No. 575, 2006.

制了劳动力素质的影响）进行了估算。[①] Ho 和 Jorgenson 更加详细地对劳动力素质进行了测算，[②] 根据所观察到的工人特征（性别、年龄、教育、职业状态等）将劳动投入时间区分成不同的族群，构建劳动时间的交叉划分（cross-classification），从而对每一个族群和时期进行劳动力素质的加权平均调整测量（a quality-adjusted measure）。最后通过对比加权调整后的劳动力总投入和原始方法计算的劳动力投入之间的差别得出劳动力素质的增长变化。采用这种方法，他们得出美国劳动力素质的变化可以区分为三个时期：从 1948 年至 1960 年代劳动力素质经历了持续的稳定的增长，1968—1980 年开始有了停滞［由于婴儿潮（baby boomers）加入了劳动力大军］，最后在 1980 年后恢复增长。Ho 和 Jorgenson 还发现美国劳动力素质增长的主要驱动因素是平均教育可获得水平的持续提高。[③] 随后，美国劳动统计局（the Bureau of Labor Statistics，BLS）、Aaronson 和 Sullivan 相继采用了类似的方法对劳动力素质进行了测算。[④]

在对于测算生产力增长的生产要素投入一般估计中，没有考虑劳动力素质的劳动投入会造成对劳动贡献作用的显著低估。[⑤] 最好的做法是，在对生产力的测算中，应该通过采用加权调整过的能准确衡量劳动力素质的工作小时数作为劳动力的投入才能得到稳健的结果。Schwerdt 和 Turunen 就采用了两步法对劳动力素质进行估计：第一步先使用微观数据对具有不同特征的劳动力群体赋予不同的权重；第二步使用这些权重数据对全国范围的劳动总小时数进行调整，构建劳动力素质指数以衡量劳动力的投入。[⑥] 他们估计了欧

[①] Denison E. F., "The Sources of Growth in the U. S.", New York: Committee for Economic Development, 1962; Jorgenson D. W. and Griliches, Z., "The Explanation of Productivity Change", *The Review of Economic Studies*, 1967, 34 (3): 249 – 283.

[②] Ho, M. and Jorgenson, D. W., "The Quality of the U. S. Workforce 1948 – 95", *Department of Economics*, Harvard University, Unpublished Manuscript, 1999.

[③] Ho, M. and Jorgenson, D. W., "The Quality of the U. S. Workforce 1948 – 95", *Department of Economics*, Harvard University, Unpublished Manuscript, 1999.

[④] Aaronson, D. and D. G. Sullivan., "Growth in Worker Quality", *Economic Perspectives*, 2001, 4.

[⑤] Aaronson, D. and D. G. Sullivan., "Growth in Worker Quality", *Economic Perspectives*, 2001, 4; Jorgenson, D., "Information Technology and the G7 Economies", *World Economics*, 2003, 4 (4): 139 – 169.

[⑥] Schwerdt, G. and Turunen, J., *Growth in Euro Area Labour Quality*, European Central Bank, Working Paper Series No. 575, 2006.

盟 1983—2004 年劳动力素质的增长变化情况，发现在考察时期内欧盟劳动力素质以年均 0.6% 的速度增长，这主要归功于受过高等教育的年轻工人的份额增长，并指出劳动力素质的增长解释了大约 1/3 的劳动生产率增长。

第三节　产业结构演化理论综述

产业结构演化与一国的经济绩效水平息息相关，现实的经验依据表明，产业结构的优化也会显著地促进经济的持续增长。一个处于发展中的国家，持续性经济增长总是以不断的经济结构调整和优化作为其根本动力。而各个发达国家所经历过的工业化进程及其成果正可谓是产业结构逐步演化的有力表现。Chenery 和 Syrquin 等通过对二战后众多国家发展历程的经验检验与实证分析，[1] 认为经济发展就是经济结构和产业发展的成功转型。在封闭经济条件下，与经济增长相伴随的产业结构的演化一般具有以下特点：从经济整体来看，第一产业的总产值和劳动力比重持续下降，第二产业和第三产业的比重持续上升，并成为主体产业；从经济的发展过程来看，不同的历史阶段总有相应的快速增长的产业成为主导产业，从而引领整体产业快速发展；从经济的技术构成来看，随着经济的发展，技术密集型产业的比重将持续上升，产业的附加值比重和高新技术程度将不断提高。[2] 在开放经济条件下，产业结构则与出口结构息息相关。根据一般贸易理论，一国出口商品的结构取决于该国自身经济的比较优势结构，而比较优势结构又取决于该国基于自身要素禀赋所形成的产业结构。产业结构正是形成国家出口商品结构的基础，产业结构的优化和升级带来的正是出口结构的优化和升级。因此，对于一个开放经济体来说，出口结构的优劣也在一定程度上体现了一国产业结构的优劣及产业的国际竞争力。[3]

下面，我们对产业结构演化的理论进行考察。

---

[1] Chenery, Hollis B. and M. Syrquin, *Pattern of Development, 1950 – 70*, New York: Oxford University Press, 1975.

[2] 江小涓：《产业结构优化升级：新阶段和新任务》，《财贸经济》2005 年第 4 期，第 3—9 页。

[3] 比如，在出口商品结构中，煤炭、石油等初级产品的比重减少，化工、机械及电子信息产品的比重增加，反映了产业结构的变化；在制造业内部，化纤纺织产品的比重减少，装备制造产品的比重增加，则反映了制造业内部产业结构的升级。

1. 配第—克拉克定理

威廉·配第（William Petty）于 17 世纪 90 年代通过观察并总结英国在经济发展过程中的实际经验，发现不同产业之间存在着相对收入的差距，比如工业通常比农业、商业通常比工业的相对利润要高，这会促使劳动力从低收入部门向高收入部门转移，随之相应地出现产业比重的变化，即产业结构的变化。费希尔将农业划为第一产业，而农产品的需求收入弹性为当居民的收入水平达到一定程度后，并不会随着收入的增加而同步增加，即它的收入弹性出现下降；将制造业和建筑业等划为第二产业，服务业划为第三产业，随着国民收入水平的提高，农业的收入增加程度显著地低于工业和服务业的增加程度，即第二产业和第三产业的收入弹性显著高于第一产业。由于三次产业不同收入弹性所导致的相对利润和收入水平的差异，以及不同产业生产率的高低，促使劳动力在三次产业中发生转移。1940 年，克拉克通过计算数十个国家的各部门劳动投入和总产出的时间序列数据并比较其不同的收入水平后，结合配第的劳动力转移理论和费希尔的三次产业划分方法，总结出随着经济发展水平的提高，劳动力在三次产业中分布结构的变动趋势与演变规律。总之，配第—克拉克定理可以表述为，随着人均国民收入水平的提高，第一产业中劳动力就业的相对比重会不断下降，劳动力首先从第一产业向第二产业移动；当人均国民收入水平进一步提高时，第二产业和第三产业劳动力就业的相对比重会不断上升，劳动力从第二产业向第三产业转移。该定理描述了经济在时间推移过程中反映为劳动力结构的产业结构的变化规律。

2. 库兹涅茨的产业结构演进理论

库兹涅茨在克拉克的研究成果基础上，深入分析了国民收入和产业结构之间的重要关系，[1] 主要从国民收入和劳动力在产业之间的分布特征出发，对经济发展过程中产业结构的演化进行了分析研究。他通过对大量历史资料和原始数据的分析整理，得出了国民收入和劳动力在三次产业分布的变化趋势。他把第一产业称为农业部门，第二产业称为工业部门，第三产业称为服务业部门，并采用产业的相对国民收入进行分析。通过统计分析得出，在发

---

[1] Kuznets, Simon., *Economic Growth of Nations*, Cambridge, M.A.: Harvard University Press, 1971.

达国家的经济发展过程中，生产总值和人口的高速增长总是伴随着产业之间在总产出和资源消耗上的比重的相对明显变化。这些国家在经济增长中，上述三个部门的国民生产总值所占份额的变化趋势是相同的：农业部门的比重明显下降，从最初几十年的 40% 以上逐渐下降到 10% 以下，工业部门的份额从最初的 25% 左右上升到 40% 以上，而服务业部门的比重有着微小地增加。同样，劳动力份额的变化也是类似的，农业部门的劳动力比重显著下降，由 50% 以上下降到 10% 左右，工业部门的劳动力比重从 20% 以上上升到 40% 以上，而服务业部门的劳动力比重显著上升，在总人口和劳动力参与度不变的假设下，工业和服务业部门劳动力比重增加的份额正好抵消了农业部门劳动力比重减少的份额。这说明在样本国家的经济发展过程中，产业结构将逐步趋于工业化和部分服务化。因此，相对于克拉克的研究，库兹涅茨对经济发展过程中产业结构变化的分析显得更加深入。

3. 钱纳里的工业化阶段理论

Chenery 和 Syrquin 考察了 1950—1970 年 101 个国家经济发展过程中产业结构的变化情况，[1] 通过比较分析建立了多国模型，提出了经济增长的标准产业结构，在更深的层次上揭示了产业发展中的结构内部转化的一般规律及原因。Chenery 等通过建立回归方程，[2] 了解到产业内部的关联效应从而得到内部结构变动的趋势。他们认为，工业经济的发展主要是由产业结构的转变推动的，产业发展可以根据人均国内生产总值，将工业经济的发展划分为三个阶段六个时期。第一个阶段是准工业化阶段，主要是初级产品生产阶段，以农业为主，工业化水平较低。第二个阶段是工业化阶段，分为工业化的初期、中期和后期：在初期，工业经济以劳动密集型为主，起主导作用的是食品、纺织和皮革等部门，产业结构由农业开始向工业转变；在中期，工业发展由轻工业逐步向重工业转化，第二产业迅速发展，以资本密集型为主；在后期，显著特征是第三产业快速发展，并成为经济增长的主要推力，如以电子信息、金融、咨询服务等为代表。第三个阶段是后工业化阶段，主

---

[1] Chenery, Hollis B. and M. Syrquin, *Pattern of Development*, 1950-70, New York: Oxford University Press, 1975.

[2] Chenery, Hollis B., S. Robinson and M., Syrquin., *Industrialization and Growth: A Comparative Study*, New York: Oxford University Press, 1986.

要分为发达经济的初级和高级阶段：在发达经济的初级阶段，工业由资本密集型向技术密集型转移，而在高级阶段，知识密集型产业快速发展，进入现代化社会，居民的文化程度较高，需求呈现多样性。

4. 马克思的两大部类划分

马克思在1876年所出版的《资本论》一书中将社会生产按社会产品的经济用途划分为生产资料生产（第Ⅰ部类）和消费资料生产（第Ⅱ部类）。从经济用途来看，某种产品用于生产或者消费，也就决定其属于哪个部类。马克思通过考察两大部类之间的比例关系，为其社会生产及再生产理论奠定基础。整个社会生产中两大部类之间的关系表现为以下三个方面：①两大部类产品之间的交换比例。它是第Ⅰ部类生产的为第Ⅱ部类生产消费资料的生产资料同第Ⅱ部类生产的供第Ⅰ部类使用的消费资料之间的比例关系。这一比例反映了两大部类产品之间的供需平衡。②两大部类产品生产比例。这一比例既可以用第Ⅰ部类产品产量/第Ⅱ部类产品产量（Ⅰ/Ⅱ）来表示，也可以用Ⅰ/（Ⅰ+Ⅱ）表示。这一比例变化的时间序列，既反映了整个社会生产发展的变化，也反映了整个社会生产结构的变化（可以理解为广义上的产业结构）。③两大部类产品增长速度的比例。这一比例大于1，说明生产资料生产的增长快于消费资料生产的增长，反之则慢于消费资料生产的增长。马克思发现，如果把社会生产划分为两个阶段，在手工劳动机械化（工业化）阶段，二者增长速度的比例一般大于1；在手工劳动机械化实现以后，二者的比例接近于1，即两大部类的增长速度趋于接近。

马克思关于两大部类的划分使我们认识到两大部类比例是社会生产和再生产中最基本、最综合的比例之一。保持两大部类的合理比例，是社会产品得以实现、社会再生产过程顺利进行的前提，也是保证国民经济平衡稳定发展的重要条件。

5. 霍夫曼定理

霍夫曼通过对1880—1929年20多个国家消费品工业和资本品工业比重的数据进行整理分析，[①] 发现在工业化的发展过程中，这些国家具有相同的

---

① Hoffman, W.G., *The Growth of Industrial Economics*, Oxford: Oxford University Press, 1931 (German Edition), 1958 (English Translation).

趋势特征，即资本品工业的净产值比重相对于消费品工业呈现不断上升的趋势。资本品工业对应的是重化工业，消费品工业主要对应于轻纺工业。他根据所整理的数据总结出了衡量工业化发展水平的标准系数"霍夫曼系数"，该系数等于消费品工业与资本品工业的净产值之比。因此一个国家的工业化进程，即表现为霍夫曼系数不断下降的过程，也即霍夫曼定理。

同时，他还根据霍夫曼定理提出了"霍夫曼工业化经验法则"的工业化阶段理论。该理论认为，工业化进程可以分为以下四个发展阶段：第一阶段，消费品工业占主体地位，资本品工业不发达，在工业中比重较低，霍夫曼系数大约为5；第二阶段，资本品工业发展迅速，消费品发展速度减缓，消费品工业净产值是资本品工业的2.5倍，消费品工业的绝对规模仍然较大；第三阶段，两者在绝对规模上大致持平，霍夫曼系数大约为1；第四阶段，资本品工业快速增长，绝对规模开始超越消费品工业，其比重将不断上升，该阶段的霍夫曼系数为1以下并会不断下降。霍夫曼的工业化阶段理论在工业化的前期是非常符合经济实践的，但是随着工业进入中后期，一国工业发展的主要推动将不仅仅依靠资本品的投入，更重要的是技术的进步和生产效率的提高。

6. 罗斯托的主导产业理论

Rostow通过对经济增长过程的主导产业进行研究，[①] 总结出了经济发展的阶段性规律。他提出了产业扩散效应理论，并基于产业扩散效应定义了对于经济增长过程中主导产业的选择基准，即"罗斯托基准"。经济增长本质上是一个主导产业部门不断转换的过程，也体现为产业结构不断变化的过程。他指出，在产业政策的选择上，可以鼓励并支持一些具有较强产业扩散效应的产业作为主导产业，利用主导产业的扩散效应带动与其产业关联度高的产业发展，从而带动整个产业链乃至产业结构的优化升级。主导产业的扩散效应表现在以下三个方面：前向关联效应，主导产业会对生产要素产生较大的需求，带动投入品工业部门的发展；后向关联效应，主导产业的发展将通过有效供给促进后向工业部门的发展，如房地产业对建筑、电力等行业的

---

① Rostow, W. W., "The Take-off into Self-Sustained Growth", *The Economic Journal*, 1956, 66 (261).

拉动；旁侧效应，主导产业的发展使得区域内的经济迅速增长，这将产生较大的正外部性，促使该区域的制度建设、基础设施完善和劳动力素质提高等，并在很大程度上推动其他部门的发展。而对于主导产业的建立，需要前期的资本积累，即要求该国具备较高的储蓄率，必要时还需引进外资。另外，还需要有充足的市场需求来消化主导产业的产出，同时技术创新和制度创新也必不可少，这样才能保证主导产业具有竞争优势。

第四节 劳动力素质与产业结构演化

根据 Berman 等的观点，[1] 劳动力素质在产业结构变化中的转移分为"产业内转移"（within industry shift）和"产业间转移"（between industry shift）。前者表现为各个产业内部高素质劳动力的增加，而后者则表现为生产资源由含低素质劳动力份额较高的产业向含高素质劳动力份额较高的产业重新分配（reallocation）。因此，我们发现劳动力素质的变化则更多地反映为产业结构的升级。众所周知，技术进步是产业结构升级的根本动因，而技术进步又更加依赖于劳动力素质的推动。由于新技术和新产品的研发需要具有相应研发能力的高素质的劳动力与之匹配，人力资本水平一方面决定了各国的技术能力，另一方面也决定先进技术在实际生产过程中的生产与技术转化效率。[2] 因此，劳动力素质的提升对产业结构升级起着至关重要的作用。

一 劳动力禀赋结构的比较优势

自 19 世纪以来，如何实现工业化以及如何追赶发达国家，成为众多发展中国家最关注的话题。[3] 合理的产业结构调整和升级为这些国家通过实施

---

[1] Berman E., J. Bound and Z. Griliches, "Changes in the Demand for Skilled Labor within U. S. Manufacturing Industries", *The Quarterly Journal of Economics*, 1994, 109 (2): 367 – 397.

[2] 邹薇、代谦：《技术模仿、人力资本积累与经济赶超》，《中国社会科学》2003 年第 5 期，第 26—38 页。

[3] Gerschenkron, A., *Economic Backwardness in Historical Perspective*, Cambridge, Mass.: Harvard University Press, 1962; Lal, D. K., "Nationalism, Socialism and Planning: Influential Ideas in the South", *World Development*, 1985, 13 (6): 749 – 759.

产业政策实现追赶提供了可能。Lin 认为,[①] 一国的要素禀赋结构内生地决定其产业结构,政府可以通过禀赋结构的升级来带动产业结构升级。禀赋结构的升级应该是经济发展的目标而不是经济发展的手段,它决定了发展中国家在遵循由自身要素禀赋结构所决定的比较优势时,技术变迁应该是循序渐进的,没有必要研发或者引进发达国家最先进的技术。根据自身要素禀赋,利用比较优势作为产业结构调整原则的发展中国家,往往会最小化其模仿成本,并且能较快地转变自身的禀赋结构,从而促使产业结构不断升级。

代谦等在 Krugman 的基础上发展了一个以劳动力素质为核心的动态比较优势模型。[②] 他们认为劳动力素质物化为人力资本,一方面是一种生产要素,能够用来生产产品,同时也能够投入到研发部门进行技术创新;另一方面又具有很强的外部性,既能够提高多样化产品的生产效率,也能够提高研发部门的效率,从而得出劳动力素质作为人力资本是动态比较优势的源泉。

劳动力素质是构建长期动态比较优势的核心,比较优势在长期并不取决于贸易保护所带来的干中学效应(learning by doing)。一些发展中国家倾向于采取贸易保护来获得某个战略性行业的比较优势,从短期来看这种贸易保护会使得该国家获得一定的贸易地位,但是从长期来看,如果在占据贸易优势的过程中,对于该行业技术与知识的积累不足,随着时间的推移,市场竞争将驱使这些国家的优势逐渐丧失。这是因为,在长期的保护中,往往容易滋生腐败,产生垄断低效率,扭曲市场的资源配置,最终导致此类贸易保护的进口替代战略失败。因此,贸易保护政策在短期是合理的,但是在长期是不合理的。[③] 对于通过贸易保护获得比较优势的行业而言,提升劳动力素质,掌握行业技术知识,才是长期获得比较优势的保障。

同时,随着时间的推移,比较优势也会发生改变。一个国家劳动力素质的高低体现了人力资本积累的多少,这又在某种程度上决定了长期范围内动

[①] Lin, J. Y., *Development Strategy, Viability, and Economic Convergence*, William Davidson Working Paper No. 409, 2001.

[②] 代谦、别朝霞:《人力资本、动态比较优势与发展中国家产业结构升级》,《世界经济》2006 年第 11 期,第 70—96 页; Krugman, P. , "The Narrow Moving Band, the Dutch Disease, and the Competitive Consequences of Mrs. Thatcher", *Journal of Development Economics*, 1987, 27 (1): 41 – 55。

[③] 代谦、别朝霞:《人力资本、动态比较优势与发展中国家产业结构升级》,《世界经济》2006 年第 11 期,第 70—96 页。

态比较优势的大小。由此可知,各个国家在选择增强国际竞争力的战略时,应充分考虑劳动力素质对一国国际竞争力的影响,从而将其作为该国产业政策的核心部分。因此,发展中国家若要快速提升自身的竞争力,调整产业结构,必定要从劳动力素质着手,从而改进人力资本的积累效率,这同时也对该国的教育水平和技术创新能力提出了挑战。"亚洲四小龙"就是较好实施比较优势策略的例子。早在20世纪50年代,二战后的发展中国家都比较贫困,中国台湾最初便实行资本密集和进口替代导向的发展策略,造成了巨大的政府赤字和较高的通货膨胀,不久其被迫放弃了这一策略,转而依照比较优势发展劳动密集型产业。[1] 随着资本和技术的积累,台湾目前已成功地实现了产业结构的转型升级,成为资本密集型和技术密集型地区,实现了持续的经济增长。韩国也在20世纪70年代推行重机械和重化工业导向的发展策略,最后导致和台湾一样的失败,然后总结经验教训,从而迅速转型并获得成功。

二 适宜技术理论

Acemoglu 和 Zilibotti 发现了先进技术从发达国家向发展中国家引入过程中的不匹配问题(mismatch problem)。[2] 他们认为,发达国家所发明的技术被具有较高人力资本的熟练技术工人所采用,而在技术向发展中国家转移,即发展中国家模仿和引进技术时,该项新技术是被发展中国家较低人力资本的非熟练技术工人使用,因此这种劳动力和技术的不匹配就造成了人均产出和全要素生产率(Total Factor Productivity,TFP)的巨大差异。

Atkinson 和 Stiglitz 提出适宜技术(appropriate technology)。[3] 他们将之具体表述为"本地在实践中积累的知识"(localized learning by doing),一国或地区经济发展要受到当地特定的投入要素组合的制约。他们以此解释发展

---

[1] Tsiang, Sho-chieh, *Taiwan's Economic Miracle: Lessons in Economic Development*, In Arnold C. Harberger, ed., *World Economic Growth: Case Studies of Developed and Developing Nations*, San Francisco: ICS Press, 1984.

[2] Acemoglu, D. and F. Zilibotti, *Productivity Differences*, NBER Working Paper, No. 6879, 1999.

[3] Atkinson, A. B. and J. E. Stiglitz., "A New View of Technological Change", *Economic Journal*, 1969, 79 (315): 573 – 578.

中国家和发达国家之间所存在的巨大的经济差距。同时，各国的创新行为受限于各自当前的技术水平，而技术研发与转化能力又与其劳动力素质水平密切相关；这对该国劳动力素质又提出了相应的要求，即先进的技术必须要有相应素质的劳动力与之匹配才能实现成功转化与适用，这就是适宜技术理论。[1] 这一理论同时认为，发展中国家利用其比较优势发展劳动力密集型工业不仅吸收了大量剩余劳动力，抑制差距的扩大，还将在总体上提高工业部门的产出及工资和利润水平，优化经济增长潜力。正如 Lucas 所揭示的一样，Acemoglu 和 Zilibotti 也认为劳动力素质对于一国的经济增长和国与国之间的趋同具有关键的作用。[2]

Mullen 等检验了制造业技术变化和产业结构之间的关系，他们发现美国制造业技术变化和产业结构升级存在着显著的正向相关关系。值得关注的是，Mullen 等纳入了空间因子发现技术进步尤其是新技术的采用会提高该州和邻近州的劳动力素质，并且增进经济绩效。[3] 技术变化也会加速那些旧技术工人的市场淘汰（obsolescence），使其退休或下岗；[4] 由于技术进步的作用，对于旧技术工人的技能升级（再就业培训）和无经验年轻工人的在职培训都已经成为各国公共政策的主要着力点。

三 其他理论——国际贸易

随着全球化程度的加深，国际贸易的剧增，产业内贸易的比重也在不断增大。[5] 对于产业内的技术需求的发展也往往归因于技术的变化，而组织结构和对外贸易也会起到一定的作用。产业结构技术偏向性升级既可通过

---

[1] Basu, Susanto and Weil, David N., "Appropriate Technology and Growth", *Quarterly Journal of Economics*, 1998, 113 (4): 1025 – 1054; Acemoglu, D., "Why Do New Technologies Complement Skills? Directed Technical Change and Wage Inequality", *Quarterly Journal of Economics*, 1998, 113: 1055 – 1089.

[2] Lucas, Robert E., Jr., "Making a Miracle", *Econometrica*, 1993, 61 (2): 251 – 272; Acemoglu, D. and F. Zilibotti, *Productivity Differences*, NBER Working Paper, 1999, No. 6879.

[3] Mullen, J. K., Stephen E. Nord, and Martin Williams, "Regional Skill Structure and the Diffusion of Technology", *Atlantic Economic Journal*, 2005, 33: 115 – 131.

[4] Allen, S. G., "Technology and the Wage Structure", *Journal of Labor Economics*, 2001, 19: 440 – 483.

[5] Yeats, A. J., "Just How Big is Global Production Sharing?", In S. W. Arndt and H. Kierzkowski, eds, *Fragmentation: New Production Patterns in the World Economy*, Oxford: Oxford University Press, 2001.

R&D 和创新，也可通过全球化的国际贸易，包括外包服务和组织机构改革来实现。[①] 日益扩散的国际外包（international outsourcing）也逐渐对劳动力素质提出要求。Hijzen 等利用英国 1982—1996 年制造业面板数据研究发现，[②] 国际外包对于非熟练工人的需求具有强烈的反向作用，从而成为解释英国制造业产业结构变化的重要因素。

Corvers 和 Merikull 在对技术升级的跨国分析中采用了偏离份额法（shift-share analysis），[③] 将一国的技术升级分离为产业间（between industry）效应和产业内（within industry）效应。前者分析了因产业结构变化所导致的技术变化，后者则分析了因单个产业技术结构（skill structure）变化所导致的技术变化。Machin 等利用美国、英国、丹麦和瑞士四国涵盖 17 年的产业面板数据，[④] 比较了各国劳动力的技能结构，发现技术进步可以部分地解释所有国家的高技术工人（较高素质的劳动力）份额的增长。尤其是美国，更多地体现为产业内的高素质劳动力份额变化。最后，他们还发现了技能结构的变化与劳动力市场体制具有很大的关联作用（如工会的集体讨价还价能力）。

第五节 劳动力素质对经济增长的影响

劳动力素质通过产业结构演化而作用于经济增长，对经济增长的影响有两个方面：一方面是对速度的影响，另一方面是对质量的影响。提高劳动力素质能够促进一国科技进步，从而推动经济发展，这在各国都得到普遍的认同。这也是无论发达国家还是发展中国家都努力促进科技进步、提升本国劳动力素质的根本原因。本节将以知识因素内生化的新增长理论为基础来分析

[①] Minondo, A. and Rubert, G., "The Effect of Outsourcing on the Demand for Skills in the Spanish Manufacturing Industry", *Applied Economic Letters*, 2006, 13: 599 - 604.

[②] Hijzen, A., Holger G., and Robert C. Hine., "International Outsourcing and the Skill Structure of Labour Demand in the United Kingdom", *The Economic Journal*, 2005, 115 (October): 860 - 878.

[③] Corvers, F. and Merikull, J., "Occupational Structures across 25 EU Countries: The Importance of Industry Structure and Technology in Old and New EU Countries", *Economic Change*, 2007, 40: 327 - 359.

[④] Machin, Stephen, Ryan, A. and Van Reenen, John, *Technology and Changes in Skill Structure: Evidence from an International Panel of Industries*, CEP Discussion Paper, CEPDP0297, 1996.

劳动力素质对经济增长的影响。新增长理论虽然没有明确涉及对劳动力素质的分析，但该理论不仅考察了资本和劳动力因素，更进一步将 Solow 模型中的劳动有效性明确为知识并将其内生化，提供了一个能够同时对知识技术与劳动力进行分析的框架。实际上，劳动力素质正是劳动有效性的重要表现，它既影响了劳动力，也影响了知识与技术的生产，从而促进经济增长。在新增长理论中，我们根据 Grossman 和 Helpman 提出的研究与开发增长模型的简化形式，[①] 假定存在两个部门：产品生产部门制造产品、研究与开发部门（R&D）增加知识存量。则 t 时刻的生产函数为：

$$Y(t) = [(1-a_K)K(t)]^{\alpha}[A(t)(1-a_L)L(t)]^{1-\alpha} \quad 0 < \alpha < 1 \qquad (1)$$

其中，a_L 是劳动力中用于研究与开发部门的份额，a_K 是资本存量中用于研究与开发部门的份额。

1. 对劳动力 L 的作用

当劳动力素质显著提高后，劳动者能够从事更复杂、更个性化的劳动，简单劳动向复杂劳动的转化，相当于劳动力的倍加或倍乘，从而提高了劳动创造的价值。当劳动力素质普遍提高后，生产函数中的劳动 $L(t)$ 将进一步演化为 $\lambda L(t)$，其中 λ 正是劳动者素质提高后对劳动的倍乘作用，根据（1）式，在其他因素保持不变的情况下，它能够促使生产增加 $\lambda^{1-\alpha}$ 倍。劳动力素质的提高将通过以下几个方面影响参与经济生产活动中的劳动力水平 $L(t)$。首先，当劳动力素质提高后，劳动者能够更容易理解并掌握相关生产技术以及生产设备的使用，这有利于推进先进生产技术和机器设备的普遍应用，从而提高劳动生产率。例如，我国农村普遍推行的科技大篷车"送科技下乡"的科普活动，根据当地农民的实际生产情况介绍和讲解相关作物的病虫害防治知识，帮助农民掌握相关的防治技术，从而杜绝了因农作物病害蔓延而造成的减产或绝收，或者为农民介绍先进成熟的栽培技术，在节约成本的同时提高农作物的产量和质量。各地的实践证明，因科普活动而带来的农民科学素质的提高，直接促进了生产的发展。

---

① Grossman, G. M. and E. Helpman, "Endogenous Innovation in the Theory of Groawth", *Journal of Economic Perspectives*, 1994, 8 (4): 23-44.

其次，劳动力素质的提高也表现为劳动者具有更强的动手能力和实验能力，这使劳动者有可能在生产过程中进行更精细化和个性化的操作，从而生产出更丰富的产品，满足顾客定制化的生产要求，提高产品附加值。同时，这种精细化和个性化的生产，也有可能推进产业的升级。这在普通化工产品的生产中尤其明显。例如，建材瓦产品的生产原料主要是沙子、盐酸、氧化镁、氯化镁和色浆等，通过改变这些原料的配比比例，就能生产出硬度、光泽和色彩各不相同、用途各异的瓦产品。而这种配比关系正是需要在生产过程中，通过劳动者多次的实验操作才能确定。显然，当具备较高劳动力素质的劳动者越多，就越容易进行这种实验性的生产，从而丰富产品的类型，推动产品从单一化向多样化、从低附加值向高附加值的转变升级。

最后，劳动力素质的提高使劳动者的探索和开发能力也相应提高，有利于劳动者在生产过程中不断发现问题、提出问题，以产生创新的要求和契机，甚至还可能促使劳动者在生产过程中直接进行产品创新。

2. 对知识生产 A 的作用

进入了知识经济、信息经济时代后，科技进步对经济增长具有举足轻重的作用。新增长理论认为，知识积累是世界范围内增长的核心因素。当劳动力素质普遍提高后，将通过对研究与开发部门的知识生产的作用来推进经济增长。

根据研究与开发增长模型的简化形式，假定知识的生产也符合柯布-道格拉斯函数，则知识和技术的增加表示为：

$$\dot{A}(t) = B[a_K K(t)]^\beta [a_L L(t)]^\gamma A(t)^\theta \qquad B > 0, \beta \geq 0, \gamma \geq 0 \qquad (2)$$

新知识和技术的生产取决于投入研究的资本和劳动的数量，以及原有的技术水平。

第一，当劳动力素质普遍提高后，人们对科学技术的兴趣将会极大的提高，从而吸引更多的人投入到研究与开发部门的工作中去；而且，劳动力素质的提高以及教育水平的提高，也使更多的人有能力胜任研究与开发的工作。在美国，1993—2003 年，就业于科学与工程技术领域的本科及以上学历的劳动者从 1102.2 万人增加到 1568.4 万人，年均增长 3.6%；而 2000—

2003年，中国的研究者从6.95万人增加到8.63万人，年均增长7.4%。[①] 研发队伍的壮大，意味着$a_L L(t)$增大了，有利于促进新知识和技术的生产。

  第二，当劳动力素质普遍提高后，人们会越来越认识到科学技术对生产以及对日常生活的重要性，从而加大对研究与开发部门的资本支持。目前，在中国，政府依然是研究和开发部门，尤其是基础科研部门资本投入的重要力量。公务人员劳动力素质的提高、对科学技术研究开发的重视，有利于政府向基础研发部门投入更多的资金。另外，随着劳动力素质的普遍提高，人们越来越重视技术在市场竞争中的作用，因而私人部门对企业研发的投入也在逐渐加大。以中国大中型工业企业为例，其研究与试验发展经费支出从2004年的904.9亿元增加到2007年的1996.9亿元，短短三年就增加了约1000亿元。2005年，中国的R&D投入占GDP比重为1.34%。相比之下，许多发达国家的相应比重则要高得多，以色列为4.71%（2005年），瑞士为3.86%（2005年），美国为2.57%（2006年），日本为3.18%（2004年）。[②] 无疑，大量的研发投入对于这些国家占据科技领先地位而言至关重要。研发资本投入的增加，意味着$a_K K(t)$增大了，有利于促进知识和技术以更快的速度增长。

  根据（1）式，当劳动力素质普遍提高后，科技研发的速度也在不断提高，从而能够极大地促进经济增长。科技和知识对经济增长的重要作用，在美国、日本、德国等发达国家的经济发展历程中非常明确地体现出来。美国在二战后一直位列经济强国之首，重要原因之一就在于美国科技几乎保持着全面的世界领先地位。在科学技术，特别是信息技术普及应用的推动下，美国劳动生产率不断提高，促成了美国经济实现有史以来最长时期的增长，并同时保持了低失业率和低通货膨胀率。而美国科技优势也来源于其对劳动力素质的重视。实际上，提高劳动力素质，不仅对于经济增长的速度具有重要影响，而且也能够提高经济增长的质量，推进经济社会的科学发展。首先，提高劳动力素质有利于实现经济的可持续发展。经济发展需要数量的增长，

---

  ① "National Science Foundation, Science and Engineering Indicators 2008 {OD/BL}", http://www.nsf.gov/statistics/seind08/c3/tt03-02.htm.

  ② "National Science Foundation, Science and Engineering Indicators 2008 {OD/BL}", http://www.nsf.gov/statistics/seind08/c3/tt03-02.htm.

但不能把经济发展简单地等同于数量的增长。在经济发展中，还必须充分考虑资源和环境的承载能力，尊重自然规律。这就要求人们在发展经济的过程中，对自然规律有一定的了解和掌握，并通过相关的科技研究和政策来加强对土地、水、森林、矿产等自然资源的合理开发和利用，加强对生态环境的保护。如果忽视资源环境保护，经济建设是难以搞上去的，即使一时搞上去了可能最终也要付出沉重的代价。提高劳动力素质，一方面，有利于政府制定出更加科学的发展规划和切实可行的法规，更好地进行宏观调控，提高经济增长的质量和效益，实现速度和结构、质量、效益相统一，经济发展和人口、资源、环境相协调，不断保护和增强发展的可持续性。另一方面，更重要的是，能够提高私人经济部门决策的自觉性和科学性。因为，在市场经济条件下，企业的运行主要是由微观主体决定的，市场经济主体只有深刻地意识到掠夺式的发展不仅对整个经济有害，而且对本企业自身的个体持续运行也无益，才会自发地产生合理开发、保护环境的要求。而提高劳动力素质，正是形成和加深公众环保意识的一个重要途径，能够促使市场经济主体统筹考虑本企业当前发展和未来发展的需要，有利于推进经济的科学发展。

其次，提高劳动力素质，有利于在经济发展的基础上，推动社会全面进步和人的全面发展，促进社会主义物质文明、政治文明、精神文明协调发展。一方面，提高劳动力素质，也是促进精神文明发展的主要内容。科学技术的发展是人类精神文明发展的重要成果，并且已经深刻而广泛地影响和渗透到人们生活中。只有不断提高劳动力素质，让人们对当前的科技发展成果有较好的认识，使人们的世界观和思维方式能够与不断发展的科学相适应，才能更好地适应科技社会的生活、更好地享受科学发展带来的成果。

第六节 结论和思考

当前的中国已经进入工业化的中后期阶段，资本、劳动力等生产要素对经济进一步发展的推动作用将逐步减弱，知识与技术密集型产业的发展将成为目前我国产业结构调整和升级的主角。知识与技术密集型产业的发展又离不开与之相匹配的劳动力素质的提升。因此，高素质的劳动力的培养将成为当前以及今后相当长一段时期我国工业转型发展的基本落脚点。本章对劳动力素质理论、产业结构演化理论及劳动力素质对产业结构演化的推动作用的文献进行了梳理和回顾。通过文献研究,我们发现,一个国家或地区可以通过利用自身要素禀赋结构的比较优势来选择适宜的产业政策,最小化模仿成本,较快地转变产业结构,并实现产业结构的持续升级。对于发展中国家来说,首先,它们可以利用自身的劳动力禀赋优势,提高劳动力素质,较快地进行产业结构的转变。其次,在进行技术引进时,应当选择和自身劳动力素质相匹配的适宜技术,从而以较小的成本实现技术水平的提升和产业结构的升级。最后,劳动力素质还可以通过国际贸易的外包和组织变革来实现产业结构的升级。

参考文献

[1] 代谦、别朝霞:《人力资本、动态比较优势与发展中国家产业结构升级》,《世界经济》2006 年第 11 期,第 70—96 页。

[2] 江小涓:《产业结构优化升级:新阶段和新任务》,《财贸经济》2005 年第 4 期,第 3—9 页。

[3] 周振华:《现代经济增长中的结构效应》,上海人民出版社 1995 年版。

[4] 邹薇、代谦:《技术模仿、人力资本积累与经济赶超》,《中国社会科学》2003 年第 5 期,第 26—38 页。

[5] Aaronson, D. and D. G. Sullivan, "Growth in Worker Quality", *Economic Perspectives*, 2001, 4.

[6] Acemoglu, D. and F. Zilibotti, "Productivity Differences", *NBER Working Paper*, 1999, No. 6879.

[7] Acemoglu, D., "Why Do New Technologies Complement Skills? Directed Technical Change and Wage Inequality", *Quarterly Journal of Economics*, 1998, 113: 1055 – 1089.

[8] Allen, S. G., "Technology and the Wage Structure", *Journal of Labor Economics*, 2001, 19: 440 – 483.

[9] Atkinson, A. B. and J. E. Stiglitz., "A New View of Technological Change", *Economic Journal*, 1969, 79 (315): 573 – 578.

[10] Basu, Susanto and Weil, David N., "Appropriate Technology and Growth", *Quarterly Journal of Economics*, 1998, 113 (4): 1025 – 1054.

[11] Becker, G. S., *Human Capital*, New York: Columbia University Press, 1964.

[12] Berman E., J. Bound and Z. Griliches, "Changes in the Demand for Skilled Labor within U. S. Manufacturing Industries", *The Quarterly Journal of Economics*, 1994, 109

(2): 367-397.
- [13] Chenery, Hollis B. and M. Syrquin, *Pattern of Development, 1950 – 70*, New York: Oxford University Press, 1975.
- [14] Chenery, Hollis B., S. Robinson and M., *Syrquin Industrialization and Growth: A Comparative Study*, New York: Oxford University Press, 1986.
- [15] Corvers, F. and Merikull, J., "Occupational Structures across 25 EU Countries: The Importance of Industry Structure and Technology in Old and New EU Countries", *Economic Change*, 2007, 40: 327-359.
- [16] Denison E. F., "The Sources of Growth in the U.S.", New York: Committee for Economic Development, 1962.
- [17] Gerschenkron, A., *Economic Backwardness in Historical Perspective*, Cambridge, Mass.: Harvard University Press, 1962.
- [18] Hijzen, A., Holger G., and Robert C. Hine., "International Outsourcing and the Skill Structure of Labour Demand in the United Kingdom", *The Economic Journal*, 2005, 115 (October): 860-878.
- [19] Ho, M. and Jorgenson, D. W., "The Quality of the U.S. Workforce 1948 – 95", *Department of Economics*, Harvard University, Unpublished Manuscript, 1999.
- [20] Hoffman, W. G., *The Growth of Industrial Economics*, Oxford: Oxford University Press, 1931 (German Edition), 1958 (English Translation).
- [21] Jorgenson D. W. and Griliches, Z., "The Explanation of Productivity Change", *The Review of Economic Studies*, 1967, 34 (3): 249-283.
- [22] Jorgenson, D., "Information Technology and the G7 Economies", *World Economics*, 2003, 4 (4): 139-169.
- [23] Krugman, P., "The Narrow Moving Band, the Dutch Disease, and the Competitive Consequences of Mrs. Thatcher", *Journal of Development Economics*, 1987, 27 (1): 41-55.
- [24] Kuznets, Simon., *Economic Growth of Nations*, Cambridge, M. A.: Harvard University Press, 1971.
- [25] Lal, D. K., "Nationalism, Socialism and Planning: Influential Ideas in the South", *World Development*, 1985, 13 (6): 749-759.
- [26] Lin, J. Y., *Development Strategy, Viability, and Economic Convergence*, William Davidson Working Paper No. 409, 2001.
- [27] Lucas, Robert E., Jr., "Making a Miracle", *Econometrica*, 1993, 61 (2): 251-272.
- [28] Machin, Stephen, Ryan, A. and Van Reenen, John, *Technology and Changes in Skill Structure: Evidence from an International Panel of Industries*, CEP discussion paper, CEPDP0297, 1996.
- [29] Minondo, A. and Rubert, G., "The Effect of Outsourcing on the Demand for Skills in the Spanish Manufacturing Industry", *Applied Economic Letters*, 2006, 13: 599-

604.
[30] Mullen, J. K., Stephen E. Nord, and Martin Williams, "Regional Skill Structure and the Diffusion of Technology", *Atlantic Economic Journal*, 2005, 33: 115 – 131.
[31] Nelson, R. R. and Phelps, E. S., "Investment in Humans, Technological Diffusion, and Economic Growth", *American Economic Review*, 1966, 56: 69 – 75.
[32] Romer, Paul M., "Increasing Returns and Long – Run Growth", *The Journal of Political Economy*, 1986, 94 (5): 1002 – 1037.
[33] Rostow, W. W., "The Take-off into Self-sustained Growth", *The Economic Journal*, 1956, 66 (261).
[34] Schultz, T. W., "Investment in Human Capital", *American Economic Review*, 1961, 51: 1 – 17.
[35] Schwerdt, G. and Turunen, J., *Growth in Euro Area Labour Quality*, European Central Bank, Working Paper Series No. 575, 2006.
[36] Solow, R. M., "Technical Change and the Aggregate Production Function", *Review of Economics and Statistics*, 1957, 39.
[37] Tsiang, Sho-chieh, "Taiwan's Economic Miracle: Lessons in Economic Development", In Arnold C. Harberger, ed., *World Economic Growth: Case Studies of Developed and Developing Nations*, San Francisco: ICS Press, 1984.
[38] Yeats, A. J., "Just How Big is Global Production Sharing?", In S. W. Arndt and H. Kierzkowski, eds, *Fragmentation: New Production Patterns in the World Economy*, Oxford: Oxford University Press, 2001.

第 三 章
劳动力素质计量的理论与方法

本章提要：对于劳动力素质理论的发展及其计量在很大程度上得益于 20 世纪 50—60 年代人力资本概念的提出，从而将劳动力素质也作为一种资本来看待，并用以解释劳动力素质的提升对经济增长的内生作用。本章以人力资本为视角，将其作为劳动力素质测算的代理指标，详细介绍不同的计量方法。人力资本的特殊性使得其在计量上存在很大的困难，学术界对于人力资本的计量存在很大争议。目前主要的计量方法有：教育法、成本法和收益法。

教育法认为人力资本产生于教育，主张将人们的受教育水平作为衡量人力资本的主要指标。教育法可细分为两类——直接法和间接法。直接法是指学者们选取一个或多个指标进行对比，用以衡量人力资本，主要涉及受教育年限、成人识字率、文盲率、学生在校率、入学率、教育经费、高等教育机构学生注册人数占同龄人口比重及师生比率等多个指标。间接法不直接将受教育年限作为人力资本指数，而是以受教育年限作为主要变量，进行一系列加工处理得到人力资本指数。间接法主要是考虑到不同受教育阶段对人的影响应该是不同的，一般认为如果时间一样，高年级的教育应是低年级的教育的倍数。

成本法是依据人力资本积累过程中的累计投入量来确定人力资本当前价值水平的方法。成本法隐含的假设是人们拥有的知识多少和能力大小主要取决于后天为获取这些知识、培养这些能力所花费的投资的多少，其基本思想是：人力资本的价值等于花费于人（或劳动者）身上的相关支出的总和。

收益法认为人们收益的多少取决于其拥有的人力资本水平的高低。收益法可分为收入法和未来收益法。未来收益法是最早测量人力资本的方法，其基本思想是：人力资本的货币价值等于每年预期收益的现值之和。与未来收益法相比，收入法最大的区别就在于以劳动者当期的收入为基础作为计量人力资本的指标，其结果并不依赖于对劳动者未来收益的计量。

在三种方法中，教育法和成本法均是从投入的角度来计量人力资本，只有未来收益法是从产出的角度进行计量。三种方法中，教育法使用最为广泛；成本法在国内得到了一定推广，但国外学者较少使用该方法；未来收益法在国外得到了广泛推广，但在国内少有学者使用。在对各国人力资本进行比较研究时，使用最多的还是人均受教育年限和受教育年限总和两个指标。

第一节 "人力资本"的计量方法概述

在《新帕尔格雷夫经济学大辞典》中从人力和资本两个角度定义了人力资本。其中定义：资本是一个能为现在和未来带来产出和收益的价值存量，而人力资本是体现在劳动者身上的生产知识和技能的存量。

OECD提出了一个比较宽泛的定义："人力资本是指体现在个人身上，能够有利于个人、社会和经济福利创造的知识、技巧、能力和特征，这些能力是天生的或通过一定的方式进行投资而得到的。"

对于"人力资本"主要是从三个方面进行定义的。第一，投资的角度，人力资本是投资的结果，对知识、技能、信息、健康等方面的支出形成了人力资本；第二，内容的角度，人力资本是蕴藏在劳动者身上的知识、技能、健康等的总和；第三，收益的角度，人力资本是一种能够为劳动者、企业和国家带来收益的资本。人力资本的特殊性使得其在计量上存在很大的困难，学术界对于人力资本的计量存在很大争议。目前主要的计量方法有：教育法、成本法、收益法。

第二节 教育法

教育法认为人力资本产生于教育，主张将人们的受教育水平作为衡量人力资本的主要指标。这是目前国内外使用最为广泛的人力资本计量方法，教育法可细分为两类——直接法和间接法。直接法是指学者们选取一个或多个指标进行对比，用以衡量人力资本，主要涉及受教育年限、成人识字率、文盲率、学生在校率、入学率、教育经费、高等教育机构学生注册人数占同龄人口比重及师生比率等多个指标。这些指标一般比较容易计算。下文主要对间接法进行说明，间接法是以受教育年限为主要变量，进行一系列加工处理得到人力资本指数。

一 平均受教育年限/受教育总年数

平均受教育年限/受教育总年数是直接法中使用最为广泛的指标，作为衡量人力资本的指标，二者并没有实质区别，一个是用平均水平反映人力资本，另一个是用总量。二者的关系可用如下关系式表示：受教育总年数＝人口数×平均受教育年限。

G. Psacharopoulos 和 Arriagada A. M.，Swanson E. 和 Dubey A.，胡鞍钢，王小鲁和樊纲，蔡昉和王德文等均用"平均受教育年限"来衡量人力资本。[①] L. Lau，J. Dean，T. Jannison 和 F. Louat 以所有处于工作年龄的人为考虑对象，用他们的受教育总年数表示人力资本存量。

Robert J. Barro 和 Jong-Wha Lee 对世界不同地区的人口平均受教育年限做了估算，结果如表 3-1 所示。[②] 从表 3-1 可以看到，各地区的平均受教育年限均是不断上升的，1960 年 15 岁以上人口世界平均受教育年限为

---

① G. Psacharopoulos and Arriagada. A. M.，"The Education Composition of the Labour Force: An International Comparison"，*International Labour Review*，Vol. 125，No. 5 September-October，1986；胡鞍钢：《从人口大国到人力资本大国：1980—2000 年》，《中国人口科学》2002 年第 5 期；王小鲁、樊纲、刘鹏：《中国经济增长方式转换和增长可持续性》，《经济研究》2009 年第 1 期；蔡昉、王德文：《中国经济增长可持续性与劳动文献》，《经济研究》1999 年第 10 期。

② Robert J. Barro and Jong-Wha Lee，*International Data on Educational Attainment Updates and Implications*，Working Paper 7911，http://www.nber.org/papers/w7911.

4.64 年，2000 年为 6.66 年。总体来看，发展中国家和发达国家人均受教育年限的差距有所缩小，1960 年二者的差距为 5.01 年，2000 年二者的差距为 4.63 年，缩小了 0.38 年。但是二者的差距仍然是显而易见的，2000 年，发展中国家 15 岁以上人口平均受教育年限为 5.13 年，这一水平尚不如发达国家 1960 年的水平，发达国家 1960 年 15 岁以上人口平均受教育年限为 7.06 年。

表 3 – 1 1960—2000 年 15 岁以上人口平均受教育年限的国际比较

单位：年

年 份	1960	1970	1980	1990	1995	2000
世界(107 个国家)	4.64	5.16	5.92	6.43	6.44	6.66
发展中国家(73 个)	2.05	2.67	3.57	4.42	4.79	5.13
中东/北非(11 个)	1.23	2.07	3.29	4.38	4.98	5.44
撒哈拉非洲(22 个)	1.74	2.07	2.39	3.14	3.39	3.52
拉丁美洲(23 个)	3.30	3.82	4.43	5.32	5.74	6.06
东亚/太平洋(10 个)	2.83	3.80	5.10	5.84	6.35	6.71
南亚(7 个)	1.51	2.05	2.97	3.85	4.16	4.57
发达国家(23 个)	7.06	7.56	8.86	9.19	9.52	9.76
转型国家(13 个)	7.42	8.47	8.90	9.97	9.45	9.68

资料来源：Robert J. Barro and Jong-Wha Lee, *International Data on Educational Attainment Updates and Implications*, Working Paper 7911, http：//www.nber.org/papers/w7911。

胡鞍钢以劳动适龄人口（15—64 岁）为计算对象,[①] 将总人力资本存量定义为：15—64 岁人口数 × 平均受教育年限，并测算了中国1980—2000 年的人力资本存量，认为 20 年间中国的人力资本存量（15—64 岁人口与平均受教育年限的乘积）实现了翻番，中国已经从世界人口大国成为人力资本大国。另外，胡鞍钢还发现中国 GDP 与各类人力资本指标之间具有良好的相关性，以 GDP 增长指数作为因变量的人力资本函数方程具有较高的相关系数：1978—1998 年 GDP 每增长 1 个百分点，总人口平均受教育年限增长

---

① 胡鞍钢：《从人口大国到人力资本大国：1980—2000 年》，《中国人口科学》2002 年第 5 期。

0.187个百分点,就业人口平均受教育年限增长0.203个百分点,总人力资本存量增长0.327个百分点;程度越高的教育的增长弹性越高——1978—1998年GDP每增长1个百分点,初等人力资本存量增长0.281个百分点,中等人力资本存量增长0.472个百分点,高等人力资本存量增长0.652个百分点。表3-2为胡鞍钢测算的中国1982—2000年的总人力资本,表3-3为其在Barro等的基础上测算的中国、印度、日本、俄罗斯和美国的总人力资本。

表3-2 1982—2000年中国总人力资本

项 目	1982年	1990年	1995年	2000年	平均增长率(%)	增长指数(1982=1)
15—64岁人口(万人)	62517	76260	81393	88798	1.97	1.42
占总人口比例(%)	61.5	66.7	67.2	70.15	—	—
平均受教育年数(年)	4.61	5.51	6.08	7.11	2.44	1.54
总人力资本(亿人·年)	28.82	42.02	49.49	63.14	4.45	2.191

资料来源:胡鞍钢:《从人口大国到人力资本大国:1980—2000年》,《中国人口科学》2002年第5期。

表3-3 1975—1999年五大国总人力资本及占世界比重

年 份	1975	1980	1985	1990	1995	1999	1975	1980	1985	1990	1995	1999
	15—64岁人口占世界人口比重(%)						总人力资本占世界比重(%)					
中 国	22.2	22.6	23.3	23.6	23.2	22.4	17.5	17.6	18.7	20.2	21.9	24.0
印 度	14.9	15.2	15.4	15.7	15.9	16.2	7.27	8.40	9.06	9.98	11.1	12.3
日 本	3.27	3.03	2.83	2.67	2.48	2.30	4.60	4.36	4.01	3.73	3.55	3.27
俄罗斯	3.39	3.65	3.35	3.09	2.81	2.69	6.57	5.69	5.30	5.05	4.26	4.06
美 国	5.99	5.80	5.44	5.10	4.88	4.76	10.5	11.6	10.2	9.30	9.01	8.60
五国合计	50.3	50.3	50.3	50.1	49.2	48.4	46.5	47.7	47.2	48.2	49.8	52.2
	平均受教育年数(年)						总人力资本(10亿人·年)					
中 国	4.38	4.61	4.94	5.51	6.08	7.11	2.25	2.70	3.35	4.17	4.95	6.00
印 度	2.70	3.27	3.64	4.10	4.52	5.06	0.9345	1.29	1.62	2.06	2.52	3.08
日 本	7.78	8.51	8.74	8.96	9.23	9.47	0.59	0.67	0.72	0.77	0.804	0.819
俄罗斯	9.27	9.23	9.77	10.50	9.77	10.0	0.844	0.874	0.951	1.04	0.964	1.02
美 国	9.69	11.9	11.6	11.7	11.9	12.11	1.35	1.79	1.83	1.92	2.04	2.16
世 界	5.54	5.92	6.17	6.43	6.44	6.66	12.8	15.4	17.9	20.7	22.6	25.0

资料来源:胡鞍钢:《从人口大国到人力资本大国:1980—2000年》,《中国人口科学》2002年第5期。

1975—1999 年我国 15—64 岁人口的平均受教育年限有了较大幅度的提高，但与美国等国相比，仍有一定差距。1975 年我国 15—64 岁人口的平均受教育年限为 4.38 年，低于世界平均水平（5.54 年）1.16 年；1999 年我国 15—64 岁人口的平均受教育年限为 7.11 年，比 1975 年提高了 2.73 年，且在这一时期，我国已经超过了世界平均水平，1999 年世界 15—64 岁人口的平均受教育年限为 6.66 年。与美国、日本、俄罗斯相比，我国 15—64 岁人口的平均受教育年限水平有待进一步提高。1999 年，中国、美国、日本和俄罗斯 15—64 岁人口的平均受教育年限比美国（12.11 年）低了 5 年、比日本（9.47 年）低了 2.36 年、比俄罗斯（10.0 年）低了 2.89 年。

如胡鞍钢所言，中国已经从世界人口大国成为人力资本大国，从表 3-3 可以看到，1975 年我国 15—64 岁人口占了世界人口的 22.2%，但是同期我国总人力资本只占了世界的 17.5%，1999 年我国 15—64 岁人口占世界人口的 22.4%，但同期我国总人力资本占了世界的 24.0%。

王小鲁、樊纲等扩展了 Lucas 模型，[①] 从物质资本、人力资本、科技资本、市场化程度、城市化率、外资效应、外贸效应、基础设施、行政管理成本和最终消费率等方面构建了模型用以测度各因素对经济增长的贡献：

$$\ln Y(t) = C + a_1 \ln K(t) + a_2 \ln H(t-3) + a_3 H_a(t) + a_4 D \ln RK(t) + a_5 mkt(t) + a_6 ub(t) + a_7 fk(t) + a_8 td(t) + a_9 ga(t) + a_{10} rd(t) + a_{11} fc(t) + a_{12} fc^2(t) + E(t)$$

其中，Y 代表 GDP，K 为固定资本存量，二者均以 1978 年不变价格计算；H 为人力资本存量（劳动年龄人口总量乘以受教育年限，其中需扣除在校学生，结果见表 3-4）；H_a 为劳动者的平均受教育年限；RK 为科技资本；mkt 代表市场化程度，用非国有经济在工业总产值中的比重代替；ub 为城市化率；fk 为外资在总资本存量中的比重；td 为外贸依存度，即进出口总额占 GDP 的比重；ga 为政府行政管理支出占 GDP 的比重；rd 为标准道路里程与人口的比值，用以反映基础设施条件；fc 为最终消费率；E 为随机误差项。利用我国 1952—2007 年的数据进行回归，得出结论：中国

---

① 王小鲁、樊纲、刘鹏：《中国经济增长方式转换和增长可持续性》，《经济研究》2009 年第 1 期。

经济增长方式正在发生转变，生产率的来源发生变化，外源性效率提高的因素不断下降，相反，技术进步和内源性效率改善的因素在不断上升，教育带来的人力资本质量的提高正在替代劳动力数量简单扩张的作用。研究中，王小鲁、樊纲等详细测算了我国1952—2007年的人力资本水平，结果如表3-4所示。

表3-4　1952—2007年中国人力资本水平

年份	平均受教育水平 年/人	人力资本存量（万人·年）	年份	平均受教育水平 年/人	人力资本存量（万人·年）	年份	平均受教育水平 年/人	人力资本存量（万人·年）
1952	2.929	99735	1971	3.396	160619	1990	5.674	411591
1953	2.867	99167	1972	3.431	165672	1991	5.766	425776
1954	2.812	99018	1973	3.476	173080	1992	5.852	439168
1955	2.801	99927	1974	3.533	179681	1993	5.927	452269
1956	2.785	100630	1975	3.604	185662	1994	6.013	465153
1957	2.771	102243	1976	3.675	189715	1995	6.118	478868
1958	2.731	101085	1977	3.751	194980	1996	6.217	492533
1959	2.729	102029	1978	3.872	206189	1997	6.318	506749
1960	2.792	101654	1979	4.107	224977	1998	6.430	521635
1961	2.964	107809	1980	4.457	250053	1999	6.567	536316
1962	3.054	113363	1981	4.705	271722	2000	6.690	550574
1963	3.163	120037	1982	4.919	291481	2001	6.809	564742
1964	3.210	123598	1983	5.070	308173	2002	6.922	578127
1965	3.165	125000	1984	5.205	323245	2003	7.045	591608
1966	3.198	131511	1985	5.308	337171	2004	7.165	605400
1967	3.300	140075	1986	5.402	351613	2005	7.285	620350
1968	3.419	149950	1987	5.478	366475	2006	7.405	635461
1969	3.453	155269	1988	5.544	381571	2007	7.532	651024
1970	3.416	157548	1989	5.603	396687			

资料来源：王小鲁、樊纲、刘鹏：《中国经济增长方式转换和增长可持续性》，《经济研究》2009年第1期。

二 调整过的受教育年限

"调整过的受教育年限"不直接将受教育年限作为人力资本指数,而是以受教育年限作为主要变量,进行一系列加工处理得到人力资本指数。Barro 和 Lee 提出了一种较为正式的方法,[①] 并被广泛使用。受教育年限与人力资本并不存在线性关系,如果时间一样,高年级的教育应是低年级的教育的倍数。假设 t 时期,劳动力的平均受教育年限是 y_t,那么,人力资本 = $e^{\rho y_t}$,其中,ρ 为受教育年限调整系数。

Mark Bils 和 Peter J. Klenow 对 ρ 的取值做了详细研究。[②] Mark Bils 和 Peter J. Klenow 为了测量教育对经济增长的作用,建立了个人人力资本的模型:

$$h(a,t) = h(a+n,t)^\varphi e^{f(s)+g(a-s)}$$

其中,$h(a,t)$ 表示 t 时期年龄为 a 人口的个人人力资本,φ 表示从事教育事业 n 年的教师对人力资本的影响。$e^{f(s)}$ 表示教育对人力资本的影响,$f(s) = \rho s$,s 表示受教育年限,$e^{g(a-s)}$ 表示工作经验对人力资本的影响。Mark Bils 和 Peter J. Klenow 通过对 52 个国家的个人数据进行回归,分别测算出了 52 个国家的 ρ 值,平均的 ρ 值为 0.0956,中国的 ρ 值为 0.045。[③] 其在计量中国时采用的是中国 1985 年 145 个人的数据,缺乏代表性,因此张超、王金营的研究并未采用其结果,张超在研究时,[④] 将 ρ 取为 0.1,柏培文等在研究时均采用了张超的判断,将 ρ 取为 0.1。

崔玉平将初等、中等、高等教育毕业生的劳动生产率系数分别设为 1、1.4、2,[⑤] 以从业人员接受初等、中等、高等教育的年数为权数,对劳动生

[①] R. J. Barro, J. W. Lee, "International Comparison of Educational Attainment", *Monetary Economics*, Vol. 32, 1993.

[②] Mark Bils and Peter J. Klenow, "Does Schooling Cause Growth?", *The American Economic Review*, Vol. 90, No. 5, Dec., 2000.

[③] Mark Bils and Peter J. Klenow, "Does Schooling Cause Growth?", *The American Economic Review*, Vol. 90, No. 5, Dec., 2000.

[④] 张超:《经济体制转型与人力资本积累关系的实证分析》,《经济研究》2007 年第 12 期。

[⑤] 崔玉平:《中国高等教育对经济增长率的贡献》,《北京师范大学学报》(人文社会科学版) 2000 年第 1 期。

产率系数加权求和，构建了"教育综合总值"以表示人力资本存量。

胡永远以一定的折算系数对各等级的受教育年限进行加权求和，[①] 以求得的和作为人力资本指数。胡永远假设各等级的折算系数为：普通高校为2，成人高校为1.6，中等教育（不含初中）为1.4，初中为1.2，小学为1。

与崔玉平、胡永远类似，周晓、朱农选择一定的折算系数对各等级的受教育年限进行加权求和，[②] 将劳动力分为五类：文盲或半文盲、小学、初中、高中和大学。利用明瑟（Mincer）模型和1992年在湖北省进行的一次家庭户调查的数据估算出了各个等级的教育回报率（针对收入而言）：如果文盲劳动力为1，那么，具有小学文化程度的劳动力相当于1.070个文盲劳动力，具有初中、高中或大学文化程度的劳动力依次相当于1.254个、1.308个和1.634个文盲劳动力。以此作为估算人力资本的权数。

边雅静、沈利生提出用劳动者人数、[③] 劳动者受教育系数 E 和人口平均预期寿命系数 A 三者的乘积来衡量某地区的人力资本存量。通过对我国各级学校生均教育经费支出的考察，边雅静、沈利生发现，我国各级学校生均教育经费支出满足如下关系：小学生均教育经费支出：初中生均教育经费支出：高中生均教育经费支出：普通高等学校生均教育经费支出＝1:1.7:4:22，利用此比例可以赋予不同受教育程度人数不同的权重，用投入代替产出，得到第一步的数据，即按受教育加权的就业人数＝小学文化程度的就业人数＋1.7×初中文化程度的就业人数＋4×高中文化程度的就业人数＋22×普通高等文化程度的就业人数。然后，再将所得的数据做简单的转化，即可得到受教育程度系数。转化的方法为：将第一步的分地区数据分别除以它们的最小值，从而得到受教育程度系数。人口平均预期寿命系数的计算方法为：用各人口平均预期寿命除以其中的最小值。

[①] 胡永远：《人力资本与经济增长：一个实证分析》，《经济科学》2003年第1期。
[②] 周晓、朱农：《论人力资本对中国农村经济增长的作用》，《中国人口科学》2003年第6期。
[③] 边雅静、沈利生：《人力资本对我国东西部经济增长影响的实证分析》，《数量经济技术经济研究》2004年第12期。

三 人力资本丰裕系数

闫淑敏、段兴民从教育、研究与开发、健康三个方面11个变量构建了人力资本丰裕系数指标来测算人力资本。[①]

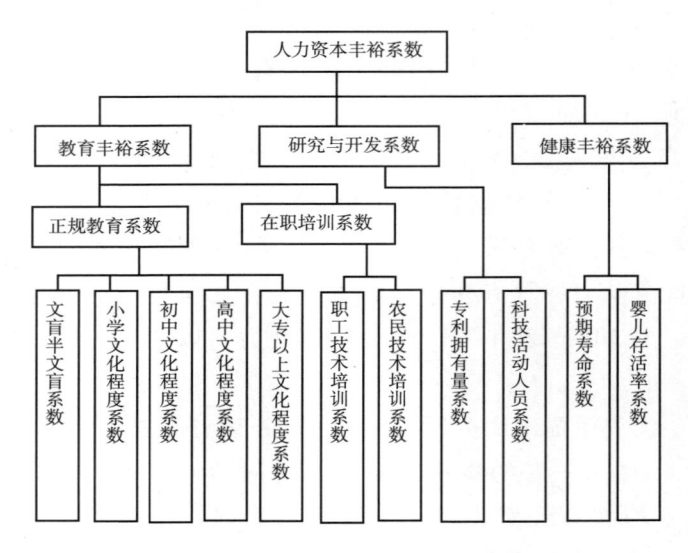

图3-1 人力资本丰裕系数框架

资料来源：闫淑敏、段兴民：《中国西部人力资本存量的比较分析》，《中国软科学》2001年第6期。

人力资本丰裕系数等于各个系数的总和。但是文中并未说明各系数如何计算，只是直接给出了各系数结果。

四 综合相对数

杨建芳、龚六堂、张庆华把教育和健康看作两种资本，[②] 人力资本由教育资本和健康资本构成，按照Cobb-Douglas生产技术组合生成构建了以下指数：

---

① 闫淑敏、段兴民：《中国西部人力资本存量的比较分析》，《中国软科学》2001年第6期。
② 杨建芳、龚六堂、张庆华：《人力资本形成及其对经济增长的影响——一个包含教育和健康投入的内生增长模型及其检验》，《管理世界》2006年第5期。

$$H = E^{\lambda}M^{1-\lambda}, \quad \lambda < 1$$

其中，H 为人力资本；E 为教育资本，用 15 岁及以上人口中具有初中及以上受教育程度的人口比例表示；M 为健康资本，用总人口死亡率的倒数表示；λ 为参数，教育资本和健康资本在生成人力资本的过程中替代弹性为 1。杨建芳、龚六堂、张庆华将上式带入 Solow 增长模型中，然后利用 1985—2000 年中国 29 个省、自治区、直辖市的经验数据对模型进行检验，利用回归结果，估算出 λ 为 0.69。

第三节 成本法

成本法是依据人力资本积累过程中的累计投入量来确定人力资本当前价值水平的方法。成本法隐含的假设是人们拥有的知识多少和能力大小主要取决于后天为获取这些知识、培养这些能力所花费投资的多少，其基本思想是：人力资本的价值等于花费于人（或劳动者）身上的相关支出的总和。

成本法最早是由 Engle 提出的。[1] Engle 将社会分为三个阶层，构建了计量人力资本的公式：

$$C_i(x) = c_i \left[1 + x + \frac{q_i(1+x)}{2} \right], \quad x < 26$$

其中，i 表示每一社会阶层，$C_i(x)$ 表示 i 阶层中年龄为 x 的人力资本，每个阶层的人出生时的成本为 c_i，每年新增成本 $c_i q_i$，同时假定，每个人在 26 岁时即被完全开发出来，由于 Engle 将社会分为三个阶层（上、中、下），故 $i = 1, 2, 3$。Engle 在研究中对 q 和 c 分别进行了赋值：$q_i = q = 0.1$，c_i 分别为 100、200、300。

Machlup F.、Nordhaus W. D.、Tobin J.、Kendricks、Eisner R. 及阵晓晨等一批学者发展和完善了成本法，其中较有代表性的是 Kendricks 和 Eisner。

运用成本法计量人力资本的核心是对人力资本投资的计量。早期的成本

---

[1] E. Engle, Der Werth des Men&Chen, 1883, 转引自 C. Dagum, D. Slottje, "A New Method to Estimate the Level and Distribution of Houshold Human Capital with Application", *Structure Charge and Economic Dynamics*, Vol. 11, 2000.

法存在一个很大的缺陷,即没有考虑到人力资本消耗的问题。将知识、技术的更新,以及人的老化等问题考虑进去,人力资本应该是不断下降的,为了解决这一问题,一些学者将物质资本的折旧概念引入人力资本中。张凡、J. W. Kendricks、孙景蔚、侯风云和钱雪亚等将测算物质资本存量的永续盘存法用于测算人力资本存量。[1]

永续盘存法由 Goldsmith 在 1951 年创立,公式为 $K_t = I_t + (1 - \gamma_t) K_{t-1}$,其中,$K_t$ 表示 t 年的物质资本存量,I_t 表示 t 年的物质投资量,γ_t 表示 t 年的折旧率。

考虑到折旧之后,人力资本的计量问题就转变成人力资本投资的计量和折旧率的估算这两个问题。

一 人力资本投资

Schultz 在《人力资本投资》中认为,[2] 人力资本投资主要包含以下五个方面:医疗和保健支出;在职培训支出;正式教育支出(包括学生上学的机会成本);非企业成人教育支出,农业技术推广支出;劳动迁移支出。

现在,一般认为广义的人力资本包括:①有形人力资本,主要指把儿童抚养到工作年龄的消费支出;②教育投资;③健康投资;④研究和发展投资。其中教育投资和健康投资构成狭义的人力资本。当前学者们在对人力资本投资进行计量时,主要是从以上四方面进行考虑。值得说明的一点是,运用教育法计量人力资本时,学者们大多是以 15—64 岁的人口为对象进行计量;在运用成本法时,从理论上看,对老人(如按教育法,则为 65 岁以上人口)的各种投资不应包含在人力资本投资中,但是,在实际计量时,很难将其从统计数据中剔除,因此,学者们在计量时大都忽略了这一点。

---

[1] 张凡:《中国的物质资本和人力资本估算》,《经济研究》2000 年第 8 期;J. W. Kendricks, "Total Capital and Economic Growth", *Atlantic Economic Journal*, 1994, Vol. 22 (1);孙景蔚:《基于损耗的人力资本估算》,《中国人口科学》2005 年第 2 期;侯风云:《中国人力资本投资与城乡就业相关性研究》,上海三联书店、上海人民出版社 2007 年版;钱雪亚、王秋实、刘辉:《中国人力资本水平再估算:1995—2005》,《统计研究》2008 年第 12 期。

[2] Schultz, T. W., "Investment in Human Capital", *American Economic Review*, Vol. 51, No. 1, Mar., 1961.

沈利生、朱运法在计量我国人力资本时,[1] 采用了教育投入的方法。认为人力资本等于各种教育水平的劳动力人数与获得该教育程度所需教育投资之积的和。

张凡使用每年净投资累计加总的方法（Aggregation over vintages）估计了 1953—1995 年中国的无形非人力资本（研究和发展投资）和人力资本存量。[2] 无形非人力资本根据历年研究和发展投资减去折旧累加而成。人力资本存量由估计的以不变价格计算的每年人力资本投资减去折旧累加而成。张凡将人力资本投资分为狭义人力资本投资和广义人力资本投资。狭义人力资本投资包括教育资金、文艺支出、卫生支出等。广义人力资本投资包括狭义人力资本投资，再加上把儿童抚养到 15 岁所花费的消费支出。计算时采取 1995 年不变价格。

孙景蔚、王焕祥认为人力资本投资可用如下公式表示:[3] $LI_t = EI_t + TI_t + SI_t$，其中 LI_t、EI_t、TI_t 和 SI_t 分别表示 t 时期的人力资本投资、教育投资、职业培训投资和卫生保健投资，并根据我国国情和统计数据，指出我国每年人力资本投资 = t 时期的全国教育经费支出 + t 时期的全国卫生总费用。

侯风云从考虑折旧与不考虑折旧两方面计量了我国人力资本存量。[4] 侯风云认为形成人力资本的途径包含教育投入、文化投入、科研投入、医疗保健投入、"干中学"和就业迁移等，在实际估算我国人力资本时，包括：人力资本公共投资（用财政支出中"文教文生事业费"代替）、城乡居民个人投资（农村人均医疗保健支出和文体教育娱乐服务支出数×农村人口+城市人均医疗保健支出和文教体育娱乐服务支出数×城市人口）、科学研究经费（用"科技经费内部支出"代替）、人力资本公共投资和个人直接投资所产生的机会成本（前三项之和×当年的利率水平）、劳动力因受教育而失去的个人收入总额和由于在受教育期间未能给社会创造利税的机会损失

---

[1] 沈利生、朱运法：《人力资本与经济增长分析》，社会科学文献出版社 1999 年版。
[2] 张凡：《中国的物质资本和人力资本估算》，《经济研究》2000 年第 8 期。
[3] 孙景蔚、王焕祥：《长三角经济区人力资本状况比较研究》，《经济地理》2006 年第 1 期。
[4] 侯风云：《中国人力资本投资与城乡就业相关性研究》，上海三联书店、上海人民出版社 2007 年版。

$\left(\dfrac{\text{当年 GDP} \times 89\%}{\text{当年劳动力数量}} \times \text{当年高中、大学在校生人数}\right)$。侯风云的做法与其他运用成本法的学者有所不同，不仅考虑了形成人力资本的各项支出，而且将各项支出的机会成本以及劳动者的时间成本等因素也纳入了计量范围。

表3-5为侯风云计量的我国人力资本存量，文中使用的折旧率为9.98%。从绝对量上看，不考虑折旧时，我国人力资本存量从1978年的2322.21亿元提高到2001年的40989.93亿元，提高了38667.72亿元；考虑折旧时，我国人力资本存量从1978年的2090.45亿元提高到2001年的36899.13亿元，提高了34808.68亿元。虽然从绝对量上看，考虑折旧的人力资本存量比不考虑折旧的人力资本存量要略低，但是由于采用的折旧率是固定不变的，二者的增长率是完全一致的。表3-5也给出了人力资本存量的增长率，增长率主要分布在［8.78%，21.41%］，年均增长率为13.29%。

表3-5 1978—2001年中国人力资本存量

单位：亿元，%

年份	人力资本存量 不考虑折旧	人力资本存量 考虑折旧	人力资本存量增长率	年份	人力资本存量 不考虑折旧	人力资本存量 考虑折旧	人力资本存量增长率
1978	2322.21	2090.45	—	1990	8597.65	7739.60	11.14
1979	2556.72	2301.56	10.10	1991	9506.69	8557.92	10.57
1980	2825.58	2543.59	10.52	1992	10656.22	9592.73	12.09
1981	3073.65	2766.90	8.78	1993	12542.98	11291.19	17.71
1982	3403.21	3063.57	10.72	1994	15228.02	13708.27	21.41
1983	3709.20	3339.02	8.99	1995	18134.99	16325.12	19.09
1984	4100.57	3691.34	10.55	1996	21193.90	19078.75	16.87
1985	4629.92	4167.85	12.91	1997	23933.69	21545.11	12.93
1986	5192.11	4673.94	12.14	1998	27394.63	24660.65	14.46
1987	5801.82	5222.80	11.74	1999	31076.93	27975.46	13.44
1988	6706.37	6037.05	15.59	2000	35606.30	32052.79	14.57
1989	7736.04	6963.98	15.35	2001	40989.93	36899.13	15.12

资料来源：侯风云：《中国人力资本投资与城乡就业相关性研究》，上海三联书店、上海人民出版社2007年版。

二 折旧率

Kendricks 和 Eisner 的工作使得成本法日趋完善，[①] 二者的突出贡献在于对人力资本折旧率的处理。Kendricks 采用改进后的双倍余额递减法（用直线法折旧率的两倍作为固定的折旧率乘以逐年递减的固定资产期初净值，得出各年应提折旧额的方法），而 Eisner 则采用了直线法。

孙景蔚等假设人力资本的损耗来自技术过时和人体衰老所导致的人力资本存量减值和人力资本投资效率损失所造成的损失，[②] 劳动者日常生活消费中的教育和卫生保健支出是为了弥补自身人力资本损耗所进行的"维护"支出，目的是为了维持劳动者自身人力资本的正常生产能力。与人力资本投资行为相比，人力资本损耗的补偿强调日常性、连续性，其支出是劳动者日常生活费用的一部分，因此，孙景蔚等用这一部分费用间接地衡量人力资本损耗，即：第 t 期人力资本损耗 = 第 t 期劳动者日常生活消费支出中的教育和卫生保健支出，折旧率 = t 时期的人力资本损耗除以 t 时期的人力资本存量。根据我国国情和统计数据，孙景蔚等指出第 t 期的人力资本损耗 = t 时期劳动者日常生活消费支出中的教育和卫生保健支出 = t 时期农村人均教育和卫生保健消费支出 × t 时期农村经济活动人口 + t 时期城镇家庭人均教育和卫生保健消费支出 × t 时期城镇经济活动人口。

侯风云假设人力资本的形成年数为 44 年，[③] 折旧年数为 21 年（45—65 岁），则：

$$人力资本折旧率 = \frac{每年折旧量}{折旧年数} \times 100\%$$

$$= \frac{人力资本的形成年数/折旧年数}{折旧年数} \times 100\% = 9.98\%$$

钱雪亚等根据几何递减效率模式确定了人力资本折旧率，[④] 假设人力资

[①] J. W. Kendricks, *The Formation and Stock of Total Capital*, Columbia University Press, New York, 1976.

[②] 孙景蔚：《基于损耗的人力资本估算》，《中国人口科学》2005 年第 2 期。

[③] 侯风云：《中国人力资本投资与城乡就业相关性研究》，上海三联书店、上海人民出版社 2007 年版。

[④] 钱雪亚、王秋实、刘辉：《中国人力资本水平再估算：1995—2005》，《统计研究》2008 年第 12 期。

本的寿命期为 T，残值率为 S，那么折旧率 = $1 - S^{1/T}$。钱雪亚等最终估算出折旧率为 5.14%（用 65 岁以上劳动在业人口占 65 岁以上总人口比率作为人力资本的残值率）。

表 3-6 为钱雪亚等测算的我国人力资本存量，折旧率取 5.14%。1995 年，我国人均人力资本存量为 1395 元，2005 年为 3830 元，提高了 2435 元，年均增长率 10.63%；1995 年我国人力资本存量为 1.13 万亿元，2005 年为 3.57 万亿元，提高了 2.44 万亿元，年均增长率 12.19%。

表 3-6 1995—2005 年中国人力资本

单位：元，万亿元

年份	人均人力资本存量	人力资本存量	年份	人均人力资本存量	人力资本存量
1995	1395	1.13	2001	3464	3.08
1996	1476	1.21	2002	3698	3.35
1997	1898	1.59	2003	4302	3.96
1998	1979	1.69	2004	4578	4.29
1999	2190	1.89	2005	3830	3.57
2000	3224	2.86			

资料来源：钱雪亚、王秋实、刘辉：《中国人力资本水平再估算：1995—2005》，《统计研究》2008 年第 12 期。

比较表 3-5 和表 3-6，从绝对量来看，侯风云和钱雪亚的差异是显而易见的，根据侯风云的结果，1995 年我国考虑折旧后的人力资本存量为 16325.12 亿元，而钱雪亚的结果为 11300 亿元，二者相差了 5025.12 亿元，2001 年，侯风云考虑了折旧之后得出我国当年的人力资本存量为 36899.13 亿元，而钱雪亚的结果为 30800 亿元，相差了 6099.13 亿元；从相对量来看，根据侯风云的计量结果可得，1995—2001 年我国人力资本存量的年增长率为 14.56%，根据钱雪亚的计量结果，1995—2001 年我国人力资本存量的年增长率为 18.19%，二者相差了 3.63 个百分点。由于对人力资本投资范围界定的不同和折旧率的不同，虽然都是运用成本法，但是仍然会产生较大差异。

第四节 收益法

收益法认为人们收益的多少取决于其拥有的人力资本水平的高低。收益法可分为收入法和未来收益法。未来收益法是最早测量人力资本的方法，其基本思想是：人力资本的货币价值等于每年预期收益的现值之和。与未来收益法相比，收入法最大的区别就在于以劳动者当期的收入为基础作为计量人力资本的指标，其结果并不依赖于对劳动者未来收益的计量。未来收益法在国外得到了广泛推广，但在国内少有学者使用。

一 未来收益法

未来收益法的思想最早源于 William Petty。[①] Petty 估算了当时英国的国民收入（4200万英镑）和财产收入（土地租金800万英镑、利润800万英镑），将二者之差作为人力资本，并以永续不变的利率5%贴现，由此估计得到人力资本总值为52000万英镑，人均80英镑。

在 Petty 之后，Farr W., Wittstein T., Marshall. A., Nicholson J. S., Barriol A., de Foville A. 及 Fisher I. 等学者对收益法做了完善。1930年，L. I. Dublin 和 A. Lotka 发表了一本对收益法具有深远影响的著作——*The Money Value of Man*。

L. I. Dublin 和 A. Lotka 对收益法提出了比较明确的概念，[②] 指出年龄为 a 的净人力资本（the net value）的估计式为：

$$HC(a) = \sum_{x=a}^{\infty} \frac{[Y(x) - C(x)]E(x)P(a,x)}{(1+r)^{x-a}}$$

其中，$Y(x)$ 为 x 岁人的年收入，$C(x)$ 为 x 岁人的年支出，$E(x)$ 为 x 岁人的就业率，$P(a,x)$ 为年龄为 a 的人活到 x 的概率。

令 $C(x)=0$，即得到不考虑支出时的人力资本（the gross value）估计

[①] W. Petty, Political Arithmetick, 1690, 转引自 C. Dagum, D. Slottje, "A New Method to Estimate the Level and Distribution of Household Human Capital With Application", *Strcture Charge and Economic Danamics*, Vol. 11. 2000.

[②] L. I. Dublin and A. Lotka, *The Money Value of Man*, Ronald, New York, 1930.

式为：

$$HC(a) = \sum_{x=a}^{\infty} \frac{Y(x)E(x)P(a,x)}{(1+r)^{x-a}}$$

Dale W. Jorgenson 和 Barbara M. Fraumeni 为了评估人力资本和非人力资本对美国经济增长的影响，[①] 估算了美国 1948—1984 年的人力资本存量和非人力资本存量。Jorgenson 和 Fraumeni 的突出贡献在于设计了一个实用性很强的模型和将非市场劳动报酬考虑进人力资本，将完全劳动报酬 (full labor income) 定义为市场劳动和非市场劳动的税后报酬总和。Jorgenson 和 Fraumeni 设计的模型如下：

$$HK_a^e = W_a^e Y_a^e + HK_{a+1}^e S_{a,a+1}/(1+r) + \sum_{j \in E} \sum_{t \in T} E_a^{jt} L_{a+t}^a W_{a+t}^e HK_{a+t}^e /(1+r)^t$$

其中，HK_a^e 表示年龄为 a 受教育水平为 e 的人力资本存量，W_a^e 表示年龄为 a 受教育水平为 e 的人口就业率，Y_a^e 表示年龄为 a 受教育水平为 e 的人口的年均收入，$S_{a,a+1}$ 表示年龄为 a 的人继续生存一年的概率，r 表示人力资本折现率，E 表示所有受教育水平集合，T 表示每一个属于 E 的教育水平的受教育年限的集合，E_a^{jt} 是年龄为 a、接受 j 教育水平的第 t 年教育的人口数占年龄为 a 的总人口的比率，L_{a+t}^a 是年龄为 $a+t$ 的人口劳动参与率。

表 3-7 为 Jorgenson 和 Fraumeni 估算的 1948—1984 年美国劳动年龄人口的完全劳动报酬。在之前我们已经提到 Jorgenson 和 Fraumeni 的突出贡献之一就在于将非市场劳动的收入考虑进人力资本。非市场劳动报酬是劳动年龄人口用于家庭生产、休闲及有利于提高人力资本活动的时间机会成本。从表 3-7 可以看到，将非市场劳动报酬纳入劳动报酬之后，对劳动报酬的影响是非常大的，1948—1984 年，美国非市场劳动报酬对完全劳动报酬的贡献率一直都在 80% 以上。在研究中，Jorgenson 和 Fraumeni 按照 2% 的增长率对收入进行调整，按 4% 的贴现率进行贴现。表 3-8 为 1949—1984 年美国人力资本水平，按当年价计量，1949 年美国人力资本为

[①] Dale W. Jorgenson and Barbara M. Fraumeni, "The Accumulation of Human and Nonhuman Capital, 1948-84", in: Robert E. Lipsey and Helen Stone Tice, *The Measurement of Saving, Investment, and Wealth*, the *National Bureau of Economic Research*, University of Chicago Press, 1989.

155367亿美元，1984年为1938292亿美元，提高了1782925亿美元，年均增长率7.48%；按不变价计量（以1982年价格为标准），1949年美国人力资本为916890亿美元，1984年为1711214亿美元，提高了794324亿美元，年均增长率1.80%。

表3-7 1948—1984年美国完全劳动报酬（当年价格）

单位：十亿美元，%

年份	完全劳动报酬	市场劳动报酬	非市场劳动报酬	市场劳动报酬占比	非市场劳动报酬占比
1948	884.2	151.4	732.8	17.1	82.9
1949	940.5	155.2	785.3	16.5	83.5
1950	1000.5	168.9	831.7	16.9	83.1
1955	1375.4	233.9	1141.5	17.0	83.0
1960	1852.8	302.7	1550.1	16.3	83.7
1965	2500.2	398.1	2102.1	15.9	84.1
1970	3756.1	613.4	3142.6	16.3	83.7
1975	5864.1	959.7	4904.4	16.4	83.6
1980	8858.3	1593.9	7264.4	18.0	82.0
1981	9583.9	1733.5	7850.4	18.1	81.9
1982	10325.4	1812.4	8513.1	17.6	82.4
1983	11055.7	1937.9	9117.8	17.5	82.5
1984	11840.4	2126.3	9714.1	18.0	82.0

资料来源：Dale W. Jorgenson and Barbara M. Fraumeni, "The Accumulation of Human and Nonhuman Capital, 1948-84", in: Robert E. Lipsey and Helen Stone Tice, *The Measurement of Saving, Investment, and Wealth*, the National Bureau of Economic Research, University of Chicago Press, 1989, Vol.52。

Jorgenson和Fraumeni将其计量的美国人力资本与Kendricks的结果进行了比较，[1]如表3-9所示。Kendricks在计量时采用的是成本法，而Jorgenson和Fraumeni采用的是未来收益法，可以清楚地看到两种方法在计量结果上的差异。从当年价看，Jorgenson和Fraumeni的计量结果是Kendricks的14.64—16.67倍。为了便于比较，Jorgenson和Fraumeni将两种

---

[1] J. W. Kendricks, *The Formation and Stock of Total Capital*, Columbia Vniversity Press, New York, 1976.

结果均换算成了以 1958 年的价格表示。换算成不变价之后，Jorgenson 和 Fraumeni 的计量结果是 Kendrick 的 13.15—18.68 倍。两种价格下并没有太大差别，因此我们认为价格并不是导致二者结果不同的主要原因。

表 3-8　1949—1984 年美国人力资本水平

单位：十亿美元

年份	人力资本 当年价	人力资本 不变价	年份	人力资本 当年价	人力资本 不变价	年份	人力资本 当年价	人力资本 不变价
1949	15536.7	91689.0	1961	31551.9	115910.1	1973	80686.5	146113.0
1950	16512.9	93314.3	1962	32971.7	118390.3	1974	87523.0	148492.6
1951	17687.9	95024.7	1963	34056.3	120934.3	1975	95046.5	151071.3
1952	18618.4	96789.4	1964	37187.6	123489.4	1976	103214.4	153376.0
1953	20372.5	98603.6	1965	40171.4	125992.3	1977	110041.7	155791.4
1954	21574.4	100472.2	1966	43886.3	128423.9	1978	122024.2	157858.0
1955	21904.1	102441.8	1967	47137.4	130911.8	1979	136287.5	159991.9
1956	23209.8	104468.7	1968	50331.7	133470.4	1980	142516.4	162424.8
1957	25417.2	106624.7	1969	54184.1	136048.7	1981	154259.9	164751.3
1958	27737.3	108833.5	1970	60722.1	138650.8	1982	166990.4	166990.4
1959	28174.9	111134.8	1971	67478.3	141342.5	1983	179555.3	169120.6
1960	29603.6	113506.4	1972	71999.6	143901.4	1984	193829.2	171121.4

资料来源：Dale W. Jorgenson and Barbara M. Fraumeni, "The Accumulation of Human and Nonhuman Capital, 1948-84", in: Robert E. Lipsey and Helen Stone Tice, *The Measurement of Saving, Investment, and Wealth*, *the National Bureau of Economic Research*, University of Chicago Press, 1989。

表 3-9　不同方法估算的美国人力资本比较

单位：十亿美元，倍

年份	当年价 Jorgenson 和 Fraumeni	当年价 Kendricks	当年价 比率	不变价（1958 年）Jorgenson 和 Fraumeni	不变价（1958 年）Kendricks	不变价（1958 年）比率
1949	15536.7	938.9	16.55	23214.7	1242.9	18.68
1950	16512.9	991.3	16.66	23576.8	1280.5	18.41
1951	17687.9	1097.7	16.11	24051.8	1322.2	18.19
1952	18618.4	1172.6	15.88	24412.9	1366.9	17.86
1953	20372.5	1236.8	16.47	25051.4	1413.3	17.73
1954	21574.4	1294.4	16.67	25551.2	1460.0	17.50

续表

年份	当年价 Jorgenson 和 Fraumeni	Kendricks	比率	不变价(1958年) Jorgenson 和 Fraumeni	Kendricks	比率
1955	21904.1	1364.2	16.06	26061.8	1509.9	17.26
1956	23209.8	1462.7	15.87	26510.7	1565.6	16.93
1957	25417.2	1576.8	16.12	27104.6	1623.7	16.69
1958	27737.3	1682.6	16.48	27737.3	1682.6	16.48
1959	28174.9	1786.9	15.77	28285.0	1744.7	16.21
1960	29603.6	1901.4	15.57	28928.2	1615.1	17.91
1961	31551.9	2012.8	15.68	29594.3	1888.4	15.67
1962	32971.7	2137.4	15.43	30263.3	1962.5	15.42
1963	34056.3	2273.0	14.98	30927.5	2041.9	15.15
1964	37187.6	2423.9	15.34	31751.5	2126.8	14.93
1965	40171.4	2594.4	15.48	32465.6	2218.8	14.63
1966	43886.3	2818.7	15.57	33172.9	2323.4	14.28
1967	47137.4	3049.7	15.46	33838.9	2434.0	13.90
1968	50331.7	3344.4	15.05	34494.0	2550.1	13.53
1969	54184.1	3699.9	14.64	35164.9	2674.4	13.15

资料来源：Dale W. Jorgenson and Barbara M. Fraumeni, "The Accumulation of Human and Nonhuman Capital, 1948–84", in: Robert E. Lipsey and Helen Stone Tice, *The Measurement of Saving, Investment, and Wealth, the National Bureau of Economic Research*, University of Chicago Press, 1989, Vol. 52。

在 Jorgenson 和 Fraumeni 之后，一批学者对其设计的模型不断进行调整简化，当代学者一般选择使用其模型的简化形式：

$$HK_a^e = W_a^e Y_a^e + HK_{a+1}^e S_{a,a+1}(1+g)/(1+r)$$

其中，g 表示收入增长率。多数学者将 r 取为 6%。

柏培文参考 Baruch Lev. 教授发明的方法：[①] 假设物质资本获得营业利润，人力资本获得工资收入，工资收入分为两部分——一部分补偿人力资本折旧，另一部分为人力资本收益，人力资本收益率与物质资本的利润率相同，由此便有，人力资本存量 = $B/(\gamma + \dfrac{R}{K})$，其中，$B$ 表示劳动者报酬，γ、R 和 K 分别表示人力资本折旧率、营业利润和物质资本存量。

[①] 柏培文：《中国劳动力人力资本水平估算：1989—2007》，《教育与经济》2010 年第 2 期。

二 收入法

Casey B. Mulligan 和 Xavier Salia‐I‐Martin 提出了一种将教育与劳动力收入相结合的测量人力资本的方法（Labor Income‐Based Human Capital, LIHK）。[①] 将劳动力按受教育程度分为 7 类：没有受过教育，0—4 年小学教育，5—8 年小学教育，1—3 年中学教育，中学毕业，1—3 年大学教育，大学毕业及以上。为了方便各经济体进行比较，LIHK 假设：没有受过任何教育的劳动者在任何经济体、任何时点上具有相同的人力资本，并以这样的劳动者所具有的人力资本作为人力资本的计量单位（称为单位人力资本）。虽然在不同的经济体、不同的时刻下单位人力资本是相同的，但是，单位人力资本的收入不一定是相同的。在不同的经济体中，即便人力资本相同，劳动者的收入也不一定相同，但是，在同一经济体中，工资的差异便代表了人力资本的差异，工资的相对差异即代表了人力资本的相对差异。因此，只要确定了经济体中单位人力资本的工资就能够估算出每个劳动者的人力资本。用社会平均工资与单位人力资本工资的比率作为平均人力资本的方法被称作 LIHK 法。构建的模型如下：

$$H_i(t) = \int_0^\infty \theta_i(t,s) \eta_i(t,s) ds$$

其中，$H_i(t)$ 为第 i 经济体的第 t 年平均人力资本存量，$\eta_i(t,s) = \dfrac{N_i(t,s)}{N_i(t)}$ 为第 i 个经济体中拥有 s 年教育的个体占全体人员的比重，$N_i(t,s)$ 和 $N_i(t)$ 分别表示第 t 年拥有 s 年教育的人数和总劳动者人数，$\theta_i(t,s)$ 为效率参数，$\theta_i(t,s) = \dfrac{w_i(t,s)}{w_i(t,0)}$，$w_i(t,s)$，$w_i(t,0)$ 分别表示接受 s 年和 0 年教育的个体的工资水平。

LIHK 法的关键在于估算单位人力资本工资（未受过教育的劳动力的工资），估算时主要有两种方法：第一种方法，直接用统计数据中未受过教育

[①] C. B. Mulligan and X. Salia‐I‐Martin, "A Labor Income‐based Measure of the Value of Human Capital: An Application to the States of the United States", *Japan and the World Economy*, 1997 (9).

的劳动者的工资作为单位人力资本工资;第二种方法,运用 Mincer Wage Regression 方程,① 对劳动力的工资数据进行回归,取其常数项作为单位人力资本的工资。Mulligan 和 Martin 在研究中采用的是第二种方法。②

Koman 和 Marin 与 Casey B. Mulligan 和 Xavier Salia – I – Martin 的做法有些类似,③ 也考虑到了不同受教育水平劳动力的工资效率问题,但是他们在对人力资本和效率参数计量模型的构造上截然不用。Koman 和 Marin 的人力资本和效率参数计量模型如下:

$$\ln\left(\frac{H}{L}\right) = \sum_s w_s \ln[P(s)]$$

$$w_s = e^{\gamma s} L(s) / \sum_s e^{\gamma s} L(s)$$

其中,H 表示人力资本存量;L 表示劳动力总人数;$L(s)$ 表示受过 s 年教育的人数;$P(s) = L(s)/L$;w_s 为效率参数,表示拥有 s 年教育的劳动力市场工资占所有劳动力的市场工资的比率;γ 可由方程 $\ln[w(s)] = a + \gamma s + u$ 求出。各个国家的情况不同,回归得出的 γ 也会不同。

Mulligan 和 Martin、Koman 和 Marin 的研究只考虑了受教育年限对收入的影响,④ 实际上,劳动力在工作中积累的经验也会对其收入产生较大影响,为了弥补之前研究的缺陷,Laroche 和 Mérette 对 KM 模型进行了改进,具体模型如下:

$$\ln\left(\frac{H}{L}\right) = \sum_s \sum_a w_{s,a} \ln(P_{s,a})$$

---

① Mincer Jacob, "Schooling Enperience and Earnings", NBER Working Paper, No. 0167, 1974.

② Casey B., Mulligan and Xavier Salia – I – Martin, "A Labor Income – Based Measure of the Value of Human Capital: An Application to the States of the United States", NBER working Paper, No. 5018, 1995.

③ Koman and Marin, *Human Capital and Macroeconomic Growth: Austria and Germany 1960 – 1997: An Update*, Vienna: Institute for Advance Studies, 1997; C. B. Mulligan and X. Sala – i – Martin, "A Labor Income – based Measure of the Value of Human Capital: An Application to the States of the United States", *Japan and the World Economy*, 1997 (9).

④ Mulligan and Martin, 1995; Koman and Marin, *Human Capital and Macroeconomic Growth: Austria and Germany 1960 – 1997: An Update*, Vienna: Institute for Advance Studies, 1997; C. B. Mulligan and X. Sala – I – Martin, "A Labor Income – based Measure of the Value of Human Capital: An Application to the States of the United States", *Japan and the World Economy*, 1997 (9); Mireille Laroche and Marcel Mérette, *Measuring Human Capital In Canada*, Working Papers – Department of Finance Canada with Number 2000 – 05, 2000.

$$w_{s,a} = \frac{e^{\sum_i (\gamma_i s + \beta_i x - a_i x^2)} \varphi_{i,a} L_{s,a}}{\sum_s \sum_a e^{\sum_i (\gamma_i s + \beta_i x - a_i x^2)} \varphi_{i,a} L_{s,a}}$$

其中，H 表示人力资本存量，L 表示劳动力总人数，a 表示年龄，i 表示性别，s 表示受过 s 年教育，$w_{s,a}$ 表示年龄为 a、受过 s 年教育的劳动力的效率参数，φ 表示男女各自所占比率，x 表示工作年限，$x = a - s - 6$，由于男女在收入函数上会有所差别，分别构造其收入函数 $\ln w_i(s,x) = a_i + \gamma_i s + \beta_i x - a_i x^2 + u$，由此便可求出 γ_i、a_i 和 β_i。

国内学者很少有人使用收益法，朱平芳和徐大丰是其中的代表。

在 Casey B. Mulligan 和 Xavier Salia – I – Martin 研究的基础上，[1] 朱平芳和徐大丰对 LIHK 法进行了拓展，[2] 二者的做法与 Casey B. Mulligan 和 Xavier Salia – I – Martin 大体一样。朱平芳和徐大丰将 LIHK 法的假设进一步放宽，假设经济体中的单位人力资本不仅没有受过任何教育，而且也没有任何工作经历，单位人力资本只具备一些生产活动所需要的最基本素质。

假设生产函数为 $Y = K^{1-\beta}(AH)^\beta$，其中 Y、K、H、A 分别代表了产出、物质资本、人力资本、技术水平。人力资本总量与劳动力总量的关系为：$H = hL$，其中 L 和 h 分别表示劳动力总量和人力资本的平均拥有量（劳动力素质）。根据要素报酬的边际生产力决定理论，劳动者的工资取决于其边际生产力，由此，人力资本为 h（劳动力素质为 h）的劳动者的工资 $w(h) = \beta K^{1-\beta}(Ah)^\beta L^{\beta-1} = \beta k^{1-\beta}(Ah)^\beta$，$k$ 为人均物质资本，设单位人力资本为 1，由单位人力资本形成的经济体所对应的技术水平为 A_1，人力资本 h 对应的技术水平为 A_h，A_1、h 和 A_h 满足如下关系：$A_h = hA_1$，那么，$\frac{w(h)}{w(1)} = \frac{\beta k^{1-\beta}(Ah)^\beta}{\beta A_1^\beta k^{1-\beta}} = h^{2\beta}$，即 $h = [w(h)/w(1)]^{1/2\beta}$ (*)，只需求出 $w(1)$ 便可估算人力资本。定义单位人力资本的效率工资 $w(1)^* = \frac{w(1)}{A_1^\beta} = \frac{\beta A_1^\beta k^{1-\beta}}{A_1^\beta} = \beta k^{1-\beta}$，带

---

[1] C. B. Mulligan and X. Salia – I – Martin, "A Labor Income – based Measure of the Value of Human Capital: an Application to the States of the United States", *Japan and the World Economy*, 1997 (9).

[2] 朱平芳、徐大丰：《中国城市人力资本的估算》，《经济研究》2007 年第 9 期。

入（*）式可得：$h = A_1^{-1/2}[w(h)/w(1)^*]^{1/2\beta}$，把 $A_1^{-1/2}$ 与单位人力资本一起看作是测量人力资本的单位，故人力资本的估算为 $h_e = [w(h)/w(1)^*]^{1/2\beta}$。取 $w(h)$ 为劳动者的平均工资，即可得到人力资本指数。朱平芳和徐大丰运用此法测量了我国的城市人力资本。①

柏培文运用各种方法测算了我国 1989—2007 年的人力资本水平（见表 3-10）。② 从总体趋势来看，五种方法均显示我国人力资本是不断上升的，

表 3-10 不同方法计量的中国人力资本水平

年份	教育年限法（万人·年）	人力资本 = $e^{\rho y_t}$	成本法（1978年价格,亿元）	未来收益法（1978年价格,亿元）	收入法
1989	374024.00	108776.70	—	—	55329.00
1990	442236.00	128190.60	—	26119.15	62543.12
1991	453198.00	130831.83	—	27713.86	65536.01
1992	463726.00	133347.05	—	28774.42	73157.26
1993	473669.00	135751.07	—	32945.47	71529.42
1994	484327.00	138304.91	—	37326.86	73928.59
1995	494833.00	140817.28	2847.07	43335.30	71222.78
1996	503335.00	143076.81	3048.63	48995.36	70162.55
1997	524348.00	147956.82	4006.05	56041.82	68154.07
1998	532603.00	150137.88	4258.00	63676.08	72375.60
1999	544736.00	153118.76	4761.91	68615.29	77172.48
2000	567669.00	158435.25	7205.85	73551.89	82004.46
2001	592963.00	164482.12	7760.14	82205.79	87804.36
2002	601718.00	166758.29	8440.41	89118.91	93389.49
2003	618530.00	170867.08	9977.32	96562.52	109279.25
2004	636192.00	175239.08	10808.77	75379.91	124304.71
2005	621765.00	172160.65	8994.71	88545.55	126206.39
2006	631828.00	174684.71	—	98945.60	131110.10
2007	645176.00	177980.78	—	111229.76	136354.65

注：关于原始计算中相关参数的说明：调整过的教育年限法中 $\rho = 0.1$；收入法中以1989年为基期，即以1989年的人均人力资本存量为单位人力资本存量；成本法中，折旧率 = 5.14%；未来收益法中，人力资本存量 = $B/(\gamma + \frac{R}{K})$，其中，B 表示劳动者报酬，γ、R 和 K 分别表示人力资本折旧率、营业利润和物质资本存量，折旧率 = 8%。

资料来源：柏培文：《中国劳动力人力资本水平估算：1989—2007》，《教育与经济》2010年第2期。

---

① 朱平芳、徐大丰：《中国城市人力资本的估算》，《经济研究》2007年第9期。
② 柏培文：《中国劳动力人力资本水平估算：1989—2007》，《教育与经济》2010年第2期。

但是从细节来看，五种方法估算的结果存在一定的不一致性。首先，在个别年份上，五种方法的结论有所相悖。例如，教育年限法和历史成本法估算的结果显示 2005 年我国人力资本有所下降，但是收入法和未来收益法的结果是上升的，类似的结果还出现在 1989 年、1993 年、1995 年、1996 年和 1997 年等年份。其次，就我国人力资本的增长速度而言，1989—2007 年，教育年限法和调整过的教育年限法显示我国人力资本的提升速度较为缓慢，年增长率分别为 3.08% 和 2.77%，但是未来收益法的结果达到了 8.90%；历史成本法与教育年限法的差距更大，1995—2005 年，调整过的教育年限法显示我国人力资本的年增长率只有 2.77%，但是历史成本法显示有 12.19%。另外值得一提的是，在前面的研究中我们已经知道，Jorgenson、Fraumeni 和 Kendrick 的计量结果显示未来收益法计量的美国人力资本是成本法的 13.15—18.68 倍，将我国成本法与未来收益法的结果进行比较，二者的差异是显而易见的，经过计算，未来收益法计量的我国人力资本是成本法的 9.67—16.07 倍，从这里我们可以再次清楚地看到未来收益法和成本法在结果上的差异。

自 1995 年以来，世界银行对各国总财富进行估算时引入了人力资本存量的内容，运用未来收益法对人力资本进行计量，世界银行估算人力资本的具体方法（1996 年版）如下所述。

（1）估算计量时点社会人口的平均生存剩余年限，假设人们在 65 岁以上不再参加工作。设平均生存剩余年限为 n 年，则：

$$n = \{[\min(男性预期寿命,65) - (0—14 岁男性人口的平均年龄)] \times (0—14 岁男性人口数) + [\min(女性预期寿命,65) - (0—14 岁女性人口的平均年龄)] \times (0—14 岁女性人口数) + [\min(男性预期寿命,65) - (15—64 岁男性人口的平均年龄)] \times (15—64 岁男性人口数) + [\min(女性预期寿命,65) - (15—64 岁女性人口的平均年龄)] \times (15—64 岁女性人口数)\}/(0—64 岁总人口)$$

说明：世界银行在实际计算时，假设人口年龄是均匀分布的，即 0—14 岁男、女性人口的平均年龄为 7 岁，15—64 岁男、女性人口的平均年龄为 39.5 岁。

（2）估算时点社会人口在生存余年中所能赚取的未来收入现值：

$$Y = \sum_{t=1}^{n} G/(1+r)^t$$

说明：在世界银行 1995 年版本中，G 表示国民生产净值 NNP 的绿色指标 NNP′（NNP′ = NNP - 以商业为目的的林木、金属和矿石的开采价值），r 为贴现率；为了避免资本的重复核算，同时，考虑到农村土地资本和城市土地资本在经济增长中所发挥的作用有很大的差别，故在 1996 年的版本中 G = 农业 GNP × 45% + 非农业 GNP - 地下资源使用的经济租金。

（3）估算人力资本的价值

$$人力资本存量的价值 = Y - P - L(城市)$$

其中，Y、P 和 L 分别表示估算时点社会人口在生存余年中所能赚取的未来收入现值、计量时点人造资本价值的现值和城市土地资本价值的现值。

在进行国际对比换算时，1995 年的版本采用汇率调整法，1996 年的版本采用购买力平价法。

第五节 简单评述

一 教育法

用教育法计量人力资本最大的优点在于数据简单易得、计算简便，可操作性强，但是，运用教育法也有很大的缺陷：第一，学历是从投入的角度来看劳动力，高投入是否就意味着高产出，这个问题有待商榷，举一个反例，中国人为学习英语花费了大量的时间，可是高投入并没有换来高产出，用投入衡量产出，缺乏理论支撑，并不完全具有说服力；第二，用教育年限直接估计人力资本时有一个假定前提，即人力资本存量与受教育年限呈线性关系，可事实上这一关系并不成立，小学一年与大学一年对人力资本的影响是不同的，一般来说，高等教育的效用应该是多倍于低等教育的，从前文中我们可以看到，当前很多学者为了解决这一问题，使用最多的方法是用权数对每一水平的受教育年限进行调整，但究竟该选择怎样的权数，并没有达成共识，计量的结果会因权数的选择而产生很大的不同；第三，人力资本是蕴藏在人身上的知识、技术、能力和健康等质量因素的总和，单从教育的角度来衡量人力资本是不全面的。

二 成本法

与教育法相比，成本法的优点更多，主要表现在：第一，成本法最大的优点在于其与目前会计核算方法相统一，从而能方便与固定资产（物质资本）核算方法相统一，可以对资本存量进行比较；第二，人力资本存量的形成必须建立在投入的基础上，用成本法计量人力资本符合其内涵——蕴藏在人身上的知识、技术、能力和健康等质量因素的总和，成本法克服了教育法从单一角度衡量人力资本的缺点。

成本法的缺点也是很明显的，归结起来主要存在以下问题。

第一，与教育法一样，成本法也是从投入的角度衡量人力资本，且其只考虑了人口的后天因素，事实上，人力资本形成过程不仅与投入有关，还取决于形成人力资本主体的"能动性"，我们常常看到，初始经历相同的人，最后的能力却有很大的差异，主要原因就是每个人的能动性不同。

第二，人力资本的专用性问题，很多人力资本都具有专用性，在某一行业所学技能可能在其他行业难以使用，用成本法进行计量时这一问题难以解决，会导致高估人力资本。

第三，与固定资产不同，人力资本与人捆绑，难以把一部分形成的人力资本在市场单独出售，对于企业的固定资产而言，如果这一部分固定资产对企业没有效用了，企业可以出售，若企业过一段时间再需要，可以通过市场再购买，因而市场可以自动把资本配置到能发挥效力的地方。但人力资本不同，一个人难以通过市场把一部分形成的但不再使用的人力资本销售出去，这一问题也可能会导致成本法高估了人力资本的存量。

第四，人力资本投入难以完全核算。对于固定资本的核算是较为清楚的，但对于人力资本的核算是较为模糊的，例如，本科毕业生过一段时间工资上涨的原因可以用人力资本上升来解释，但与刚毕业的学生相比，所受教育已经有所折旧；人力资本新增部分只能用在职培训、"干中学"来解释，而这一部分人力资本是难以计量的，这在一定程度上又加深了人力资本估计的不确定性。

第五，与教育法一样，成本法同样假定人力资本投资与人力资本是线性关系，没有考虑到各投资的效率问题。

第六，关于知识折旧的问题。各种知识的折旧是不同的，有些知识是没有折旧，有些知识折旧是很高的，例如，语言能力与算术能力基本是没有折旧的，而信息技术折旧是很高的。在固定资产中可以分类进行折旧，例如，房屋、土地的折旧率很低，计算机的折旧率很高，而在人力资本折旧处理上用统一的折旧率，在经济社会发展较慢时，这么处理问题不大，但在经济社会转型时期，这么做会产生较大误差。

第七，关于不同群组的人力资本折旧问题。在中国不同性别、不同职业退休年龄（更准确地说是不工作的年龄）不同，因而折旧也应是不同的。折旧率的不同会直接影响到计量的结果，究竟怎样的折旧率比较合适，学者们尚未达成共识。目前多数学者都是采用不变的折旧率对不同年龄人群的人力资本损耗进行估计，但事实上，折旧率不一定是固定的，人老之后，人力资本会大幅下降。

第八，消费性支出是否属于人力资本投资有待商榷，在前文已提及广义的人力资本包括：①有形人力资本，这是把儿童抚养到工作年龄的消费支出；②教育投资；③健康投资；④研究和发展投资。通常情况下，学者们会把②、③、④纳入计量的范围，对于①是否属于人力资本投资的范畴尚未达成一致。

第九，与成本法相比，教育法使用的数据相对较为确定且容易获得，成本法的数据具有不确定性且不容易获得，所以在实际运用中，学者们往往会根据自己的偏好选择一些可获得的数据来代替"教育投资""健康投资"等指标，这样就会出现虽然采用同样的方法，但是结果仍会出现较大差异的现象。

教育法和成本法都是从投入的角度来计量人力资本，这样做，一方面不具有说服力，另一方面也不利于各个地区、国家之间人力资本的比较。不同地区、国家投入的产出效率是不一样的，如在美国和印度科研经费同时增加1亿美金对国家人力资本的影响是不同的。目前已有一些学者致力于人力资本投资收益率的研究，但可惜的是，尚没有学者将其应用于教育法和成本法。

三 收益法

收益法在国外得到了广泛运用。与教育法和成本法不同，收益法是从产出的角度计量人力资本，人力资本投入运行的目的就是为了获得收益，从收益（产出）的角度衡量人力资本更具有说服力。与前面两种方法一样的是，收益法也不可避免地存在一些问题：第一，收益法在我国没有得到大力推广的很大一个原因就是其对数据的高要求，三种方法中收益法对数据的要求是最高的，很多国家都缺乏相关的数据；第二，在未来收益法中，如何确定贴现率也是一个问题，目前学者们的做法通常都是给定一个贴现率，贴现率的不同会直接导致结果的不同；第三，影响人们收入的因素有很多，如政治、经济等，人力资本只是其中一个，故用收益法不利于各国之间人力资本的比较，目前一些学者在研究中运用单位人力资本工资对劳动者的工资进行调整，这在一定程度上有利于该问题的解决；第四，在未来收益法中，需要对未来收入进行预测，这又增加了研究者的工作量，很多研究者在计算时假设收入是按固定的增长率提高的或者收入是不变的，但这并不符合客观现实；第五，是否应该将维持费用从收入中剔除，目前还没有形成统一的意见。

参考文献

[1] 侯风云：《中国人力资本投资与城乡就业相关性研究》，上海三联书店、上海人民出版社 2007 年版。

[2] 沈利生、朱运法：《人力资本与经济增长分析》，社会科学文献出版社 1999 年版。

[3] 边雅静、沈利生：《人力资本对我国东西部经济增长影响的实证分析》，《数量经济技术经济研究》2004 年第 12 期。

[4] 胡鞍钢：《从人口大国到人力资本大国：1980—2000 年》，《中国人口科学》2002 年第 5 期。

[5] 王小鲁、樊纲、刘鹏：《中国经济增长方式转换和增长可持续性》，《经济研究》2009 年第 1 期。

[6] 张超：《经济体制转型与人力资本积累关系的实证分析》，《经济研究》2007 年第 12 期。
[7] 钱雪亚：《度量人力资本的三类统计方法》，《统计与决策》2003 年第 10 期。
[8] 钱雪亚：《人力资本存量计量的合理视角》，《浙江社会科学》2005 年第 9 期。
[9] 钱雪亚、王秋实、刘辉：《中国人力资本水平再估算：1995—2005》，《统计研究》2008 年第 12 期。
[10] 张凡：《中国的物质资本和人力资本估算》，《经济研究》2000 年第 8 期。
[11] 柏培文：《中国劳动力人力资本水平估算：1989—2007》，《教育与经济》2010 年第 2 期。
[12] 周晓、朱农：《论人力资本对中国农村经济增长的作用》，《中国人口科学》2003 年第 6 期。
[13] 闫淑敏、段兴民：《中国西部人力资本存量的比较分析》，《中国软科学》2001 年第 6 期。
[14] 杨建芳、龚六堂、张庆华：《人力资本形成及其对经济增长的影响——一个包含教育和健康投入的内生增长模型及其检验》，《管理世界》2006 年第 5 期。
[15] 朱平芳、徐大丰：《中国城市人力资本的估算》，《经济研究》2007 年第 9 期。
[16] 孙景蔚：《基于损耗的人力资本估算》，《中国人口科学》2005 年第 2 期。
[17] Camilo Dagum and Daniel J. Slottje, "A New Method to Estimate the Level and Distribution of Household Human Capital with Application", *Structure Change and Economic Dynamics*, 2000 (11).
[18] C. B. Mulligan and X. Salia-I-Martin, "A Labor Income-based Measure of the Value of Human Capital: An Application to the States of the United States", *Japan and the World Economy*, 1997 (9).
[19] Dale W. Jorgenson and Barbara M. Fraumeni, "The Accumulation of Human and Nonhuman Capital, 1948-84", in: Robert E. Lipsey and Helen Stone Tice, *The Measurement of Saving, Investment, and Wealth, the National Bureau of Economic Research*, University of Chicago Press, 1989, Vol. 52.
[20] G. Psacharopoulos and Arriagada. A. M., "The Education Composition of the Labour Force: An International Comparison", *International Labour Review*, Vol. 125, No. 5 September-October, 1986.
[21] Jacob Mincer, "Investment in Human Capital and Personal Income Distribution", *Journal of Political Economy*, 1958 (66).
[22] J. W. Kendrick, "Total Capital and Economic Growth", *Atlantic Economic Journal*, 1994, Vol. 22 (1).
[23] Koman and Marin, *Human Capital and Macroeconomic Growth: Austria and Germany 1960-1997: An Update*, Vienna: Institute for Advance Studies, 1997.
[24] L. I. Dublin and A. Lotka, *The Money Value of Man*, Ronald, New York, 1930.
[25] Mark Bils and Peter J. Klenow, "Does Schooling Cause Growth?" *The American Economic Review*, Vol. 90, No. 5, Dec., 2000.

[26] Mireille Laroche and Marcel Mérette, *Measuring Human Capital in Canada*, Working Papers – Department of Finance Canada with Number 2000 – 05, 2000.

[27] Robert J. Barro and Jong – Wha Lee, *International Data on Educational Attainment Updates and Implications*, Working Paper No. 7911, http: //www. nber. org/papers/w7911.

[28] Schultz. T., "Investment in Human Capital", *American Economic Review*, Vol. 51, No. 1, Mar., 1961.

国 际 比 较

第 四 章
美国劳动力素质对产业升级的影响

本章提要：美国经历了由农业国向工业大国、工业强国的转变，并在 20 世纪中期以后，又经历了从以制造业为主，向以金融、保险、房地产和房屋租赁业，以及专业技术服务和商务服务业为主的转变历程。这一转变历程也是美国的产业升级过程。推动美国产业结构升级的重要因素之一是劳动力素质提升所带来的技术进步。而美国劳动力素质的提升与教育发展水平密不可分。美国教育的发展，提升了劳动者的素质，推动了产业结构升级，促进了经济发展。

本章用增加值率这一指标反映伴随美国产业结构变化的产业结构升级。从 1987—2009 年美国产业结构看，美国制造业和农、林、牧、渔业的增加值率较低，其比重下降也最快，而金融、保险、房地产和房屋租赁业，以及专业技术服务和商务服务业增加值率较高，这些行业占 GDP 的比重也在不断上升并且最终高于制造业和农、林、牧、渔业。而且，美国其他服务行业的增加值率也远高于制造业和农、林、牧、渔业。这些行业比重的提高，共同推动美国整体经济增加值率的提升。值得注意的是，虽然美国制造业比重出现下降，但其经济效益和劳动生产率不断增强和提高。

推动美国产业结构升级的因素有很多，其中，重要因素之一是由劳动力素质提升所带来的技术进步。它主要表现为，劳动力素质提升提高了制造业的生产率，为产业升级奠定基础；人才升级促进了科学技术突飞猛进，成为产业升级的催化剂。

美国的劳动力升级，经历了民众受教育程度不断提高、受高等教育的劳动力比重不断提高、高等教育从重视社会科学向重视自然科学及科学技术转变的过程。这一过程，是与美国产业结构升级同步的，美国劳动力升级是美国产业结构升级的重要基础。

美国教育的发展、科技教育的发展，普遍提升了劳动者的素质，有效地提高了劳动生产效率；培养出大量高水平的技术人员和管理人员，提高了各经济部门和各企业的生产技术水平和经营管理水平；涌现了一大批高水平的科学理论尖端人才和技术发明人才，使得美国在科学上不断有发明创造，在技术上不断革新改进，科技水平居于世界领先地位，有力地促进了经济发展。

美国是当今世界上公认的经济、科技、军事等综合实力最强的超级大国，上百年来，不仅国内生产总值始终位居世界第一，而且技术创新和产品创新力也最具影响力。美国带动和发起了多次产业革命，并一直在原子能、电子计算机、空间技术、信息技术、新能源新材料技术、生物技术和海洋技术等诸多领域保持着技术领先的地位，并通过持续不断的科技创新和应用，促进经济持续发展。科技创新和持续产业升级的背后，是坚实、庞大、多样化的人才基础。分析美国的劳动力结构和产业升级，对于同为经济大国与人口大国的中国而言，具有重大的现实意义。

第一节 美国的经济增长和产业结构升级历程

美国经历了由农业国向工业大国、工业强国的转变，并在20世纪中期以后，又经历了从以制造业为主，向以金融、保险、房地产和房屋租赁业，以及专业技术服务和商务服务业为主的转变。

一 从农业社会向工业社会的转变

美国经济在建国后相当长的一段时间内是以农业为主导的。直到南北战争前夕，美国全国人口80%以上还在农村，农业在国民收入中仍占80.85%，制造业仅占12.1%。到19世纪70年代末，美国开始由农业国向工业国过渡。1869—1878年，农业产值占美国私人国内总产值的38%，而且重要工业部门半数以上是以农畜产品为原料的，铁路运输也在相当大的程度上依赖于农业。在19世纪后期，工业开始迅速发展。1884年美国工业净产值首次超过农业净产值，占到51.95%。美国在1884年完成了由农业国向工业国的过渡后，经过短短6年的时间，到1890年其工业生产总值就已达到94.98亿美元，超过了英国、法国和德国，跃居世界首位。1900年，美国工业品总值达到农产品总值的2倍。1900年，美国基本上成为工业国，基本完成由农业国向工业国阶段的过渡。19世纪后期至20世纪初美国工业飞速发展。1860—1913年，美国工业生产增长11.5倍，而德国只增长了6.1倍，法国只增长了2.8倍，英国只增长了1.9倍。1913年美国工业产量占世界工业总产量的36%，比英国、法国、德国、日本四国工业产量的总和还略多。[①]

美国之所以取得如此成就，其原因除了美国政府大力支持科技事业，积极引进外资、人才、技术等外，最根本的还在于美国大力发展教育，培养各类人才。没有教育的大发展，没有劳动者素质的提高，各种发明就无从谈起，最新的科学技术和发明创造就无法推广，生产力就不可能获得大发展。

1920年前后，美国工业人口超过农业人口。第一产业下降到28%左右，第二产业上升为主导产业，占53%左右，第三产业占19%。此后至20世纪50年代，农业地位日益下降，工业地位日益突出，制造业一直保持上升势头。

二 从工业化向后工业化的转变

在完成了工业化的进程后，美国又开始向后工业化迈进。进入20世纪中期以后，美国的产业结构，经历了从以制造业为主，向以金融、保

---

① 刘万翔：《科学技术教育与美国近代科学技术和工业生产的发展》，《当代经济科学》1990年第3期。

险、房地产和房屋租赁业，以及专业技术服务和商务服务业为主的转变。

从20世纪50年代到70年代，该阶段第一产业所占劳动力和国民收入份额的比重不断下降。1960年，美国第二产业发展速度减慢。从20世纪60年代开始，第三产业在国民收入中所占比重超过半数，劳动力迅速由第一、二产业向第三产业转移，第三产业逐渐在国民经济中占优势地位。20世纪80年代以来，除了在高技术产业领域保持着领先势头外，美国对一些必不可少的传统工业进行了技术改造，用新技术、新工艺改造传统工业，使传统工业产品在世界市场上继续保持较强的竞争力。1970—1980年，美国新兴高技术工业实际年均增长率为7%，是整个工业实际生产平均增长率3%的2倍多。① 因此，美国的生产效率有着西方其他国家难以超越的优势。

美国的产业结构，即产品生产行业（goods-producing industries）② 和服务业（services-producting industries）增加值占GDP的比重，在20世纪80年代发生了较大变化（见图4-1）。1950年，美国私人部门的产品生产行业和服务业③增加值占GDP的比重分别为40.8%和48.5%，产品生产行业和服务业的发展基本相当。随后，服务业的比重逐渐上升，到1980年上升至53.2%。在完成由农业国向工业国转变的100年后，美国又完成了由工业国向服务大国的转变。到了80年代，服务业发展加速，其增加值所占比重迅速上升，1980—1990年，10年内增长了6个百分点，速度几乎比前20年快了一倍。服务业的飞速发展，导致美国产业结构的巨大变化。1990年，美国产品生产行业和服务业增加值占GDP的比重分别为24.1%和62.0%。此后十几年间，服务业一直保持着快速增长的势头，2002年服务业比重达到68.0%，服务业的增加值是产品生产行业增加值的3.5倍。随后几年，服务

---

① 景跃军：《战后美国产业结构演变研究》，吉林大学博士学位论文，2004。

② 这里所提到的产品生产行业（goods-producting industries），不仅包括平时所指的制造业（manufacturing），还包括农、林、牧、渔业，采掘业和建筑业。

③ 服务业（services-producting industries）包括公共工程、零售和批发业，运输和仓储业，信息业，金融和保险业，房地产和房屋租赁，科学技术服务，企业管理，废水处理，教育、医疗和社会保险，艺术，娱乐，餐饮和住宿业和其他服务业；但不包括政府管理服务。

业的相对增长速度明显放慢，2002—2008 年，服务业比重有微小波动，均未超过 68.0%，2009 年则再次上升至 68.7%。

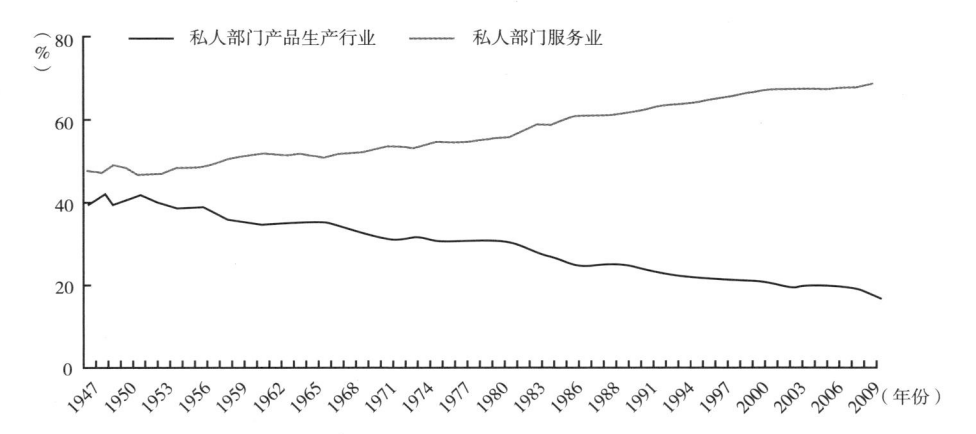

图 4-1 1947—2009 年美国私人部门产品生产行业和服务业增加值占比的变化

资料来源：美国经济分析局。

从细分行业①来看，21 世纪中期以来，美国产业结构的变化则更加明显。制造业曾经是 20 世纪初最大的行业部门，如今其相对地位则有了大幅下降。制造业增加值占 GDP 的比重从最高的 28.3%（1953 年）下降至 2009 年的 11.2%。在 20 世纪 80 年代之前，制造业还经历了几次反复波动，虽然总体趋势是在下降，但在 60 年代初期 70 年代末期，还有较大幅度的上升；从 80 年代末期开始，便几乎呈现出直线下降态势。

农、林、牧、渔业从 20 世纪中期增加值第三大的行业部门，不断下降成为目前增加值相对规模最小的行业。1948 年，农、林、牧、渔业创造的增加值占 GDP 的比重曾达 8.6%，此后快速下降，1999 年降至 1.0%。21 世纪后，农、林、牧、渔业的相对规模开始保持平稳，其占 GDP 的比重基本维持在 1% 左右的水平。目前，农、林、牧、渔业是美国增加值所占比重最小的行业。

金融保险、房地产和房屋租赁业在 20 世纪中期已经是一个比较重要的

---

① 此处采用的行业分类标准是北美行业分类体系标准（NAICS）。

行业，如今，其重要性则愈加明显。金融保险、房地产和房屋租赁业创造的增加值占 GDP 的比重，从 1947 年的 10.5% 快速上升至 1961 年的 14.6%，随后近十年经历了相对增长停滞的阶段，从 1978 年开始又进入了新的快速增长期，1986 年，其占 GDP 的比重达 18.0%，首次超过制造业所占比重。2009 年，该行业占 GDP 的比重达到 21.5%，成为美国最重要的、增加值占比最高的行业部门。

专业技术服务和商务服务业从当初的一个小行业，发展成为当今美国除了制造业，金融保险、房地产和房屋租赁业外的第三大行业。专业技术服务和商务服务业在 20 世纪中期规模还比较小，1947 年其增加值占 GDP 的比重仅有 3.3%，到了 1976 年也仅有 5.3%。随后，该行业快速发展，1990 年其增加值占比提高至 8.9%，在经历了短暂的调整期后，从 1994 年开始再次进入高速发展时期。2008 年，专业技术服务和商务服务业的增加值占比首次超过制造业，2009 年为 12.0%。

信息业（包括出版传媒和信息数字处理）的增加值占比也有所增长，但是增长幅度并不大。信息业增加值占 GDP 的比重从 1947 年的 2.8% 上升到 2009 年的 4.5%，仅提高了 1.7 个百分点。

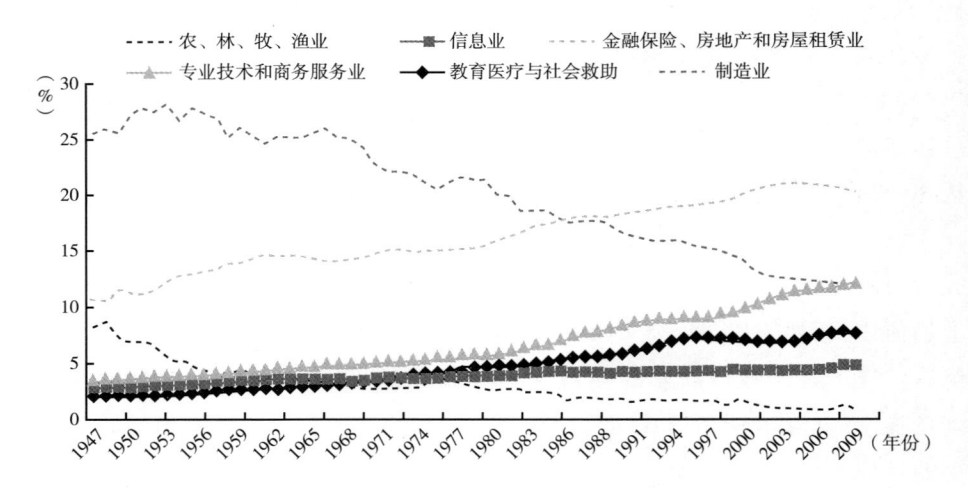

图 4-2 1947—2009 年美国部分产业的增加值占 GDP 比重的变化

注：采用北美行业分类体系标准（NAICS）。
资料来源：美国经济分析局。

表4-1 美国各部门增加值占GDP的比重

单位：%

年份	1947	1950	1960	1970	1980	1990	2000	2005	2009
私人部门	87.5	89.3	86.8	84.8	86.3	86.1	87.8	87.5	86.4
农、林、牧、渔业	8.2	6.8	3.8	2.6	2.2	1.6	1.0	1.0	0.9
采掘业	2.4	2.6	1.9	1.5	3.3	1.5	1.1	1.5	1.7
公用事业	1.4	1.7	2.3	2.1	2.2	2.5	1.7	1.6	1.9
建筑业	3.6	4.4	4.4	4.8	4.7	4.2	4.7	4.8	3.8
制造业	25.6	27.0	25.3	22.7	20.0	16.7	14.2	12.4	11.2
批发业	6.4	6.4	6.6	6.5	6.7	6.0	6.2	5.7	5.5
零售业	9.5	8.9	7.9	8.0	7.1	6.9	6.9	6.6	5.8
交通运输和仓储	5.8	5.7	4.4	3.9	3.7	3.0	3.0	2.9	2.8
信息业	2.8	3.0	3.3	3.6	3.9	4.1	4.2	4.7	4.5
金融保险、房地产和房屋租赁业	10.5	11.5	14.2	14.7	16.0	18.1	20.1	20.6	21.5
专业技术服务和商务服务业	3.3	3.5	4.3	5.0	6.2	8.9	11.2	11.6	12.0
教育、医疗和社会救助	1.9	2.0	2.7	3.9	4.8	6.5	6.8	7.5	8.6
艺术、娱乐、休闲、酒店餐饮业	3.3	3.0	2.8	2.9	3.0	3.4	3.8	3.8	3.6
其他服务（除政府部门）	3.1	2.9	3.0	2.7	2.5	2.7	2.8	2.5	2.4
政府部门	12.5	10.7	13.2	15.2	13.7	13.9	12.2	12.5	13.6

注：采用北美行业分类体系标准（NAICS）。
资料来源：美国经济分析局。

三 从增加值率所表现的产业结构升级

美国这种产业结构的变化，是否就是产业结构的升级呢？对此，还必须通过其他的指标来进行判断。产业结构的升级可以从几个角度来评价。其中，从分配角度来说，就是通过产业结构的调整，使得整个经济体能够在同样的产出中获得更多的附加价值。这就可以用到增加值率的指标。本文增加值率的计算方法为：

$$VAR_t = \frac{valueadded_t}{grossout_t}$$

其中，VAR_i 是行业 i 的增加值率，$valueadded_i$ 是行业 i 创造的增加值，$grossout_i$ 是行业 i 的总产出。使用增加值率的指标，我们就可以判断产业结构是否优化：在一个合理的范围内，当增加值率越高的行业所占比重越大时，产业结构就越优化。

表4-2和图4-3是1987—2009年美国各主要产业的增加值率。从中可以发现以下几点：第一，二十多年来美国的主要产业的增加值率是相对稳定的，变化幅度较小，如制造业的增加值率一直在33%—35%的区间内波动。第二，在主要产业中，制造业和农、林、牧、渔业的增加值率最小；批发业、零售业、专业技术服务和商务服务业的增加值率最高，2009年分别为76.6%、68.7%和67.6%。另外，金融保险、房地产和房屋租赁业及信息业的增加值率也比较高，2009年分别为62.2%和53.6%，分别是制造业增加值率的1.8倍和1.5倍。第三，金融保险、房地产和房屋租赁业的增加值率有缓慢下降的趋势。金融保险、房地产和房屋租赁业的增加值率从1992年最高的68.0%缓慢下降至2007年最低的59.5%。

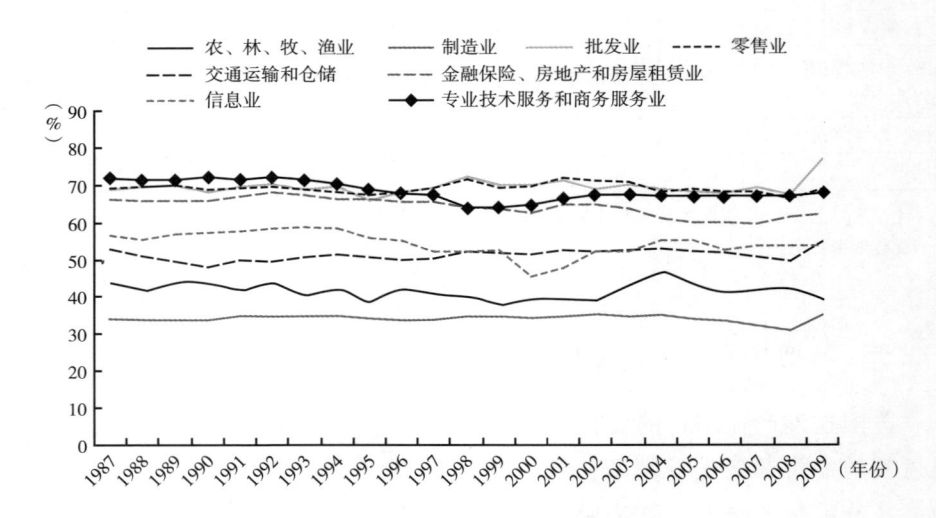

图4-3 1987—2009年美国主要产业的增加值率

资料来源：根据美国经济分析局提供的数据计算而得。

结合增加值率来看美国产业结构的变化，可以发现，美国制造业和农、林、牧、渔业的增加值率相对较低，占GDP的比重下降得也最快；而金融保险、房地产和房屋租赁业及技术服务和商务服务业的增加值率较高,占GDP的比重也在不断上升并最终高于制造业和农、林、牧、渔业。而且,美国的其他服务行业的增加值率也大幅高于制造业和农、林、牧、渔业,这些行业共同作用推高了美国经济的增加值率。因此,美国所有产业的总体增加值率,从1987年的54.8%上升到2009年的56.9%。

表4-2 美国主要产业的增加值率

单位:%

年 份	1987	1990	2000	2009
全部行业	54.8	55.1	54.4	56.9
农、林、牧、渔业	43.8	43.9	39.3	39.1
制造业	34.1	33.9	34.2	35.0
批发业	68.9	67.9	69.9	76.6
零售业	69.1	68.8	69.4	68.7
交通运输和仓储	52.8	48.0	51.3	54.7
信息业	56.6	57.4	45.3	53.6
金融保险、房地产和房屋租赁业	66.2	65.7	62.5	62.2
专业技术服务和商务服务业	71.9	72.1	64.6	67.6

资料来源:根据美国经济分析局数据计算而得。

值得注意的是,虽然美国制造业的比重出现了下降,但是其经济效益和劳动生产率是不断提高的。从图4-4可以看出,美国制造业部门的就业人数,从20世纪70年代末达到顶峰之后开始逐渐下降,2001年下降的速度突然加快。2001年,美国制造业的全职劳动者有1644万人,到了2010年仅有1152万人。与此同时,美国制造业的产值却是在不断增长的,由此反映了制造业劳动生产率的快速提升(见图4-5)。制造业的劳动生产率的提升可以分为几个阶段:在1996年之前,生产率的增长是平缓的,10年间只提高了16.3个百分点;从1997开始,生产率增长开始加速,这种快速增长一直维持至2007年经济危机之前,11年间生产率提高了34.8个百分点;2008—2009年,由于金融危机的影响,劳动生产率的增长有所停滞;2010年,在美国政府的引导下,美国开始了"再工业化",劳动生产率也随之大幅提升,比上年增长了10.2个百分点。可以判断,正是由于制造业部门的高度发展,才产生了大量的服务需求,从而为美国的产业结构升级以及非工业化建立需求基础。另外,也正是由于制造业部门的劳动生产率大幅提高,才有可能将更多的劳动力转移到其他部门。可见,美国产业结构升级的一个很重要的基础是,制造业部门高度发展以及劳动生产率的大幅提高。

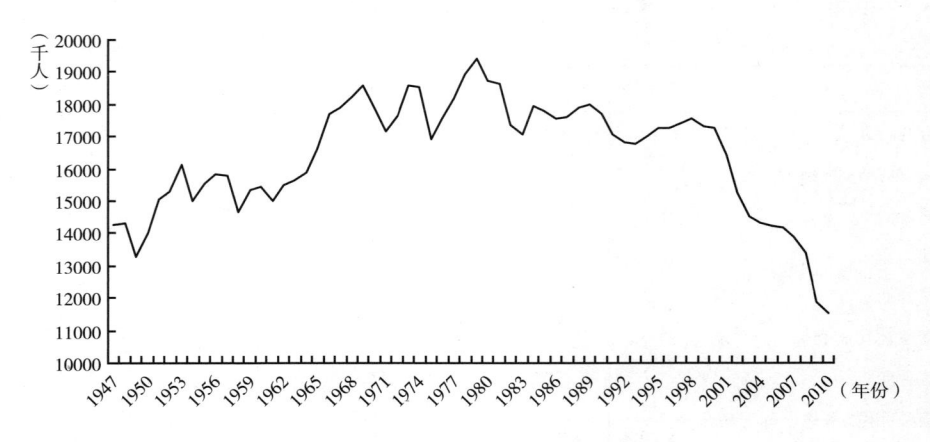

图4-4 美国制造业的就业人数

资料来源:美国劳工统计局。

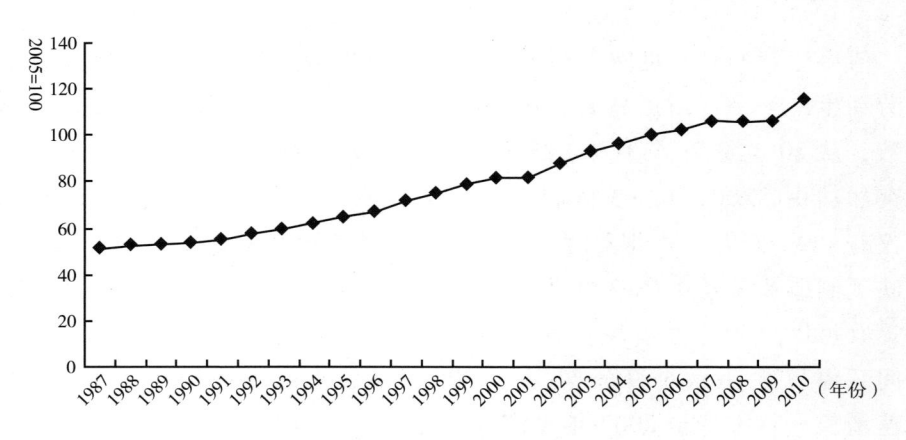

图4-5 美国制造业的劳动生产率指数(人均产出)

资料来源:美国经济分析局,美国劳工统计局。

四 美国经济的发展

美国的国内生产总值与国民生产总值迅速增长。以1929年价格计算，1869—1878年美国国内生产总值为116亿美元，1879—1888年为212亿美元，1897—1901年为373亿美元，1907—1911年为551亿美元，1919年为736亿美元，1929年达到1036亿美元。[①] 1929年以后GDP如表4-3所示。以1958年价格计算，1869—1878年美国国民生产总值为231亿美元，人均531美元；1879—1888年为424亿美元，人均774美元，1900年为769亿美元，人均1011美元；1910年为1201亿美元，人均1299美元；1929年达到2036亿美元，人均1671美元。以当年价格计算，1869—1878年美国国民生产总值为74亿美元，人均170美元；1879—1888年为112亿美元，人均205美元；1900年为187亿美元，人均246美元；1910年为353亿美元，人均382美元；1929年达到1031亿美元，人均847美元。[②]

表4-3 1929—2009年美国GDP

单位：十亿美元

年度	当年价	2005年价	年度	当年价	2005年价	年度	当年价	2005年价
1929	103.6	977.0	1940	101.4	1166.9	1951	339.3	2161.1
1930	91.2	892.8	1941	126.7	1366.1	1952	358.3	2243.9
1931	76.5	834.9	1942	161.9	1618.2	1953	379.3	2347.2
1932	58.7	725.8	1943	198.6	1883.1	1954	380.4	2332.4
1933	56.4	716.4	1944	219.8	2035.2	1955	414.7	2500.3
1934	66.0	794.4	1945	223.0	2012.4	1956	437.4	2549.7
1935	73.3	865.0	1946	222.2	1792.2	1957	461.1	2601.1
1936	83.8	977.9	1947	244.1	1776.1	1958	467.2	2577.6
1937	91.9	1028.0	1948	269.1	1854.2	1959	506.6	2762.5
1938	86.1	992.6	1949	267.2	1844.7	1960	526.4	2830.9
1939	92.2	1072.8	1950	293.7	2006.0	1961	544.8	2896.9

[①] "Historical Statistics of the United States, Colonial Times to 1970", http://www.census.gov/compendia/statab/past_years.html, p.232.

[②] "Historical Statistics of the United States, Colonial Times to 1970", http://www.census.gov/compendia/statab/past_years.html, p.224.

续表

年度	当年价	2005年价	年度	当年价	2005年价	年度	当年价	2005年价
1962	585.7	3072.4	1978	2293.8	5677.6	1994	7085.2	8870.7
1963	617.8	3206.7	1979	2562.2	5855.0	1995	7414.7	9093.7
1964	663.6	3392.3	1980	2788.1	5839.0	1996	7838.5	9433.9
1965	719.1	3610.1	1981	3126.8	5987.2	1997	8332.4	9854.3
1966	787.7	3845.3	1982	3253.2	5870.9	1998	8793.5	10283.5
1967	832.4	3942.5	1983	3534.6	6136.2	1999	9353.5	10779.8
1968	909.8	4133.4	1984	3930.9	6577.1	2000	9951.5	11226.0
1969	984.4	4261.8	1985	4217.5	6849.3	2001	10286.2	11347.2
1970	1038.3	4269.9	1986	4460.1	7086.5	2002	10642.3	11553.0
1971	1126.8	4413.3	1987	4736.4	7313.3	2003	11142.1	11840.7
1972	1237.9	4647.7	1988	5100.4	7613.9	2004	11867.8	12263.8
1973	1382.3	4917.0	1989	5482.1	7885.9	2005	12638.4	12638.4
1974	1499.5	4889.9	1990	5800.5	8033.9	2006	13398.9	12976.2
1975	1637.7	4879.5	1991	5992.1	8015.1	2007	14061.8	13228.9
1976	1824.6	5141.3	1992	6342.3	8287.1	2008	14369.1	13228.8
1977	2030.1	5377.7	1993	6667.4	8523.4	2009	14119.0	12880.6

资料来源：http://www.bea.gov/national/index.htm.gdp。

第二节 21世纪以来产业升级的重要影响因素：劳动力素质提升

推动美国产业结构升级的因素有很多，包括政策的推动、需求变化的影响等。但是，毫无疑问，其中最重要的因素之一是由劳动力素质提升所带来的技术进步，推动了美国产业结构的升级。

一 劳动力素质提升提高了制造业的生产率，为产业升级奠定基础

正如上文分析的，美国产业结构升级的基础，是制造业部门的大发展和生产率的大提高。美国是一个人口大国，因而，首先需要农业部门和制造业部门得到了充分的发展，才能够为全社会人口提供足够的物质产品以满足生活需要。当制造业部门得到充分发展，生产率不断提高时，就能通过以下机

制来内生地促进其他产业的发展。

一方面，从需求方面来看，当制造业充分发展时，需要更多的其他产业部门为之服务。例如，大量的商品被生产出来以后，需要运输和仓储行业将其批量分发到各个地区，需要批发和零售行业加快商品被售卖的速度、资金回收速度，需要广告行业刺激消费者的需求，需要金融行业加快投资和扩大再生产。第三产业中大量服务行业发展到今天，看起来已经十分庞大并且似乎脱离了与制造业的关系，但实质上，它们仍然与制造业紧密相连。只有制造业快速发展及其生产率不断提高，才能持续创造出大量的服务需求，实现第三产业的繁荣。

另一方面，从供给方面来看，当制造业充分发展时，才能为其他产业部门的发展提供足够的劳动力资源。制造业劳动生产率的提高，意味着只需要较少的劳动力就能够生产出大量的产品，进而可以释放出大量的劳动力并转移到其他产业部门。

可见，制造业的发展和劳动生产率的提高，是美国产业结构从以制造业为主升级到以金融、保险、房地产和房屋租赁业以及专业技术服务和商务服务业为主的基础。

进一步来看，制造业的发展和生产率提高，其主要的促进因素又是什么呢？我们认为，最关键的因素在于劳动力结构升级以及由此带来的技术进步。如后文所述，美国产业结构升级的过程，同时也是美国劳动力素质不断提高、劳动力结构不断优化的过程。大量劳动力所掌握的知识越来越丰富，其在生产中能够应用的技能越来越先进，就能够在生产过程中对机器设备做出改造，对生产工艺进行提升。美国劳动力结构的升级，产生了大量高质量的技术人员和大批工程师。有人断言，如果没有这些技术人员的努力，产业革命至少会推迟25年。另外，劳动力结构的升级也产生了大量的管理人员，提高了各经济部门和企业的经营管理水平，促进了生产效率和经济效益的提升。

二　人才升级促进了科学技术突飞猛进，成为产业升级的催化剂

美国的每一次重大产业结构升级，都是由科学技术的突破性发展引起的。重大科学技术的发现，不仅极大地改变了工艺生产过程，而且改变了生产关系及各经济部门的关系，甚至还创造了新的经济部门，实现产业结构的

不断升级。例如,美国率先发明了白炽灯、电话机并完成了公开实验的无线电通信,从而引领美国成为世界上最先进入电气时代的国家。美国直接发起以原子能、电子计算机和空间技术的广泛应用为主要标志的第三次技术革命,使美国的信息技术产业、新能源产业、新材料产业、生物技术产业、空间技术产业和海洋技术产业成为新兴产业,不断地推动着美国经济的转型升级。正如美国商务部负责知识产权的官员戴维·卡普斯所说,美国产业新技术和产品服务的诞生,都离不开科学技术的创新发展,美国二战以来的经济增长有 75% 来自产业创新和技术革新。[1]

科学技术的突飞猛进,最关键的因素在于美国的人才结构不断升级。二战之后,美国越来越重视高等教育,培养了一大批高水平的科学理论尖端人才和技术发展人才。美国所拥有的受过高等教育和专门训练的科学家和工程师人数,是世界上最多的。正是数量庞大的顶尖人才,使美国能够在科学发明创造上始终居于世界领先的地位。据统计,二战后资本主义世界中的重大技术革新有 60% 首先在美国研发成功,75% 首先在美国投入应用。[2] 通过对科学技术的创新和应用引发产业革命,一方面,创造出新产品并形成新兴行业,另一方面,不断提升原有产业的劳动生产率,把产业价值链向高端延伸,逐渐淘汰相对落后的产业并将其转移至国外,这个过程极大地推动了美国的产业结构调整,促进整个工业的发展。

第三节　劳动力素质结构优化:与产业结构升级联动

美国的劳动力结构升级,经历了民众受教育程度不断提高、受过高等教育的劳动力比重不断提高、高等教育从重视社会科学向重视自然科学及科学技术转变的过程。这个过程,是与美国的产业结构升级同步的,美国的劳动力结构升级成为美国产业结构升级的重要基础。

一　受过高等教育的劳动者比重不断上升

美国的劳动力结构升级,首先表现为美国人口中受过中高等教育的人口

---

[1] 朱诸:《美国:科技创新成就经济大国》,新华网,2010 年 10 月 20 日。
[2] 尚鸿:《80 年代前后美国产业结构的调整及其影响》,《国外社会科学情况》1997 年第 1 期。

比重不断上升。1960 年，受教育程度在高中毕业以上的公民占 25 岁及以上人口的比重仅为 41.1%；经过近 50 年的发展，受教育程度在高中毕业以上的公民占 25 岁及以上人口的比重超过了 86%。1960 年，美国 25 岁及以上人口中，仅有 7.7% 接受并完成了大学及以上程度的高等教育，到了 2008 年，该比例快速上升至 29.4%（见表 4-4）。受过高等教育的劳动者的比重快速上升，大大促进了美国劳动力结构的升级。

表 4-4　美国公民受教育程度

单位：%

年份	高中毕业以上占 25 岁以上人口的比重	大学毕业以上占 25 岁以上人口的比重	年份	高中毕业以上占 25 岁以上人口的比重	大学毕业以上占 25 岁以上人口的比重
1960	41.1	7.7	1997	82.1	23.9
1965	49.0	9.4	1998	82.8	24.4
1970	52.3	10.7	1999	83.4	25.2
1975	62.5	13.9	2000	84.1	25.6
1980	66.5	16.2	2001	84.1	26.2
1985	73.9	19.4	2002	84.1	26.7
1990	77.6	21.3	2003	84.6	27.2
1991	78.4	21.4	2004	85.2	27.7
1992	79.4	21.4	2005	85.2	27.7
1993	80.2	21.9	2006	85.5	28.0
1994	80.9	22.2	2007	85.7	28.7
1995	81.7	23.0	2008	86.6	29.4
1996	81.7	23.6			

资料来源：U. S. Census Bureau, U. S. Census of Population, 1960, 1970, and 1980, Summary File 3; and Current Population Reports and Data Published on the Internet。

根据美国人口普查的数据，美国当前的劳动力结构已经高度优化。1992 年，美国 25 岁及以上劳动力中，只有高中及以下学历的约有 1338.0 万人，[1] 拥有大学及以上学位的约有 2816.8 万人，后者是前者的 2.1 倍。到了 2010

---

[1]　按照 12 个月的平均值计算。

年，美国 25 岁及以上劳动力中，只有高中及以下学历的约有 1187.6 万人，拥有大学及以上学位的有 4600.1 万人，后者是前者的 3.9 倍。可见，美国劳动力结构优化升级的速度是非常快的（见图 4-6）。

表 4-5 美国 25 岁及以上劳动力的受教育情况

单位：千人

年份	1月	2月	3月	4月	5月	6月	7月	8月	9月	10月	11月	12月
高中及以下学历													
1992	13756	13586	13513	13392	13492	13598	13778	13309	13207	13046	13006	12882
1993	12779	12870	12751	12598	12535	12557	12759	12548	12390	12461	12260	12234
1994	12150	12312	12215	12210	12173	12183	12217	12204	12312	12393	12372	12285
1995	12197	12070	11921	12126	12018	11885	11817	11768	12066	12119	12159	12144
1996	12256	12324	12436	12417	12466	12360	12394	12404	12358	12307	12443	12539
1997	12606	12554	12748	12572	12658	12550	12589	12488	12489	12439	12479	12541
1998	12592	12621	12526	12693	12746	12802	12551	12388	12512	12294	12426	12571
1999	12343	12256	12120	11810	11862	12066	12019	12277	12131	12183	12240	12031
2000	12349	12458	12222	12220	12186	12432	12702	12858	12849	12711	12528	12285
2001	12433	12556	12513	12675	12580	12604	12725	12509	12472	12634	12532	12695
2002	12640	12708	12667	12923	12766	12795	12469	12379	12369	12469	12458	12501
2003	12578	12622	12884	12810	12697	12497	12533	12598	12532	12721	12705	12608
2004	12337	12491	12419	12076	12227	12287	12402	12517	12733	12580	12737	12849
2005	12548	12556	12538	12504	12771	12850	13183	12836	12774	12542	12600	12458
2006	12619	12712	12698	12796	12904	12816	12797	12803	12702	12756	12695	12769
2007	12842	13172	13050	12639	12382	11967	12097	12013	12164	12099	12209	12278
2008	12332	12192	12165	12119	12120	12106	12083	12155	12116	12381	12187	12120
2009	12086	12082	12149	12035	12181	12287	12376	12320	12253	12142	11998	11988
2010	11858	11561	11842	12079	12104	12046	12013	11815	11828	11800	11803	11758
本科及以上学位													
年份	1月	2月	3月	4月	5月	6月	7月	8月	9月	10月	11月	12月
1992	27632	27712	27768	27983	28110	28250	28284	28313	28356	28436	28501	28676
1993	28706	28753	28793	28703	28774	28984	28773	28976	29071	29166	29449	29475
1994	29581	29531	29569	29983	30101	29874	30037	30131	30519	30245	30249	30491
1995	30520	30832	30977	31082	31043	31076	31261	31164	31322	31613	31646	31521
1996	31787	31904	31907	31781	32098	32232	32243	32244	32207	32384	32820	32559
1997	32569	32646	32906	33144	33015	33007	33029	33194	33538	33480	33616	33698
1998	33708	33723	33885	33916	33928	34201	34544	34731	34968	34858	34776	34928

续表

| | 本科及以上学位 ||||||||||||
年份	1月	2月	3月	4月	5月	6月	7月	8月	9月	10月	11月	12月
1999	34964	34987	35064	35304	35596	35764	35901	36159	35856	35857	35307	35906
2000	36585	36501	36429	36496	36494	36561	36593	36660	36739	36615	36805	37120
2001	37075	37032	37124	37047	37139	37141	37367	37376	37521	37784	37955	37757
2002	37730	38372	38426	38821	38897	38713	38648	38700	38655	38494	38218	38500
2003	38797	39242	39558	39485	39667	39978	39827	40046	39788	40424	40320	40270
2004	40287	40074	40488	40205	40127	40173	40083	40153	40445	40703	41032	40846
2005	40776	40611	40547	40875	40988	41001	41205	41337	41565	41650	41494	42054
2006	41815	41725	41882	42025	42234	42421	42644	42537	42893	42918	43349	43654
2007	43662	43800	43575	43476	44119	44291	44412	44445	44110	44140	44304	44517
2008	44664	45426	45410	45169	44640	44997	45015	45253	45096	45343	45166	45147
2009	45134	45159	45325	45407	45561	45548	45673	45806	45896	46253	45948	45912
2010	45908	45677	45747	45839	45709	46219	45980	45677	46488	46132	46322	46312

资料来源：美国劳工统计局，Labor Force Statistics from the Current Population Survey (NAICS)。

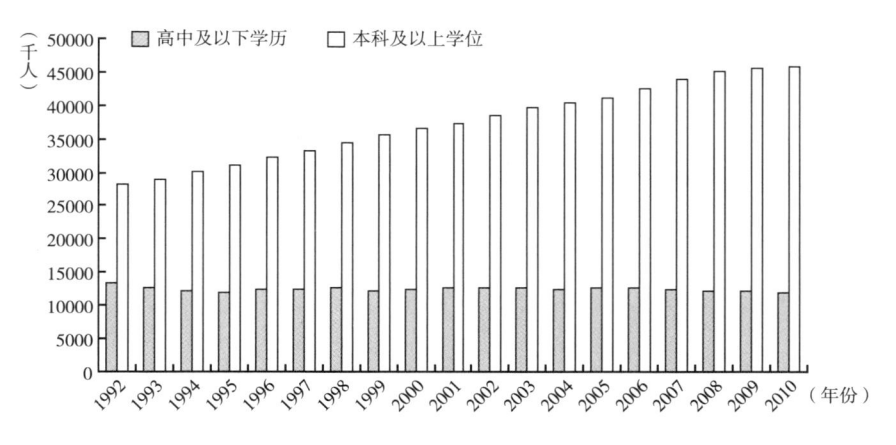

图 4-6 美国 25 岁及以上劳动力的受教育情况

资料来源：根据美国劳工统计局 Labor Force Statistics from the Current Population Survey (NAICS) 的基础数据结果计算而得。

二 美国普通民众受教育水平不断提高

美国劳动力结构的优化，是与美国对教育的重视分不开的。早在 19 世纪初，美国联邦政府就积极发展公共教育，并允许私人投资办学。此外，联邦政府还采取赠地办学、直接投资、助学贷款等多种办法来推动各类教育的发展。

1852年美国仅有1个州实行义务教育，19世纪末美国有2/3的州制定了义务教育法，1918年美国48个州全部实行了义务教育制。1871年，全美公立小学注册的学生数约为748万人，1880年、1890年、1900年、1910年、1920年、1930年、1960年、1970年分别增加到了976万人、1250万人、1498万人、1690万人、1890万人、2056万人、2568万人、3000万人。[①] 1870年，文盲占10岁以上人口的比重为20%，1880年下降到17%，1890年下降到13.3%，1900年下降到17%，1910年下降到7.7%，1920年下降到6%，1940年下降到2.9%，1969年下降到1%。

在发展初等教育的同时，美国的中等教育也获得了极大的发展。在学校数量上，1860年，美国仅有公立和私立中学160所，在校学生8万余人。到1880年，公立中学增加到800所，1890年增加到2500所，1900年全国各类中学已达到6005所。据统计，1890—1920年，美国的公立中学和私立中学增加了4倍，在校中学生人数增加了5倍，[②] 这样的发展速度远远超过了西欧诸国。在学生数量上，1871年，全美公立中学日校注册的学生数约为8万人，1880年、1890年、1900年、1910年、1920年、1930年、1940年、1950年、1960年、1970年分别增加到了11万人、20万人、52万人、92万人、220万人、440万人、660万人、573万人、849万人、1302万人。[③]

高中毕业生人数也迅速增长。1870年，全美高中毕业人数为1.6万人，1880年、1890年、1900年、1910年、1920年、1930年、1940年、1950年分别增加到了2.4万人、4.4万人、9.5万人、15.6万人、31.1万人、66.7万人、122.1万人、120万人。1870年，全美高中毕业生占全国17岁人口的比重为2%，1880年、1890年、1900年、1910年、1920年、1930年、1940年、1950年分别上升到了2.5%、3.5%、6.3%、8.6%、16.3%、28.8%、49%、57.4%。

关于美国初等和中等教育发展状况的详细统计数据如表4-6、表4-7所示。

---

① "Historical Statistics of the United States, Colonial Times to 1970", http://www.census.gov/compendia/statab/past_years.html.
② 沈亚男：《试论科教发展对19世纪美国工业化的推动》，《甘肃科技纵横》2009年第1期。
③ Historical Statistics of the United States, Colonial Times to 1970.

表4-6 1869—1870学年至2006—2007学年美国公立小学和中学教育相关统计数据

单位：千人，%

学年	总人口	5—17岁人口	5—17岁人口占总人口的比重	小学和中学校注册学生人数	幼儿园前儿童及1—8年级	9—12年级	注册学生占总人口的比重	注册学生占5—17岁人口的比重	高中注册学生占全体注册学生的比重	高中毕业生
1869—1870	38558	11683	30.3	7562	7481	80	19.6	64.7	1.1	—
1879—1880	50156	15066	30.0	9867	9757	110	19.7	65.5	1.1	—
1889—1890	62622	18473	29.5	12723	12520	203	20.3	68.9	1.6	22
1899—1900	75995	21573	28.4	15503	14984	519	20.4	71.9	3.3	62
1909—1910	90490	24011	26.5	17814	16899	915	19.7	74.2	5.1	111
1919—1920	104514	27571	26.4	21578	19378	2200	20.6	78.3	10.2	231
1929—1930	121878	31414	25.8	25678	21279	4399	21.1	81.7	17.1	592
1939—1940	131028	30151	23.0	25434	18833	6601	19.4	84.4	26.0	1143
1949—1950	149188	30223	20.3	25112	19387	5725	16.8	83.1	22.8	1063
1959—1960	177830	43881	24.7	36087	27602	8485	20.3	82.2	23.5	1627
1969—1970	201385	52386	26.0	45550	32513	13037	22.6	87.0	28.6	2589
1979—1980	225055	48043	21.3	41651	28034	13616	18.5	86.7	32.7	2748
1989—1990	246819	44947	18.2	40543	29150	11393	16.4	90.2	28.1	2320
1999—2000	279040	52811	18.9	46857	33486	13371	16.8	88.7	28.5	2554
2004—2005	292892	53107	18.1	48795	34178	14618	16.7	91.9	30.0	2799
2005—2006	295561	53077	18.0	49113	34204	14909	16.6	92.5	30.4	2816
2006—2007	298363	53158	17.8	49316	34235	15081	16.5	92.8	30.6	2892

资料来源：http://nces.ed.gov/programs/digest/d09/tables/dt09_033.asp?referrer=list。

表 4-7 1869—1870 学年至 2008—2009 学年美国高中毕业生统计数据

单位：人，%

学年	高中毕业生 总数	性别 男	性别 女	类别 公立	类别 私立	当届毕业生毕业率	全国17岁人口	高中毕业生占17岁人口的比例
1869—1870	16000	7064	8936	—	—	—	815000	2.0
1879—1880	23634	10605	13029	—	—	—	946026	2.5
1889—1890	43731	18549	25182	21882	21849	—	1259177	3.5
1899—1900	94883	38075	56808	61737	33000	—	1489146	6.4
1909—1910	156429	63676	92753	111363	45066	—	1786240	8.8
1919—1920	311266	123684	187582	230902	80364	—	1855173	16.8
1929—1930	666904	300376	366528	591719	75185	—	2295822	29.0
1939—1940	1221475	578718	642757	1143246	78229	—	2403074	50.8
1949—1950	1199700	570700	629000	1063444	136256	—	2034450	59.0
1959—1960	1858023	895000	963000	1627050	230973	—	2672000	69.5
1969—1970	2888639	1430000	1459000	2588639	300000	78.7	3757000	76.9
1970—1971	2937642	1454000	1484000	2637642	300000	78.0	3872000	75.9
1971—1972	3001553	1487000	1515000	2699553	302000	77.4	3973000	75.5
1972—1973	3034822	1500000	1535000	2728822	306000	76.8	4049000	75.0
1973—1974	3073317	1512000	1561000	2763317	310000	75.4	4132000	74.4
1974—1975	3132502	1542000	1591000	2822502	310000	74.9	4256000	73.6
1975—1976	3142120	1552000	1596000	2837129	304991	74.9	4272000	73.6
1976—1977	3139536	1548000	1604000	2837340	302196	74.4	4272000	73.5
1977-1978	3128824	1531000	1596000	2824636	304188	73.2	4286000	73.0
1978—1979	3101152	1517000	1584000	2801152	300000	71.9	4327000	71.7
1979—1980	3042214	1491000	1552000	2747678	294536	71.5	4262000	71.4
1980—1981	3020285	1483000	1537000	2725285	295000	72.2	4212000	71.7
1981—1982	2994758	1471000	1524000	2704758	290000	72.9	4134000	72.4
1982—1983	2887604	1437000	1451000	2597604	290000	73.8	3962000	72.9
1983—1984	2766797	—	—	2494797	272000	74.5	3784000	73.1
1984—1985	2676917	—	—	2413917	263000	74.2	3699000	72.4
1985—1986	2642616	—	—	2382616	260000	74.3	3670000	72.0
1986—1987	2693803	—	—	2428803	265000	74.3	3754000	71.8
1987—1988	2773020	—	—	2500020	273000	74.2	3849000	72.0
1988—1989	2743743	—	—	2458800	284943	73.4	3842000	71.4
1989—1990	2574162	—	—	2320337	253825	73.6	3505000	73.4
1990—1991	2492988	—	—	2234893	258095	73.7	3417913	72.9

续表

学年	高中毕业生 总数	性别 男	性别 女	类别 公立	类别 私立	当届毕业生毕业率	全国17岁人口	高中毕业生占17岁人口的比例
1991—1992	2480399	—	—	2226016	254383	74.2	3398884	73.0
1992—1993	2480519	—	—	2233241	247278	73.8	3449143	71.9
1993—1994	2463849	—	—	2220849	243000	73.1	3442521	71.6
1994—1995	2519084	—	—	2273541	245543	71.8	3635803	69.3
1995—1996	2518109	—	—	2273109	245000	71.0	3640132	69.2
1996—1997	2611988	—	—	2358403	253585	71.3	3792207	68.9
1997—1998	2704050	—	—	2439050	265000	71.3	4008416	67.5
1998—1999	2758655	—	—	2485630	273025	71.1	3917885	70.4
1999—2000	2832844	—	—	2553844	279000	71.7	4056639	69.8
2000—2001	2847973	—	—	2569200	278773	71.7	4016555	70.9
2001—2002	2906534	—	—	2621534	285000	72.6	4005471	72.6
2002—2003	3015702	—	—	2719947	295755	73.9	4099928	73.6
2003—2004	3054438	—	—	2753438	301000	74.3	4086606	74.7
2004—2005	3106499	—	—	2799250	307249	74.7	4094794	75.9
2005—2006	3122544	—	—	2815544	307000	73.4	4177009	74.8
2006—2007	3198956	—	—	2892351	306605	73.9	4274536	74.8
2007—2008	3321500	—	—	3010900	310600	75.0	4414699	75.2
2008—2009	3329200	—	—	3018700	310500	75.0	4315640	77.1

资料来源：http：//nces.ed.gov/programs/digest/d09/tables/dt09_103.asp? referrer = list。

在初等和中等教育快速发展的同时，美国高等教育也获得了迅速发展。1870年，美国有大学563所，1890年增加到998所，1920年增加到1041所，1970年增加到2525所。在校大学生占全国18—24岁人口的比例迅速提高，1870年全美在校大学生占全国18—24岁人口的比重为1.1%，1970年上升到了32.1%。同时，美国学士、硕士和博士学位授予数目飞速增长。1870年，被授予学士学位的有9371人，1900年、2000年和2009年分别达到了27410人、1237875人和1601368人；1880年，被授予硕士学位的有879人，1900年、2000年和2009年分别达到了1583人、457056人和656784人；1880年，被授予博士学位的有54人，1900年、2000年和2009年分别达到了382人、44808人和67716人。[①]

---

① 资料来源于《美国教育统计年鉴2010》。

三 美国科学技术教育的发展

美国各级教育获得迅速发展的同时,科学技术教育也获得了飞速发展。

(一) 高等教育中的科技教育——基础理论与实用技术相结合

19 世纪上半叶,重点讲授社会科学的传统先后被一些大学打破,自然科学开始受到重视。哈佛大学、耶鲁大学、达特默思大学等大学先后建立了理学院。但这一时期,工学院数量还相当少,应用科学技术还没有得到足够重视。南北战争后,这种状况发生了改变。美国科学技术教育的发展也进入了一个新阶段。

19 世纪 50 年代初,布鲁克林理工学院成立。1859 年,库彼罗夫学院成立。库彼罗夫学院首创了专门讲授应用技术知识的日夜两班,随后不少学校进行效仿。根据 1862 年《莫里尔法案》成立的院校,不仅从事农业教学和研究,还从事其他科学特别是机械工程技术的教学和研究。伊利诺思大学从 1867 年成立到 1873 年的 7 年时间里,先后成立了四个学院:农业学院、工程学院、自然科学学院、文学艺术及科学学院。

一些大学还根据当时科学技术及工农业生产发展需要而增设新科目。19 世纪后期,由于自然科学及工程技术的发展,科学和机械技术在各个领域得到了广泛的应用。机器制造业、铁路修筑业、采矿业、公路和桥梁修筑业、水利灌溉、医药卫生等方面都获得了长足发展,通晓科学和工程技术的人员特别紧缺。各个大学根据社会需要,增设了科学、机械、工程技术等科目。例如,麻省理工学院在开办之初,只有农业、机械、建筑、化工几科,到 1911 年,便增设了土木工程、冶金、电气工程、生物与公共卫生、物理学、普通科学、卫生工程、地质学与测量学、船舶建筑与海河工程、电化学等十多个科目,其中电气工程、电化学是当时新兴工业部门所需要的最新学科。1900 年,美国工业部门的工程师中,就有电力工程师 14000 人;1910 年,仅电力工程师就有 15000 人;到 1920 年,电力工程师增加到 27000 人。[①] 这种因时设科的教育,有力地促进了美国新兴工业部门的发展。

---

① 刘万翔:《科学技术教育与美国近代科学技术和工业生产的发展》,《当代经济科学》1990 年第 3 期。

原有的大学利用《莫里尔法案》所赠之款，纷纷增设了实用科学的教学科目，许多大学先后建立了农业学院、工程学院、商学院、医学院、矿业学院、冶金学院、建筑学院、机械学院等。这就不仅仅纠正了各大学过去重理轻工的偏向，而且将基础理论教育（理科）与实用机械工程技术教育（工科）有机地结合起来，并在互动中发挥出最大的科技效用。

（二）科研机构中的科技教育

1846年，美国国会同意接受英国科学家斯密森的赠款，建立斯密森国家博物研究院。成立初期，这一机构的主要工作是收集和出版国际上有创造性的研究报告，为美国的科学技术服务，同时用文章、讲演和展览等形式向公众介绍科学的发展。此后，斯密森国家博物研究院逐渐发展成为既从事科学研究，又进行科学普及活动的重要学术机构。

国家科学院等其他政府型科研和管理机构。1863年，美国国家科学院成立，它是美国政府在科学技术方面的咨询机构。美国政府还先后增设了海军水文办公室、地质局、人口调查局等机构，组织地质、地形、地理、灌溉和人口的调查研究。美国政府还建立了国家标准局、矿业局、国家航空顾问委员会等机构，领导有关工业的应用科学研究及部分基础科学研究。此外，美国政府还建立了一些有关医药卫生的科研机构。到1916年，联邦政府已建立了一整套有关工业、农业、医药卫生、科学技术的科研和管理机构。政府的科研经费也在逐年大幅增长。与此同时，美国民间的科学组织也在不断发展壮大。在整个19世纪，美国共建立了407个科学学会和专业组织，而其中315个是在1860年以后建立起来的。[①]

四 美国劳动力结构升级与产业结构升级的联动

美国的劳动力结构升级，起步于20世纪30年代，加速于60—70年代。受劳动力结构升级的影响，产业结构也发生了较大的变化，制造业增加值占GDP的比重在50年代达到最高峰，随后开始出现结构性下降，从1953年的28.3%下降到1970年的22.7%，下降了近1/5。70—80年代，

---

① 刘万翔：《科学技术教育与美国近代科学技术和工业生产的发展》，《当代经济科学》1990年第3期。

美国高素质人才的增长相对缓慢。美国劳动力的第二波升级，则是始于90年代，学士和博士人数又开始了大幅增长，尤其是进入21世纪后，高素质人才的增长进一步加快。由此导致制造业部门劳动生产率的快速提升。制造业部门的劳动生产率在1996年之前的10年间只提高了16.3个百分点；从1997开始，生产率增长开始加速，11年间生产率提高了34.8个百分点。

劳动力的专业结构变化也与产业结构的变化相一致。从绝对人数来看，美国的教育体系有比较明显的任务分工：博士等尖端研究人员主要集中在理工科等技术性领域；而社科科学和商业管理领域则以受普通高等教育的学士居多。在美国的高端人才群体中，始终坚持以科学技术研究为主导，从而保证了美国科学技术和生产技术的先进性。1970—1971学年，获得博士学位的群体中，物理及科学技术专业的最多，有4324人；第二是工程机械专业，有3687人；第三是社会学科及历史，有3660人。到了2008—2009学年，人数最多的专业是临床医疗，有12112人；第二是工程机械专业，有7931人；第三为生物和生物医学专业，有6957人；物理及科学技术专业下降到第五位，有5048人。总体来说，博士学位获得者的专业主要集中在理工医科专业。在获得学士学位的群体中，1970—1971学年，社会学科及历史专业的最多，有155324人；第二是商业，有115396人；第三是英语及文学，有63914人。到了2008—2009学年，商业上升为最热门的专业，有347985人，第二为社会学科及历史专业，有168500人；临床医疗成为排第三的热门专业；而英语及文学专业的位次则下降了许多。

从专业结构的增长变化情况来看，就美国各专业的学士学位和博士学位的授予情况而言，增长最快的是与服务行业相关的专业。例如，获得计算机和信息科学专业学士学位的人数，从1970—1971学年的2388人增加到2008—2009学年的37994人，增长了近15倍。公园娱乐休闲健身专业与安全和保护服务专业的学士人数增长得也非常快。在博士层面，增长最快的专业是公园娱乐休闲健身，其次是安全和保护服务专业，再次是工程机械技术研究专业（见表4-8和表4-9）。这些都是新兴的行业领域。另外，临床医疗、法律、计算机和信息科学专业的增长也较快。

表4-8 美国各专业学士学位授予情况

单位：人

科学学科专业	获得人数 1970—1971学年	1980—1981学年	1990—1991学年	2000—2001学年	2008—2009学年	是1970年的倍数 1980—1981学年	1990—1991学年	2000—2001学年	2008—2009学年
农业和自然资源	12672	21886	13124	23370	24988	1.73	1.04	1.84	1.97
建筑及相关服务	5570	9455	9781	8480	10119	1.70	1.76	1.52	1.82
生物和生物医学	35683	43003	39377	59865	80756	1.21	1.10	1.68	2.26
商业	115396	200521	249165	263515	347985	1.74	2.16	2.28	3.02
传媒、新闻等	10324	29428	51650	58013	78009	2.85	5.00	5.62	7.56
计算机和信息科学	2388	15121	25159	44142	37994	6.33	10.54	18.48	15.91
工程机械	45034	63642	62448	58315	69133	1.41	1.39	1.29	1.54
工程机械技术研究	5148	11713	17303	14660	15503	2.28	3.36	2.85	3.01
英语及文学	63914	31922	51064	50569	55462	0.50	0.80	0.79	0.87
家庭和消费者科学	11167	18370	13920	16421	21905	1.65	1.25	1.47	1.96
外语言文学	20988	11638	13937	16128	21158	0.55	0.66	0.77	1.01
临床医疗	25223	63665	59875	75933	120488	2.52	2.37	3.01	4.78
法律	545	776	1827	1991	3822	1.42	3.35	3.65	7.01
数学	24801	11078	14393	11171	15496	0.45	0.58	0.45	0.62
跨学科研究	6346	13061	17879	27189	37444	2.06	2.82	4.28	5.90
公园娱乐休闲健身	1621	5729	4315	17948	31667	3.53	2.66	11.07	19.54
哲学与宗教研究	8149	6776	7423	8717	12444	0.83	0.91	1.07	1.53
物理及科学技术	21410	23936	16334	17919	22466	1.12	0.76	0.84	1.05

续表

科学学科专业	获得人数					是1970年的倍数			
	1970—1971学年	1980—1981学年	1990—1991学年	2000—2001学年	2008—2009学年	1980—1981学年	1990—1991学年	2000—2001学年	2008—2009学年
心理学	38187	41068	58655	73645	94271	1.08	1.54	1.93	2.47
公共管理和服务	5466	16707	14350	19447	23851	3.06	2.63	3.56	4.36
安全和保护服务	2045	13707	16806	25211	41800	6.70	8.22	12.33	20.44
社会学科及历史	155324	100513	125107	128036	168500	0.65	0.81	0.82	1.08
神学和宗教职业	3720	5808	4799	6945	8940	1.56	1.29	1.87	2.40
视觉与表演艺术	30394	40479	42186	61148	89140	1.33	1.39	2.01	2.93

资料来源:《美国教育统计年鉴2010》。

表4-9 美国各专业博士学位授予情况

科学学科专业	获得人数					是1970年的倍数			
	1970—1971学年	1980—1981学年	1990—1991学年	2000—2001学年	2008—2009学年	1980—1981学年	1990—1991学年	2000—2001学年	2008—2009学年
农业和自然资源	1086	1067	1185	1127	1328	0.98	1.09	1.04	1.22
建筑及相关服务	36	93	135	153	212	2.58	3.75	4.25	5.89
生物和生物医学	3595	3591	4034	4953	6957	1	1.12	1.38	1.94
商业	774	808	1185	1180	2123	1.04	1.53	1.52	2.74
传媒、新闻等	145	171	259	368	533	1.18	1.79	2.54	3.68
计算机和信息科学	128	252	676	768	1580	1.97	5.28	6	12.34
工程机械	3687	2598	5316	5542	7931	0.7	1.44	1.5	2.15
工程机械技术研究	1	10	14	62	59	10	14	62	59

续表

科学学科专业	获得人数					是 1970 年的倍数			
	1970—1971 学年	1980—1981 学年	1990—1991 学年	2000—2001 学年	2008—2009 学年	1980—1981 学年	1990—1991 学年	2000—2001 学年	2008—2009 学年
英语及文学	1554	1040	1056	1330	1271	0.67	0.68	0.86	0.82
家庭和消费者科学	123	247	229	354	333	2.01	1.86	2.88	2.71
外语言文学	1084	931	889	1078	1111	0.86	0.82	0.99	1.02
临床医疗	518	868	1534	2242	12112	1.68	2.96	4.33	23.38
法律	20	60	90	286	259	3	4.5	14.3	12.95
数学	1199	728	978	997	1535	0.61	0.82	0.83	1.28
跨学科研究	109	285	424	784	1273	2.61	3.89	7.19	11.68
公园娱乐休闲健身	2	42	28	177	285	21	14	88.5	142.5
哲学与宗教研究	555	411	464	600	686	0.74	0.84	1.08	1.24
物理及科学技术	4324	3105	4248	3911	5048	0.72	0.98	0.9	1.17
心理学	2144	3576	3932	5091	5477	1.67	1.83	2.37	2.55
公共管理和服务	174	362	430	574	812	2.08	2.47	3.3	4.67
安全和保护服务	1	21	28	44	97	21	28	44	97
社会学科及历史	3660	3122	3012	3930	4234	0.85	0.82	1.07	1.16
神学和宗教职业	312	1273	1076	1461	1520	4.08	3.45	4.68	4.87
视觉与表演艺术	621	654	838	1167	1569	1.05	1.35	1.88	2.53

资料来源：《美国教育统计年鉴 2010》。

综上分析，从美国劳动力结构升级的历程及其与产业结构升级的联动来看，劳动力结构升级是产业结构升级的重要推动因素。

第四节　教育发展对经济发展的作用

（一）美国教育的发展、科技教育的发展，普遍提升了劳动者的素质，有效地提高了劳动生产效率，促进了经济发展

这里用每个劳动者每小时的实际国内总产值表示劳动生产效率，1923年美国整个私人部门每个劳动者每小时的实际国内总产值已是1889年的2倍之多，到了1953年，劳动生产率又比1923年提高了一倍多，到了1970年，劳动生产率又比1953年提高了一倍多。就农业部门和非农部门比较而言，1929年大危机前，非农部门的劳动生产效率比农业部门的劳动生产效率提高得更快，1929年大危机后，农业部门的劳动生产效率比非农部门的劳动生产效率提高得快。[①]

（二）美国教育的发展、科技教育的发展，培养出大量高水平的技术人员和管理人员，提高了各经济部门和各企业的生产技术水平和经营管理水平，促进了经济发展

西点军校于1802年成立伊始除培养军需人才外，还培养工程技术人员。该校培养出一大批科学和技术人才，其中一些人后来成为许多科学和技术领域的早期领导人。1840年前西点军校毕业的1000名见习生中，150人成为工程师，许多人成为出色的铁路技术人员和优秀的机械技术人员。1824年，美国创办了世界第一所私立工科大学——伦塞来尔工学院，该校侧重于应用科学、农业技术及多种工艺技术。西点军校和伦塞来尔工学院的建立，为美国培养了大量专业技术人才，推动了美国工业迅速发展。有人断言，没有这些技术人员，产业革命至少会推迟25年。大学是培训科技人才的重要基地，由于"赠地学院"的开办，美国工程师人数激增：1870年为866人，1880年为7000人，1920年升至13.6万人。

二战后美国就读大学本科和研究生院的人数增长迅速，美国科技人数也因此迅速上升：1950年为450万人，占就业人数的7.6%，1975年达到

[①] "Historical Statistics of the United States, Colonial Times to 1970", http://www.census.gov/compendia/statab/past_ years.html.

1260万人，占就业人数的15%，其中有大学以上学历的专家和工程师由1950年的55.7万人增加到197万人。高级人才的增长速度更快。1970年获硕士学位者为31万多人，较1945年增加近15倍；获博士学位者同期增长近18倍，达3.4万人。高学位人才的迅速增长使科技队伍结构大为改观，1960—1970年，美国工程师中硕士的比例由22%提高到43%，博士的比例由3%升至10%。美国大企业经理中具有大学以上学历的比重也显著提高，1900年仅为25.3%，到1964年升至74.3%，1984年达到79%。据统计，1983年全美受过高等教育和专门训练的科学家和工程师近350万人，其中，23%为博士，54%为硕士。[①]

（三）美国教育的发展、科技教育的发展，涌现了一大批高水平的科学理论尖端人才和技术发明人才，使得美国在科学上不断有发明创造，在技术上不断革新改进，科技水平居于世界领先地位，有力地促进了经济发展

技术发明不断涌现，并很快得到推广应用，大大提高了生产效率。1859年，美国钻成第一口油井；1862年，美国铺设了第一条输油管；1866年，大西洋海底电缆铺设成功；同年，酸性转炉钢首次投入商业生产；1867年，肖尔斯制成世界上第一台打字机；1869年，乔治·威斯丁豪斯制成空气制动器；1876年，亚历山大·贝尔发明电话；1877年，爱迪生发明留声机；1879年，爱迪生发明白炽电灯泡；1880年，美国第一家发电站建成；1882年，纽约建成第一座商业发电站；1888年，爱迪生制成电影；同年，杜里埃兄弟制成美国第一辆使用汽油的汽车；1903年，莱特兄弟制造的世界上第一架载人飞机试飞成功。这些发明很快得以推广应用。例如，从1876年贝尔发明电话开始，到1900年美国已装有电话机135.5万部，1914年迅速增长到1000万部，美国成为世界上使用电话机最为普遍的国家；从1882年第一座商业发电站建立到1898年，全美已有2774座发电站，电力成为大企业最为普遍使用的动力。1902年，全国的发电量已达到60亿度。电力技术的突破加速了美国的工业化进程，使之在较短时间内赶上并超过以蒸汽机动力为基础的英、法等国家。电力的运用，使美国的生产率获得空前提高。

---

① 李吟枫：《美国经济发展与教育的关系》，《世界经济文汇》1989年第2期。

专利发明增长迅速,科技水平居于世界领先地位,推动了经济发展。1790 年美国国会通过专利法,1836 年建立专利局,奖励科学发明和技术革新。1836 年,美国专利局颁发的发明专利证书仅有 103 件,1860 年颁发的发明专利证书就达到 4357 件,1870 年为 12137 件,1890 年为 25313 件,1910 年为 35141 件,1930 年为 45226 件,1969 年达到 67557 件。[1] 据统计,二战后资本主义世界中重大的技术革新有 60% 在美国首研成功,75% 首先在美国投入应用。全世界的科技文献 40% 以上由美国专家发表。美国大专院校的科研机构多达 5000 余所,其科技成果占全国的 75%,全国发明专利引用的文献资料 55% 以上来自各大学的研究成果。以诺贝尔科学奖为例,二战前美国获奖者远少于德国和英国,战后已相当于两国之总和,1971—1978 年,美国就有 30 人获奖,超过其他各国之和。[2] 美国的获奖者大部分是本国培养,且又多在高等院校从事教学与科研工作。由于科技发明的领先,美国成为最大的技术输出和专利转让国,每年出口技术的收入平均为 40 亿美元左右。

诸多研究表明,美国教育水平的提高以及由此引致的知识或科技进步,是推动美国经济发展的持久动力。诺贝尔经济学奖获得者西奥多·W. 舒尔茨(Theodore W. Schultz)研究表明,对教育和其他形式的人力资本投资可有效提高经济效率。他指出,1900—1970 年美国经济增长迅速,与此同时,对劳动者的教育投入资本从 630 亿美元增加到 8150 亿美元。然而,投资的大幅增长并没有出现收益递减,教育依然在其中发挥着重要的作用。舒尔茨认为,科学是一种特殊形式的"人造资本",它主要体现为科学文献、诸如计算机和杂交谷物这类经济高效型事物的发展,以及人类自身之中。要想在未来获取更大的收益,就必须增加人力资本投资,提高人们的素质。劳动力素质的提高最终体现为科技运用水平的提高和科技的进步。经济发展的事实表明,科技在经济发展中发挥着日益重要的作用。丹尼森(E. F. Denison)和肯德里克(J. W. Kendrick)对美国经济增长的研

---

[1] "Historical Statistics of the United States, Colonial Times to 1970", http://www.census.gov/compendia/statab/past_years.html.

[2] 李吟枫:《美国经济发展与教育的关系》,《世界经济文汇》1989 年第 2 期。

究发现,[①] 在 1929—1978 年期间,美国产业生产率增长的 2/3 源于技术进步。丹尼森在全要素生产率的分析中发现,知识进步的贡献率为 67%,远高于资源配置改进和规模经济所产生的作用。肯德里克在分析单位劳动时间的实际总产出时同样发现,技术进步(包括劳动者受教育程度和经验的变化)的贡献率也为 67%,远远高于劳动、资本要素的配置和规模经济等其他因素的影响。R&D 是国际上通行的衡量一国或地区的知识或科技进步水平的主要标志。美国商务部经济分析局 Landefeld 研究发现,[②] 在 1959—2004 年期间,美国 R&D 对实际国内生产总值增长的贡献率为 5%,而在 1995—2004 年期间,美国 R&D 对实际国内生产总值增长的贡献率则上升到 7%。由此可见,科技进步在经济增长中的作用日益增大。

美国正是通过发展教育,提升了劳动力的素质,培养出大量高水平的技术人员和管理人员、高水平的科学理论尖端人才和技术发明人才,提高了劳动生产率、生产技术水平和经营管理水平,推动了科技进步,促进了经济发展,推动了产业结构向高级化的演进。

参考文献

[1] 王淑珍:《美国的公众科普—美国人文科技考察散记(之一)》,《大众科技报》2003 年 4 月 17 日。
[2] 史志洁、李大光:《美国致力于提高国民科学素质——介绍美国"2061 计划"》,《科技潮》1997 年第 8 期。
[3] 〔美〕国家研究理事会:美国《国家科学教育标准》,科学技术文献出版社 1999 年版。
[4] 《美国科普鸟瞰》,《科技广场》2002 年第 8 期。
[5] J. D. Lewis, "Technology, Enterprise, and American Economic Growth", *Science*, 1982 (215).

---

① E. F. Denison, "Accounting for United States Economic Growth, 1929 – 1969", Washington, D. C.: The Brookings Institution, 1974; J. W. Kendricks, "Sources of Growth in Real Product and Productivity in Eight Countries, 1960 – 1978", New York: Office of Economic Research, New York Stock Exchange, 1981.

② J. Steven Landefeld, "Measuring Innovation's Role in GDP & Productivity Growth, Innovation & Technology", *Measuring Competitiveness Embassy of Sweden*, ITPS & DOC February 11th, 2008.

[6] E. F. Denison, "Accounting for United States Economic Growth, 1929 – 1969", Washington, D. C.: The Brookings Institution, 1974.

[7] J. W. Kendrick, "Sources of Growth in Real Product and Productivity in Eight Countries, 1960 – 1978", New York: Office of Economic Research, New York Stock Exchange, 1981.

[8] J. Steven Landefeld, "Measuring Innovation's Role in GDP & Productivity Growth, Innovation & Technology", *Measuring Competitiveness Embassy of Sweden*, ITPS & DOC February 11th, 2008.

第 五 章
日本劳动力素质对产业升级的影响

本章提要： 日本经济的腾飞有赖于许多外部条件，但最为重要的内部因素是日本政府长期重视教育，以产业结构调整为指向大力提高劳动力素质。日本长期以来将提高国民素质列为国家发展战略的重要目标，政府和有关部门给予了高度重视。

日本政府在战后经济发展的不同时期，通过改善人才评价机制、调整教育结构、培训机构多元化、推广科普教育等方式从数量上和质量上培养经济发展所需要的劳动者和专门人才。配合产业结构的升级，日本的就业结构也发生了变化，工业、制造业从业人数和比例显著增长。日本在战后20多年的时间内，普及了高中教育，为发展各类高一级的教育提供了充足的、有质量保证的人才资源，使之如期培养出各领域、各层次所需的人才。同时日本的高等教育也获得了巨大的发展，日本大学毕业生比例在世界上名列前茅，这使日本劳动力在进入企业时已具备了较高的文化基础和接受高难度操作技术的潜在能力。经济结构、产业结构和就业结构的变化，必然引起劳动力市场供求关系的变化，从而劳动力受教育结构也应随之变化。日本政府根据这一变化对人才需求进行科学预测，并以此为基准进行教育体制、教育内容的改革。

随着经济民主化改革和企业规模的扩大和结构的复杂化，战后日本企业家集团的内涵也发生了相应的变化，出现了新型经营管理集团。企业家集团的成员来自在职的经营管理人员，大学、研究生院所培养出来的经营人才，而高质量的教育使其具备承担此任的能力。企业家集团作为将生产同日本的经济命脉——外贸事业具体联结起来的中心环节，在很大程度上促进了日本经济的腾飞。同时，日本经济的恢复和发展过程，也是一个企业界不断地更新设备、引进技术、革新的过程。日本的科技人才队伍，使日本在短短几十年间，赶上甚至超越了科技领域的世界先进水平，充分显示了教育为日本提供了具有现代素质和经营能力的优秀科技人才、管理者和企业家。

正是由于战后日本政府高度重视教育，重视培养人才，战后日本教育始终走在经济发展之前，从而为经济的腾飞提供了高素质的国民，这些优秀的人力资源，分布在社会和经济生活的各个领域，共同创造了日本经济高速度发展的奇迹。

明治维新、二战结束初期及20世纪70年代是日本经济增长最为迅速的三个时期。二战结束初期，作为战败国之一的日本的国民经济濒于崩溃，国民生产总值一度降至战前的64%。[1] 自20世纪50年代中期开始，日本经济经历了20年的持续增长，这期间日本经济年增长率为9.8%，其科学技术和经济发展水平已与欧美发达国家比肩，1986年国民生产总值超过西欧发达国家，仅次于美国，居资本主义世界的第二位。[2] 日本仅用15—20年的时间，迅速实现了工业现代化，创造了经济增长的奇迹。日本经济的腾飞有赖于许多外部条件，但最为重要的内部因素是日本政府长期重视教育，以产业结构调整为指向大力提高劳动力素质。人力资本是后发国家追赶发达国家的先导，这是经济学家的普遍共识，国民具备良好的素质是现代社会健康、高效运行的前提，这一点正越来越多地得到各国经验的支持。衡量国民素质高低的指标是一国的教育水平，日本长期以来将提高国民素质列为国家发展战略的重要目标，政府和有关部门给予了高度重视。

日本实行提升劳动力素质的举措可追溯至明治维新时代，从那时起日本正式建立资本主义经济体系，教育领域开始向西方先进国家看齐。1868年4

---

[1] 《第二次世界大戦前・戦中の主要国国力》，http://www.eurus.dti.ne.jp/—freedom3/ww2-gdp - sai - axx. htm。

[2] 都留重人：《现代日本经济》，北京出版社1980年版。

月，明治政府发布《五条誓文》，将"求知识于世界"列为基本国策之一，从此开始了大力提高人口科学文化素质的活动，以配合"富国强兵""殖产兴业"的政策。1871年9月设立文部省，派官员赴欧美考察教育制度，1872年9月颁布《公布学制之布告》，明确提出无论身处社会何阶层，必"家无不学之人"。为了提高人口的科学文化素质，明治政府于1872年开始推行新学制，大力普及国民教育，这标志着日本开启了全民教育的历史。新学制的目的在于普及人口初等教育，主要措施如下：将全国分成八大学区，每区设一所大学，每个大学区设32所中学，每个中学区设210所小学。1878—1897年，全国已有中学794所，中学生40029人，小学26584所；为使教育事业发展符合国情，1879年公布的《教育令》宣布废除学区制，将小学的管理权限交给地方；自1886年起，明治政府先后颁布了一系列被合称为《学校令》（包括《帝国大学令》《小学校令》《中学校令》和《师范学校令》）的法令，对儿童入学做出了如下规定：自儿童6岁起，家长有义务让学龄儿童接受为期4年的普通教育，中学分为普通5年和高等2年，师范学校有两种学制各为4年，大学由分科大学和学院组成。至此，日本初步建立起了以提高人口科学文化素质为目的的正规化教育体制。到1907年，日本就和当时世界上最发达的国家——英国——几乎同时普及了小学教育。即使是在战后初期十分困难的情况下，日本政府仍没有忘记发展教育，九年制的义务教育就是在"勒紧裤带"的情况下于1946年开始实行的。

从1872年开始实行强制小学义务教育到20世纪70年代初基本普及高中教育，日本仅用了100年的时间；从1868年开始发展资本主义，到1967年经济实力超过英、法、德，日本也刚好用了100年的时间。日本在教育上和经济上追赶欧洲列强所用时间刚好一致。这绝不是巧合，教育不仅使国民继承了日本传统的思想道德，而且大大提高了全民族的科技文化水平，培养了一代又一代具有"经济动物"素质的劳动力，成为经济发展的持续动力。①

二战后日本进行了教育改革，提高了教育的地位，尤其是把教育和经济发展以及产业界的需要密切结合在一起，充分发挥教育的经济功能，使教育

---

① 姚益龙：《国民素质：日本经济腾飞的关键》，《广东社会科学》1996年第4期。

发展与经济发展形成一种互动关系。① 从 20 世纪 60 年代的《国民收入倍增计划》起，日本政府开始突出科学技术的发展和科技教育，把科技教育的改革放在了教育改革的突出位置，实行了"产学合作"的教育体制，为经济的发展注入了强大的动力。

第一节 二战结束初期普及九年义务教育

二战结束后，不断增加的失业大军成为日本经济恢复、社会稳定的一大阻力。当时日本的劳动力人口约有 3000 万，其中处于失业和半失业的人口占 20% 以上。长期的战争也使日本经济结构成为"战时体制"，即军需生产部门恶性膨胀，民需生产部门日益缩小，民用机械设备闲置、废弃，致使民用物品奇缺。因此发展民用工业成为当务之急，需要一批具有一定专业技能的民用工业劳动力成为当时日本面临的重大问题。为适应未来经济发展的需要，日本政府这一时期开始探索培养高级专门人才。因此对高中和大学的教学体制和教学内容也进行了改革。

截至 20 世纪 60 年代，日本各界提出的以推动日本长期经济增长为目的的发展计划有 10 余个。其中，通过内阁会议决议的有 3 个，分别是 1956 年末的"经济自力 5 年计划"、1958 年末的《新长期经济计划》和 1960 年末的《国民收入倍增计划》。自力计划之前的方案大多具有明显的经济复兴计划的色彩，正如"经济自力 5 年计划"的名称所显示的，其探讨的是如何使日本经济在脱离外国援助的情况下正常运行，所论及的政策与经济增长并没有直接关系。"经济自力 5 年计划"对于劳动力问题只是从失业角度进行考量，劳动力素质的提高并未纳入经济计划的视野中，教育问题也就完全被置于决策对象范围之外了。

1958 年通过的《新长期经济计划》明确提出"科学技术的振兴"这一目标。但在这个计划中，对于劳动力问题的讨论仍集中在怎样吸收大量剩余劳动力上，对于如何提高劳动力素质仍未给予积极关注。涉及劳动力素质的内容仅粗略的出现在有关"科学技术的振兴"的章节中：推动技术创新的

---

① 陈建安：《日本产业结构调整与政府经济政策》，《日本研究集林》2002 年第 4 期。

前提是具备充实的科研力量，首先要加强高中以下的科学技术教育；预计1963年理工科类的大学毕业生将会出现8000人的缺口，对此要积极采取应对措施。但计划对于这两个目标如何实现并未做出详细规划。

第二节 《国民收入倍增计划》实施期间的教育发展战略

1960年12月，池田内阁制定了著名的《国民收入倍增计划》，这个计划强调经济发展与人的能力的密切关系，并第一次把培养人才的教育确定为经济发展的一环。20世纪60年代以后，日本经济基本恢复，人均国民生产总值为美国的1/3以上，要素禀赋结构也与战争刚刚结束时有了很大的不同，资本存量获得了极大的提高，同时劳动力价格即工人的工资也有了明显的增长，日本政府此时提出推动产业结构向能源密集型和材料密集型的产业发展，引进国外先进技术，加大社会资本投资，发展规模经济。

与经济发展战略相适应，在《国民收入倍增计划》中，"人的能力的提高和科学技术教育的复兴"作为计划的主要课题被赋予了重要的地位，原因是随着持续的经济高速增长和技术创新的推进，劳动力的供给和需求状况发生了变化：一方面是新增的正规教育毕业生总规模相对较小，另一方面企业对科技工作者和技能劳动者的需求得不到满足。这个时期关于劳动力问题的讨论重点，从之前的对失业问题的关心，转移到劳动者质量的改善上来。《国民收入倍增计划》对此做了如下说明。

"长期以来，对于日本经济来说，劳动力问题都不是经济增长的阻碍因素，原因是我国拥有丰富、廉价的劳动力资源。但从长远来看，可以预见日本的劳动力增长率将逐步放缓，而科学技术的进步、产业结构的升级必然要求劳动力素质的提高。这就是现代社会的特征，即由技术革命所支撑的持续的高经济增长率和快速的科学技术的发展。实现'提高人的能力'这一目标，对于正确理解科学技术的含义及其对社会和产业发展的要求、维持社会经济的高度增长都是必要的。"[1]

---

[1] 参见《国民收入倍增计划》第2部第3章，http://ja.wikipedia.org/wiki。

对于"科学技术的振兴",《国民收入倍增计划》中着重强调了以下内容:加强以科学技术教育为核心的人才培养,以及推动研究开发和工业化进程有关的政策的改善。培养科学技术人才的必要性将逐渐显现,因为对于新技术的开发和研究活动将日趋活跃,对研究者的需求将大幅增加,特别是随着自动化技术的普及,对计量控制、生产管理、设备管理等新型专业技术人才的需求也将大量增加。即使是经营部门、销售部门,对于技术工作者的需求也在扩大,一般管理者和职员也应具备一定的科学素养已成为共识。

一 以产业结构升级和经济发展为基准预测人才需求

《国民收入倍增计划》以未来经济发展对科学技术工作者的需求为出发点,预计截至昭和45年(1971年),科技工作者将出现17万人的短缺,因此决定实施劳动者供给扩大计划。对于与科学技术相关的高等教育机构的改善和技术研究等问题进行了讨论。针对高等教育机构的教学内容做出了如下决定:①现有大学的学科构成向新科技的方向转变;②理工科教育设施的改善;③顺应各地区的工业开发计划的新需求,在地方设立具有全新教育科目的工业大学。对于中等教育阶段的发展战略是通过对初等技能工作者的需求预测做出的。预计在计划实施期间,职业高中培养的初级技工的缺口将达44万人,而通过职业培训培养的技工的缺口将达160万人,中等教育的发展战略是分别扩充这两部分人才的数量。中等教育的教学内容随着经济发展的不同阶段而做出调整,职业培训逐步日常化,产学协同发展的必要性也得到了认同。

通过上述措施,《国民收入倍增计划》基于未来经济、产业的发展对科学技术工作者的需求预测,将技术、技能工作者的培养作为重要内容。同时该计划也指出,为顺应经济的高速增长和技术创新的要求,国民的教育水平须进一步提高,从其他国家的发展经验来看,有必要推进"中等教育必须化"。但这并非意味着高等教育的义务化,不进入高等学校深造的学生可以通过职业培训、远程教育等形式获得相当于中等水平的教育,政府通过立法承认通过非正规形式获得的学历,即"经济实惠"地提高全民的教育水平。

二 开发人的能力的教育规划

"人的能力的开发"这一问题,在当时不管是对于日本还是世界范围内的其他国家而言都是尚未开发的领域,因此《国民收入倍增计划》中的相关政策并非基于深入的研究而提出的,"人的能力的开发"的深层次问题被留作今后的课题。1961年经济审议会专门设立了"人的能力部会"来研究这一问题。日本政府在1962年就"促进经济健康发展的人的能力政策的基本方向"问题向人的能力部会征求意见,人的能力部会于同年10月27日审议通过了《人的能力开发计划》,1963年1月14日经济审议会将该计划正式报送给日本政府。

这个报告共分为三章。第一章以"人的能力政策的必要性"为题,主要阐述人的能力政策的意义,提出人的能力政策的经济、社会背景,报告形成之时所面临的问题以及报告的概要。第二章"人的能力开发的课题"是报告的核心部分,为回答第一章所提出的人的能力政策的必要性,提出了4个必须首先解决的问题,并对其进行了详细地讨论。这4个课题分别是:(1)人的能力开发的相关理念的变革;(2)人的能力的延伸;(3)人的能力的运用;(4)劳动、生活环境的改善。针对课题(1)提出要顺应时代的新要求,确立现代意识,承认在技术创新阶段的人的主体性,确立自主创新的发展路径,彻底推行能力主义,实施大规模的教育投资。课题(2)则要求教育水平的提升,着重解决技术、技能工作者问题和教师、指导员问题,加强人才的国际交流,注重劳动者的体质和健康。课题(3)要解决的是发挥人的能力的场所——企业的经营方面的相关问题,主要涉及妇女劳动者、中高年龄层劳动者问题,以及伴随着产业结构升级而即将产生的劳动力转移问题。课题(4)的论题涉及劳动时间、工伤防止等劳动环境的法律规制,机械化时代如何恢复劳动者本性、个人生活领域的环境改善等问题。第三章为"人的能力政策的基本方向",针对第二章中提出的问题给出了政策建议。首先,人的能力的延伸要求以教育培训的扩充和创新为目标,对学校教育、职业培训、技术资格鉴定等进行改革,同时扩大教师、指导员队伍,加强人才的国际交流;其次,主要针对包括劳动力转移在内的人的能力的运用问题,提出劳动力市场规制和中小企业、农业等特殊部门的对策;最后,主要是劳动者工作、生活环境的改善的相关对策。下面将对教育规划部分内容进行详细的介绍。

（一）教育以现代技术革新和确立国产技术为方向

第二次世界大战以后的技术革新给日本的社会、经济带来了超乎预期的影响。第一次产业革命使以农业为主要产业的孤立分散的劳动形态、使用简单生产工具的技术形态转变为以分工协作为基础、人的生产能力发生飞跃式发展的使用机器和动力的工场手工业形态，因此催生了与这种技术变化相对应的教育制度和社会制度。在这个阶段，人类对于生产过程的进行拥有绝对的主导权。但是从现代的技术革新角度来看，生产过程的进行逐步向排除人类的方向发展。信息的收集、整理、判断，新行动的指令等新的工种要求通过人类的脑力劳动作用于机器，而自动化技术以及信息处理技术的应用是有一定限度的。技术创新所带来的问题要求必须改变原有观念，确立新的教育发展战略，教育研究的方法要进行变革。这种变革主要集中于两个方面：从小学教育到大学教育的整个正规教育阶段，实施系统的自动化、信息处理技术的科学教育；以新兴的技术体系为基准对教育体系进行内部改造。二者之中日本政府对教育体系的改造更为重视。原有的大学工学部的学科设置主要是对应传统产业的需求，学科构成较为细分化、专门化，此次改革设立材料开发、自动控制、信息处理、系统工学等新的学科，更加注重综合化和基础学科的教育，创立了介于现代教育的理学部和工学部之间的学科门类。

在这一时期，日本并不仅仅注重对以技术革新为指向的被动形式的教育进行改革，同时以推动自主技术创新为目标大力培养科技人才，这就是以确立国产技术为目标的教育。在此之前，日本的科学技术充其量不过是对发达国家成熟技术的模仿。明治维新以来日本产业的发展主要依靠吸收发达国家的科学知识或者购买其技术，第二次世界大战之后日本在技术引进的贸易上也一直保持较大的逆差。这种技术引进模式缩小了日本与发达国家之间的差距，对推动日本的经济发展起到了一定的积极作用。但随着本国经济状况的变化，日本必须谋求推动经济增长的新模式。二战爆发以前，相比西方诸国较晚开始现代化进程的日本经济必须依靠引进先进技术，发挥后发优势。通过向发达国家支付高昂的专利费用购入先进的机械设备，加之低廉、丰富的劳动力资源，有效地拉动了日本经济的增长。因为整体上技术进步速度较为缓慢，引入的技术可以维持较长时间的经营。但是二战以后经济形势的新变化使得技术引进模式的不适应性逐渐显现，首先是日本与发达国家的技术差距逐渐缩小，加之劳动力供给短缺使劳动报酬不断升高，以及技术变化的日新月异使得引进的技术短时间内就过时了，而发达国家一般不轻易输出一流的技术，如果日本继续依赖于技术引进，也只能止步于二流技术的水平，不能提高其国际竞争力。因此日本政府决心为脱离对外国技术的依存状态而努力。但是技术进步并非一朝一夕之功。特别是日本长期以来依靠模仿模式，转向国产技术的研发并非易事。因为一般来说技术进步一方面依靠科学知识的发展，另一方面要求产业领域进行同步的技术改造。而当时的日本长期以来在科学知识上吸收国外的理论体系，在产业领域则是购买国外的技术，在科学研究和产业部门之间形成了断层。要消除这个断层，不仅要充实研究部门的力量，也要从根本上改变人们习惯于模仿的思维方式，即要对全体国民的各个阶层进行自己寻找问题、思考问题、解决问题的具有创造性的态度和能力的培养，也就是推行具有创造性思维和接近自然科学的教育。推行这样的教育模式仅依赖于书本知识是不够的，还要通过实践课程来使教学得以加强。对于一向偏重于理论教育的日本教育，实践教育的引入显得更为重要。另外，在劳动集聚型产业中，团队精神具有重要作用，因此加强合作的精神和能力的教育也是必要的。日本政府力图将上述措施贯彻到国民各阶层的教育中，通过构建稳固和坚实的教育基础促进国产技术的发展。其中的核心问题是，如何沿着技术创新的方向，培养大量具有创新精神的工程师。

（二）贯彻能力主义教育

教育的机会均等和普及是现代社会的任务，战后的日本在教育公平化方面的改革取得了积极的进展，但教育还有另外一个重大功能，就是发现每个人的能力和特长，因材施教，采取多样性的教育方式使每个人的能力得以发展。当时日本的风气是不论学生自身的能力和适应性如何，都要挤进大学的校门，由此催生的问题是大量落榜生不考虑自身的能力而固执于进入名校，各地涌现出的为满足这种需求而开办的大学和高中，大多教育水平低下，学校间的差距逐渐拉大。学校之间的差距来自人力、财力及教授能力方面，同一教育阶段应该达到统一水准的教育目标，学校之间的差距使得这一目标能否达成存在不确定性。同时日本教育也出现了经济能力先于学习能力成为能否升学的决定条件的现象。这样一来,日本政府的大多精力花费在解决升学的相关问题上,对于提升人的能力方面的工作就精力有限了。这种偏重学历的风气给日本教育所带来的恶果并不是加强人的能力的培训就能解决的。带来上述教育问题的原因是日本社会对人的评价和雇用机制以学历、工作年限为基准,而不是对人的实际能力的尊重。因此要推行新的教育理念,首先要改变社会和产业领域的人才评价体系,建立与人的能力和特长相适应的雇用机制。经营方式的现代化要求从年功序列的体系向职务薪酬体系转变。这并不是抽象的理论概念,而是客观经济条件的变化要求雇员工作体系发生必要的转变。原有的年功序列的体制承认年功,认为持续工作年数越高,技能的熟练度越高,对企业的贡献度就越大。而随着技术的不断创新,工作经验较少而掌握较多知识的年轻劳动者对企业的贡献比重逐渐增大,原有的在劳动力供给过剩背景下的以低工作初薪支持的年功序列体制,随着年轻劳动力不足和初薪的提高而受到较大冲击,战后教育体制培养的劳动者与年功序列方式所支撑的家族式经营相融合,这正是瓦解年功序列制的客观条件。对于学历的过分偏重也是如此,战前的中等教育和高等教育一定意义上说是精英教育,1941年日本的旧式中学的入学率仅有15%,大学不满50所。到1964年,日本的高中入学率近6成,大学达250所(不包括短期大学)[1]。此时日本的教育部门已不仅仅是培养少数特权阶层的机构,而且是真正成为全民的教育场所。随着高等教育的平民化,偏重学历的客观基础消失了。教育方式上对应个人能力因材施教,教育课程设置多样化,注意观察发现学生的能力和特长,并给予必要的升学、择业指导。同时教育体制逐渐弹性化,对于学习能力出众的学生,设置了跳级制度,而学习能力较差的学生则需留级。入学考试的合理化也是很大的论题,日本政府提出要客观的评定进入大学的适应性,考虑由第三方机构拟订考试试题。同时,为了使产业和教育双方接受能力主义理念,日本政府配套了各种职业能力鉴定制度。对于有学习能力而不能进入大学的人,政府设置了优秀人才培育机制,为消除低收入阶层而推出了广泛的经济和社会政策。实行由上述措施构成的尊重能力教育模式,

---

[1] 日本的短期大学相当于中国的专科教育。

培养一批高技能人才①就容易多了。在快速发展的技术革新时代，优秀人才的重要性不言而喻。时代要求高质量的、大规模的人才，这是单纯依靠个人努力所不能达成的，必须要通过全社会有意识的人才培养规划来完成这一目标。高技能分为科学技术方面的高技能和社会活动方面的高技能两个方面，在学校教育中应对科学技术能力的培养更为重视。对于就职于经济界的毕业生来说，虽然走出校园后也需要社会经验方面的积累，但科学技术的能力的培养如果没有在学校打下坚实的基础，那么日后这方面能力的提升是极其困难的。

（三）教育投资

日本政府在讨论如何通过人的能力开发促进经济增长的同时，也认识到了以下问题的重要性：要维持高速的经济增长，必须使劳动力素质随着科学技术的进步而逐步提高。劳动力素质是指劳动者所具备的关于生产活动的能力、知识、技术等，提高劳动力素质最重要的途径是教育。要培育能担当起促进经济增长重任的劳动力资源，就必须给予国民好的教育，要办好教育政府必须大规模的支出资金。政府教育经费的支出具有如下特征：国民通过接受教育来提高劳动力素质，接受教育的收益会在受教育者整个职业生涯中发挥作用。因此教育投资不是仅在短时期内显现效果，而是会在长久的未来持续的发挥作用。将教育作为一种投资来理解，在经济增长过程中教育支出的重要性就不言而喻了。将教育经费作为投资来考虑，正如物质投资的积累形成物质资本一样，劳动力中受教育者人数的增加就是教育投资积累的过程，也可称为教育资本。就业者的学历构成显示就业者所具备的受教育水平，是表明教育资本存量的一种方式。一般来说，这一存量是以生产的物质资本、劳动和技术来衡量的。国民收入的增长率会超过物质资本和劳动力投入量的增长率。以日本为例，在20世纪初的50年里，国民收入增长了7.5倍，国家实际生产总额增长了2.2倍，就业者规模扩大了1.8倍，物质资本和人力资本投入量的增加不能完全解释国民收入的增长。如果加入教育资本的概念，那么就能解释残差的大部分。教育不仅产生经济效益，而且会产生巨大的社会、文化效益。日本政府的行政费用中教育经费占20%以上，是资本

---

① 原文中是 high talent – manpower，在日本是指符合科学技术发展需要，对经济界、劳动者界有一定主导能力的人，即对经济发展有积极贡献的人。

主义国家里比例最高的。在日本政府把人才培养列入《国民收入倍增计划》的同时，日本的教育投资比例随其经济的快速发展而逐年大幅度增加。在经济高速增长阶段的前期，即 1955—1960 年，日本的国民生产总值增长 82.8%，国民收入增长 81.8%，教育经费增加 68.7%；1960—1970 年，日本国民生产总值增长 3.5 倍，国民收入增长 3.4 倍，教育经费却增加 3.7 倍。这一时期，日本教育投资在其国民收入中所占比重为 5% 左右，从而使得日本人力资本能够保持长期的持续增长。

在大力发展各类教育的同时，日本政府也投入大量资金以加强科研力量。如表 5-1、表 5-2 所示，1955—1975 年，日本科研经费投入增长了约 62 倍，自然科学研究经费增长 66 倍多，科研人员总数增长 5.6 倍左右，公司、企业的科研人员则增长 20 倍左右。日本科研经费增长之迅速、科研人员增速之快与规模之大，都是举世瞩目的。科研人才队伍的迅速成长在客观上为日本战后经济增长创造了条件。随着教育经费的增加，文化、体育设施也相应得到改善，学生的身体素质、健康水平也有很大的提高。

表 5-1　日本 20 世纪 50—70 年代科研经费增长状况

单位：百万日元

年度	科研经费		科研经费的分配		
	总额	自然科学经费（包括在总额中）	研究机构	大学	公司、企业
1955	43365	35638	9396	21660	14309
1960	171105	148875	26804	48686	95615
1970	1064635	933228	137068	299233	628352
1975	2716032	2421367	409394	717585	1589053

资料来源：根据日本《时事年鉴》1964 年版、1977 年版整理。

表 5-2　日本 20 世纪 50—70 年代科研人员数量增长状况

单位：人

年度	科研人员		科研人员的分布		
	总人数	自然科学领域（包括在总额中）	研究机构	大学	公司、企业
1955	60144	34208	10767	42270	7107
1960	118155	82149	15808	59409	42938
1970	286439	199193	29645	158844	97950
1975	396216	290197	39010	208192	149014

资料来源：根据日本《时事年鉴》1964 年版、1977 年版整理。

（四）中等教育的完备化和职业训练体系的调整

《国民收入倍增计划》将"完备中等教育"作为长期的教育培训政策的目标提出。日本政府对 15—18 岁的青少年给予普及化的后期中等教育即相当于高中阶段教育，顺应技术革新的需要，提升青少年的知识和技术水平。

后期中等教育的核心是高中，虽然截至 20 世纪 60 年代日本高中入学率已经超过 60%，但从开发人的能力的要求来看，还存在以下几个方面的问题：社会、家长甚至学校方面对发现学生的能力和特长、因材施教地进行培养的重要性缺乏充分的认识；因为长期以来重视学历的风气对职业教育存有蔑视，而偏重接受一般教育。在日本，除了普通高中以外，这个阶段的教育培训机构还有其他类型的学校、职业培训机构等。这些教育模式有别于正规教育形式，有各自的教育目的和施教环境，对社会经济的发展起到了很大的推动作用。从开发人的能力的角度考虑，将职业培训作为中等教育的重要一环是必要的。

1. 完备中等教育的基本方向

处于 15—18 岁成长期的青少年，从其身心发育的状态来看，正处于才能分化、个性凸显的时期，因此这是进行与其能力和特长相适应的合理的教育训练的阶段，也是决定青少年未来发展方向的重要阶段。从这个观点出发，日本政府认为在大学的短期教育期间发展人才和培育人才是比较困难的，应在中等教育阶段早期发现人才，采取因材施教的教育方式；国民整体素质的提升和经济的发展以青少年知识和技能水平的提高为基础，那么必须以中等教育为着眼点，也就是将国民的整体受教育水平从前期中等教育提升到后期中等教育。为了达到这个目标，日本提出将作为大众化科学技术教育基础的职业教育培训提升到普通教育层次，强化发展方向指导体制，调整职业教育培训体系。

择业指导体制的强化主要是从人的能力开发的视角出发，进一步强化发展方向指导体制，设立专门机构进行发展方向指导、择业指导、适应性问题等的研究调查和信息提供；在中学和高中设立专职的职业咨询辅导员；在大学开设培养职业咨询辅导员的课程。

职业教育的改善方面，日本政府预计到 1971 年高中入学率达到 72% 以上，如此高的入学率意味着学生的能力将呈现多样化趋势，这也就要求高等教育的多样化。因此，要在现阶段的职业教育基础上导入技术教育，在初中阶段仅保留技术、家庭两门技能型课程是不合理的，应使中学和高中的技术教育系统化、一贯化。为推动高中职业教育的发展，日本政府推出了如下政策。

在职业教育的普通课程方面，1964 年开始实施教育课程改革，与技术革新时代相适应的实践类课程合称为 A 类课程，以 A 类课程为核心对教学科目进行再编。

通过职业教育课程改革提升职业教育的质量，对应《国民收入倍增计划》所设想的产业结构变化趋势，对原有的商业课程进行扩充，加入了农业课程、工业课程等内容，并进行农业机械、农业经营方面的教育，设立仅开设农业课程和工业课程的职业培训学校，目的是培养以农家子弟为对象的初等技术工作者。工业课程的重点是扩充以重化工业为主的基础学科，同时增加学生的实践课程时间。不仅是农业、工业课程，商业和家庭课程中也设置了生产流通部门的课程内容，建立教育与产业协同发展的体制。

1962 年修改了学校教育法，实行定时制高中和职业训练联合发展制度。定时制是将课程分为前期 2 年和后期 2 年，前期课程进行职业训练课程的学习，愿意进一步学习的学生可进入后期课程，同步普及相关课程的远程教育。这样的联合教育逐渐在其他教育机构和职业训练机构中广泛展开。日本政府希望将这种形式的教育发展成为独立的教育机构，使各种职业教育培训与高中教育一样，成为中等教育的一部分，并推进其义务教育化。

2. 确立资格审定考试制度

中等教育完备化的目标不是让青少年获得学位，而是通过资格审定考试制度对学生所具备的能力进行公正的评判，特别是针对技术劳动者，通过审定制度分别显示出毕业生是否达到中等教育阶段、短期大学、高等专科学及大学毕业要求的能力水准。技术鉴定制度使技能劳动者能够随着技术等级的升高逐渐升级为技术工作者、高级技术工作者，从而打开了不依靠学历而以能力评判的晋升之道。

3. 教师、辅导员队伍的培养

优秀的教师和辅导员是推行新的教育制度的前提。日本当时面临的情况是理科、工科教员的大量缺乏，作为解决这一问题的长期对策，日本政府制定了针对教员的长期培养计划，同时改善教师的社会地位和待遇，制定教师、辅导员资格审定制度，将教员培养的重点放在理科、工科教员上。

第三节 以企业为主体的人才开发

日本企业对职工的职业培训大体可分两类：一类是"企业外教育"，即企业根据实际需要，选派优秀员工前往国内或国外教育机构深造；另一类是"企业内教育"，包括新员工培训、设备更新教育、脱产进修和业余教育等。在这两种形式中又以后者为主，日本绝大多数企业采用在职培训的方式。

对新入职的员工，无论学历如何，都要进行短期的"新人教育"，使其了解公司概况和有关注意事项。在正式分配工作岗位后，企业还将指定专人进行教育和指导，技术工人一般都要接受车间教育，由车间负责人或有经验的老工人传授必要的知识和技能。管理人员的培训涉及面更广。

日本企业培训制度最大的特点在于其教育的"连续性"，即企业除了对职工进行定期培训外，还要在职工工作变动或晋升后，按照新岗位的实际需要，对职工进行"再教育"。因此不少企业不仅有短期培训计划，还制定长期设想。与"终身雇佣制"相适应，员工从入厂那天起直到退休，都要接受企业的教育和训练。从这个意义上讲，日本的企业教育实际上是一种"终身教育"。

除了重视对职工进行技术和能力方面的教育和训练外，日本企业还十分重视对职工进行富有日本特点的企业精神和道德方面的教育，培养职工对企业的忠诚心、荣誉感，促进企业的稳定发展。日本企业的家族式人际关系，在日本的语言中已成固定词语，职工们称企业为"家"，称公司的经理为"我家的经理"，这种共容共存的程度可见一斑。

第四节 科普教育

日本科普教育的历史要追溯至明治维新打破锁国主义开始，这100多年的科普历史分为三个阶段：第一阶段为明治维新至二战的启蒙阶段，科普事业主要是正确翻译和向公众普及西方的科学术语；第二阶段为战败后，日本在50年代初确立了"贸易立国"的战略方针，以迅速恢复国家经济；第三阶段是80年代初，日本经济已名列西方世界第二，于是日本提出了"技术立国"的新口号，核心内容是重视知识分子、重视科技。

日本科普一直是由政府、产业界、学术界和社会共同来完成的，它们是科普的推进者和传播者，是科普的主体，并提供必要的科普经费。同时，加强理解科学技术也被纳入日本科技政策。日本科普的主要途径和场所有科技馆、博物馆、图书馆、青少年教育设施、图书和报刊、影视、网络、大型科普活动等。

一 科技馆、博物馆

据日本官方资料显示，截至2005年全国各类科技馆的分布情况如表5-3所示。

表5-3 2005年日本科技馆在全国的分布情况

单位：个

区域	地方	数量	区域	地方	数量	区域	地方	数量
北海道	青森	5	关东	茨城	13	中部	新潟	15
	岩手	16		栃木	5		富山	11
	宫城	13		群马	9		石川	11
	秋田	7		埼玉	20		福井	8
	福岛	8		千叶	19		山梨	6
	山形	11		东京都	42		长野	20
四国	德岛	4		神奈川	28		岐阜	20
	香川	3	近几	三重	14		静冈	13
	爱媛	8		滋贺	7		爱知	31
	高知	5		京都	11	九州	福冈	12
中国	鸟取	7		大阪	27		佐贺	2
	岛根	6		兵库	30		长崎	8
	冈山	16		奈良	2		熊本	8
	广岛	10		和歌山	9		大分	4
	山口	7	冲绳	冲绳	5		宫崎	3
							鹿儿岛	6

资料来源：根据日本文部科学省统计资料整理。

根据 1999 年的统计，日本博物馆共计 1045 个，从业人员 10934 人，其中国立 26 个，公立 549 个，私立 470 个；到 2006 年全国各类博物馆总数达 4180 个。各类型博物馆的划分和分布如表 5-4 所示。[①] 1984 年开幕的横滨儿童科学馆是日本近年来兴建的最有代表性的科技馆之一。科普展览会与博览会也是日本进行科普工作的重要形式与场所。

表 5-4　2006 年日本各类博物馆分布情况

单位：个

地　区	综合博物馆	科学博物馆	历史博物馆	美术博物馆	野外博物馆	总计
北海道	20	33	161	23	5	242
青　森	1	7	57	7	1	73
岩　手	8	6	57	7	2	80
宫　城	6	11	80	12	2	111
秋　田	4	9	57	5	1	76
山　形	4	4	44	10	2	64
福　岛	3	7	73	17	2	102
茨　城	4	5	49	12	—	70
枥　木	8	5	69	33	3	118
群　马	3	6	50	15	3	77
埼　玉	3	10	61	5	7	86
千　叶	1	2	40	16	3	62
东　京	16	16	83	46	6	167
神奈川	12	13	49	25	3	102
新　潟	9	15	133	32	3	192
富　山	2	9	34	14	2	61
石　川	6	9	64	22	3	104
福　井	4	5	31	7	—	47
山　梨	4	3	34	10	3	54
长　野	22	23	151	75	3	274
岐　阜	7	16	124	22	4	173
静　冈	6	12	78	34	1	131
爱　知	11	27	117	19	4	178
三　重	4	2	66	2	1	75
滋　贺	4	8	50	9	3	74
京　都	4	8	47	27	—	86

① 根据《政府统计总合窗口》数据整理，http：//www.e-stat.go.jp/SG1/estat/List.do?bid=000001012682&cycode=0。

续表

地　区	综合博物馆	科学博物馆	历史博物馆	美术博物馆	野外博物馆	总计
大　阪	6	5	49	7	2	69
兵　库	11	15	99	21	2	148
奈　良	2	2	21	3	—	28
和歌山	—	6	18	4	—	28
鸟　取	2	3	30	6	—	41
岛　根	6	7	47	11	1	72
冈　山	5	11	74	10	1	101
广　岛	3	9	69	14	1	96
山　口	4	3	51	4	2	64
德　岛	1	7	26	2	1	37
香　川	2	1	25	10	—	38
爱　媛	5	3	44	11	—	63
高　知	5	2	11	3	2	23
福　冈	2	2	88	12	3	107
佐　贺	1	2	35	4	—	42
长　崎	2	3	60	7	2	74
熊　本	7	4	50	9	2	72
大　分	3	1	35	12	5	56
宫　崎	3	3	30	—	—	36
鹿儿岛	10	4	46	5	—	65
冲　绳	6	2	28	3	2	41
全　国	262	366	2795	664	93	4180

资料来源：根据《政府統計総合窓口》公布数据整理。

与人口分布相对应的高密度的科技场馆设施，为日本公民提供了良好的了解科学、走进科学的场所，对于加强国民关心和理解科学技术、提升公民素质起到了重要作用。

二　各类媒体资源的应用

从20世纪60年代初开始，日本的大型出版机构——"讲谈社"开始推出以"蓝背书"（ブルーバックス）命名的系列科学丛书，通过深入浅出的向大众介绍自然科学知识，推动科学知识的普及。"蓝背书"创刊之初就提出了"让每个人的口袋里都有一本科学书籍"的口号,学科涉及物理、数学、化学、天文等10余个门类。"蓝背书"小巧精致,便于携带、耐磨损,可以说"蓝背书"将科学与日本的每一个国民紧紧联系在一起,推动了日本国民"从小学科学,人人爱科学,全民懂科学"的目标的达成。至今,日本讲谈社共出版发行不同的"蓝背书"1300余册,这在世界科普史上也是罕见的。由此可见,战后初期至今日本对传播科学知识、提高国民素质的重视程度。随着近年来彩色印刷的普及,科普出版读物的形式和内容更加丰富起来,除一般图书外还有各种类型的科普文库、丛书、译丛、图说、图鉴、百科、少儿读物、声像出版物等。

科普期刊也是日本科普事业的重要力量,大体可分为综合性与专业性两大类。按读者对象又可分为一般读者、少年儿童等类别。此外还有译自国外的科普杂志,较为著名的有《科学朝日》、*Newton*(《牛顿》)、*Quark*(《夸克》)、*UTAN*(《友谈》)等。其中由朝日新闻社翻译出版的《科学朝日》自1941年发刊至今已有70余年的历史。

日本的科普影视制作业起步较早,1957年东京幻灯协会编印的当年度日本幻灯总目录中,科普教育方面的幻灯片1190种(其中天文65种,气象90种,地学70种,植物125种,动物270种,物理160种,化学60种,保健卫生25种),每种幻灯片大约30分钟。近年来,日本文部科学省为了提高公众对科学技术的兴趣,每年制作科技宣传片,片长约33分钟,在全国影视中心和主要科技馆放映,以期加深公众对科学技术的理解,特别是提高青少年对科学技术的兴趣。

三 大型科普活动的举办

举办大型科普活动是行之有效的科普手段,特点是影响面广、信息量大。日本目前举办的大型科普活动主要有科技周、科技电影节、青少年科学节、儿童读书日、机器人节、科学展示品和实验用品设计思想大赛等。

进入20世纪90年代,随着经济的发展和科技的日益进步,日本在科普的概念和形式上都发生了变化,其提出的新的理念是"增进国民对科学技术的理解",由过去单纯地普及科学知识,转向增进国民对科学技术的理解。特别是20世纪90年代后期，日本开始重视科学技术、社会与人类相互关系的研究。

第五节 以技术引进改善劳动技术

日本的技术装备水平在第二次世界大战前就落后于欧美，二战期间差距进一步扩大。据日本官方估计，二战后初期日本的科技水平，要比欧美国家落后20—30年。[①] 技术是产业产生和发展的主导和本源，技术引进的直接结果是产业结构的变动与升级。技术引进作为技术赶超的重要手段，也被产业经济学家视为后起国家的一个重要"后发优势"。大规模、高效率的技术引进是日本实现产业结构变迁与升级、促进现代化科技进步的重要推动力。日本主要通过引进国外的先进工艺和技术来改善本国劳动手段和技术，在吸收国外先进技术的基础上，逐步建立独立的现代化工业技术体系和人才体系，这体现了日本技术变革、产业升级与人才培养的一体化战略。

1949年日本提出"产业合理化"政策，在国家重点产业中，除了煤炭和钢铁业外，又增加了电力和造船。这一时期由于产业政策的需要和外汇的严重不足，日本对于引进外国技术实行了严格的管理，基本上处于单纯的引进和继承阶段。20世纪60年代的日本处于经济高速增长和产业重工业化时期，日本开始了全面、大量地引进重化工业技术，尤其把钢铁、机械、电子、石油化工等领域的技术引进作为重点，并逐步增加电子计算机、飞机、原子能、宇宙开发和海洋开发等高技术的引进。受20世纪70年代"石油危机"的冲击，日本出现经济不景气和物价上涨并存的"滞胀"局面，日本政府开始寻求产业结构的调整，为此，日本引进技术的类型也发生了巨大的变化，大规模生产技术的引进大大减少，能源开发技术、防公害技术及电子技术的引进大幅增加，引进的重点转向了原子核、飞机、宇宙开发、电子计算机、激光超大规模集成电路等领域的尖端技术，以及一些与能源开发和节能相关的技术。20世纪80年代日本开始进入知识密集型产业发展时期，引

[①] 参见文部科学省《平成7年版科学技術白書》第1部第2章第1节，http：//www.mext.go.jp/b_menu/hakusho/html/hpaa199501/hpaa199501_2_015.html。

进的重点是技术产业，如新型的家用电器、电子计算机、半导体、信息技术产品。进入20世纪90年代，日本又提出了"科技立国"的新战略。在大力开发尖端科技的同时，日本特别重视将国内外先进的科技成果产业化，从而推动了高科技、高附加值产品的生产和出口。

对国外先进技术的消化、吸收整体上提升了日本劳动者的科技水平，大规模的技术引进促使日本的教育、职业培训以产业结构调整和产业对人才的需求为导向进行改革，也促进了日本企业内部培训的发展。1955年开始，为了适应新设备和新技术，日本对科技人员的需求更加迫切。为此，日本政府采取了一系列措施：增招大学和短大理工科学生人数，扩充科学技术教育，以确保科学技术人员供给数量和质量，并具体安排了增招理工科学生的步骤。同时，日本学校体系也有了相应的变化。二战前，初级技术人员是工业学校毕业生，中级技术人员是工业专科学校毕业生，高级技术人员是大学毕业生。而二战后，工业专科学校升格为大学，工业高中毕业生作为初级技术人员使用，大学毕业生作为高级技术人员使用。此外，日本政府还加强了人才的国际交流和培养。技术引进对人才培养的促进作用，为日本今后的经济发展打下了坚实基础，为重化工业的发展培养了大量基础性、通用性及实用性强的专业技术人员，使日本具备了日后经济发展所需要的拥有良好素质的劳动者基石。

第六节　小结

日本将劳动力素质的提高作为达成经济增长目标的重要因素来认识。日本政府在二战后经济发展的不同时期，通过改善人才评价机制、调整教育结构、培训机构多元化、推广科普教育等，从数量上和质量上培养经济发展所需要的劳动者和专门人才，不断提高劳动生产率，以劳动力素质培养的长效性来支持经济的高速增长。从50年代后期到70年代初，日本基本上实现了产业结构的重工业化。以制造业为中心的第二产业在整个经济中的比重大幅增加，1974年其净产值在三次产业中的比重由1955年的30.5%上升到40.3%；第一产业的比重相应的由22.7%下降到5.2%；第三产业的比重略有提高，由 46.8% 提高到 54.5%。[①] 二战后至今，配合产业结构的升级，日本的就业结构也发生了变化，如表 5-5 所示，工业、制造业从业人数和比例显著增长。

表 5-5 日本战后各时期按产业类别分类就业者数

单位：万人

年份	总数	农林业	非农林业								
			渔业	矿业	建筑业	制造业	气、电、水服务业	运输通信业	批发零售业	金融、保险、不动产业	服务业	公务及其他
1953	1660	82	27	49	133	538	—	(180)	(273)	—	246	132
1960	2370	94	26	42	198	799	—	(232)	(449)	—	388	142
1970	3306	29	18	18	305	1144	28	311	610	121	558	161
1971	3412	25	20	18	324	1156	29	320	635	132	586	167
1980	3971	30	15	10	427	1135	30	331	825	177	788	199
1990	4835	29	13	6	462	1306	30	353	1047	241	1142	195
2000	5356	34	8	5	539	1205	34	393	1197	229	1478	214

资料来源：日本统计厅官方网站。

现代科技的进步对劳动力素质的要求越来越高，劳动力的科学文化水平决定着一个国家生产力的发展水平，制约着一个国家经济发展的速度。日本前首相福田赳夫指出，"一般来说，振兴国家、肩负国家的是人。民族的繁荣与衰退，也是这样。资源小国的日本，经历诸多挑战，得以在短时期内建成今日之日本，其原因在于国民教育水平和教育普及之高度"，"人才是我国的财富，教育是国政的基本"。[②] 战后日本提高劳动力素质的举措充分体现了"教育先行"政策的积极作用。

日本在战后 20 多年的时间内，普及了高中教育，为发展各类高一级的教育提供了充足的、质量保证的人才资源，使之如期培养出各领域、各层次所需的人才，有效地提高了劳动生产率。同时日本的高等教育也获得了

---

① 《経済統計リンク集》，http://www.amy.hi-ho.ne.jp/umemura/link.htm。
② 《国会会議録検索システム》，http://kokkai.ndl.go.jp/SENTAKU/sangiin/080/1410/main.html。

巨大的发展。大学教育的发展，使日本劳动力中大学毕业生比例之高，在世界上名列前茅。1950年就业总数中，初中毕业生仅占就业总数的6%，高中毕业生占55%，大学、短大毕业生的比例达到了39%，[1]这就决定了日本劳动力在进入企业时已具备了较高的文化基础和接受高难度操作技术的潜在能力。

经济结构、产业结构和就业结构的变化，必然引起劳动力市场供求关系的变化，从而劳动力受教育结构也应随之变化。日本政府根据这一变化对人才需求进行科学预测，并以此为基准进行教育体制、教育内容的改革。战后日本重视理工教育，加速培养科技人才。日本高等教育在战后发展中存在一个严重问题，即重文法、轻理工。为使教育跟上经济发展的步伐，1953年8月日本政府公布《理科教育振兴法》，1957年日本政府又首次将理科教育政策和规划纳入《国民经济发展计划》，并根据计划预测到1962年约需理工科毕业生27500人，于是决定1957年起实施扩招理工科学生8000名的计划。1960年的《国民收入倍增计划》又预测在计划期间内约缺少170000名科技人员。据此，文部省决定自1961年起，在3—9年内每年增招理工科学生16000人，后又扩大为至1964年每年增招20000人。这一计划提前一年完成，理工科毕业生的比率上升为大学毕业生总数的30.5%。1965年，理工科新生入学率为45.3%，1970年增加至62.3%。[2]

随着经济民主化改革和企业规模的扩大与结构的复杂化，战后日本企业家集团的内涵也发生了相应的变化，出现了新型经营管理集团。企业家集团成员来自在职的经营管理人员，大学、研究生院所培养出来的经营人才，而高质量的教育使其具备承担此任的能力。企业家集团作为将生产同日本的经济命脉——外贸事业具体联结起来的中心环节，在很大程度上促进了日本经济的腾飞。同时，日本经济的恢复和发展过程，也是一个企业界不断更新设备，进行技术引进、革新的过程。日本的科技人才队伍，使日本在短短几十年间，赶上甚至超越了科技领域的世界先进水平，充分显示了教育为日本提供了具有现代素质和经营能力的优秀科技人才、管理者和企业家。

---

[1]《日本厚生劳动省统计数据》，http://www.mhlw.go.jp/toukei/index.html。
[2] 杨小梅：《战后日本经济发展与教育改革》，《沈阳教育学院学报》2000年9月。

正是由于战后日本政府高度重视教育、重视培养人才,日本教育始终走在经济发展之前,从而为经济的腾飞提供了高素质的国民,这些优秀的人力资源,分布在社会和经济的各个领域,他们共同创造了日本经济高速发展的奇迹。

参考文献

［1］梁忠义:《战后日本教育与经济发展》,人民教育出版社 1981 年版。
［2］都留重人:《现代日本经济》,北京出版社 1980 年版。
［3］刘天纯:《日本改革史纲》,吉林文史出版社 1988 年版。
［4］朱秋云:《日本科普概况》,中国科普研究所 1995 年版。
［5］桥本寿朗:《现代日本经济》,上海财经大学出版社 2001 年版。
［6］刘予苇:《日本经济发展三十五年》,商务印书馆 1982 年版。
［7］姚益龙:《国民素质:日本经济腾飞的关键》,《广东社会科学》1996 年第 4 期。
［8］陈建安:《日本产业结构调整与政府经济政策》,《日本研究集林》2002 年第 4 期。
［9］杨小梅:《战后日本经济发展与教育改革》,《沈阳教育学院学报》2000 年 9 月。
［10］文部科学省:《平成 7 年版科学技術白書》,1995。
［11］安藤尧雄、梅根悟编《现代教育改革》,东洋馆出版社 1963 年版。
［12］经济企划厅综合计划局:《关于人的能力开发计划》,《教育的时代》1963 年 2 月号。

第 六 章
美、日劳动力素质升级对中国的启示

本章提要：本章将中国劳动力素质与美国、日本进行了对比。从接受了高等教育（大专及以上）的劳动力占比情况来看，2010年中国25岁及以上的劳动力中接受了大专及以上教育的人数占比为8.8%，远未达到美国1940年的水平（美国1940年为10.1%），约相当于日本1968年的水平。以25岁及以上劳动力的平均受教育年限为对比指标，中国到2020年劳动力的平均受教育年限为9.3年，大约与美国1951年的水平、日本1975年的水平相当。中国到2030年，劳动力的平均受教育年限为10.2年，大约与美国1965年的水平、日本1983年的水平相当。进一步分析发现，虽然中国近年来的劳动力受教育程度提升得非常快，但没有导致劳动力平均素质提升速度快于美国和日本。重要的原因在于中国目前劳动力的结构特点是低素质的劳动力占比很大，虽然新增劳动力的素质提高得很快，但对基数较大的低素质劳动力的影响较小，所以整体劳动力的平均素质水平提升较慢。通过构造新指标"劳动力素质的净提升"发现，与美国等发达国家相比，中国的劳动力素质的净提升速度将会非常快。

我们还考查了与中国发展水平相当时，美国与日本的社会经济特点。

在1940年前后，美国的发展特点是：①出现人力资本的加速积累；②工业技术研究快速发展；③开始建立社会保障网；④工人的权利得到加强，工资快速上涨。在1950年前后，美国的发展特点是技术密集型产业的比较优势达到了高峰。到了 1960 年前后,美国的发展特点是:①联邦政府的管理和社会保障都得到了加强;②大学的研究地位进一步提升;③研究和工艺创新对工业的促进作用更加凸显;④制造业出现分散化的趋势,郊区化进程加快。

日本在 1968—1983 年的阶段特点是:在二战后进入高速增长并随后进入稳定增长的时期,①通过建立职业培训体系,实现了人力资本的加速积累;②确立了走"技术立国"之路,实现从技术引进向自主创新的转变,在这个过程中,政府及其所属研究机构发挥了巨大的推进作用;③政府通过宏观调控和产业政策,积极引导产业发展和升级;④以"春季斗争"为表现形式的工人经济斗争加强,客观结果是导致了大部分居民收入的持续增加,促使消费需求保持了一个较为旺盛的状态,支撑了经济的高速增长。

美国和日本经济社会发展历程中的这些特点,有一些是中国正在经历的,有一些则对中国未来的发展具有借鉴和指引意义。

第一节 中、美、日劳动力的素质比较

一 中、美、日劳动力素质的对比

纵观美国、日本等发达资本主义国家的经济发展历程,其在经济高速发展的阶段都经历了劳动力素质的快速提升。对比中、美、日劳动力素质的发展历程,可以对中国当前所处的经济发展阶段有更好的把握。

从劳动力平均受教育年限来看,2010 年中国 25 岁及以上的劳动力的平均受教育年限为 8.5 年。这接近于美国 1945 年的水平,约相当于日本 1968 年的水平。

从接受了高等教育(大专及以上)的劳动力占比情况来看,2010 年中国 25 岁及以上的劳动力中接受了大专及以上教育的人数占比为 8.8%,远未达到美国 1940 年的水平(美国 1940 年为 10.1%),约相当于日本 1968 年的水平。

根据我们推算的中国未来劳动力素质的发展情况来看,以25岁及以上劳动力的平均受教育年限为对比指标,中国到2020年劳动力的平均受教育年限为9.3年,大约与美国1951年的水平、日本1975年的水平相当。中国到2030年,劳动力的平均受教育年限为10.2年,大约与美国1965年的水平、日本1983年的水平相当。

表6-1 中、美、日劳动力素质的阶段比较

单位:年

中国的年份	2010	2020	2025	2030
中国平均受教育年限(25岁及以上)	8.5	9.3	9.7	10.2
相当于美国的年份	1945	1951	1960	1965
相当于日本的年份	1968	1975	1978	1982—1983

资料来源:根据中国2010年数据以及美国、日本的数据,均为根据各自的人口普查资料计算而得。中国2020年及以后数据,为课题组的推算结果。

仅分析表6-1中的数据会发现一个问题:仅从劳动力平均受教育年限的角度来看,中国劳动力素质的提升速度要慢于美国与日本。例如,2010—2020年,中国用了10年将劳动力平均受教育年限从8.5年提高到9.3年,而同样的提高程度,美国只用了6年,日本仅用了7年。而在前面的分析中,我们提到过,中国近年来的劳动力受教育程度提升得非常快,即便是与许多发达国家相比也是很快的。这种劳动力受教育程度的快速增长,为什么没有导致劳动力平均素质提升速度快于美国和日本呢?

二 中国低素质的劳动力占比较大,制约了总体劳动力平均素质水平的提升

我们认为,中国劳动力的结构特点导致了整体劳动力素质的提升速度相对不快。受教育程度较低的劳动力在总人口中所占的比重很大,拉低了整体劳动力的平均素质水平。因此,虽然新增劳动力的素质提高得很快,但对基数较大的低素质劳动力的冲击较小。

根据第六次人口普查的数据,2010年,全国25岁及以上的人口中,未上过小学的占7%,仅有小学文化的占28%,仅有初中文化的占43%,三者

加起来占比达 78%；而美国 1940 年该比例为 60%，比中国低了 18 个百分点；日本 1970 年该比例为 62%，比中国低 16 个百分点。

中国的受教育程度较低的劳动力均为较早进入劳动力市场的大龄劳动力。例如，未上过小学的劳动力主要集中在 50 岁及以上人群，在统计的 25 岁及以上未上过小学的人口中，50 岁及以上的占比 87%；仅有小学文化程度的劳动力主要集中在 40—65 岁的人口中，在仅有小学文化的劳动力群体中，60% 为 40—64 岁的人群；仅有初中文化的劳动力主要集中在 35—60 岁的群体中（约占 64%）。

这部分大龄的受教育程度相对较低的劳动力占总体劳动力的比例很大，从而拉低了中国总体劳动力的平均素质水平。而且，由于中国的再教育、企业内部的职业再培训等体制还很不完善，这部分受教育程度较低的劳动力的素质难以再有大幅的提高。

中国高等教育体系的快速发展始于 19 世纪末 20 世纪初，虽然近十多年来，中国新进入劳动力市场的人口素质出现了大幅提升，但由于新增劳动力占比较小，对总体劳动力素质的影响也相对较小。因此，就呈现出未来 20 年内，中国劳动力的平均素质提升速度仍然慢于美国和日本的情景。中国只有在低素质的劳动力不断退出市场后，才会出现劳动力平均素质快速提升的情况。

三　中国劳动力素质"净"提升速度远远快于发达国家

鉴于中国原有劳动力存量部分的素质水平较低，而新增劳动力素质的提升速度又很快。为了更客观准确地反映中国劳动力素质的发展趋势，我们构造了一个新的指标——"劳动力素质的净提升"，基本思想是：每年都会有劳动力因年老等因素而退出劳动力市场，同时也会有新的劳动力进入劳动力市场。若新增劳动力的总体素质高于退出劳动力的总体素质，则劳动力的总体素质就会出现"净"提升。

$$\text{劳动力素质的净提升} = \text{新增劳动力的素质} / \text{退出劳动力的素质}$$

为了简单起见，我们用接受了本科及以上教育的劳动力人口占全部劳动力人口的比重来表示劳动力的素质水平，即 t 年新增劳动力的素质 $= \dfrac{t \text{年的本科及以上毕业生数}}{t \text{年 25 岁及以上总人口}}$。我们假设劳动力在 25 岁接受完高等教育后进入劳动力市场,工作了 40 年后在 65 岁退出劳动力市场,因此,新进入劳动力市场与退出劳动力市场的平均跨度年限为 40 年。于是,t 年退出劳动力的素质 $= \dfrac{(t-40)\text{年的本科及以上毕业生数}}{(t-40)\text{年 25 岁及以上总人口}}$,即:

$$t\text{ 年劳动力素质的净提升} = \dfrac{t\text{ 年新增劳动力的素质}}{t\text{ 年退出劳动力的素质}} =$$

$$\dfrac{t\text{ 年的本科及以上毕业生数} \times (t-40)\text{ 年 25 岁及以上总人口}}{(t-40)\text{ 年的本科及以上毕业生数} \times t\text{ 年 25 岁及以上总人口}}$$

表 6-2 中国与美国的劳动力素质的净提升值

年份	中国	年份	美国
2010	37	1910	2
2011	687	1920	2
2012	273	1930	4
2013	98	1940	4
2014	44	1950	8
2015	53	1960	5
2016	33	1970	4
2017	14	1980	3
2018	44	1990	2
2019	70	2000	2
2020	25	2010	2
2021	50		
2022	17		
2023	23		
2024	27		
2025	24		
2026	20		
2027	16		
2028	16		
2029	16		
2030	16		

按照这个指标,我们计算了中国 2010—2030 年的劳动力素质的净提升值,以及美国 1910—2010 年的劳动力素质的净提升值。从结果可见,与美国相比,中国的劳动力净提升速度将会非常快。以 2010 年为例,中

国新增劳动力的素质水平是退出劳动力的37倍,而美国在1940年,新增劳动力的素质水平仅为退出劳动力的4倍。中国的速度比美国快很多。另外,中国2011—2014年的劳动力素质的净提升值是较极端的值,因为其对应的退出劳动力是在1971—1974年进入劳动力市场的,而那几年受"文化大革命"的影响,高等教育极度萎缩,高等教育毕业生数较往年出现了大幅下降。总体来看,中国未来20年的劳动力素质净提升速度是非常快的,要远远快于美国等发达国家。这为提升中国劳动力总体素质水平做出了较大贡献。

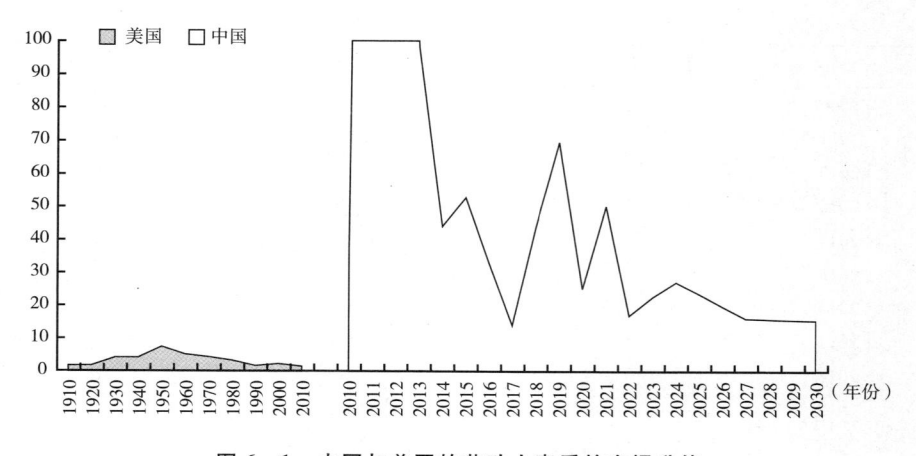

图6-1 中国与美国的劳动力素质的净提升值

第二节 与中国发展水平相当时,美国的社会经济特点

考察美国的经济发展历程可以发现,在1940年前后,美国的发展特点是:①出现人力资本的加速积累;②工业技术研究快速发展;③开始建立社会保障网;④工人的权利得到加强,工资快速上涨。在1950年前后,美国的发展特点是技术密集型产业的比较优势达到了高峰。到了1960年前后,美国的发展特点是:①联邦政府的管理和社会保障都得到了加强;②大学的研究地位进一步提升;③研究和工艺创新对工业的促进作用更加凸显;④制造业出现分散化的趋势,郊区化进程加快。

美国经济社会的这些特点，有一些是中国正在经历的，有一些则对中国未来的发展具有借鉴和指引意义。

一 人力资本加速积累

进入 20 世纪后，美国的人力资本处于加速积累的过程。这个过程又可以划分为两个阶段：第一阶段是 1910—1940 年，接受中等教育的人口大幅增加，初步提升了劳动力的素质，是人力资本形成的第一个高潮；第二个阶段始于 1970 年，接受高等教育的人口大幅增加，进一步提升了劳动力的素质，是人力资本形成的第二个高潮。

（一）人力资本形成的第一个高潮

20 世纪初，美国开始意识到技术的重要性，认为国家的财富同时也体现在其人民身上，只有接受过良好教育的劳动者才有可能掌握和应用新技术。1910—1940 年，美国中等教育开始了加速式的发展。中等教育入学率快速增长，高中的学校数量和规模都大幅增加。

这段时期，接受过高中教育的人数开始激增。1870 年代，美国 17 岁及以上的人口中，每 100 人中仅有 2 人为高中毕业，1940 年则达到了 50.8 人。从每十年的增长速度来看，1910—1920 年为初步加速阶段，增加了 8%；1920—1930 年增长速度仍然不断提高，十年增加了 12.2%；1930—1940 年达到了发展速度的顶峰，十年增加了 21.5%。[1] 到了 1940 年，美国 25 岁及以上人口中接受过中等教育的比例已经达到了 29.5%。[2] 正是由于高中教育的发展，人口的平均受教育年限快速增长，在 1986—1890 年和 1926—1930 年这两个阶段的人群中，男性平均在校学习时间由 7.56 年上升至 11.46 年，使得美国的人力资本迅速增长，出现了人力资本形成的第一个高潮。中等教育尤其是高中教育的进步对于人力资本存量的大幅增长贡献巨大。中学教育普及能够解释 40—44 岁的男性 1930—1970 年总教育进步的 70%。[3]

---

[1] 根据美国 1940 年人口调查（CPS）数据计算而得。
[2] Engerman Stanley L., Galfman Robert E.：《剑桥美国经济史：20 世纪》（第三卷），高德步译，中国人民大学出版社 2008 年版。
[3] Engerman Stanley L., Galfman Robert E.：《剑桥美国经济史：20 世纪》（第三卷），高德步译，中国人民大学出版社 2008 年版。

与此同时,高等教育也有一定的发展。大学教育在19世纪末的美国仍然比较稀罕。1869—1870年,美国授予博士学位的人数只有1人,1879—1880年增加到54人,1889—1890年也还不到150人。[1] 1910年,美国23岁的居民中只有2%获得学士学位(或同等的专业资格学位)。[2]

在中等教育发展加速之后,美国的高等教育也逐渐发展起来,主要是在1929年之后。从事高等教育的机构数量从30年代开始增加明显,从1870年的563家增加到1930年的1409家(见图6-2)。高等教育毕业生数量也出现较大幅度的增长。1929—1930年,获得本科学士学位的人数达12.2万人,是1870年的13倍;获得硕士学位的人数达1.5万人,是1880年的17倍;获得博士学位的人数为2299人,是1880年的43倍(见图6-3)。

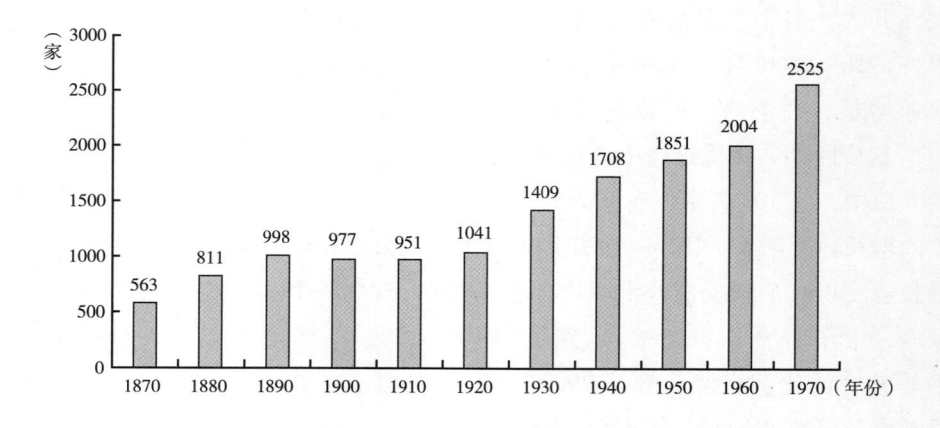

图6-2 美国高等教育机构的数量

资料来源:Snyder T. D., "120 Years of American Education: A Statistical Portrait", Washington, D. C.: U. S. Dept. of Education, Office of Educational Research and Improvement, National Center for Education Statistics, 1993。

---

[1] Snyder T. D., "120 Years of American Education: A Statistical Portrait", Washington, D. C.: U. S. Dept. of Education, Office of Educational Research and Improvement, National Center for Education Statistics, 1993.

[2] Engerman Stanley L., Galfman Robert E.: 《剑桥美国经济史:20世纪》(第三卷),高德步译,中国人民大学出版社2008年版。

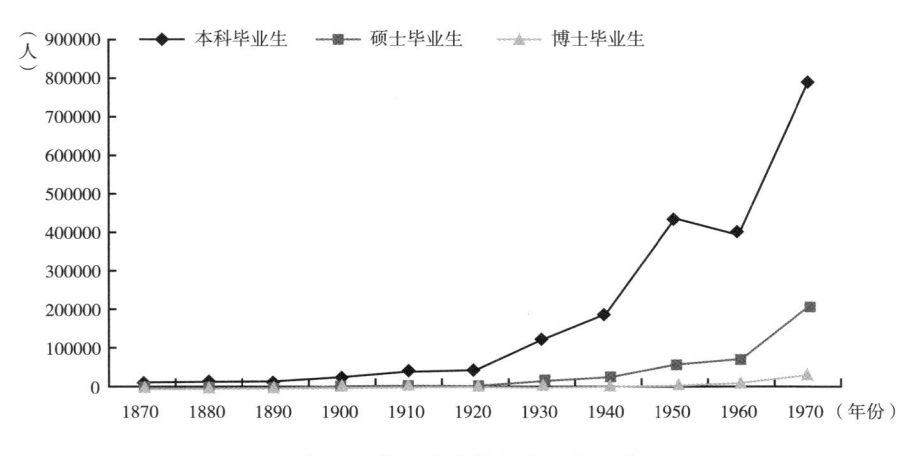

图 6-3 美国高等教育毕业生人数

资料来源：Snyder T. D., "120 Years of American Education: A Statistical Portrait", Washington, D. C.: U. S. Dept. of Education, Office of Educational Research and Improvement, National Center for Education Statistics, 1993。

（二）人力资本形成的第二个高潮

美国人力资本加速积累的第二个高潮始于 1970 年，这与二战后经济增长的"黄金时期"相对应。出生于"婴儿潮"时期的大量人口进入大学，研究生教育得到了巨大的发展。1970 年，博士学位获得者急增至约 3 万人，是 1940 年的 9 倍；硕士学位获得者达到了约 21 万，是 1940 年的 8 倍；学士学位获得者达约 79 万，是 1940 年的 4 倍（见图 6-3）。

由于受高等教育的人数大幅增加，美国的人力资本积累也随之出现大幅增长。1970 年，在 25 岁及以上的人口中，受到大学及以上程度教育的约有 232 万人，占同龄总人口的比重达 21%；劳动力受教育年限的中位数从 1940 年的 8.6 年增加到 1970 年的 12.2 年。[①]

二　工业技术研究快速发展

美国在 20 世纪 40 年代经济发展的一个重要特点是，工业技术研究得到了快速发展，从而进一步提升了美国工业的竞争优势。

---

① 根据美国 1940 年人口调查（CPS）数据计算而得。

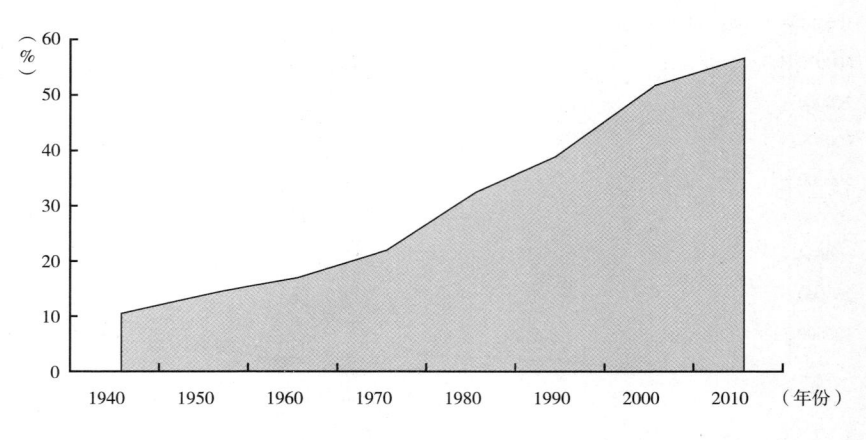

图 6-4　美国劳动力大学及以上学历者占比情况

资料来源：根据美国 1940 年人口调查（CPS）数据计算而得。

（一）政策组合对工业研究的促进

工业研究的发展是美国在 20 世纪早期制造业重建计划的重要内容。20 世纪初期，美国许多大型公司内部都建立起工业研究机构，它们既重视对新技术的研发，同时也很关注来自公司外部的技术研究成果。工业研究兴起，得益于美国一系列政策的组合。

首先，20 世纪早期出台的反托拉斯政策对于工业研究而言具有非常深远的影响，虽然这些政策的本意并非主要在此。反托拉斯政策反对公司横向兼并，反对大型公司对单个产业的控制，从而迫使大企业只能向其他产业延伸来实现多元化的发展。在这个过程中，企业需要重视工业研究，或者是进行自主的工艺创新，或者是通过向外购买新技术，才能获得优势，如柯达公司、杜邦公司等都采用了这样的发展模式。因此，1921—1946 年，美国从事研究开发职业的人数有了较大的增长。

其次，美国在 20 世纪早期加强了对知识产权的管理，提升了专利局的地位，增加了专利检查的人数；修改了专利权法，扩大了专利保护的范围，同时对专利权的有效期进行了限制。这些措施成为促进企业加大工业研究的动力，一方面，企业能够放心地进行技术创新而不用担心成果会被其他企业盗用从而减少超额利润；另一方面，企业必须持续地进行技术研究以应对关键专利到期后产生的竞争。

（二）高等教育机构与工业研究的联系加强

在20世纪上半叶，美国的工业研究得到了高等教育机构的助力。高等教育机构与工业研究之间的联系加强，这主要是得益于以下两方面的因素作用。

一方面，由于州政府加大了对大学等研究机构的支持，公立大学愿意加强与工业组织之间各种正式与非正式的联系，为本地区创造经济利益。在20世纪30年代，州政府对大学的研究资助超过联邦政府，这与二战后的情况有较大区别。这也使得美国的高等教育体系能够得到快速扩张，而教育活动的扩张也使得大学研究与工业研究的联系更密切。在1940年以前，就有许多美国的大学成立研究中心来跟踪工业实验室的技术发展。

另一方面，大型工业企业也开始对高等教育机构进行资助，使得高等教育机构更关注工业企业的研究需求并做出与其相吻合的研究。例如，杜邦公司在20世纪20—30年代向美国多所大学的学生和博士后研究人员提供资助，该公司相应地也得到了这些大学对其研究的帮助和建议。20世纪初，美国通用电气公司、电话电报公司等多家公司开始为麻省理工学院提供长期的资助，该学院于1913年成立的电子工程研究专业对美国相关产业的发展产生了巨大影响。另外，与欧洲相比，美国高等教育的课程设计和研究项目也更贴近工业和商业实践的需要。

可以说，正是高等教育机构与工业研究的联系加强，极大地提升了美国工业技术研究的能力。

三 开始建立社会保障网

作为在经济大萧条后政府的应对政策，为了改善老年人的生活状况，美国从20世纪30年代开始着手制定社会保障制度。1934年，罗斯福政府成立了经济保险委员会；1935年提出《社会保险法令》，经1939年和后来的修正案后提出推行失业保险、养老金和其他福利，并最终在1942年正式实行，开始支付退休金。

罗斯福政府所建立的社会保障体系分为三大部分：第一是失业部分，保险金由联邦政府和州政府共同出资，并强制要求企业缴纳失业保险税。第二是养老保险，要求除了政府、教育等机构外，收入在6000美元以下的雇员都必须参加，资金由雇员和雇主双方共同支付。年满 65 周岁的居民就可以领取到社会养老金。第三是失业救济、医疗补助、住宅保险、教育保险，以及特别针对黑人和退役军人的教育支持等社会福利。

罗斯福政府所建立的社会保障网，不仅对促进美国尽快走出经济衰退、缓解社会矛盾起到了积极作用，而且对美国以后的社会经济发展影响重大。

作为一个资本主义国家，美国开始建立社会保障体系对其自身而言意义重大。中国在改革开放后，虽然社会保障事业实现了突飞猛进的发展，但也仍然可以借鉴美国在社会保障建设中的经验。那就是，经济的快速发展，必须要有相应的社会保障来支撑。因为经济的长期均衡发展，不能仅仅依靠投资来完成，而是需要投资与最终消费的相互促进。如果没有完善的社会保障体系，大部分居民的消费便会因预防动机、收入增长相对较慢或者是失业带来的收入停滞而受到较大限制，最终制约经济的发展并只能通过危机的形式来寻找解决的办法。中国在经历了长期的经济高速发展后，目前所面临的社会保障建设形势更为严峻，人口老龄化日益加重、医疗保障水平相对较低等问题都亟待解决。美国在 40 年代的经济大萧条之后开始建设社会保障体系，给予中国的启示并不是如何建设，而是应该提升对社会保障建设的重视。

四　工人权利的加强，工资提高

20 世纪 30—40 年代，美国工人的权利得到加强，一系列政策的促进和工人运动的努力使劳动者的工资得到提高，劳动工时缩短。

为了促进美国尽快走出大萧条，罗斯福政府提出了一系列政策，其中特别引人关注的是 1933 年通过的《工业复兴法》。在该法案中，首次要求雇员与雇主一起就劳动时间、工资等问题进行协商，加强了雇用合同对雇主的约束，并要求减少工人的劳动时间。同时，该法案还允许工资急速上涨。《工业复兴法》通过制度化的形式强化了美国工人的权利，促使越来越多的劳动者关注自身的权利并通过罢工和组织工会等形式来维护权利。在这种背景下，1935 年，美国又颁布了《国家劳工关系法》，提高了工会的地位并将集体谈判放在了中心地位。1938 年，美国再次通过了《公平劳动标准法》，对劳动者的最低工资水平和劳动时间进行了规定。

在这样的背景下，美国工人的工资出现了较快增长。以制造业工人的收入为例，从 1900 年到 1929 年，平均每年增长了 1.43%，而从 1948 年到 1973 年，平均每年增长了 2.35%。以制造业雇员的平均周总收入为例，美国工人在 40 年代初至 50 年代初的工资增长速度是非常快的，尤其是 1941—1944 年，年增长率在 17% 以上。工资的提高，最终促使美国形成了庞大的中产阶级队伍。

表 6-3　美国制造业雇员的平均周收入

单位：美元

年份	周收入	年份	周收入
1929	24.76	1950	58.32
1930	23.00	1951	63.34
1931	20.64	1952	67.16
1932	16.89	1953	70.47
1933	16.65	1954	70.49
1934	18.20	1955	75.70
1935	19.91	1956	78.78
1936	21.56	1957	81.59
1937	23.82	1958	82.71
1938	22.07	1959	88.26
1939	23.64	1960	89.72
1940	24.96	1961	92.34
1941	29.48	1962	96.56
1942	36.68	1963	99.63
1943	43.07	1964	102.97
1944	45.70	1965	107.53
1945	44.20	1966	112.34
1946	43.32	1967	114.90
1947	49.17	1968	122.51
1948	53.12	1969	129.51
1949	53.88		

资料来源：1970 年《美国总统经济报告》。

美国工人权利的提升和工资的提高，一方面当然与工人运动有密切关系，但另一方面也体现出，美国社会普遍认识到，人数巨大的劳动者群体收入的提高，有利于提高美国的消费能力，实现美国的经济繁荣。过大的收入差距会激化社会的消费水平与生产能力之间的矛盾并最终引发经济危机。这一点,即便对现在的中国也很有警示意义。

五 技术密集型产品的比较优势达到高峰

美国在技术密集型产品方面的比较优势在20世纪50年代达到了高峰,直到20世纪90年代才出现衰退的趋势。

在美国拥有丰富的自然资源的条件下,以技术密集和资本密集为代表的制造业产品却仍然具有明显的比较优势,保持了相当长一段时间的稳定的出口增长。研究表明,这种竞争力的来源主要在于,从人均水平来看,美国在对劳动力技能和知识的教育和培训方面走在了世界前列,美国的教育经费投入和入学率都是世界上最高的国家之一。在20世纪中期以前,美国在小学、中学、技术学校和大学等领域的教育质量都处于世界领先地位。到1960年,美国成年劳动者的受教育程度也依然比西、北欧国家高。[①] 人力资本的快速积累,是美国获得技术、知识密集型产品比较优势最重要的基础。这种比较优势在80年代出现下降的趋势,最主要的原因之一在于美国教育质量的下降。美国1980年的教育水平比1967年下滑了1.25个年级,[②] 因而对美国制造业的竞争力产生较大影响。

六 60年代,联邦政府管理和社会保障的加强

到了20世纪60年代,美国更加注重政府对经济增长的支持以及对社会保障的建设。肯尼迪政府(1961—1963年)希望通过进一步增加政府支出和减税来促进经济增长、为老年人口提供医疗救助、增加对内陆城市的各种支持、增加教育投资等。虽然许多提议在当时未得到通过,但在下一届政府执政时期都得以实现。约翰逊政府(1963—1969年)提出要建设"大社会"(Great Society),让更多的居民分享美国经济增长所带来的好处。政府成功的实施了许多新项目,如医疗救助、给贫民发放食物券,以及各种各样的教

[①] Denison E., "Why Growth Rates Differ: Postwar Experience in Nine Western Countries", Washington, D. C.: Brookings Institution, 1967.

[②] Bishop J. H., "Is the Test Score Decline Responsible for the Productivity Growth Decline?", *American Economic Review*, 1989 (79): 178–197.

育倡议（如为高中生和大学生提供补助等）。

这些项目也使美国政府的财政支出大幅增长。例如，医疗保险的财政支出从 1966 年的 10 万美元不断快速增长，1970 年达到 620 万美元，同期占财政总支出的比例也从 0.07% 增长到 3.14%。1980 年，医疗保险的支出增加至 321 万美元，占财政总支出的 5.43%。除了医疗保险外，美国其他的社会保障支出也从 60 年代开始快速增加。1950 年，美国社会保障支出仅为 80 万美元，占财政总支出的比例仅为 1.88%。到了 1960 年，社会保障支出已达到 116 万元，占财政总支出的比例上升至 12.58%；1970 年，该项支出达 303 万美元，占财政总支出的比例为 15.49%。由于各项社会保障支出的增加，美国的财政赤字再次出现并不断扩大，从 1960 年的结余 30 万美元变成 1970 年的赤字 280 万美元，1980 年财政赤字则进一步上升至 738 万美元。财政赤字的扩大，也说明了联邦政府的干预在不断加强。

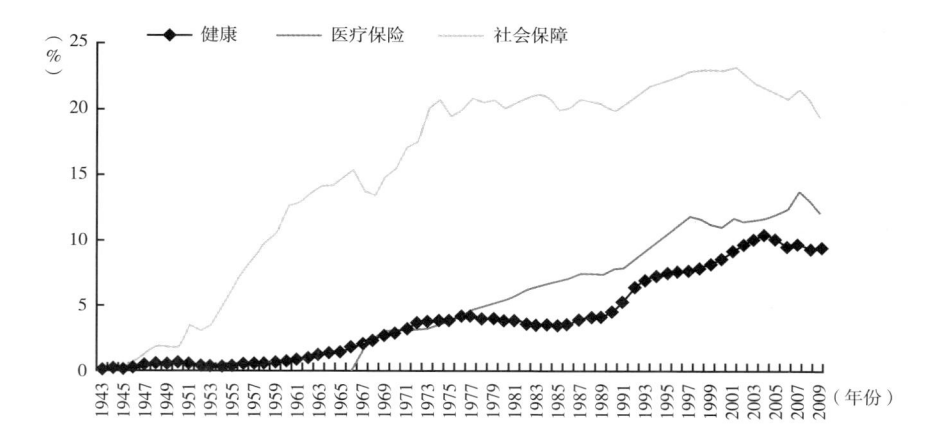

图 6-5　美国各项社会保障支出占财政总支出的比例

资料来源：根据 2010 年《美国总统经济报告》中的数据计算而得。

七　大学的研究地位进一步提升

20 世纪 60 年代，联邦政府管理的加强还体现在其对美国大学的作用与影响上，促使了美国大学的研究地位得到进一步提升。

一方面，联邦政府对大学投入的大幅增长，使大学的研究经费大幅激增。1935—1936年，大学研究经费仅有约5亿美元，1960年则超过了24亿美元，从而支持了许多项目的研究，使美国的主要大学变成世界性的研究中心，这为美国的经济发展和技术创新提供了强有力的支撑。

美国大学公共经费的来源结构，在60年代出现了较大改变。不同于40年代的以州政府为主的经费来源结构，二战后，联邦政府对大学的投入大幅增加，成为大学公共经费最主要的来源。联邦政府的投入加大，使企业对大学的研究资助相对减少。1953年，美国大学的研究经费中有11%来自私人企业，1960年则只有5.5%。

另一方面，联邦政府还通过其他手段来促进大学研究的发展。例如，要求学校加强研究与教学的结合，提升对研究的重视程度。在欧洲和日本，很多研究都是由大学以外的研究机构来完成的，而在美国，许多项目的研究都放在了大学里面。

八 研究与工艺创新对工业的促进作用更加凸显

20世纪60年代，美国的科学技术研究得到极大的加强，对工业的促进作用更明显，使美国的许多产业如商用机器、计算机、飞机、化工产品、医药制造等获得了以技术和创新为基础的强大竞争力。

该阶段美国科学技术研究和创新的加强，主要得益于以下两大因素。

第一，美国大学的研究能力已经非常突出，成为综合性的研究机构，加上美国大学一贯注重与企业的实践相结合的特点，使美国的科学技术研究十分注重创新。

第二，美国的大型企业开始重视基础研究，加强了原有工业实验室的基础研究，强化了基础研究和应用研究及生产部门之间的联系。许多著名的大型企业，如美国无线电公司、国际商用机器公司、杜邦公司、通用汽车公司、贝尔实验室等，都建立起了大学式的研究体系。这使美国企业的创新变得更为容易。

除了研究对产业发展的促进作用以外，工艺创新在这个阶段也显得十分重要。杜邦公司、默克制药等企业都是通过工艺创新获得了在产品上的新突破，为企业带来了巨额利润和强大的竞争优势。

在这个阶段，研究与工艺创新的相互结合对美国工业的发展起了极大的促进和推动作用。在科学技术方面的基础研究和应用研究提高了美国工业的生产力并促进了经济的发展，而工艺创新则使得对经济规模的追求成为动态的长期过程。[1]

九 制造业出现分散化的趋势，郊区化进程加快

二战后，美国制造业出现了在都市周边地带分散化发展的趋势，随之出现了人口、就业及商业等服务业部门郊区化的快速发展。

19世纪末20世纪初，随着工业化的发展，美国因制造业的集聚而形成了许多大都市。然而，到了20世纪30—40年代，随着城市土地价格的不断上涨，以及交通技术的进步，制造业开始出现了在都市周边地带分散化发展的趋势。例如，由于飞机制造公司在洛杉矶的集中，吸引了大量的辅助性企业在洛杉矶投资设厂。另外，还有船舶公司在里士满郊区设立的造船厂等。此后，制造业在大都市郊区分散的趋势日益明显。1940年，美国的郊区工业园区只有35个，到了70年代初，达到了2500多个。[2] 随着工业迁移，郊区的就业人数快速增加。1947—1972年，人口超过100万的都市地区流失了88万个制造业岗位，与此同时，其郊区地区则增加了250万个岗位。1958—1967年，大都市的就业年增长率为1.8%，中心城区仅为0.7%，而郊区的增长率却高达3.1%。[3] 1963年，在中等规模的标准都市统计地区（SMSAs）中，超过一半的制造业与零售业就业分布于郊区。[4]

制造业的分散带来了郊区人口的快速增长，郊区的人口增长速度大幅超过了中心城区和大都市。1940—1950年，郊区的人口增长率达34.7%，比中心城区高出20.8个百分点，比大都市高出12.9个百分点。1950—1960

---

[1] Engerman Stanley L., Galfman Robert E.：《剑桥美国经济史：20世纪》（第三卷），高德步译，中国人民大学出版社2008年版。

[2] 孙群郎：《美国城市郊区化研究》，商务印书馆2005年版。

[3] Birch D. L., "From Suburb to Urban Place", *The Annals of the American Academy of Political and Social Science*, 1975.

[4] Engerman Stanley L., Galfman Robert E.：《剑桥美国经济史：20世纪》（第三卷），高德步译，中国人民大学出版社2008年版。

年，郊区的人口增长率达 48.6%，比中心城区高出 37.9 个百分点，比大都市高出 22.2 个百分点。

美国工业的分散和郊区化进程的加快，主要原因有以下几个方面。第一，大都市的土地等各种资源是有限的，当工业集中到一定程度之后，由于土地价格快速上涨、城市越来越拥挤等因素的影响，集中所产生的成本会高于集聚带来的收益，制造业会向大城市的周边地带分散。第二，由于交通等基础设施的大发展，有效地缩短了郊区与大都市之间的距离，减少了生产和生活外迁的成本。二战后，美国对公路建设的重视度提升。1944 年，联邦政府开始资助城市道路的建设。在此带动下，各州政府也大力扶持公路的建设，使美国的公路里程迅速增长，从 1930 年的 69 万英里增加到 1960 年的 256 万英里。联邦、州和地方三级公路交错纵横，大量的环城公路和辐射公路，改善了城郊间的交通通行状况。第三，郊区的住房价格相对便宜，而且美国采取了一系列鼓励居民在郊区置业的政策措施，越来越多的居民倾向于在郊区购房。例如通过设置住房抵押贷款的条件等来鼓励居民在郊区购买住房。由于政府的鼓励，1950—1970 年，大都市新增住宅 2100 万套，只有约 33% 位于中心城区，余下将近 1400 万套都建在郊区。[1]

第三节　与中国发展水平相当时，日本的社会经济特点

根据劳动力的平均素质水平来看，中国从现在到 2030 年这一阶段，基本上对应于日本 1968—1983 年的阶段。这一阶段对日本经济而言意义重大，是日本在二战后进入高速增长并随后进入稳定增长的时期。日本经济在 20 世纪 60 年代至 70 年代初，处于高速增长的阶段。进入 70 年代后，受到石油危机和美元贬值的影响，日本经历了短暂的经济下滑，随后又再次迅速恢复增长，甚至在 1981—1983 年的世界经济危机中，日本所受到的影响也不大。这与日本采取一系列措施促进产业升级和劳动力素质提升是密不可分的。

---

[1] Gary A. Tobin, *Suburbanization and the Development of Motor Trans Portation: Transportation Technology and the Suburbanization Proeess*, The University of Chicago Press, 1976.

一 人力资本加速积累，职业培训作用巨大

20世纪60年代后期至70年代，是日本的人力资本高速积累阶段。50—70年代，在日本的新增劳动力中，仅中学毕业的人数持续大幅减少，从1955年的63万人下降至1975年的6万人，同期中学毕业生占新增就业人口的比例也从60.0%下降至6.1%。

取而代之的是高中毕业生和大学及以上毕业生的持续增长。高中毕业生从1955年的33万人增加至1970年的80万人，同期占新增劳动力的比例也从31.4%上升至62.0%，1970年高中毕业生在就业总人口中的比例达到了历史最高值。

大学及以上毕业生从1955年的9万人持续增长至1975年的35万人，同期占新增劳动力的比例也从8.6%提升至35.4%。观察各个阶段的增长速度，可以发现大学教育效果提升最快的阶段是在70年代，1955—1960年，大学毕业生占新增劳动力的比例仅提高了0.5个百分点，而1965—1970年则提高了9.6个百分点，1970—1975年更是提高了13.7个百分点。因此，70年代是日本劳动力学历加速高度化的阶段。

特别值得注意的是，虽然日本出现了劳动力快速高学历化的现象，但其国内有研究认为，学校教育本身并未对提高实际劳动生产率有较大的促进作用，而是在甄别人才方面发挥的作用更大。[1] 人们普遍认为，日本的职业培训对提升劳动生产率的作用更为明显。

表6-4 日本应届毕业生就业情况统计

单位：万人，%

年份	就业者 人数	就业者 占比	中学 人数	中学 占比	高中 人数	高中 占比	大学及以上 人数	大学及以上 占比
1955	105	100	63	60.0	33	31.4	9	8.6
1960	132	100	63	47.7	57	43.2	12	9.1
1965	141	100	55	39.0	69	48.9	17	12.1
1970	129	100	21	16.3	80	62.0	28	21.7
1975	99	100	6	6.1	58	58.6	35	35.4

资料来源：参见1981年《文部统计要览》。

---

[1] 安场保吉、猪木武德：《日本经济史：高速增长》，生活·读书·新知三联书店1997年版。

首先，日本的职业培训具有较扎实的法律基础，日本政府多次制定和修改法律来保证劳动者能够得到较好的职业培训。日本早在40年代就通过《劳动基本法》《职业安定法》等法律来保证劳动者能够获得职业培训的权利，并规定了失业人员必须通过职业培训才能够再就业。50年代，日本又制定了《技能养成规定》和《职业训练法》，对公共职业的技能训练和民间企业的职业培训都做出了规定。60年代，日本还在劳动省下设立了职业能力开发局，对职业培训工作进行监督和管理。

日本的职业培训体系包括专门的职业培训机构、企业内部的在岗培训等。

日本从50年代起逐步建立起一套完整的、包括多种培训机构在内的多层次的职业培训机构体系。日本的培训机构大致可以根据管理部门的不同划分为：第一类是由都、道、府、县等各级政府设置的职业培训机构，一般是对求职者进行基础的技能训练。第二类是由雇用事业促进团直接管理的职业培训机构，包括主要针对各培训所的培训师的中央培训大学，针对高级技术工人和管理人员的职业培训短期大学，针对初中毕业生的综合高等职业训练学校，针对在职劳动者的、以短期培训为主的技术开发中心。

培训机构主要是对劳动者的脱岗培训，除此以外，日本的大型企业通常会对劳动者实施根据具体的岗位"一边工作、一边学习"的在岗培训方式。一般来说，当企业招聘了大学毕业生作为新员工之后，由学校教育产生的大学毕业生与企业自身需要的员工之间不会存在完全的技能吻合，两者之间的差距就通过企业的在岗培训来消除。由指定的上级或者老员工对新员工在工作现场进行有计划的、持续性的指导，从而使新员工能够快速地掌握工作中所需要的技能，缩短成为一名熟练员工所需花费的时间。日本的在岗培训不是一个短期的过程，而是会持续好几年，同时也是一个完整的过程，在设计、实施、检查等各个环节都有监督。在岗培训，实质上是由企业承担对大学毕业生的培训成本，从而解决了毕业生不能完全满足企业需求的问题。当然，日本企业能够成功推广在岗培训，一个重要的原因在于其雇用方式以终生雇佣制为主，企业不用担心培养的员工会大量流失从而无法弥补培训成本。

二 走向技术立国之路

(一) 从技术引进向自主创新转变

日本一直非常重视科技对经济增长的作用。50 年代，与欧美相比日本的科技水平还比较落后，这一阶段，日本主要是通过引进国外先进技术来实现追赶。美国对日本的支持使得日本在技术引进方面获得了很多便利条件。在这个过程中，日本非常注意让各大企业都有接近外国技术的均等机会，从而在企业间形成良性竞争。另外，日本在引进技术阶段还有一个特点，即主要是依靠购买技术本身（如购买专利使用权等）而不是通过购买机器来实现技术的引进，[①] 从而能够更好地掌握技术。通过引进先进技术，日本只使用了很短的时间和相对较小的成本就缩短了与欧美之间在技术上的差距。1949—1970 年，日本从国外引进先进技术的成本只有 57 亿美元，而这些技术在原产国的研发费用则高达 1800 亿—2000 亿美元，并且研究时间至少为日本引进消化时间的 5 倍。[②]

在技术引进的同时，日本不仅仅重视对技术的消化、吸收，同时还强调技术引进与自主创新开发的结合，对引进的技术进行改良和提高，形成自己的特色技术。例如，在钢铁产业，日本就从美国、苏联、德国等多个国家同时引进不同的先进技术并对之进行融会贯通，从而开发出新的技术并超过了原技术引进国的水平。

到了 80 年代，日本的科技水平与欧美逐渐接近，并且由于日本与欧美的经济摩擦日益增加，从国外引进先进技术的难度增加，日本在这一阶段更加强调培养自主创新和研发能力。1980 年日本通产省发布的《80 年代通商产业政策展望》提出，要走"技术立国"之路。日本开始从技术引进转向技术的独立研发。

在这种背景下，日本首先加大了对科技的投入，其研究费总额在 20 世纪 70 年代超过欧洲各国，1984 年超过苏联，仅次于美国，居世界第二位。[③] 1980 年，日本的研究经费投入增长至少 46838 亿日元，是 1960 年的 25.4

---

① 冯昭奎：《日本的拿来主义》，《世界经济与政治》1996 年第 9 期。
② 李建民：《战后日本科技政策演变：历史经验与启示》，《现代日本经济》2009 年第 4 期。
③ 翟薇：《日本科技政策的发展对中国的启示》，《商业文化（下半月）》2012 年第 4 期。

倍，研究经费投入占 GNP 的比重接近 2%。[1]

（二）政府及其所属研究机构的推进作用

在技术创新和研究上，日本政府及其所属的研究机构也起到了重要的推动作用。通产省在 1965 年设立了"大型工业技术研究开发制度"，由政府承担全部经费，政府所属的研究机构来承担和推动"产业构造的高度化、强化国际竞争力、合理开发自然资源、防止工业公害、紧急且必要的先导型和扩散型工业技术"等方面的研究；1981 年，通产省又设立了"下一代产业基础技术研究开发制度"，也是由政府承担全部经费，政府所属的研究机构来承担和推动"对十年后产业发展必要的、涉及效果大、应用范围广的基础性技术"的研究，以及对"新材料、生物技术、新技能因子"等的研究。[2] 另外，政府的研究开发机构还承担了大量的基础性研究，包括新技术的理论研究、新技术产业的发展前提、产业的基础性和共用性技术开发、产业的技术计量标准等。

三 政府积极引导产业发展和升级

在日本的产业发展和产业升级过程中，政府起到了积极引导和多方面大力扶持的作用。在日本的历次产业升级过程中，政府的宏观调控和产业政策都非常明确，这也是日本经济发展的重要特点。

日本政府一般是每十年对社会经济的发展目标和相应的产业政策进行一次调整。

在 20 世纪 60 年代，日本的产业政策主要服务于实现经济高速增长、缩小与欧美的经济差距这一目标。这一阶段的产业政策主要集中在重工业化上，如钢铁、炼油、石化、机械、电力、煤炭等，主导产业的特征是以出口为导向且具有技术先导地位。日本颁布了《企业合理化促进法》《电子工业振兴临时措施法》等，以此为基础推进了机械工业的专业化、批量化生产。在这个阶段，通产省通过"行政指导"促进了企业之间的合并，以此实现企业规模的扩大。

---

[1] 许琼、肖密：《日本劳资关系的调整途径——"春斗"的发展与课题》，《日本研究》2010 年第 3 期。

[2] 刘海波：《日本国家创新体系研究》，中国社会科学院博士后出站报告 1999 年版。

70年代，经济发展带来的环境污染等问题开始显现，政府与民众都越来越关注能源、工业公害等问题，而且，由于石油危机带来的冲击，节能和新能源的开发被提上日程，这一阶段的产业结构便由劳动密集型和资本密集型向技术密集型转变。1971年的《七十年代通商产业政策构想》提出要大力发展知识密集型产业，1976年的《产业结构长期构想》也明确提出降低重工业的增速、促进知识密集型产业的发展。这一阶段，日本选择了电子计算机、产业机器人、通信机械、集成电路等具有高附加值的产业作为重点扶持产业。70年代是日本产业发展的重要阶段，日本政府制定了多项意在促进高技术产业发展的产业政策，例如，1971年颁布了《特定电子工业及特定机械工业振兴临时措施》，并随后制定了"新能源技术研究开发计划（日光计划）""医疗福利机械技术研究开发制度""省能技术研究开发计划（月光计划）"等一系列产业技术政策，以促进日本的产业技术向高端推进。

80年代，日本提出了以"科技立国"的目标，把发展独创性的科学技术提到国家经济发展战略的高度。这一阶段的产业政策的重点在技术的自主开发上，强调加快发展包括电子、生物工程、产业机器人、新材料等在内的高技术产业。《八十年代通商产业政策构想》和《产业结构长期设想》还特别提出了要从资源和能源密集型的产业向节能型产业转变。同时，日本政府制定了"下一代产业基础技术研究开发制度""重要地区技术研究开发制度""官民合作共同研究制度""完善新能源与产业技术综合开发机构的研究开发体制""国际共同研究合作制度"等一系列的产业技术政策。为了实现产业结构的升级，日本政府还针对受扶持的高技术产业实行税收优惠制度和特别折旧制度，并要求日本的金融机构向基础产业和高新产业提供重点贷款，如日本开发银行为从事高新技术产业化开发和研究的民间企业提供15年以内的长期低息贷款。

四 工人经济斗争的加强

二战后，日本的工人运动主要是经济斗争，以"春季斗争"为表现形式，兴起于20世纪50年代。"春季斗争"是指日本各行业的工会联合起来，在每年的2月或者3月进行要求提高新年度的工资水平的工人运动。进入60年代后，随着日本经济进入高速发展的阶段，日本的工人对工资也有了更高的要求。1963年,"春斗委员会"提出了日本工人也要享有与欧洲相同的工资水平的目标,并通过罢工的形式要求工资的增长必须以上一年的实际工资作为基础,至此,不断蓬勃发展的工人经济斗争得到了加强,至1972年,参加"春季斗争"的工人数量超过了900万人。

"春季斗争"给日本工人带来的经济收益是巨大的。1964—1975年,"春季斗争"使工人的名义工资达到了两位数的增长率,即便是从实际工资的增长来看,60年代后期至70年代初期,实际工资的增长也较快,都在8%左右,1972年达到了11%。工人经济斗争强化的客观结果,是使大部分居民收入持续增加,从而使消费需求一直保持了一个较为旺盛的状态,支撑了经济的高速增长。

表6-5 "春季斗争"对日本劳动者工资的影响

单位:%

年度	"春季斗争"工资增长率	实际工资增长率	年度	"春季斗争"工资增长率	实际工资增长率
1956	6.3	8.3	1971	16.9	8.1
1957	8.6	1.1	1972	15.3	11.0
1958	5.6	3.0	1973	20.1	8.7
1959	6.5	5.5	1974	32.9	2.2
1960	8.7	2.5	1975	13.1	2.7
1961	13.8	6.1	1976	8.8	2.9
1962	10.7	3.4	1977	8.8	0.5
1963	9.1	2.6	1978	5.9	2.5
1964	12.4	5.8	1979	6.0	2.3
1965	10.6	2.8	1980	6.7	-1.6
1966	10.6	5.2	1981	7.7	0.4
1967	12.5	7.7	1982	7.0	1.5
1968	13.6	7.8	1983	4.4	0.8
1969	15.8	9.7	1984	4.5	1.4
1970	18.5	8.7	1985	5.0	0.7

资料来源:许琼、肖密:《日本劳资关系的调整途径——"春斗"的发展与课题》,《日本研究》2010年第3期。

结合前面对美国的分析可以看到，在与中国当前的劳动力素质水平相当的阶段，美国和日本都出现了工人权利的加强和劳动报酬增加的情况，这对于中国而言具有较大的启示意义。目前，中国也面临着劳动力成本提升的问题。问题的本质在于，当劳动力素质出现了较大幅度的提升之后，劳动力价值也必然有相应的提高。我们也注意到，这个阶段也正是美国与日本经济增长较快的阶段，在这其中，劳动力收入提高带来的消费需求增加从而拉动经济增长的作用是不可忽视的。

参考文献

[1] 安场保吉、猪木武德：《日本经济史：高速增长》，生活·读书·新知三联书店 1997 年版。

[2] 冯昭奎：《日本的拿来主义》，《世界经济与政治》1996 年第 9 期。

[3] 李建民：《战后日本科技政策演变：历史经验与启示》，《现代日本经济》2009 年第 4 期。

[4] 刘海波：《日本国家创新体系研究》，中国社会科学院博士后出站报告 1999 年版。

[5] 孙群郎：《美国城市郊区化研究》，商务印书馆 2005 年版。

[6] 许艳华：《战后日本科技政策的三次转向及对中国的启示》，《山东经济》2011 年第 11 期。

[7] 许琼、肖密：《日本劳资关系的调整途径——"春斗"的发展与课题》，《日本研究》2010 年第 3 期。

[8] 翟薇：《日本科技政策的发展对中国的启示》，《商业文化（下半月）》2012 年第 4 期。

[9] Bishop J. H. , "Is the Test Score Decline Responsible for the Productivity Growth Decline?", *American Economic Review*, 1989, 79, March, 178 – 197.

[10] Birch D. L. , "From Suburb to Urban Place", *The Annals of the American Academy of Political and Social Science*, 1975, Vol. 422.

[11] Denison E. , "Why Growth Rates Differ: Postwar Experience in Nine Western Countries", Washington, D. C. : Brookings Institution, 1967.

[12] Engerman Stanley L. , Galfman Robert E. :《剑桥美国经济史：20 世纪》（第三卷），高德步译，中国人民大学出版社 2008 年版。

[13] Snyder T. D. , "120 Years of American Education: A Statistical Portrait", Washington, D. C. : U. S. Dept. of Education, Office of Educational Research and Improvement, National Center for Education Statistics, 1993.

中国实践

第 七 章
中国劳动力素质的时空演化

本章提要：本章通过对第三、四、五、六次全国人口普查数据中的省、自治区、直辖市的6岁及以上人口的受教育程度数据进行计算，分析了中国人口素质的时空演化规律。通过对四次人口普查项目数据的分析研究，本章所获得的主要结论如下。

从绝对量来说，未上过学人口数量大，减少量也大；小学、初中、高中、大专、大学本科和研究生人数都在上升，且文化程度越高，其增长速度越快。不同素质的人口在地区之间分布不均衡，总的来看，低素质人口主要分布在西部落后地区，高素质人口主要分布在东部沿海和东北地区。对各地区人口占全国人口比例与不同素质人口占地区总人口比例进行对比发现，未上过学人口和小学人口在地区之间的失衡态势在恶化，而其他较高素质人口在地区之间的分布则趋于平衡。

改革开放以来，我国人口素质提高迅速，基本呈现出线性增长的趋势。对各省人口平均受教育年限的动态变化进行研究发现，各省份之间的人口平均受教育年限有一定的差异，且这种差异具有规律性：北京、上海基本处于人口素质最高一级梯度，其次为东北三省、天津、广东；西藏处于人口素质最弱的地位；而在人口素质处于一般水平的省份中，江苏、山西、陕西的人口平均受教育程度处于较优水平，而安徽处于较弱水平。

对全国人口平均受教育年限提高的情况进行群体分解研究。区域分解结果表明，贡献较大的为人口大省或经济大省，且有由人口大省向经济大省过渡的趋势；而贡献较小的为西部经济落后、人口较少的省份。受教育程度的分解结果表明，初中人口比例提高是全国人口受教育年限提高最主要的因素，但其作用在逐渐减弱；小学人口起初为正的贡献，但到 1990—2000 年已经变为负的贡献，且负的绝对值有变大趋势；高中人口比例变化的贡献率始终维持在一般水平，并经历了先变大、后变小的过程；大专及以上文化程度人口占比提高的贡献较小，但其有不断增大的趋势。性别的分解结果表明，女性相较于男性对全国人口素质提高的贡献更大。

对人口重心、经济重心和人口素质重心的变迁的研究发现，人口素质重心相较于人口重心而言，稍微偏向于东北方向；经济重心相对于人口重心和人口素质重心而言又偏向东北方向。对同一时间三个点的距离变化的研究发现，2010 年与 1982 年相比，东部地区所具有的经济优势并未削弱，但也没有强化；东部地区所具有的人口素质优势在持续弱化。但从绝对水平来看，东部地区一直存在经济优势和人口素质优势。从同一时点三类重心点的纵向距离来看，1982—2010 年，北部地区所具有的人口素质优势在持续弱化，而其所具有的经济优势先是不断减弱，之后又有所增强，但总体而言北部地区的经济优势是弱化的。1982—2000 年经济重心、人口重心和人口素质重心移动趋势高度相关；2000 年后经济重心与人口重心和人口素质重心移动趋势相悖。从变动幅度来看，大体而言，经济重心变动幅度最大，其次为人口素质重心，而人口重心变动幅度最小。

在受教育的平等性方面，就区域而言，人口受教育在区域间的不平等性减弱趋势明显。分性别来看，人口受教育在性别间的不平等性是持续减弱的。

第一节 数据来源及处理

一 数据来源及说明

本章研究内容为中国劳动力素质的时空演化，而衡量劳动力素质的一个主要指标是劳动力的受教育程度，故本章主要研究中国劳动力的受教育程度的时空演化，以作为对劳动力素质研究的替代指标。本章数据来源于第三、四、五、六次全国人口普查数据，以上四次全国人口普查分别于 1982 年、1990 年、2000 年、2010 年进行。之所以未选择所有六次全国人口普查数据，是因为考虑到 1978 年中国开始实行改革开放，经济体制和社会体制发生重大变化，1978 年实为一个分水岭，1978 年之前和之后的数据变动剧烈，而研究中国劳动力素质的时空演化，除了促进对历史的认识外，另一主要目的是总结出其变迁中的经验或规律，以为未来的劳动力素质研究提供指导或为未来提高我国劳动力素质提供政策建议，因此撇除了 1978 年之前的两次全国人口普查数据。毕竟我国不再可能恢复到 1978 年前的体制，因此之前的数据不具有指导性。

本章所用数据统一采用省、自治区、直辖市的 6 岁及以上人口的文化程度数据，[①] 分别来自于第三、四、五、六次全国人口普查数据中的表 45、表 1-7、表 1-8、表 T1-8。四个不同时间点所得数据统计口径相同，因而具有可比性。此外，四次普查时间分布较为均匀，基本可以反映 1978 年以来中国劳动力素质的动态变迁情况。数据为不同省市和不同受教育程度的交叉数据，可以较好的用来研究中国劳动力素质在时间和空间上的演化规律。值得指出的是，要研究中国劳动力素质问题，更为科学的数据应该是 15—64 岁劳动年龄人口数据，但由于人口普查数据中没有分省市和分受教育程度的劳动年龄人口数据，只能退而采用 6 岁及以上人口的交叉数据。虽然存在一定程度的缺陷，但依然可以较为准确的反映中国的劳动力素质变化情况，因此，在数据选择上，本研究依然较为科学。

二 数据处理

来自四次全国人口普查数据的统计口径虽然基本一致，但由于 1978—2010 年期间中国经济社会环境变化较大，统计项目或样本难免有所变动，为研究方便，本章做了一些合理的处置。以下为数据中存在的问题及本章处置的方法。

(1) 海南省于 1988 年建省，之前隶属于广东省，因而第三次人口普

[①] 如有例外，将会予以说明。

查数据中无海南省数据，其数据包括在广东省内。海南相对于广东而言人口较少，因此本章对此并不进行合并处理，第四、五、六次全国人口普查数据保留海南省，第一次忽略海南，海南数据以广东数据作为代表。

（2）重庆市于1997年被设立为直辖市，正好设立时间前后分别有两次全国人口普查，与海南的情况有所不同，且重庆人口较多，相对四川而言并不能忽略，对此，本章参照许多学术文章研究此类问题的处理方法，将四川与重庆进行合并处理。

（3）文盲、半文盲、扫盲班人口均按照未上过学人口进行处理。

（4）中专并入高中，一并处理。

（5）第三次全国人口普查数据中有大学肄业及在校一项，该项指标按照0.5的比例折算成大学本科教育水平。

（6）第三、四次全国人口普查数据无研究生一项，可能原因是1982年和1990年的研究生数量较少，因此没做统计。根据本章研究主旨，此两次普查数据该项指标均以0处理，因为其数量太少，对于整体研究造成的影响基本可以忽略不计。

（7）第五、六次人口普查数据中均有研究生这一项，但是并未区分硕士研究生和博士研究生。本章从历年教育统计年鉴中搜集了1982—2010年的硕士研究生和博士研究生毕业人数（其中仅1983年的数据没找到），第五次人口普查数据中的研究生一项指标按照2000年及之前的已毕业的硕士研究生和博士研究生的累计数量之比进行拆分。由于博士研究生来源于已毕业硕士研究生，需要将硕士研究生累计数量比减去博士研究生累计数量比之后的余值和博士研究生累计数量进行比较，该比例为6.34∶1。第六次人口普查数据中的研究生一项指标则按照2010年及之前的已毕业的硕士研究生和博士研究生的累计数量之比进行拆分，并进行如上处理，该比例为5.37∶1。严格来说，用统一的拆分比例去拆分各省的研究生一项并不合适，因为各省的拆分比例不可能相同，经济发达地区如北京、上海等，该项比例会偏小，而经济落后地区该项比例则会偏大；另外需要考虑的一个问题是劳动力的流动性。但是，由于这些考虑无法从现实的数据中获得支撑，本研究只好以全国统一的拆分比例去拆分各省的研究生一项指标。

（8）受教育程度用受教育年限来度量，未上过学、小学、初中、高中、大学专科、大学本科、硕士研究生和博士研究生的受教育年限分别为 0 年、6 年、9 年、12 年、15 年、16 年、19 年和 22 年。受教育程度只考虑受教育年限量的差别，而不考虑质的差别。这种不考虑质的差异的假设同样存在缺陷，本研究暂且如此考虑，如要进一步讨论则会另做说明。

第二节　全国人口素质的变化

一　全国范围内情况

改革开放以来，无论从 6 岁及以上人口还是劳动年龄（15—64 岁）人口的平均受教育年限变化来看，我国人口素质都呈明显提高趋势。从图 7-1 可以看出，80 年代初期，我国人口素质较低，其中以 6 岁及以上人口衡量的平均受教育年限仅为 5.19 年，以劳动年龄人口衡量的平均受教育年限仅为 5.84 年。但人口素质提升速度较快，以两种方式衡量的平均受教育年限变动特征基本一致。到 2010 年，6 岁及以上人口平均受教育年限上升到 8.76 年，劳动年龄人口平均受教育年限则上升到 9.44 年。1982—2010 年，6 岁及以上人口平均受教育年限累计增长 3.57 年，年平均增长率为 1.89%；而劳动年龄人口平均受教育年限则累计增长了 3.6 年，年平均增长率为 1.73%。

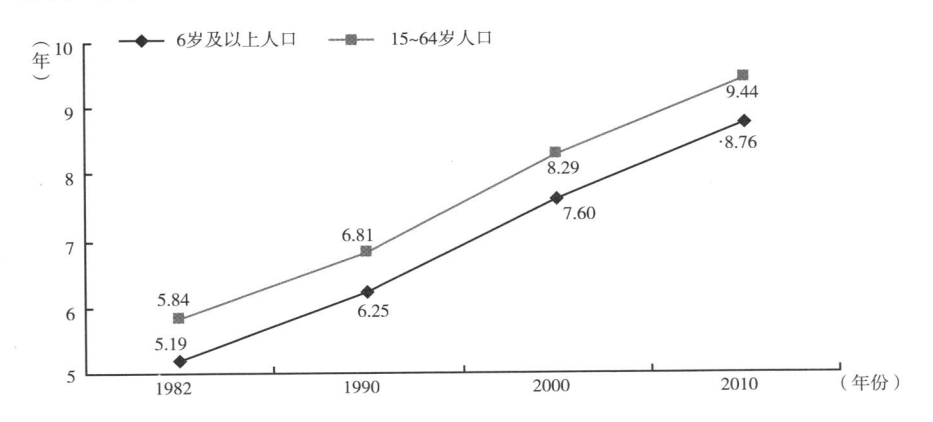

图 7-1　全国人口平均受教育年限变化（1982—2010 年）

注：15—64 岁人口为劳动年龄人口，其中仅在 1982 年该数据用的是 15—60 岁人口数据，其余数据均正常。

就人口平均受教育年限绝对增量而言，6 岁及以上人口在 80 年代、90 年代及 21 世纪头 10 年这三个时期内年平均增量分别为 0.133 年、0.135 年、0.116 年，劳动年龄人口则分别为 0.121 年、0.148 年、0.115 年；可见，90 年代成绩最大，其次为 80 年代，20 世纪头 10 年则相对较差。就人口受教育年限的变化速度而言，6 岁及以上人口这三个时期内年平均增长率分别为 2.35%、1.97%、1.43%，劳动年龄人口则分别为 1.94%、1.99%、1.31%；可见，若从前者来判断，80 年代成绩最明显，其次为 90 年代，若从后者来判断则有所不同，成绩最明显的为 90 年代，80 年代成绩略低于 90 年代，而 21 世纪头 10 年成绩则相对落后一些。如果综合人口受教育年限年平均增长量和年平均增长率这两项指标，基本可以得出在提升我国人口受教育程度方面，80 年代和 90 年代所获成绩要好于 21 世纪头 10 年的结论。

二 区分城市、镇和乡村的劳动年龄人口平均受教育年限及变化

区分城市、镇和乡村来看，我国城乡之间的人口素质都在不断提高，其中城市和乡村提高速度最快。此外，城乡之间的人口素质存在较大差距，且两者之间的绝对差距持续保持。如图 7-2 所示，1990 年，城市和镇的人口平均受教育年限基本相当，为 8.7 年左右的水平。而同期农村人口平均受教育年限仅为 6.04 年，城市和镇比农村要高出近 3 年的水平。到 2000 年，三者的人口平均受教育年限均有所增加，但镇和城市出现分异，主要表现为城市人口素质提高速度快于镇。2000 年城市、镇和乡村的人口平均受教育年限分别为 10.13 年、9.09 年和 7.32 年，城市和乡村的人口素质差距并未缩小。而到 2010 年，城市、镇和乡村的人口平均受教育年限分别提高到 11.11 年、9.59 年和 8.18 年，相比 10 年前或 20 年前，城市和乡村的差距依然保持着，而农村和镇的差距有所变小。但与此同时，城市和镇又出现了差距，且差距在不断扩大。从分时期的动态变化来看，1990—2000 年及 2000—2010 年这两个时期里，城市人口平均受教育年限分别提高了 1.35 年和 0.98 年，增幅分别达到 15.4% 和 9.7%；镇分别提高了 0.43 年和 0.5 年，增幅分别达到 5.0% 和 5.5%；乡村分别提高了 1.28 年和 0.86 年，增幅分别达到 21.2% 和 11.7%。可见在提高人口素质方面，90 年代成绩要好于 21 世纪前 10 年。此外，城市和乡村人口素质提高速度较快，尤其是后者，但两者

之间的绝对差距没有缩小。整体看来，1990—2010 年，城市、镇和乡村的人口平均受教育年限增幅分别为 26.5%、10.7% 和 35.4%，可见乡村在提高人口素质方面进步最快，而镇则相对较慢。

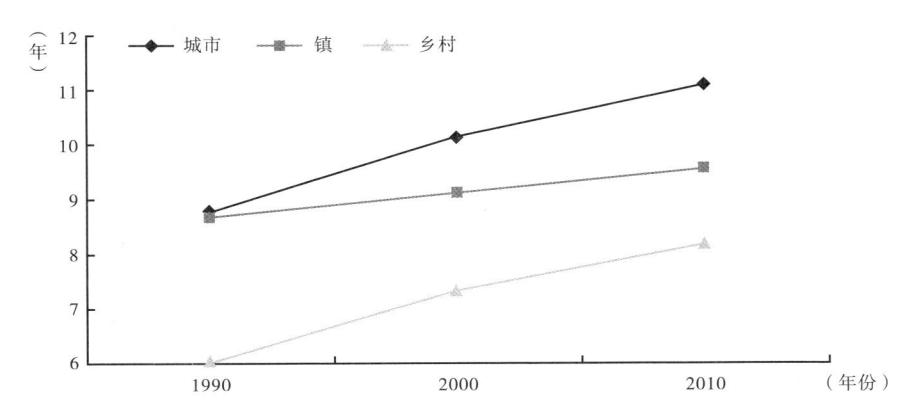

图 7-2　城市、镇和乡村劳动年龄人口（15—64 岁）平均受教育年限变化

三　流动人口平均受教育年限及变化

我国流动人口的平均素质高于全国平均水平，若区分省内流动人口和省外流动人口来看，前者又比后者要高。此外，动态来看，流动人口平均素质也在不断提高，但相比全国平均水平而言其所具有的优势在不断减弱，具体情况如图 7-3 所示。可以看出，无论是以全国 6 岁及以上人口平均受教育年限作为参照标准，还是以全国劳动年龄人口平均受教育年限作为参照标准，流动人口受教育年限都明显高于全国水平。2000 年，流动人口平均受教育年限为 9.76 年，比全国劳动年龄人口高出 1.47 年；其中省内流动人口和省外流动人口平均受教育年限分别为 10.00 年和 9.12 年，分别比全国劳动年龄人口高出 1.71 年和 0.83 年。2010 年，流动人口平均受教育年限增加到 10.21 年，而同期全国劳动年龄人口也增加到 9.44 年，前者比后者高出 0.77 年；其中该年份省内流动人口和省外流动人口平均受教育年限分别为 10.50 年和 9.61 年，分别比全国劳动年龄人口高出 1.06 年和 0.17 年。由此可见，流动人口相对于全国平均水平而言所具有的素质优势正在逐步减弱。从各种口径人口的平均受教育年限的动态变化中也可得到以上结论。例如，2000—2010 年，省内流动人口、省外流动人口和综合流动人口平均受教育

年限分别提高了0.50年、0.49年和0.45年,而同期全国6岁及以上人口和全国劳动年龄人口平均受教育年限则分别提高了1.16年和1.15年,后者明显高于前者。

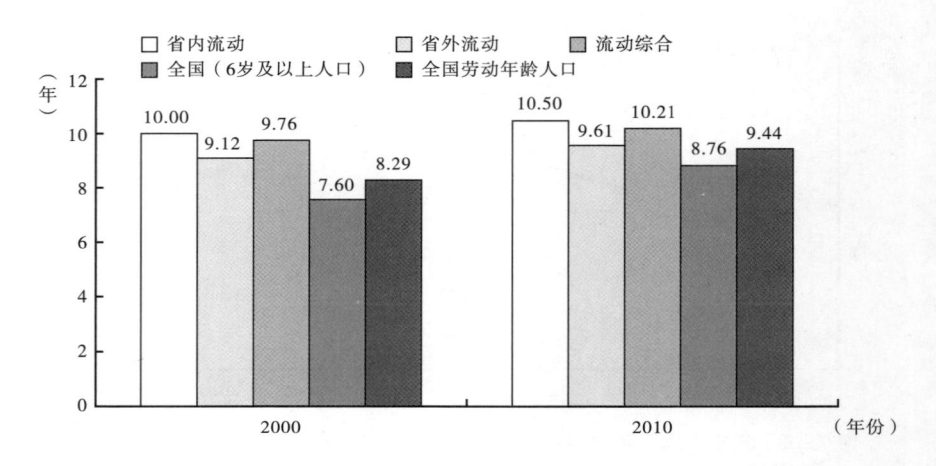

图7-3 流动人口平均受教育年限及其与全国平均水平的比较

注:流动人口平均受教育年限的计算依据是长表数据,为说明所调查人口的年龄情况,本处在对比上将劳动年龄人口和6岁及以上人口两种情况均罗列出来。

由于数据中的流动人口中没有年龄信息,按照常理来看,许多流动人口会将小孩带到工作地,但老人一般不会随之迁移。如此看来,可以和流动人口形成比照的全国同一年龄段人口的平均素质会介于劳动年龄人口和6岁及以上人口之间。因此,流动人口的平均受教育年限相较于全国可比的平均水平而言所具有的相对优势可能比以上所述还要偏大。平均受教育年限越高的人群,其人力资本程度越高,经济行为也更加理性,因此可以推断,促进人口流动的政策,对于提高流动人口收入水平和促进地区发展而言均有正面作用。

四 不同年龄段人口受教育程度结构

人口的变化将导致人口受教育结构的变化,而这种变化是通过一国人口更替来实现的。因此,通过某一时间点上不同年龄组人口受教育结构的差异可以大致判断未来我国人口整体受教育结构的演变趋势。图7-4为我国

2010年区分年龄组的受教育结构图，可以清晰地发现一些我国未来受教育结构演变规律。首先，未受过教育（即未上过学）和受过小学教育等低素质人口占比预计将会急剧下降。在年龄较大的劳动人口中，小学教育水平人口占比最大，如60—64岁年龄组占比高达53%，但年龄越小，该受教育程度人口占比下降就越明显，在15—19岁人口中占比仅有7%；未受教育人口占比也由60—64岁年龄组的11%下降到15—19岁年龄组的0.5%。其次，初中受教育程度人口占比随着年龄变小有"先增大、后变小"的特点，并且，从初中受教育程度人口占不同年龄组人口比例情况来看，预计未来较长一段时期内，初中人口仍然会是我国人口的主体人群。当前看来，初中人口在我国总人口中占比最大，在60—64岁年龄组中占26%；在35—39岁年龄组占比最大，达到55%；而在15—19岁年龄组占比也高达45%。再次，一般而言，一个人高中毕业大致为18岁，所以20岁以后的各个年龄组中高中教育程度人口占比的变化能够比较合理的说明其未来变化趋势。可以看出，高中教育人口占比将会逐渐提高；但从20—34岁的三个年龄组的数据来看，该比例基本稳定在20%左右，因而未来很有可能高中教育人口占比会收敛到该比例水平。此外，受教育程度为大专和本科的人口占比随着年龄减小均有快速增大的趋势，60—64岁人口中大专占2%，本科占1%；而在20—24岁人口中，大专上升到14%，本科则上升到11%。由此可见，未来我国大专和本科人群占比将会不断提高，而且相对而言，本科相比大专提高得更为迅速。最后，研究生在我国人口中占比非常小，相比于其他年龄组而言，其在25—29岁人口中占比最大，但也仅有1.2%的水平。研究生毕业一般而言至少为25岁，因而从25岁后各年龄组该人群比例的变化特征能够较好的说明未来的演变趋势。通过比较可以发现，虽然研究生人口占比很低，但上升速度将会很快，因为在60—64岁人口中其比例为0.03%，而在25—29岁人口中已上升到1.2%，35年间上升了近40倍。

综上所述，通过2010年我国不同年龄组人口受教育程度结构可以判断出未来我国人口受教育结构的演变趋势，大致为：小学教育人口和文盲人口比例将会急剧下降；初中教育人群是主体，且预计未来较长一段时期内其占比依旧会上升；高中教育人口占比将会逐渐上升，但有收敛到20%左右水平的趋势；大专教育和本科教育人口占比上升速度较快，

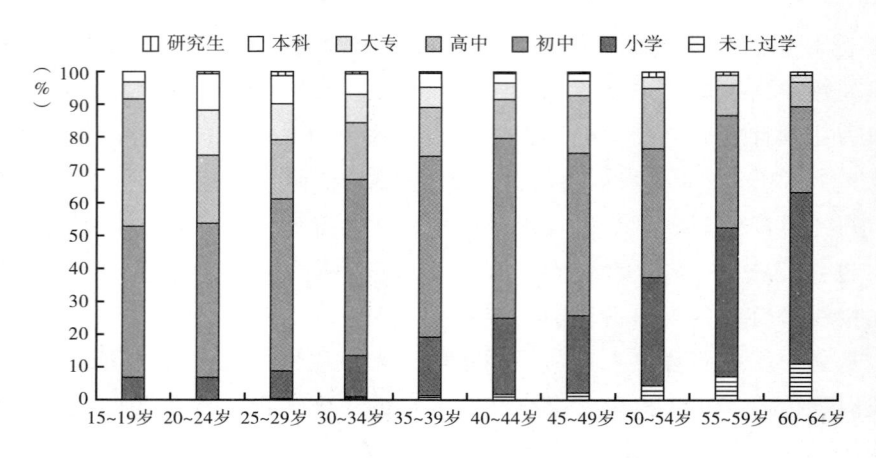

图7-4 不同年龄组人口受教育程度结构（2010年）

尤其是后者；研究生教育人口占比很小，预计这种状况仍将保持，但其上升速度很快。

第三节 四大区域人口素质的时空演化

人口素质与地区经济发展密切相关。在我国区域发展不平衡的背景下，考察东、中、西部三大区域人口素质的变迁及差异对于区域产业结构差异性、经济发展潜力等方面的判断均有一定意义。

一 人口平均素质的变化

80年代初期以来，四大区域人口平均素质一致表现出不断提高的趋势（见图7-5），基本从1982年平均受教育年限5.5年左右的水平提高到2010年的8.5年左右。横向比较来看，我国人口素质最高的地区为东北，其次为东部，接着是中部，西部地区人口素质最低；并且，虽然这期间区域之间人口素质差异有所变化，但并没有发生质的改变。从四大区域人口平均素质的动态变化来看，1982—2010年，东北地区人口平均受教育年限由6.3年提高到9.3年，增长了近3年，增幅为47.6%；东部地区由5.4年提高到9.1年，增长了近3.7年，增幅为68.5%；中部地区由5.1年提高到8.7年，增长了近 3.6 年，增幅为 70.6%；西部地区由 4.7 年提高到 8.2 年，增长了近 3.5 年，增幅为 74.5%。从增长率数据来看，我国四大区域之间的人口素质存在逐渐收敛的趋势，即人口素质越低的区域其提高速率越高，其中尤其是东、中、西部三大区域与东北地区之间的差距缩小最为明显。区分不同时期来看，80 年代、90 年代及 21 世纪头十年东北地区人口素质提高幅度分别为 14.3%、15.3%、12.0%，东部分别为 20.4%、21.5%、15.2%，中部分别为 21.6%、22.6%、14.5%，西部分别为 21.3%、22.8%、17.1%。由此可见，在提高区域人口素质方面，80 年代和 90 年代所取得的成就要大于 21 世纪头 10 年，这从四大区域的数据中均可发现。

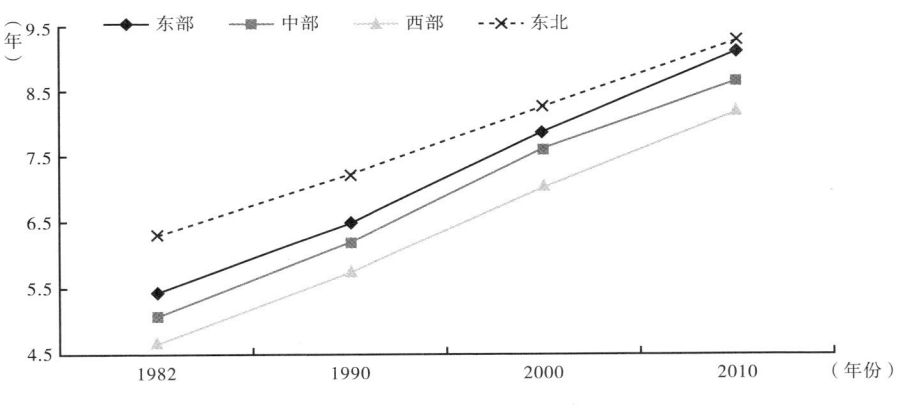

图 7-5 四大区域人口平均素质变化

二 区域人口受教育结构的动态演变

从四大区域人口受教育结构的演变情况来看，虽然我国在提高人口素质方面成绩显著，但总体而言人口素质偏低。在 80 年代初期，人口以低端受教育水平人口为主[1]，即使是在人口素质最高的东北地区，未上过学和小学文化程度人口占比也高达 61% 左右，西部地区更是接近 80%（见图 7-6）。到 90 年代初期，各区域人口素质结构已演变为以小学和初中为主体，虽然

---

[1] 本文将受教育水平分为低端、中端、中高端和高端。低端为未上过学和小学，中端为初中、高中和中专，中高端为大专，高端为本科和研究生。

a. 1982年

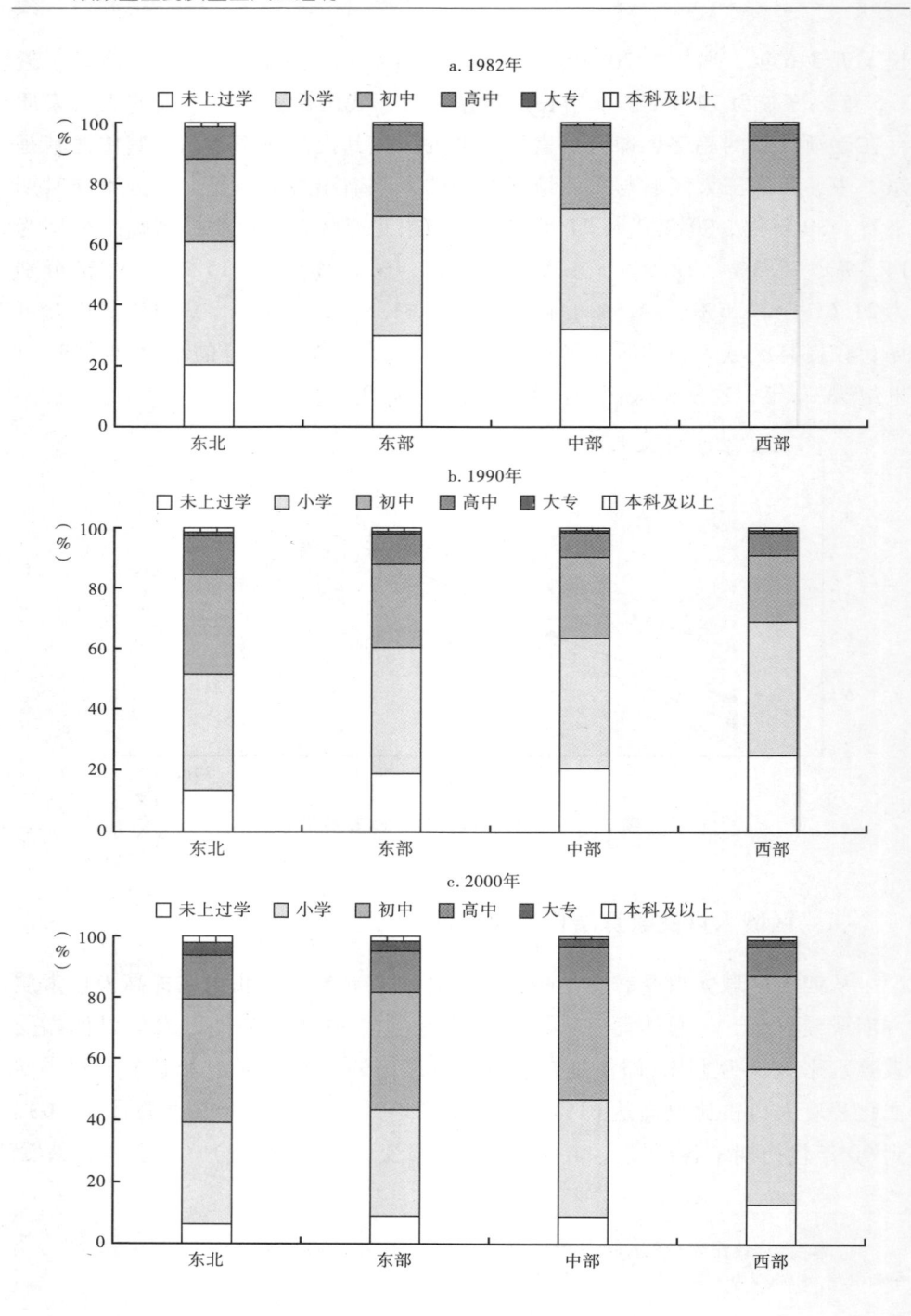

b. 1990年

c. 2000年

d. 2010年

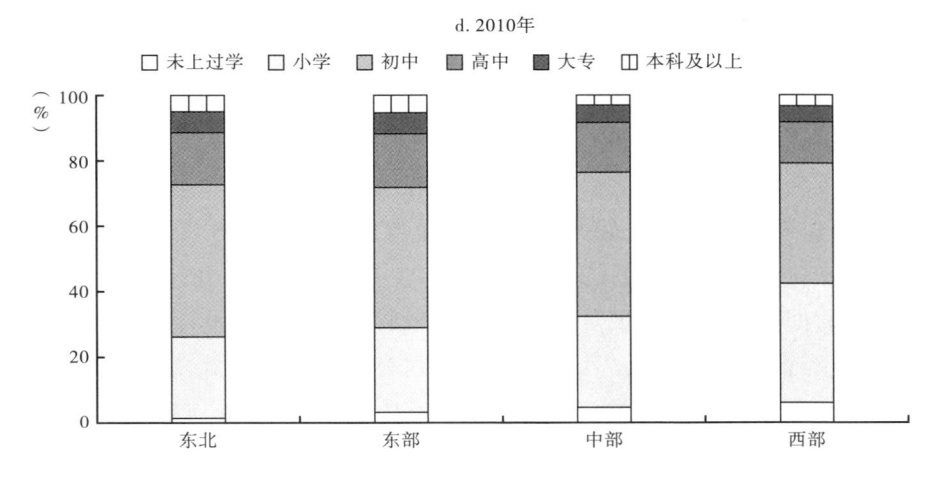

☐未上过学 ☐小学 ☐初中 ☐高中 ☐大专 ☐本科及以上

图 7-6 四大区域人口受教育结构变化

之后人口素质不断提高，但截至 2010 年，小学和初中人口的主体地位没有改变，两者所占比例在四大区域中最低为 68%（东部）、最高为 73%（西部）。中端以上受教育水平人口在我国占比有所提高，但比例依然偏低。在 1982 年，东北地区该人口比例最高，但也没有达到 1% 的水平；但到 2010 年，该比例已接近 11% 的水平，上升速度较快。横向比较来看，我国东北地区人口素质最高，其次为东部，西部最低。早在 1982 年，东、中、西部地区人口受教育结构均以未上过学人口和小学人口为主体，唯独东北以小学和初中人口为主体，两者占比达到 67% 的水平。但从 90 年代初期开始，四大区域人口受教育结构总体特征类似，只是不同层次受教育水平人口占比有较小差别。在中高端和高端人口比例上，2010 年东部地区已基本追赶上东北地区，达到 11% 左右的水平。

总体来看，1982—2010 年，各大区域人口受教育结构变化的一个共同特点是：随着人口更替及 9 年义务教育的推广和加强，未上过学和小学教育水平人口占比迅速下降，而中端及以上受教育水平人口占比迅速提高，尤其是初中人口占比提升速度较快，从而导致我国各区域人口受教育结构出现从以低端受教育水平人口为主体演变为以中低端受教育水平人口为主体的现象。

三 各类受教育程度人口的区域分布演化

低端受教育水平人口在西部地区的分布比例有所提高,而在东北、东部和中部地区则均呈下降趋势,但这种变动幅度较小。从总人口在四大区域的分布比例及变动特征对照来看,低端受教育水平人口有分布失衡的趋势。从表7-2可以看出,横向比较来看,低端受教育水平人口在经济发达的东部地区的分布比例小于全国总人口在该地区的分布比例,这在1982年和2010年这两个时间点上均能体现。从动态变化来看,1982—2010年,东部总人口占比上升了近4个百分点,其他三个区域则有所下降;而低端受教育水平人口的区域分布比例变动则与总人口相反,其中东部地区未上过学和小学教育水平人口的比例分别从32.04%和33.98%下降到31.97%和33.70%,下降幅度分别达到0.07个和0.28个百分点;西部地区则分别由33.16%和28.48%上升到36.21%和33.75%,上升幅度分别达到3.05个和5.27个百分点;中部和东北地区低端受教育水平人口占全国的比例也均呈下降趋势。

表7-1 总人口在四大区域的分布

单位:%,个百分点

区域	四次全国人口普查				变动方向	累计变动幅度
	第三次	第四次	第五次	第六次		
东北	9.08	8.97	8.60	8.42	↓	-0.66
东部	34.16	34.33	35.84	38.18	↑	4.02
中部	28.23	28.29	27.85	26.48	↓	-1.75
西部	28.54	28.41	27.72	26.92	↓	-1.62

资料来源:笔者整理。

表7-2 低端受教育水平人口的区域分布

单位:%,个百分点

区域	未上过学			小学		
	1982年	2010年	变动幅度	1982年	2010年	变动幅度
东北	5.95	4.07	-1.88	9.14	7.05	-2.09
东部	32.04	31.97	-0.07	33.98	33.70	-0.28
中部	28.85	27.75	-1.10	28.40	25.50	-2.90
西部	33.16	36.21	3.05	28.48	33.75	5.27

资料来源:笔者整理。

相较于总人口的区域分布来说,东部和东北地区在中端受教育水平人口占比上存在优势;并且,中端受教育水平人口在东北地区的分布比例在下降,而在其他区域则上升,其中东部地区上升得最快。如表7-3所示,无论从1982年还是从2010年的横截面数据均可以看出,中端受教育水平人口在东部和东北地区的分布比例均大于总人口在这两地区的分布比例。以2010年为例,该年度东部地区初中人口分布比例相比总人口分布比例高出0.79个百分点,高中人口则高出4.08个百分点;而中部和西部地区则恰好相反,同样在2010年,西部地区初中受教育水平人口的分布比例低于该地区总人口的分布比例3.15个百分点,高中则低出4.79个百分点。从动态变化情况看,1982—2010年,东北地区初中和高中受教育水平人口的分布比例分别下降2.86个和4.25个百分点,从而削弱了该地区原本在中端受教育水平人口分布上所具有的相对优势;东部地区则分别上升了3.10个和3.36个百分点,使得其具有的相对优势得到进一步加强;中部地区则分别上升了0.09个和0.25个百分点,表明中部地区在中端受教育水平人口分布上所具有的劣势有所趋缓;西部地区初中受教育水平人口分布比例下降了0.32个百分点,高中则上升了0.63个百分点。因此,总体来看,从表7-3我们很难直观地判断出我国中端受教育水平人口的区域分布是趋于失衡还是平衡。

表7-3 中端受教育水平人口的区域分布

单位:%,个百分点

区域	初中			高中		
	1982年	2010年	变动幅度	1982年	2010年	变动幅度
东北	12.24	9.38	-2.86	13.28	9.03	-4.25
东部	35.87	38.97	3.10	38.90	42.26	3.36
中部	27.79	27.88	0.09	26.33	26.58	0.25
西部	24.09	23.77	-0.32	21.50	22.13	0.63

资料来源:笔者整理。

中高端(大专)受教育水平人口在东北地区的分布比例下降较为明显,东部地区则上升较快,而中、西部地区都有所上升。相较于总人口的区域分布而言,东北地区在中高端受教育水平人口上所具有的优势在持续削弱,东部地区的优势有所下降,中、西部地区的劣势则有所趋缓。总体而言,中高端受教育水平人口的区域分布是趋于平衡的。如表7-4所示,2010年,东北地区大专教育水平人口的分布比例为9.08%,约高出该区域人口占全国人口比例0.66个百分点;东部约高出4.24个百分点;中部和西部则分布落后1.99个和2.91个百分点,这表明东北和东部地区在中高端受教育水平人口分布上具有相对优势,而中、西部地区则具有相对劣势。从动态变化来看,1990—2010年,东北地区的中高端受教育水平人口占全国比例由15.26%下降为9.08%,下降了6.18个百分点;东部由38.84%上升到42.42%,上升了3.58个百分点;中部和西部地区则分别由24.38%和21.51%上升到24.49%和24.01%,分别上升了0.11个和2.50个百分点。相较于四大区域人口的分布变化而言,中高端受教育水平人口在区域间的分布是朝着平衡方向发展的。

表7-4 中高端受教育水平人口的区域分布

单位:%,个百分点

区域	大专		
	1990年	2010年	变动幅度
东北	15.26	9.08	-6.18
东部	38.84	42.42	3.58
中部	24.38	24.49	0.11
西部	21.51	24.01	2.50

资料来源:笔者整理。

在高端(大学本科和研究生)学历人口的分布上,东北和东部地区具有相对优势,尤其在研究生学历人口上,东部地区具有的相对优势非常明显,但东北地区所具有的优势在持续削弱,而中、西部地区的相对劣势则有所趋缓,总体上高端学历人口的分布是趋于平衡的。如表7-5所示,2010年,东北地区大学本科和研究生学历的人口分布比例分别为10.66%和8.45%,分别高出其同期区域人口占全国总人口比例2.24个和0.03个百分点;东部地区分别为47.66%和59.31%,分别高出其同期区域人口占全国总人口比例9.48个和21.13个百分点;中部地区分别为20.11%和15.93%,分别低于其同期区域人口占全国总人口比例6.37个和10.55个百分点;西部地区分别为21.57%和16.30%,分别低于其同期人口占全国总人口比例

5.35个和10.62个百分点。由此可见，东北和东部地区在高端学历人口分布上具有优势，其中东部地区最为明显，而中、西部地区则明显处于劣势。从动态变化来看，1982—2010年，东北地区大学本科学历人口分布比例下降了2.36个百分点，中部和西部地区分别下降1.38个和1.83个百分点，唯独东部地区上升了5.57个百分点；而在2000—2010年，东北地区研究生学历人口分布比例下降2.06个百分点，而东、中、西部地区则分别上升了0.90个、0.23个、0.92个百分点。如将这些变化与同期各区域人口分布比例变化进行比较会发现，东北地区在高端学历人口上的优势在持续削弱；东部地区在大学本科学历人口上的优势有所增强，而在研究生学历人口上的优势则存在削弱现象；相反，中、西部地区在高端学历人口上的劣势是不断减少的。总体而言，高端学历人口在区域之间的分布是趋于平衡的。

表7-5 高端受教育水平人口的区域分布

单位：%，个百分点

区域	大学本科			研究生		
	1982年	2010年	变动幅度	2000年	2010年	变动幅度
东北	13.02	10.66	-2.36	10.51	8.45	-2.06
东部	42.09	47.66	5.57	58.41	59.31	0.90
中部	21.49	20.11	-1.38	15.70	15.93	0.23
西部	23.40	21.57	-1.83	15.38	16.30	0.92

资料来源：笔者整理。

第四节 分省的人口平均受教育程度的时空演化

我国是人口大国，全国各省份人口数量存在一定程度的差异。人口大省如广东，其2010年人口总数超过1亿人，河南和山东也均接近1亿人；人口较少的如西藏、宁夏和海南，其人口总数只有几百万；其余省份人口数量基本在千万人水平（见表7-6）。改革开放以来，我国各省份经济发展水平和速度不同，必然导致人口素质变迁速度不同，这对全国层面的人口素质提高将会产生不同的影响，故研究我国人口平均素质的时空演化具有一定的意义。

表 7-6　全国各省份 2010 年总人口数

单位：亿人

省　份	总人口	省　份	总人口	省　份	总人口
上　海	0.23	云　南	0.46	新　疆	0.22
内蒙古	0.25	北　京	0.20	宁　夏	0.06
吉　林	0.27	四　川	0.80	青　海	0.06
重　庆	0.29	天　津	0.13	甘　肃	0.26
河　北	0.72	山　西	0.36	陕　西	0.37
辽　宁	0.44	黑龙江	0.38	西　藏	0.03
江　苏	0.79	浙　江	0.54	贵　州	0.35
安　徽	0.60	福　建	0.37	海　南	0.09
江　西	0.45	山　东	0.96	广　西	0.46
河　南	0.94	湖　北	0.57	广　东	1.04
湖　南	0.66				

整体人口素质以平均受教育年限一项指标来衡量，计算公式为：

$$AVE\_EDU_i = (ILL\_POP_i \times 0 + PRI\_POP_i \times 6 + JHS\_POP_i \times 9 + \\ HS\_POP_i \times 12 + JC\_POP_i \times 15 + UND\_POP_i \times 16 + \\ GRAM\_POP_i \times 19 + GRAP\_POP_i \times 22)/TOT\_POP_i$$

公式（1）

其中，下标 i 表示地区；AVE_EDU_i 为地区人口的平均受教育年限；ILL_POP_i 为文盲人口数；PRI_POP_i 为小学人口数；JHS_POP_i 为初中人口数；HS_POP_i 为高中人口数；JC_POP_i 为大学专科人口数；UND_POP_i 为大学本科人口数；$GRAM\_POP_i$ 为硕士研究生人口数；$GRAP\_POP_i$ 为博士研究生人口数；TOT_POP_i 为总人口数，且

$$TOT\_POP_i = ILL\_POP_i + PRI\_POP_i + JHS\_POP_i + HS\_POP_i + \\ JC\_POP_i + UND\_POP_i + GRAM\_POP_i + GRAP\_POP_i$$

公式（2）

图 7-7、图 7-8、图 7-9、图 7-10 分别为根据公式（1）和公式（2）计算所得到的第三、四、五、六次全国人口普查时各省份人口的平均受教育年限分布图。为便于研究各省人口的平均受教育年限的分布和变化，本章按照受教育年限从小到大依次分成了 8 个类别，相应标识已经标明在图

中。将四次人口普查所得到人口平均受教育年限情况绘制在一幅图中，便得到图 7-11，可以很直观地看到四次人口普查中各省份的人口平均受教育年限的变化情况。

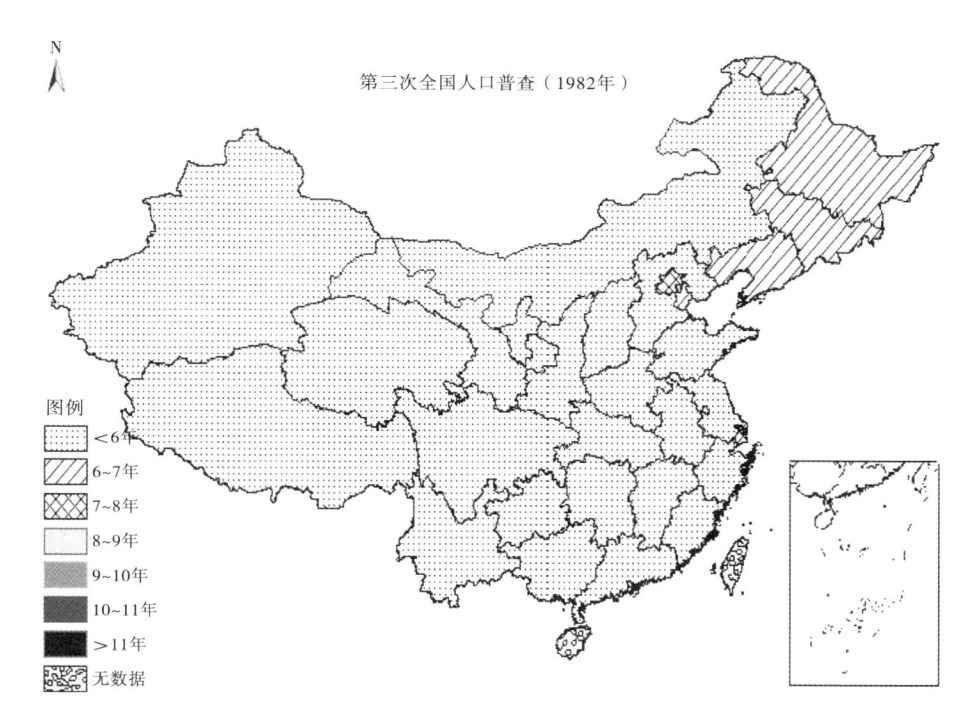

图 7-7　各省人口平均受教育程度（1982 年）

图 7-7 为 1982 年的情况，可以明显看出，1982 年绝大部分省份人口的平均受教育年限都很低，均低于 6 年。平均受教育年限较高的省份只有北京、天津、上海三个直辖市和东北三省，其中东北三省和天津的人口平均受教育年限为 6—7 年，属于次高梯度地区；而北京和上海的人口平均受教育年限最高，已经超过 7 年，但低于 8 年，远高于大部分省份。

图 7-8 为 1990 年的情况，从图 7-8 与图 7-7 的对比中可以发现，大部分省份的人口平均受教育年限都有所提高。北京和上海依然为人口平均受教育年限最高的地区，其数值已经超过 8 年的水平；其次为东北三省和天津

市，其人口平均受教育年限已经赶上了 10 年前北京和上海的水平，达到 7—8 年的水平。其他的省份在 1982 年人口平均受教育年限均较低，而 1990 年许多省份的人口受教育情况得到较大程度的改善，其中广东、广西、海南、湖南、湖北、浙江、江苏、河南、河北、山东、山西、陕西、内蒙古、新疆等省份的人口平均受教育年限已经跃升为 6—7 年的水平；除此以外的其他省份的人口平均受教育年限则依然低于 6 年。

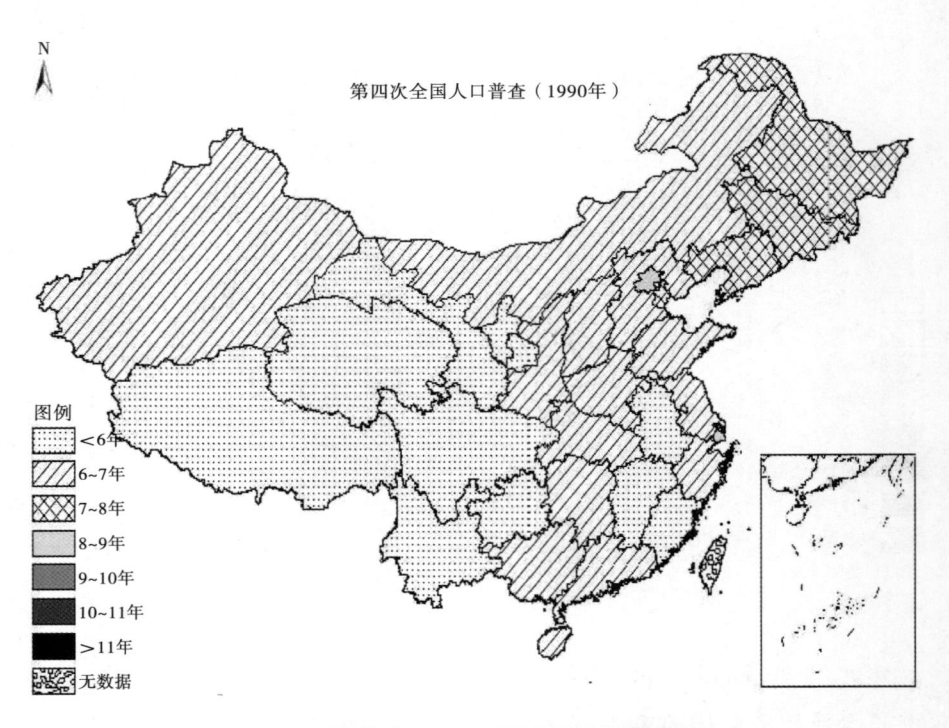

第四次全国人口普查（1990年）

图例
<6年
6~7年
7~8年
8~9年
9~10年
10~11年
>11年
无数据

图 7-8　各省人口平均受教育程度（1990 年）

图 7-9 为 2000 年的情况，与图 7-7 进行对比可以发现，大部分省份的人口受教育情况有了进一步的改善。北京和上海依然为人口平均受教育年限最高的地区，其数值已经达到 9—10 年的水平；其次为东北三省、天津和广东，其人口平均受教育年限也达到 8—9 年的水平，尤其值得一提的是，广东省 1990 年人口平均受教育年限尚低于 7 年，十年后已经超过 8 年的水平，增长最为迅速。人口平均受教育年限最低的为西藏，

其数值低于6年；其次为甘肃、青海、安徽、贵州、云南，其人口平均受教育年限只有6—7年的水平。其中，安徽的教育水平较低较为奇怪，仅在教育这一块，其与人口规模和经济发展程度相近的邻近中部省份反倒不相似，而更像是一个西部落后省份。其他许多省份水平一般，人口平均受教育年限为7—8年。

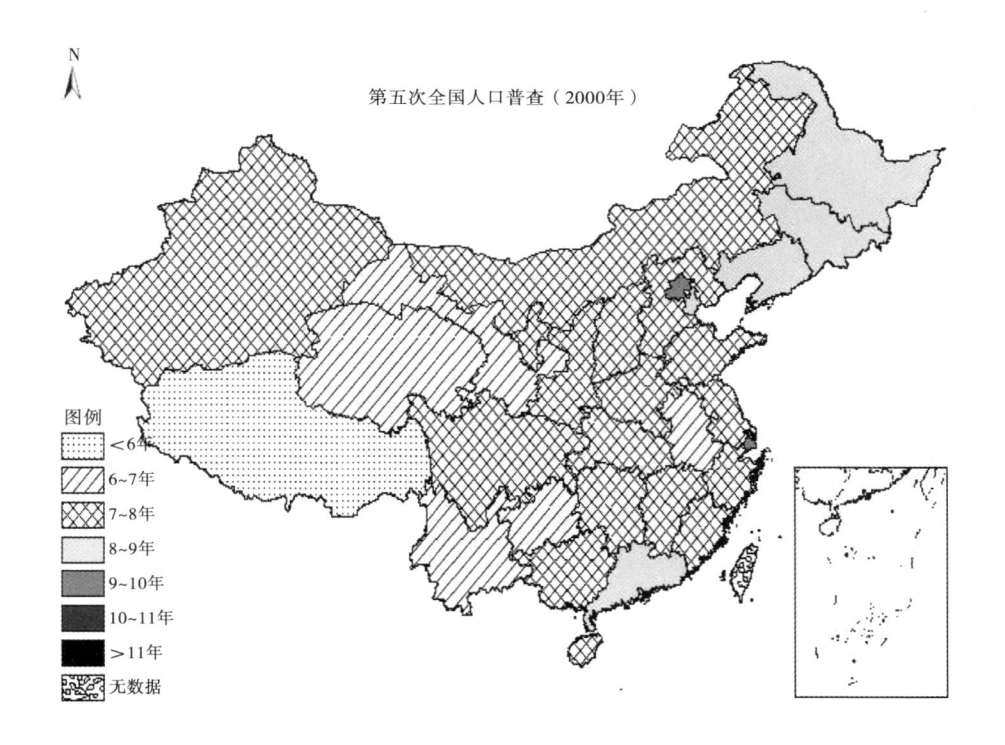

图7-9　各省人口平均受教育程度（2000年）

图7-10是2010年的情况，与图7-9进行对比依然可以发现，各省份的人口平均受教育程度在不断提高。北京是人口受教育年限最高的地区，其值已经超过11年；其次为天津和上海，两者人口平均受教育年限也已经升至10—11年的水平；随后为东北三省、江苏、广东、山西、陕西，其数值均为9—10年，这其中，提升较快的为江苏、山西和陕西，人口平均受教育年限均从2000年的7—8年升高到9—10年的水平。西

藏依然是人口素质最低的地区，其人口平均受教育年限低于 6 年；其次为甘肃、青海、贵州和云南，这四个省份的人口平均受教育年限为 7—8 年。其他省份的人口平均受教育年限则为 8—9 年，在全国处于中游水平。

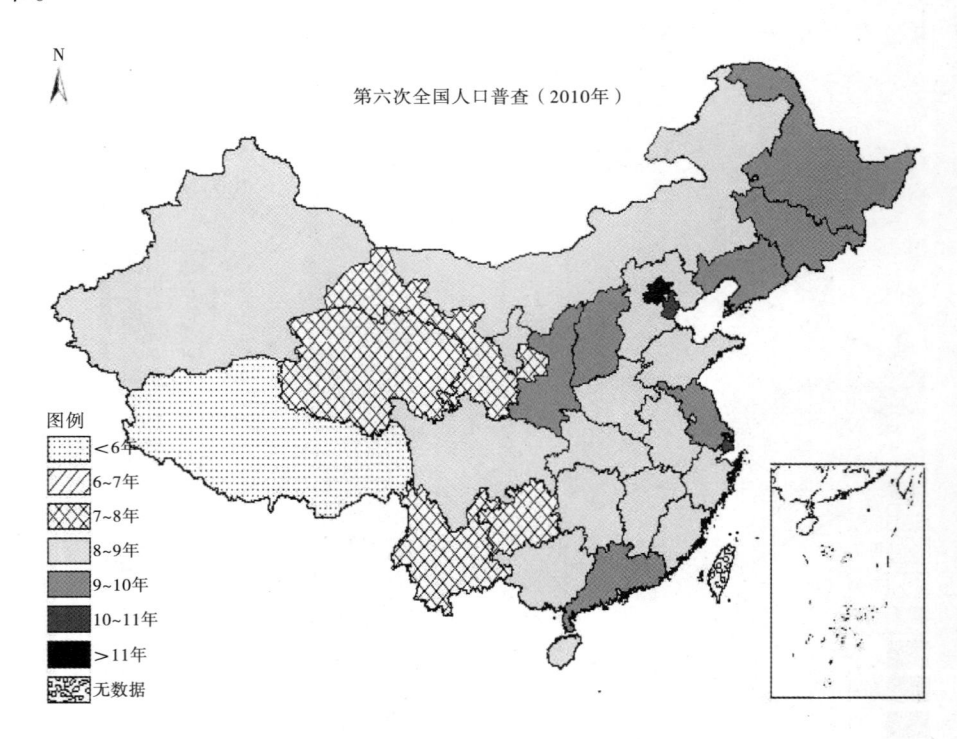

图 7–10　各省人口平均受教育程度（2010 年）

综上所述，我们可以得出以下结论：一是 1982—2010 年，以人口平均受教育年限度量的各省份劳动力素质都呈增长趋势。二是各省份之间的人口平均受教育年限有一定的差异，且这种差异具有规律性，具体而言，北京、上海基本处于人口素质最高一级梯度，其次为东北三省、天津、广东；西藏处于人口素质最弱的地位，其次为甘肃、青海、贵州和云南四省。三是在一般水平中，江苏、山西、陕西的人口平均受教育程度处于较优水平，而安徽处于较弱水平。

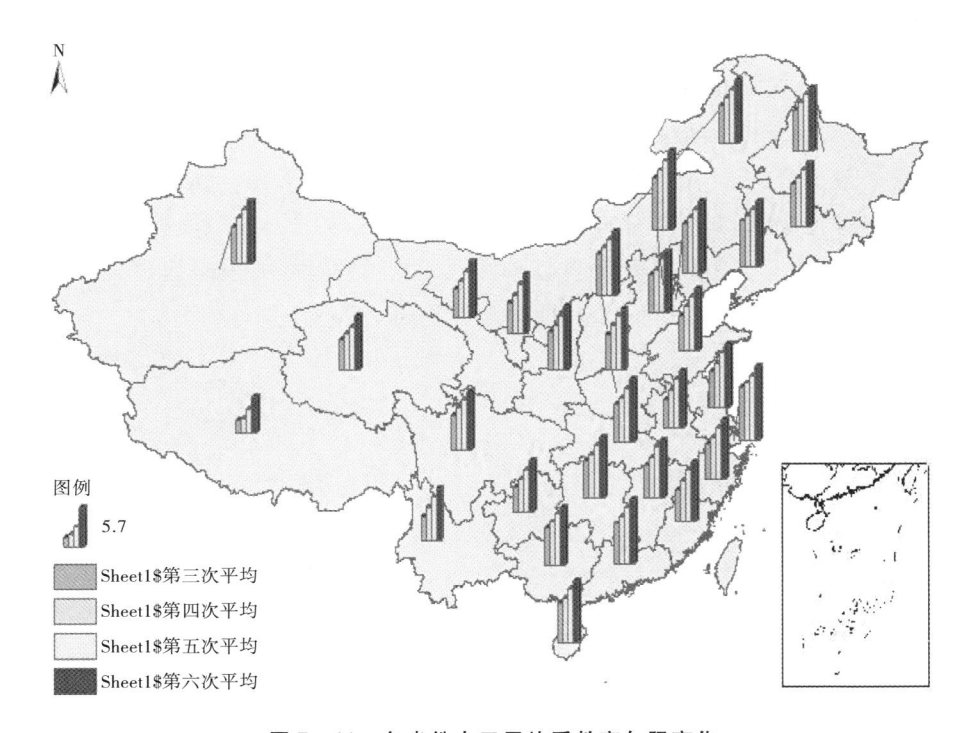

图 7-11　各省份人口平均受教育年限变化

第五节　区分受教育程度人口的空间分布及均衡分析

近 30 多年来，我国人口素质结构发生了较大变化。并且，由于各省历史基础、发展速度、教育投入等方面的差异，不同受教育程度人口的空间分布出现区域差异。由于不同受教育程度人口的分布特点及影响因素可能不同，本部分一一作出具体分析。

一　空间分布及变化

（一）低端受教育程度

我国当前低端人口[①]在各省的分布比例与地区人口数量呈正相关，与地

---

① 文中低端人口、中端人口、中高端人口和高端人口仅指受教育水平，不具有其他含义。

区经济发展水平呈负相关。如图7-12所示，2010年，四川重庆、山东、河南、广东、云南和安徽为低端人口占比最高的地区，其中四川重庆占10.46%，其比例全国最高。这些占比高的省份基本为人口大省，但也有人口数量一般但经济水平落后的省份。而上海、北京、天津、宁夏、海南、西藏和青海等几个人口数量少的省份为占比最低的地区，其中西藏全国最低，比例仅为0.48%。其中，三个直辖市是我国经济最为发达的地区，可见经济发展水平对低端人口分布比例的影响为负向。

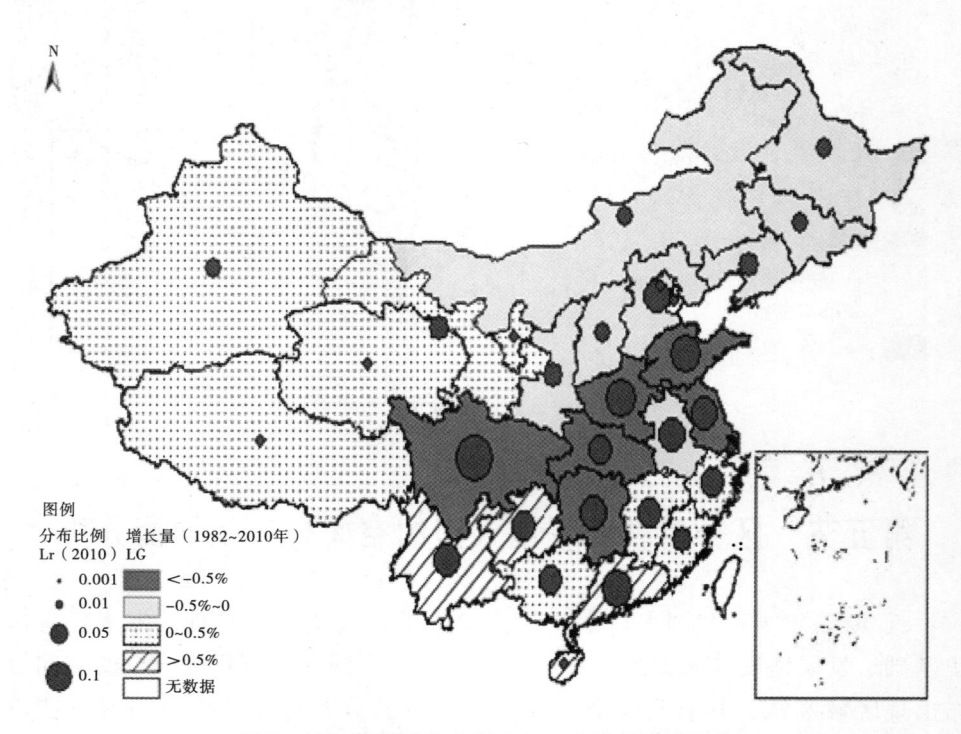

图7-12 低端受教育程度人口省域分布及变化

注：图中圆的大小与低端人口的分布比例对应；颜色表示分布比例变小，颜色越深，减小幅度越大；点状和斜纹表示分布比例变大，前者增量相对较小，后者相对较大。

从动态变化来看，1982—2010年，低端人口占比呈下降趋势的省份基本为经济发展水平处于中游或中上游的省份，即图7-12中用深灰色和浅灰色表示的省份。下降比例大于0.5%的省份为四川重庆、河南、湖北、湖南、山东、江苏，而分布比例略有下降（小于0.5%）的省份主要位于东北及华北地区。与此同时，比例有所上升的省份基本为经济落后的边疆省份，即图中用点状和斜纹表示的省份。其中上升最显著（大于0.5%）的省份为云南、贵州和广东，略有上升（小于0.5%）的为位于最西部的五个省份。低端人口文化程度低，导致其就业面窄，流动能力弱，基本只能依附于当地的初级产业。地方低端人口的降低基本只能依赖其存量上的人口更替和增量上的初等教育入学保障来解决。因此，会有静态时间点上低端人口的省域分布与当地人口密切相关的现象出现。与此同时，历史上我国经济极为不平衡，三个直辖市为经济最为发达、产业和教育资源布局最集中的地区，其基本能解决人口的初等教育问题，而其余地区则不然。但随着近些年来经济的快速发展，部分东部和中部较为发达地区初等教育入学保障性加强，因而低端人口占比下降较快。西部落后省份则似乎依然存在初等教育保障问题，或是改善速度相对较慢，导致其占比仍在提升。

（二）中端受教育程度

中端人口的省域分布也主要与地域人口数量呈正相关，并受经济发展水平影响。如图7-13所示，中端人口占全国比例最高的省份依然有一个鲜明的特点，即当地人口数量较大。占比最高的广东、河南、山东、四川重庆，比例分别为8.85%、7.43%、7.35%、7.17%；而占比最低的为西藏、青海、宁夏等人口数量少的省份，其比例分别为0.07%、0.29%、0.41%。与此同时，经济发展水平也会影响中端人口的分布比例。如2010年，上海人口大约为2300万，内蒙古大约为2500万，甘肃大约为2600万，内蒙古和甘肃人口均大于上海，但上海的中端受教育程度人口占全国比例比后两者都高。由此可见，经济发展水平越高，中端人口占比越有偏低的倾向。

动态来看，1982—2010年，中端人口占比下降较大（大于0.5%）的省份主要为东北三省、四川重庆、湖北、江苏，其中辽宁降幅最大，达到1.66个百分点；下降较小（小于0.5%）的省份主要包括内蒙古、陕西、青海、河南、湖南、贵州、上海、北京和天津。而分布比例上升显著（大于0.5%）的主要为广东、云南、江西、安徽、福建和海南。其他省份的分布比例也略有上升。导致这种变化格局的原因可能与经济格局变动及人口流动密切相关。由于近些年来东北老工业基地的衰弱，大量中端人口外流。而广

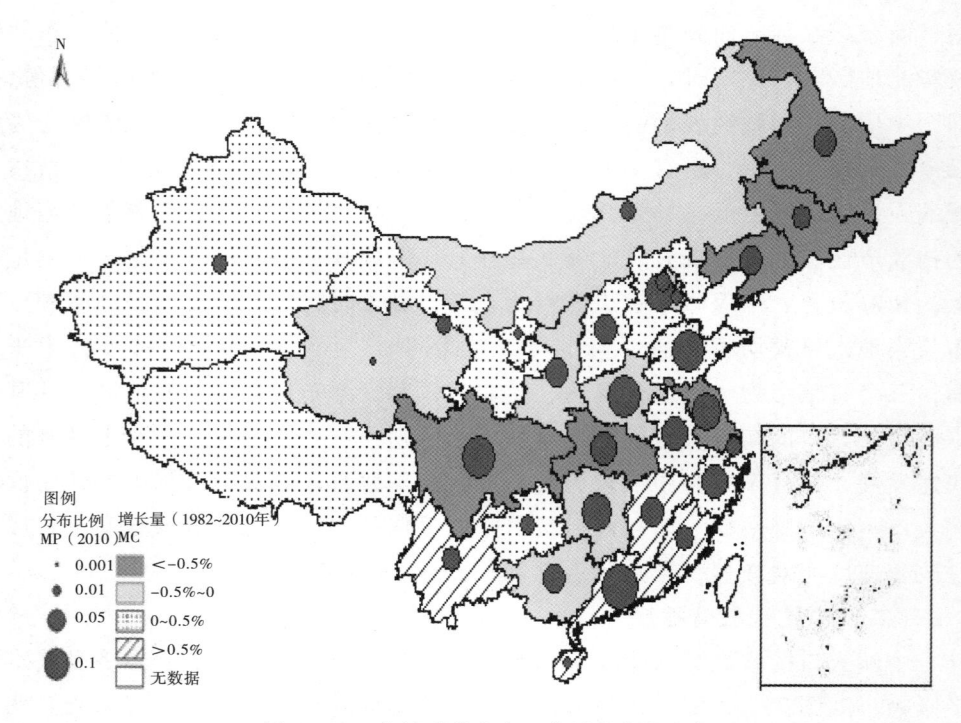

图 7-13 中端受教育人口省域分布及变化

注：图中圆的大小与低端人口的分布比例对应；颜色表示分布比例变小，颜色越深，减小幅度越大；点状和斜纹表示分布比例变大，前者增量相对较小，后者相对较大。

东、福建、海南的经济很大程度上呈外向型特点，大量出口型企业的存在导致大量年轻化、教育程度呈中端化的外来劳动力涌入，从而推高了该地区中端人口占比。与此同时，江西、安徽、云南等劳动力净流出省份，由于外出务工人口文化程度大部分以中端水平为主，其大量流出对地方中端文化程度人口占比产生负面作用。但由于大量外出打工人口回流及致富的示范作用，外加经济发展水平上升导致教育投入增加，可能使这些省份的人口更加重视教育，进而推高中端人口占比。

（三）中高端受教育程度

中高端人口的省域分布比例受地方人口数量和经济发展水平两股力量的影响。如图 7-14 所示，2010 年，中高端人口占比最高的省份为广东、山东、江苏等人口大省，比例分别为 7.72%、7.19%、7.14%；占比最低的省份为西藏、青海、宁夏、海南等人口数量少的省份，比例分别为 0.14%、0.43%、0.52%、0.61%。由此可见，中高端人口的分布与总人口分布呈正相关。与此同时，北京、上海等经济最发达地区，与人口数量是其两倍以上的省份（如江西、云南）相比，高端人口占比反而更高。此外，河南比江苏人口多出近 2500 万，而其中高端人口占比反而比后者要小。由此可见，中高端人口的分布比例也较为明显的受经济发展水平的影响。

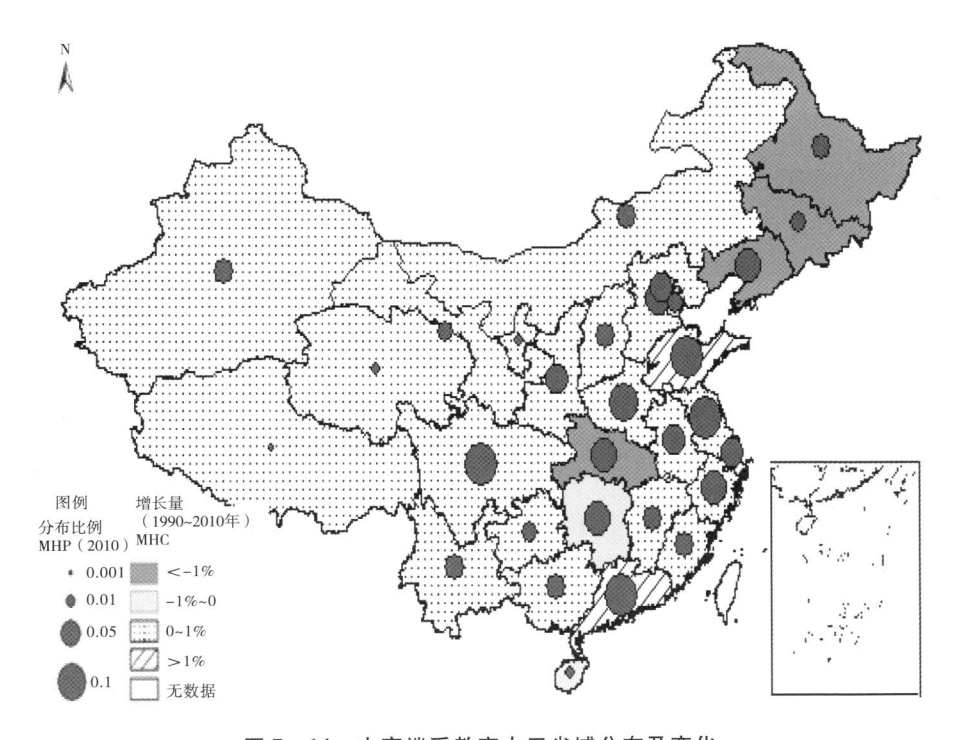

图 7-14　中高端受教育人口省域分布及变化

注：第三次人口普查数据中无大专学历一项，故增长量以第四次为基准来计算。中高端受教育程度指大专学历。其他同上。

近 20 年来，东北三省、三个直辖市等部分经济较为发达地区的中高端人口占比下降较为明显，而广东、山东等人口数量大、经济较为发达的省份则上升显著。由图 7-14 可以看出，分布比例下降超过 1% 的省份包括东北三省、三个直辖市和湖北；下降比例小于 1% 的省份包括湖南和海南。其余省份的分布比例均在上升，其中上升最明显（大于1%）的为广东和山东。省内流动人口素质要高于省外流动人口,[①] 可能是由于大部分大专学历人口难以获得异地户籍准入而选择在省内就业，对就业增长（经济增长）和人口数量的影响很大，进而使经济较为发达且人口数量相对较多的省份的大专学历人口占比上升明显。

（四）高端受教育程度

高端人口的省域分布主要受地区经济发展水平和当地高等教育机构数量的影响。一个地区经济越发达，当地高等教育机构数量越多，高端受教育程度人口的分布比例就越高。但人口数量也有一定程度的影响，只是相对较弱。如图7-15所示，2010年，北京、广东、江苏等地的高端人口的分布比例最高，分别为7.64%、7.26%、7.26%；而西藏、青海、宁夏的分布比例最低，仅分别为0.14%、0.38%、0.46%。前者为经济发达地区，而后者为经济落后地区，可见高端人口的分布与经济发展水平密切相关。此外，我国的高等教育机构主要集中在北京、广东、上海等发达地区，以及湖北、陕西等经济发展水平一般而文化底蕴深厚的地区。一般而言，从某地的高等教育机构毕业的人口更容易在当地就业（户籍影响），所以湖北和陕西两省的高端人口的分布比例也较高，分别达到4.57%和4.86%。地方人口数量对高端人口分布比例的影响体现在河南、河北等人口大省，其占比也相对较高。

从动态变化来看，近10年来，东北三省、陕西和湖北的高端人口的分布比例下降最显著。其中，辽宁、黑龙江、吉林分别下降1.08个、0.60个、0.77个百分点，陕西和湖北分别下降0.64个和0.63个百分点。北京、上海、天津、河南、新疆和四川重庆也有所下降。而分布比例上升显著（大于0.5%）的省份为浙江、广东、江苏，分别达到1.16个、0.70个、0.58个百分点。其余省份均略微有所上升（上升比例小于0.5%）。这似乎说明，由于经济发展水平落后于最前沿地区，东北三省、湖北、陕西等地区对高等教育人才的吸引力在逐渐减退，高等教育人才流向了经济更加发达的

---

① 2000年，省内流动人口、省外流动人口平均受教育年限分别为10年、9.12年，而全国平均为7.6年；2010年，前两者平均受教育年限分别为10.5年、9.61年，而全国平均为8.76年。

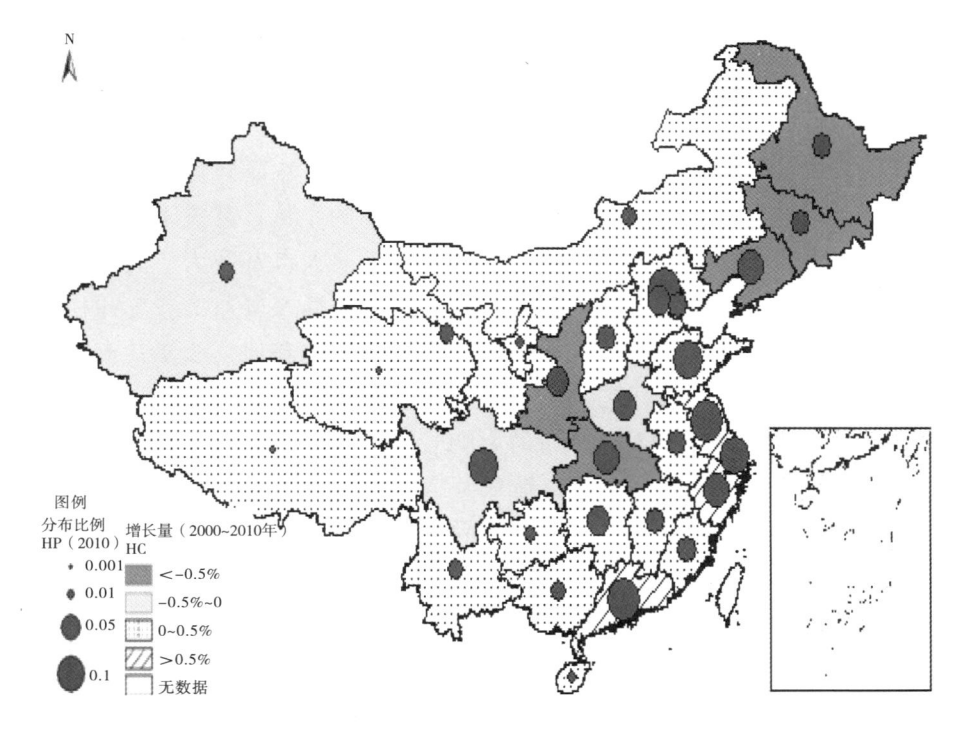

图 7 – 15　高端受教育人口省域分布及变化

注：由于研究生数据在第四次前未作统计，故增长量以 2000 年为基础。其他同上。

地区。北京、上海、天津对高端人才最具吸引力。但由于近十年来人口剧增，造成房价高涨、交通拥堵等城市问题严重，这一方面使城市加强了户籍限制，另一方面使高端人口迫于生活负担而更加青睐山东、江苏、浙江、广东等经济发达地区。

二　影响因素的进一步分析及小结

不同受教育程度人口的空间分布与地区经济发展水平、人口数量等因素有关，但以上所做出的分析仅停留在直观层面。为了进一步佐证这些关系，还需要做进一步的分析，而考察不同受教育程度人口的空间分布与相关变量的相关系数是一个直接且有效的方式。

表 7 – 7 为所得出的结果。可以看出，人口素质的分布与总人口分布关系

密切。总人口分布在所有变量中最为重要，尤其是对于低端、中端和中高端人口而言，相关系数都在 0.90 以上。但对于高端人口来说，相关系数下降为 0.69，这表明高端人口受总人口分布的影响相较于其他类型人口来说大为降低。我国人口基数大，而低端人口流动性差，因而必然受到各地区人口基数的影响。而中端人口当前已经成为我国人口结构的主体，其流动性强、流动量大，且主要在劳动密集型行业就业。但由于中端人口基数大，流动人口相比其总人口的比例有限。同时，由于户籍限制，中端人口外出务工往往并不能获得当地的户籍准入，同时其在家乡拥有土地和宅基地，这使其流动不稳定，其中绝大部分最后又回到流出地。在以上两个因素影响下，中端人口的空间分布也强烈地受到总人口分布的影响。相对来说，高端人口是有能力获得异地户籍准入的主要群体，这也造成其空间分布受总人口分布的影响相对较小。而中高端人口实际上也很难获得异地户籍准入，但其就业期望又往往比低端和中端人口要高，这导致其选择在省内流动的比例大。所以中高端人口的分布受总人口分布的影响也很大。

表 7－7　不同受教育程度人口的空间分布与相关变量的相关系数（2010 年）

相关变量	低端	中端	中高端	高端
总人口分布	0.94	0.98	0.94	0.69
人均 GDP	－0.23	0.01	0.23	0.57
人均本科院校数目*				0.28

注："＊"人均本科院校数目来源于 http://liyong393.blog.163.com/blog/static/62219063201061955715404/。
资料来源：笔者整理。

　　人均 GDP 与人口素质的空间分布也呈正相关。一般而言，经济发展水平对人口受教育程度的影响主要为两个方面：一方面是经济发展水平提高会导致教育投入增加；另一方面是经济发展水平高导致就业机会多，而教育回报主要是通过就业途径获得，这会刺激教育投入需求。因此经济发展对教育具有重要影响。对于低端人口而言，人均 GDP 是负面的影响，而且影响程度较为明显。这本质上反映出人均 GDP 与人口素质的正相关。对于低端以上人口，人均 GDP 的影响作用在不断增强，其中对中端人口基本没有影响，对中高端有较强影响，对高端影响最大。据学者研究发现，我国的教育回报率呈递增趋势。如果事实的确如此，则受教育程度越高，其人口分布受经济发展差异的影响就越大。因为能够吸纳高端人口的产业一般而言相对较为高级，一般布局在发达地区，这将导致高端人口流向发达地区，从而进一步促进该地区的发展。同时，发达地区因吸引到高端人才而获得进一步的发展，也会导致教育投入增加，从而进一步促进高端人才占比的提高。但是，经济发展水平与中端人口分布基本不相关则较为复杂。本文认为，首先，发达地区大量劳动密集型企业吸引大量外省中端人口流入，这为正相关；其次，由于外出务工人口就业的示范作用，导致经济落后地区更加重视中端教育的投入，这是负相关；最后，近些年来发达地区制造业大量转移到内陆地区也导致大量人口回流，这也是负相关。因而可能是以上几个因素或其他因素的共同作用，致使中端人口空间分布与地区经济发展水平表现出基本不相关的现象。

人均本科院校数目对高端人口的影响为正，且较为明显。因为我国本科院校基本布局在经济发达地区，而高端人口又倾向于在发达地区就业，加之高端人口易于获得当地户籍准入，故这种关系似乎是理所当然的。依据上述分析，可以概括出不同受教育程度人口的空间分布的影响因素总体情况，如表7-8所示。

表7-8 分受教育层次的人口省域分布的决定因素

受教育层次	影响省域分布的因素
低 端	人口数量（很强+） 经济发展水平（较强-）
中 端	人口数量（很强+）
中高端	人口数量（很强+） 经济发展水平（较强+）
高 端	人口数量（强+） 经济发展水平（强+） 高等教育机构数量（较强+）

注："+""-"表示影响的方向，"+"表示正向影响，"-"表示负向影响。

此外，不同受教育程度人口的空间分布的变化也展示出一些规律性，对于进一步研究其未来分布变化意义重大。比如，低端人口分布比例上，西部地区落后省份在不断增加,而东、中部地区部分省份在减少,似乎有极化现象。中端人口分布比例上,东北地区及三个直辖市所占比例在下降,广东上升得最为明显。中高端人口分布比例上,东北地区在下降,而直辖市以外的其他东部地区上升明显。高端人口分布比例上,东北地区及三个直辖市在下降,东部地区其他发达省份上升较为明显。由于我国人口素质分布格局为:三个直辖市最高,其次为东北地区,然后是东部地区其他发达省份,西部地区落后省份最低,中端、中高端及高端人口的空间分布似乎有收敛的趋势。这些将在下节内容中予以展开。

三 均衡分析

(一) 相对优势变化

研究不同受教育程度人口在各省份的分布状态有一定的意义,但由于各省人口数量不一,这种分布比例并不能很好的对各省份的情况进行横向比较。例如,西藏人口少,其在不同受教育程度人口的占比也较小;而河南人口众多,其占比也会较大。为此,要对各省份进行横向比较,应该结合各省份人口占全国总人口的比例进行。故本文定义一个"区域相对优势指数($RCAI_{ij}$)"的概念,表达式为:

$$RCAI_{ij} = \frac{i受教育程度人口在区域j的分布比例}{区域j人口占全国总人口的比例} - 1 \qquad 公式(3)$$

式中,i 代表受教育程度;j 代表省份。$RCAI_{ij}$ 表示省份 j 在 i 受教育程度人口分布上的区域相对优势指数;若 $RCAI_{ij} > 0$,表示省份 j 在 i 受教育程度人口分布上具有相对优势,若 $RCAI_{ij} < 0$,则表示具有劣势;$RCAI_{ij}$ 取值范围为 [-1, +∞]。但因为受教育程度分为不同层次,如某区域在低端人口分布上具有相对优势,实质上表示的是一种劣势;若在中高端和高端上具有相对优势,则实质上是一种优势。因为我国人口受教育结构当前是以中端受教育水平为主体,若某区域在中端人口上具有相对优势,其实质含义则较为模糊,很难判定是优势还是劣势。

若以某一起始年份(1982 年)$RCAI_{ij}$ 值表示为横坐标值,以所研究时期内(1982—2010 年)的变动量为纵坐标值,则可以在一个坐标轴上建立各省份某受教育程度人口分布的散点图(见图 7-16)。该坐标轴上的点的位置既可以表示出各省份在某受教育程度人口分布上的相对优势,又可以反映出这种优势的变化趋势。

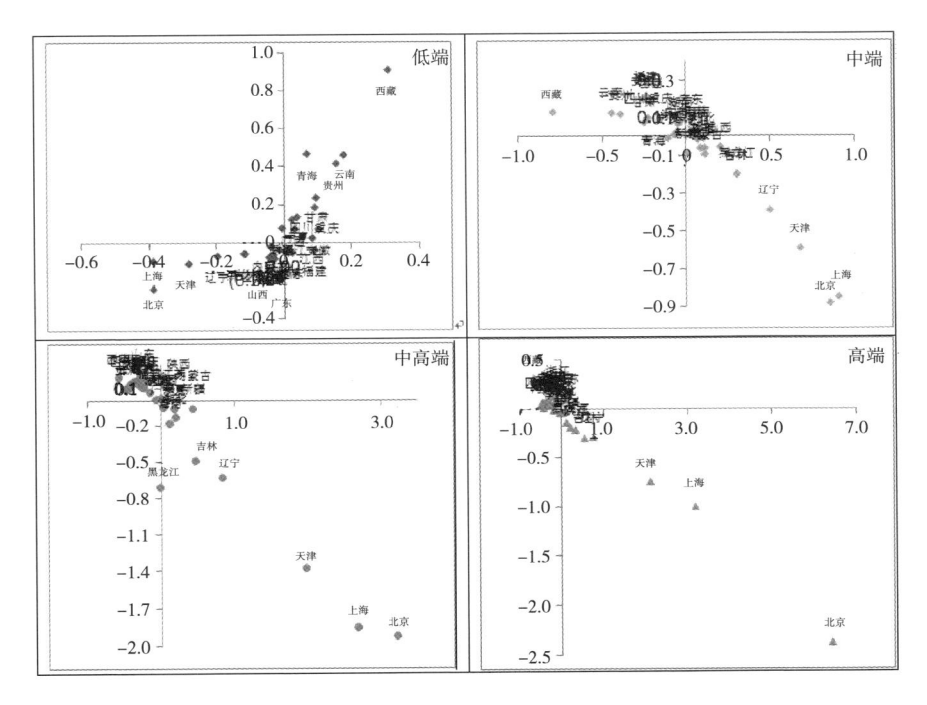

图 7-16 不同受教育程度人口分布区域优势指数及变动

注:图中低端和中端人口为 1982 年的数值,中高端为 1990 年的数值,高端为 2000 年的数值,均表示为图中的横坐标值;而低端和中端增长量为 1982—2010 年的 $\triangle RCAI_{ij}$,其中海南 1982 年无数值,故其采用 1990—2010 年的 $\triangle RCAI_{ij}$,中高端为 1990—2010 年的 $\triangle RCAI_{ij}$,高端则为 2000—2010 年的 $\triangle RCAI_{ij}$,$\triangle RCAI_{ij}$ 均表示为图中的纵坐标值。

从图 7-16 可以看出,在低端人口分布上,具有相对优势的为西藏、云南、贵州、青海等西部落后省份,而具有相对劣势的则为北京、上海、天津、东北三省等经济发达地区。在中端、中高端和高端人口分布上,北京、天津、上海、东北三省均具有相对优势,表明这些省份的低端以上人口的分布比例明显高于该地区人口占全国总人口的比例,而具有相对劣势的均为西部落后省份。这说明在起始年份我国人口素质的空间分布存在失衡。另外,各省份在不同受教育程度人口的区域相对优势指数方面的另一个规律是,越是高素质人口，北京、上海等发达地区的相对优势越明显。如在中端人口上，上海、北京的值最大，但也分别只有0.91和0.85，均不足1；在中高端人口上，两者的相对优势依然最大，且相比中端人口又有扩大，值分别为2.67和3.21；而在高端人口上，上海和北京的相对优势依旧是所有省份中最大的，其值分别达到3.19和6.41，相较于低端人口而言其相对优势明显又有扩大，尤其是北京。综合来看，在不同受教育程度人口占比的相对优势方面，一个很大的不同体现在异常值方面，即存在随着受教育程度提高而少数异常值更加凸显的现象。

分析各省份在不同受教育程度人口方面的相对优势变化需要结合其起始状态，故需要看散点所处象限。从图7-16可以看出，在低端人口上，各省份基本落在第一、三象限，且大概存在一条过原点、斜率为正的趋势线。这表明在低端人口分布上，存在明显的"马太效应"，即具有相对优势的省份，其相对优势在不断增强（实质为劣势）；具有相对劣势的省份，其相对劣势在不断恶化。并且，存在起始时相对优势越大则其相对优势提高幅度越大的规律，反之亦同。而与低端人口截然不同的是，中端、中高端和高端人口所形成的各省份的散点图极为相似，均落在第二、四象限，且都大概存在一条过原点、斜率为负的趋势线。这表明，在中端、中高端和高端人口上，起始时具有相对优势的省份，其相对优势随时间的推移而不断被削弱，且相对优势越明显，同样时间内削减的幅度也越突出；而起始时具有相对劣势的省份，其相对劣势在不断减弱，且相对劣势越大，其减弱得越明显。简言之，中端、中高端和高端人口的空间分布均呈现出明显的收敛规律。

故图7-16可以说明，我国人口素质的空间分布是失衡的，北京、上海及东北三省等东、中部相对发达地区明显具有优势，而西部落后省份的劣势非常明显。动态来看，低端人口的空间分布变化存在"马太效应"，即低端人口在各省份的分布比例逐渐远离各省份人口占全国的比例。而中端、中高端和高端人口的空间变化则存在收敛现象，其人口在各省份的分布比例在逐步趋于各省份人口占全国的比例，即在逐步趋于均衡。不同受教育程度人口的空间分布变化是通过直观图来进行分析的，因而尚显不足，故需要进一步论证。此外，低端人口和其他类型人口的空间分布变化趋势不同，也需要从总体上进行进一步研究，以确定我国人口素质的空间分布究竟是在趋于失衡，还是趋于均衡。

（二）标准差分析

判断不同受教育程度人口的分布是否趋于均衡也可以通过标准差的变化来判断，计算表达式为：

$$SD_t = \sqrt[2]{\frac{\sum_j RCAI_{ij}^2}{N}} \qquad 公式（4）$$

式中，SD_t 表示受教育程度人口的省域分布对均衡水平的标准差，$SD_t \geq 0$，值越大表示失衡越严重，0 表示达到均衡水平；j 表示省份；N 表示省份的数目，一般为 30，但在计算 1982 年的标准差时，因为海南没有数据，故 1982 年取 29。

同样，各省份人口平均受教育年限的标准差的计算表达式为：

$$SD = \sqrt[2]{\frac{\sum_j \left(\frac{AVE\_EDU_j - AVE\_EDU}{AVE\_EDU}\right)^2}{N}} \qquad 公式（5）$$

式中，SD 表示各省份人均受教育水平对全国平均水平的平均偏离，$SD \geq 0$，SD 等于 0 表示达到完全均衡水平，即各省人均受教育水平相同，SD 越大则表示失衡越严重；j 表示省份；AVE_EDU_j 表示省份 j 人口的平均受教育年限，AVE_EDU 表示全国人口的平均受教育年限，N 表示省份的数目。

根据公式（4）和公式（5）可以计算出低端、中端、中高端、高端人口及整体人均受教育年限在四个时点上的省域分布标准差，结果如图 7-17 所示。可以看出，低端人口的省域分布标准差在不断变大，由 1982 年的 0.15 增大到 2010 年的 0.36。除此之外，其余各项标准差都在不断缩小。中端人口由 1982 年的 0.36 下降到 2010 年的 0.17。中高端人口的数据从 1990 年开始，也由 0.91 快速减小到 2010 年的 0.35。高端人口的省标准差变化在 1982—2010 年有一个先升后降的波动，主要表现为由 1982 年的 1.61 增长到 1990 年的 1.94，之后不断下降，到 2010 年降为 0.91。由于改革开放以来，我国低端人口，尤其是文盲人口的绝对量大幅度减少，人口结构主体已经演变为中端人口。因此中端人口的省域分布标准差变化对整体人口平均受教育年限的均衡性变化具有决定作用。这也导致后者标准差变化与前者基本一致。1982—2010 年，整体人均受教育年限的省域分布标准差由 0.29 下降为 0.12，下降较为明显。整体而言，我国各省份人均受教育年限趋于一致。

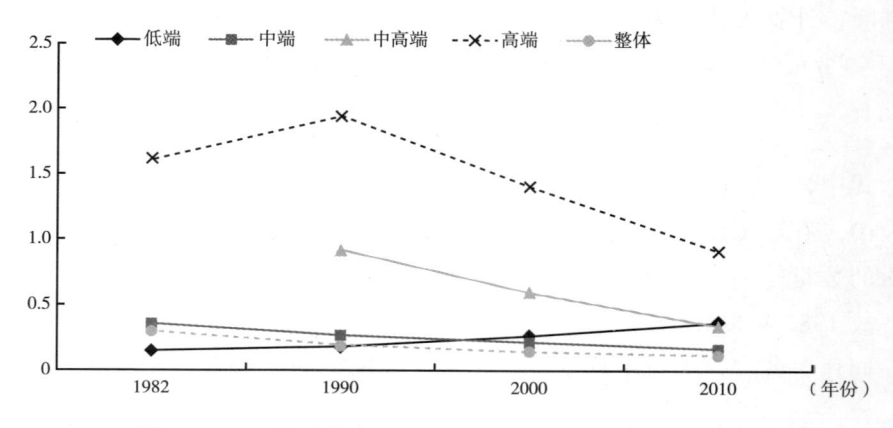

图 7-17 不同受教育程度人口省域分布的标准差及其变化

由于中端人口已经成为我国人口结构主体，各省份中端人口数量的变化及其迁移成为影响我国人口素质空间分布变化的决定因素。该类人口文化程度相对较高，是当前流动人口的主体，主要在劳动密集型行业就业，且基本难以获得异地户籍准入。改革开放以来，经济快速增长，使得中端人口成为就业主力军。这一方面增加了收入，使得中端教育投入有了保障；另一方面，因为就业与教育的紧密关系，使得经济不发达地区更加重视中端教育。由此导致经济不发达地区入学率上升明显，中端人口占比提高迅速。而在北京、上海及东北等发达地区，由于产业基础较为牢固，在原来的"企业办社会"体制下，其入学率本来就较高，因而提升空间有限。而近年来，我国产业升级依然受阻，劳动密集型产业依旧占主导地位。即便是部分高技术产业，我国在生产链条上也基本处于低技术含量、低附加值的劳动密集型环节。这使得在东部发达地区劳动成本上涨、土地紧张、环境污染成本上升等问题出现时，许多劳动密集型的产业开始迁往内陆地区，致使近些年来我国省份之间的工业结构趋同加剧，大量农民工也因此开始回流。可以认为，近些年来，我国区域间产业低专业化分工式的发展导致中端人口成为就业面最广的人群，也导致居民对其教育投入加大，在流出地产业逐渐发展起来的过程中，中端人口有逐步回流的趋势。这导致中端人口的分布趋于均衡并致使人口素质趋于均衡。中高端人口和高端人口分布呈现均衡化趋势：一方面近些年来中高端和高端人口的供给量扩张过快，而产业升级缓慢导致对其需求不足，因此总体教育回报率在下降；另一方面，发达地区由于出现城市拥挤、房价上涨过快等问题，户籍限制也有所加强，许多中高端和高端人口选择回到省内工作。

依照各省人均受教育年限标准差的计算方法（SD），同样可以计算出各省人均GDP的标准差，结果如图7-18所示。可以看出，不同省份之间的人均GDP和人均受教育年限都存在收敛趋势。1982—2010年，各省人均GDP标准差由1.00缩小到0.57，虽然2000年有暂时向上波动的现象，但总体上下降趋势明显。应该说，经济发展水平与人均受教育年限密切相关。经济发展水平更高，人们在教育方面的投入愿望和能力都会提升，因此人均受教育年限会不断提高。相反，在社会经济中，提升人力资本是获得更好就业机会的途径，故而教育投入与收入增长关系密切。但很难判断省份之间人均受教育年限的收敛和人均GDP的收敛"谁是因、谁是果"。本文认为，关于两项指标存在收敛的一个可能解释是：改革开放以来，我国人口流动、资本流动更加顺畅，这有利于不同区域之间经济发展水平差异的缩小；同时，由于我国产业升级受阻，一般性的劳动密集型产业依旧是产业结构的主体，在教育投入方面，经济落后省份的居民只需在教育上投入一定水平（如初中、高中）即可获得众多的就业机会，投入更多并不能带来更多的就业和收入

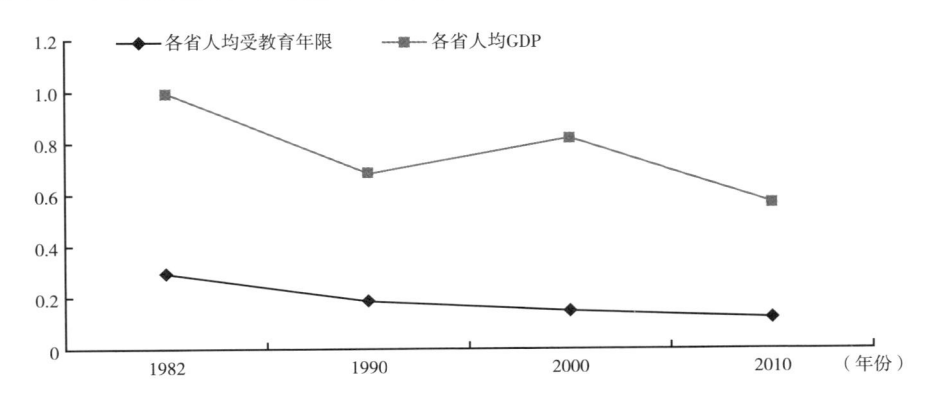

图7-18 各省人均受教育年限及人均GDP的标准差

增长，而经济发达地区（如北京、上海）的居民收入进一步增长开始向财富收入转变，故也无需投入更多的教育成本。概括而言，可以认为可能由于我国产业升级受阻，高等受教育人才无法被相应的产业所吸纳，更多的教育成本无法带来相应的收入；同时，由于我国生产资料产权的特殊性，当前基本上只有城市房产可以在一定程度上认为是私有财产，这种产权的稀缺性导致众多城市居民（尤其是大城市）开始以此设租，从而收入增长转向依赖于个人财富收入这一途径。

第六节　中国人口素质提高的群体分解

整体而言，1982年中国人口平均受教育年限为5.19年，1990年、2000年、2010年则分别为6.25年、7.60年、8.76年，增长的绝对量分别为1.06年、1.35年、1.16年，1990—2000年增长的绝对量最大。而1982—1990年、1990—2000年、2000—2010年累计增长率分别为20.42%、21.60%、15.26%，1982—2000年增长较为迅速，而2000年以后则相对较为缓慢；1982—2010年累计增长率为82.78%。

全国人口平均受教育年限的群体分解式为：

$$AVE\_EDU_t = \sum_{i=1}^{n} ave\_edu_{it} \cdot \frac{tot\_pop_{it}}{TOT\_POP_t} \qquad 公式(6)$$

式中，AVE_EDU_t为t年全国人口平均受教育年限；i表示群体，可为地区、受教育程度、性别等；ave_edu_{it}为i群体在t年的人口平均受教育年限；tot_pop_{it}为i群体在t年的总人口数；TOT_POP_t为t年全国人口总数。

因此，对求增量为：

$$\triangle AVE\_EDU_t = \sum_{i=1}^{n} \left(\frac{\triangle ave\_edu_{it} \cdot tot\_pop_{it} \cdot TOT\_POP_t}{TOT\_POP_t^2} + \frac{\triangle tot\_pop_{it} \cdot ave\_edu_{it} \cdot TOT\_POP_t}{TOT\_POP_t^2} - \frac{\triangle TOT\_POP_t \cdot ave\_edu_{it} \cdot tot\_pop_{it}}{TOT\_POP_t^2} \right)$$

$$公式(7)$$

通过公式（6）和公式（7），并在公式（7）左右两边同时除以AVE_EDU_t便可以得到增长率的分解数据，最终用得到的增长率分解数据整理可得到表7-9、表7-10、表7-11。

表7-9为全国人口平均受教育年限提高的区域分解结果。从表7-9可以发现,1982—1990年,全国人口平均受教育年限提高了20.41个百分点,其中贡献率最高的省份依次为河南、山东、四川重庆,均为中国的人口大省,分别贡献了1.96个、1.87个、1.58个百分点;贡献率最小的省份依次为西藏、青海、海南,均为人口少的省份,分别贡献了0.01个、0.08个、0.10个百分点。1990—2000年,全国人口平均受教育年限提高了21.58个百分点,其中贡献率最高的省份依次为广东、河南、山东,分别贡献了2.92个、1.52个、1.43个百分点;贡献率最低的省份依次为西藏、青海、宁夏,分别贡献了0.05个、0.05个、0.12个百分点。2000—2010年,全国人口平均受教育年限提高了15.33个百分点,其中贡献率最高的省份依次为广东、浙江、山东,均为中国的经济大省,分别贡献率2.41个、1.05个、0.97个百分点;贡献率最低的省份依次为西藏、湖北、青海,分别贡献了0.06个、0.09个、0.12个百分点,其中湖北过低的现象较为特殊。从以上三个时间段里对中国人口平均受教育年限提高贡献最大和最小的区域变化来看,贡献最大的区域有由人口大省变换成经济大省的趋势,而西藏、青海等经济落后、人口较少的西部省份则一直是贡献率最小的省份。总体来看,1982—2010年,中国人口平均受教育年限提高了82.78个百分点,其中,广东省贡献率9.73个百分点,贡献程度最大,占比高达11.75%,其次为山东和河南,两者分别贡献了5.96个和5.19个百分点;贡献率最小的省份是西藏,仅贡献了0.19个百分点,其次为青海、宁夏、海南,三者分别贡献了0.37个、0.55个、0.59个百分点。

表7-9 全国人口平均受教育年限提高的区域分解

单位:个百分点

省 份	增长率贡献率			
	1982—1990年	1990—2000年	2000—2010年	1982—2010年
上 海	0.17	0.40	0.82	2.12
云 南	0.82	0.89	0.65	3.32
内 蒙 古	0.43	0.35	0.29	1.55
北 京	0.25	0.43	0.85	2.30

续表

省　份	增长率贡献率			
	1982—1990 年	1990—2000 年	2000—2010 年	1982—2010 年
吉　林	0.37	0.37	0.17	1.38
四川重庆	1.58	0.97	0.40	4.19
天　津	0.14	0.16	0.38	1.05
宁　夏	0.13	0.12	0.13	0.55
安　徽	1.16	1.08	0.35	3.45
山　东	1.87	1.43	0.97	5.96
山　西	0.48	0.49	0.56	2.30
广　东	1.26	2.92	2.41	9.73
广　西	0.79	0.56	0.25	2.28
新　疆	0.38	0.43	0.41	1.78
江　苏	1.30	1.30	0.96	5.12
江　西	0.72	0.73	0.48	2.76
河　北	0.88	1.28	0.70	4.22
河　南	1.96	1.52	0.36	5.19
浙　江	0.53	0.74	1.05	3.54
海　南	0.10	0.15	0.15	0.59
湖　北	0.81	1.23	0.09	3.03
湖　南	0.86	0.82	0.43	3.14
甘　肃	0.38	0.50	0.30	1.67
福　建	0.72	0.84	0.47	2.84
西　藏	0.01	0.05	0.06	0.19
贵　州	0.66	0.48	0.30	1.95
辽　宁	0.55	0.35	0.39	2.06
陕　西	0.48	0.63	0.49	2.37
青　海	0.08	0.05	0.12	0.37
黑龙江	0.54	0.31	0.32	1.80
合　计	20.41	21.58	15.33	82.78

资料来源：笔者根据第三、四、五、六次全国人口普查数据计算所得。

表 7-10 为全国人口平均受教育年限提高的受教育程度分解结果。因为不同受教育群体的平均受教育年限为一个常数，所以不同受教育群体对全国人口平均受教育年限提高的贡献主要来源于其人口占比的变化。从表 7-10 可

以看出，1982—1990 年，全国人口平均受教育年限提高了 20.42 个百分点，其中 11.22 个百分点是由初中人口占比提高贡献的，占比超过 50%；高中、小学、大学专科人口比例提高分别贡献了 3.62 个、2.70 个、2.80 个百分点，大学本科人口贡献最小，仅贡献了 0.09 个百分点，尚不足总量的 0.5%。1990—2000 年，全国人口平均受教育年限提高了 21.58 个百分点，其中初中人口依然贡献最大，贡献了 14.43 个百分点，占比高达 66.87%；小学人口由于占比下降，由正贡献变成负贡献，贡献了 -3.93 个百分点，高中、大学专科、大学本科人口贡献率有所提高，分别贡献了 5.59 个、3.69 个、1.55 个百分点；研究生贡献程度较小，硕士和博士分别贡献了 0.20 个和 0.04 个百分点。2000—2010 年，全国人口平均受教育年限提高了 15.31 个百分点，其中只有小学人口的贡献率为负，达到 -7.45 个百分点，且绝对值最大；初中人口依然贡献最大，达到 6.14 个百分点，但相对于以往年份下降明显，且与其他受教育程度群体的贡献率的差距明显有所缩小；高中和大学专科人口贡献率分别为 4.84 个和 5.95 个百分点，高中人口贡献率有所下降，而大学专科人口贡献率有所上升；大学本科人口贡献率上升最为明显，由 1990—2000 年的 1.55 个百分点上升到 2000—2010 年的 5.16 个百分点；研究生人口贡献率提高也非常明显，但其绝对值依然不大，硕士和博士分别仅贡献了 0.54 个和 0.12 个百分点。从不同受教育群体比例变化对全国人口受教育年限提高的贡献率的动态变化来看，可以发现以下规律：一是，小学人口起初为正的贡献，但到 1990—2000 年已经变为负的贡献，且负的绝对值有变大的趋势；二是，初中人口比例提高是全国人口受教育年限提高的最主要因素，但其作用在逐渐减弱；三是高中人口比例变化的贡献率始终维持在一般水平，并经历了先变大、后变小的过程；四是大学专科人口比例一直在提高，贡献率逐渐变大；五是，大学本科人口比例不断提高，但在 1982—2000 年其作用相对较小，只是到了 2000 年以后才变化非常明显，贡献率迅速提高；六是，研究生人口比重虽然有上升的趋势，但一直较小，其带来的影响非常有限。总体来看，1982—2000 年，全国人口平均受教育年限提高了 68.81 个百分点，其中初中人口贡献最大，贡献率达到 37.59 个百分点，超过一半；小学人口贡献率为负，达到 -12.93 个百分点的水平；高中、大学专科、大学本科、硕士研究生和博士研究生的贡献率分别为 17.44 个、15.96 个、9.51 个、1.03 个和 0.22 个百分点。

表 7-10　全国人口平均受教育年限提高的受教育程度分解

单位：个百分点

受教育程度	增长率贡献率			
	1982—1990 年	1990—2000 年	2000—2010 年	1982—2010 年
未上过学	0.00	0.00	0.00	0.00
小学	2.70	-3.93	-7.45	-12.93
初中	11.22	14.43	6.14	37.59
高中	3.62	5.59	4.84	17.44
大学专科	2.80	3.69	5.95	15.96
大学本科	0.09	1.55	5.16	9.51
硕士研究生		0.20	0.54	1.03
博士研究生		0.04	0.12	0.22
合　计	20.42	21.58	15.31	68.81

资料来源：笔者根据第三、四、五、六次全国人口普查数据计算所得。

表 7-11 为全国人口平均受教育年限提高的性别分解结果和三个年度分性别的人口受教育程度数据。可以看出，性别间的教育存在不平等现象，女性平均受教育年限要小于平均水平，而男性则高于平均水平；但是男女之间的教育不平等在不断弱化。从增长率的分解结果来看，全国人口受教育年限提高主要贡献力量为女性，其在 1990—2000 年、2000—2010 年提供的贡献率分别为 12.62 个和 11.01 个百分点，分别比男性的贡献率高出 40.85% 和 44.49%。总体而言，1990—2010 年，全国人口平均受教育年限提高了 40.24 个百分点，其中女性贡献 23.73 个百分点，男性贡献 16.51 个百分点，前者是后者的近 1.43 倍。

表 7-11　全国人口平均受教育年限提高的性别分解

单位：年，个百分点

性别	平均受教育年限			增长率贡献率		
	1990 年	2000 年	2010 年	1990—2000 年	2000—2010 年	1990—2010 年
男	7.02	8.12	9.11	8.96	7.62	16.51
女	5.44	7.05	8.39	12.62	11.01	23.73
合计	6.23	7.59	8.75	21.58	18.63	40.24

注：平均受教育年限中的合计值为平均值，而增长率贡献率中的合计值为加总值。
资料来源：笔者根据第三、四、五、六次全国人口普查数据计算所得。

第七节 经济、人口、劳动力素质重心的变化

利用以上数据可以进一步计算中国的人口重心、人口素质重心和经济重心，通过考察其方位变化可以大致判断中国整体人口迁移、人口素质变化及区域经济发展相对快慢。人口重心的计算公式为：

$$\overline{X}_t = \sum_{i=1}^{n} P_{it} \cdot X_{it}; \overline{Y}_t = \sum_{i=1}^{n} P_{it} \cdot Y_{it} \qquad 公式(8)$$

其中，t 表示时间，t = 1982、1990、2000、2010；i 表示地区，即全国各省、直辖市、自治区，不包括香港、澳门和台湾；$\overline{X}_t$ 为 t 时的人口重心点的经度；$\overline{Y}_t$ 为 t 时的人口重心点的纬度；P_{it} 为地区 t 时总人口占全国总人口的比重；X_{it} 和 Y_{it} 分别表示地区 t 时的几何中心的经度和纬度。

人口素质重心的计算公式为：

$$\overline{X}_t = \sum_{i=1}^{n} X_{it} \cdot \frac{ave\_edu_{it} \cdot tot\_pop_{it}}{\sum_{i=1}^{n} ave\_edu_{it} \cdot tot\_pop_{it}} \qquad 公式(9)$$

$$\overline{Y}_t = \sum_{i=1}^{n} Y_{it} \cdot \frac{ave\_edu_{it} \cdot tot\_pop_{it}}{\sum_{i=1}^{n} ave\_edu_{it} \cdot tot\_pop_{it}} \qquad 公式(10)$$

其中，t 表示时间，i 表示地区；ave_edu_{it} 表示 i 地区 t 时的人口平均受教育年限；tot_pop_{it} 为 i 地区 t 时的总人口数；X_{it} 和 Y_{it} 分别表示地区 t 时的几何中心的经度和纬度；$\overline{X}_t$ 为 t 时的人口素质重心的经度；$\overline{Y}_t$ 为 t 时的人口素质重心的纬度。

经济重心的计算公式为：

$$\overline{X}_t = \sum_{i=1}^{n} X_{it} \cdot \frac{RDP_i}{\sum_{i=1}^{n} RDP_i} \qquad 公式(11)$$

$$\overline{Y}_t = \sum_{i=1}^{n} Y_{it} \cdot \frac{RDP_i}{\sum_{i=1}^{n} RDP_i} \qquad 公式(12)$$

式中，t 表示时间，i 表示地区；RDP_i 表示地区生产总值；X_{it} 和 Y_{it} 分别表示地区 t 时的几何中心的经度和纬度；$\overline{X}_t$ 为 t 时的经济重心的经度；$\overline{Y}_t$ 为 t 时的经济重心的纬度。

依据公式（8）、（9）、（10）、（11）、（12）进行计算，最后得到的结果如图7-19、图7-20所示，人口重心均由其时间和后缀 a 标识，人口素质重心由其时间和后缀 b 标识，经济重心由其时间和后缀 c 标识。

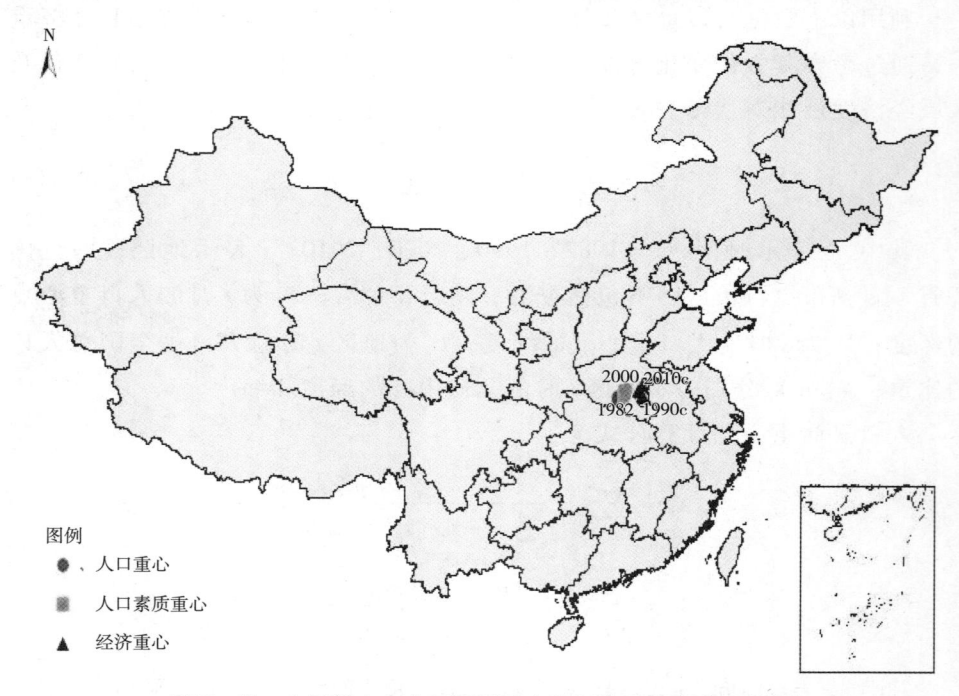

图 7-19　人口重心、人口素质重心和经济重心变迁（远视）

从图7-19中可以发现，在1982年、1990年、2000年、2010年这四个时间点上，中国的人口重心基本与人口素质重心重合，且四个年度里基本没有移动，大致位于河南省的西南部，邻近河南省与湖北省的边界处，地理坐标大致为东经113°、北纬33°。而经济重心却未与人口重心、人口素质重心重合，而是大致位于河南省的东南部，处于河南和安徽的交界处，地理坐标大致为东经115°、北纬33°，与人口重心及人口素质重心基本位于同一纬度，但差了2个经度的距离。除此以外，还可以看出，经济重心发生了轻微的位移。

将图7-19进行放大，进一步观察人口重心、人口素质重心和经济重心的近视图（图7-20）可以发现以下规律。

（1）人口素质重心相较于人口重心而言，稍微偏向于东北方向；而经

图例
● 人口重心
■ 人口素质重心
▲ 经济重心

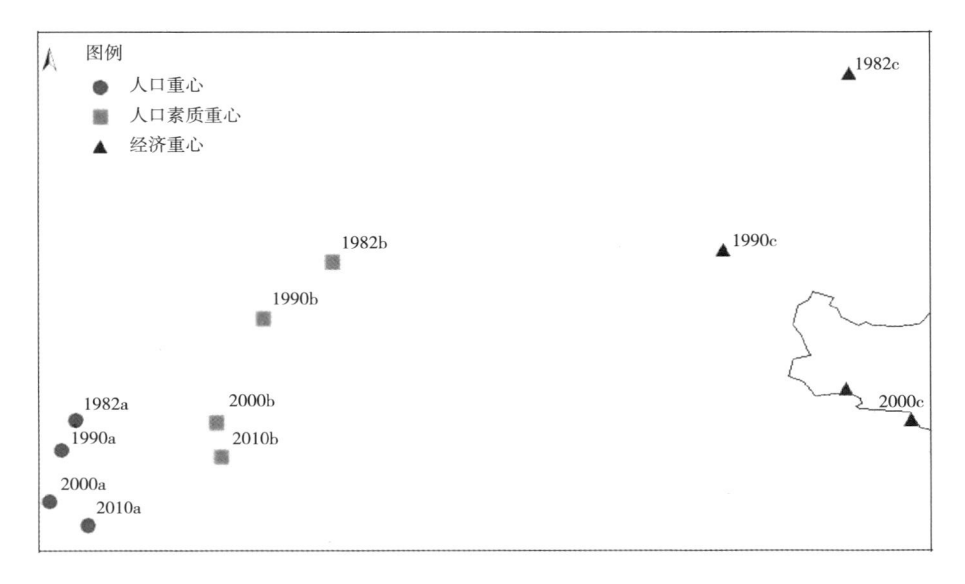

图 7-20　人口重心、人口素质重心和经济重心变迁（近视）

济重心相对于人口重心和人口素质重心而言又偏向于东北方向。这表明，无论是在人口素质和经济发展水平上，东部地区都处于优势地位，北部地区也处于优势地位，且这种优势在经济发展水平上表现得更明显。

（2）从同一时间点三类重心点的横向距离来看，1982—1990年，三类重心点的横向距离都有所减小，表明这段时期内东部地区所具有的人口素质优势和经济优势都在减弱；而1990—2000年，人口重心和人口素质重心之间的横向距离在缩小，人口重心和经济重心的横向距离在变大，表明这期间东部地区所具有的人口素质优势在弱化，而东部地区的经济优势却在强化，即区域间的经济不平衡在恶化；2000—2010年，人口重心和人口素质重心之间的横向距离在继续缩小，表明这期间东部地区所具有的人口素质优势在弱化，而人口重心和经济重心的横向距离在减少，表明东部地区所具有的经济优势在弱化。总体来看，2010年与1982年相比，人口重心和经济重心的横向距离基本保持不变，说明东部地区所具有的经济优势并未削弱，但也没有强化；而人口重心和人口素质重心之间的横向距离一直在减小，说明东部地区所具有的人口素质优势在持续弱化。但从绝对水平来看，东部地区一直存在经济优势和人口素质优势。

（3）从同一时间点三类重心点的纵向距离来看，1982—2010 年，人口重心与人口素质重心之间的纵向距离在持续减少，表明北部地区所具有的人口素质优势在持续弱化。1982—2000 年，人口重心和经济重心之间的纵向距离在持续缩小，表明这段时期北部地区所具有的经济优势在持续弱化；而 2000—2010 年，两者的纵向距离又有所扩大，表明这段时期北部地区的经济优势有所强化。总体来看，2010 年与 1982 年相比，北部地区的经济优势是弱化的。然而，从绝对水平来看，北部地区依然具有经济优势和人口素质优势。

（4）从移动方向来看，人口重心和人口素质重心移动趋势高度相关，1982—2000 年，两者均向西南方向移动，而 2000—2010 年，两者均向东南方向移动，只是这期间人口素质重心向东移动并不特别明显，主要为向南移动。经济重心表现为：1982—1990 年向西南方向移动，1990—2000 年向东南移动，2000—2010 年则向西北移动。

（5）从变动幅度来看，大体而言，经济重心变动幅度最大，其次为人口素质重心，而人口重心变动幅度最小。但 2000—2010 年，人口重心相对其以前来讲变动幅度较大，而人口素质重心和经济重心变动幅度减小，其中人口素质重心变动幅度甚至一反常态的小于人口重心变动幅度。

就理论上而言，如果人口能够自由迁徙，经济发达地区将会出现人口净流入，而经济落后地区将会出现人口净流出，进而导致人口重心点和经济重心点的重合。但事实上，由于存在迁徙成本、信息不对称、文化传统等限制，人口迁移并不能够确保人口重心点和经济重心点的重合，两者出现偏离的现象完全正常。如果不存在人口迁移的制度障碍，两者不会偏离过多。即便假设人口能够无成本的自由迁徙，但人口迁移是为了追逐更高的经济收益，因此经济发展差距是因、人口迁移是果，人口迁移虽然有助于减少区域发展差距，但属于滞后调节。而我国的地貌特征是西高东低，东部地区由于地理条件较好，自古就是我国经济发达地区（人均水平而言），因此经济重心相较于人口重心偏东。而受教育水平与经济发展程度的相关性很大，对于个体而言，收入水平的提高会导致其投入教育的资源增加，而对于区域而言，经济发展水平提高会导致其投入公共教育的资源增加，因此区域经济发展水平高，教育的供需就会同时增加，区域人口受教育水平也会获得提高。

对于人口素质重心介于人口重心和经济中心之间的现象，笔者认为，虽然人口素质提高和经济增长之间存在正向互动关系，但经济增长是因、人口素质提高是果，经济增长对人口素质提高的促进作用更大。

经济重心和人口素质重心相比于人口重心偏北的现象与我国的经济体制和历史背景有关。1949年之前，东北三省由于被日、俄等列强轮番侵占，帝国主义为掠夺东北的自然资源及为进一步侵略中国作准备，其在东北地区建立了相对较为完善的工业设施。新中国成立后，东北地区由于工业基础好而成为我国的工业基地。此外，由于我国一度采用高度集中的社会主义经济制度，大量的经济资源被配置在首都地区。这造成我国的经济重心相比于人口重心偏北。虽然改革开放后，我国开始向社会主义市场经济转型，因此在1982—2010年，我们能够看到经济重心相较于人口重心在逐渐南移，但市场经济至今并未完全建立，且历史遗留问题也不可能在短期内消除，经济重心依然偏北的现象并未完全消失。在计划经济时期，企业不仅负责生产，而且承担了"办社会"的职责，为职工及其家属提供公共教育便是其中之一，工业高度集中在东北及首都地区，便造成这些地区人口受教育程度高，从而造成人口素质重心相较于人口重心偏北的独特现象。

改革开放以来，我国经济发展取得巨大成就的一个经验是遵循了增长极开发模式，我国主要存在三个经济增长极，即长三角、珠三角和京津冀地区。最早发展起来的主要是珠三角地区。珠三角地区经济的快速发展导致经济重心向西南方向移动，促使东北地区、东部地区及其他地区的人口大量流向珠三角地区，进而使得经济重心、人口重心和人口素质重心向西南方向移动。到20世纪90年代，珠三角、长三角地区经济腾飞，并导致经济重心向东南方向移动，但人口表现出向西南移动的趋势，这主要是因为两个增长极经济发展方式有别，珠三角地区外向型特点明显，劳动密集型产业更为发达，由此导致大量省外人口迁入，相对而言，长三角地区倾向于内生型，人口流动也主要表现为省内迁移，所以1990—2000年人口重心变迁轨迹并没有与经济重心一致，而是依然向西南方向移动，但与1980—1990年相比，明显移动轨迹的斜率变大，即有向东摆动的趋势。到了21世纪，京津冀地区成为新的经济增长极，除此以外，中部崛起及西部大开发的区域政策的实施，使得2000—2010年经济重心向西北方向移动，但移动幅度与之前的两个十年相比并不大。而这期间，人口重心与经济重心变动轨迹完全相反，表现出向东南方向移动的趋势，笔者认为主要受西部大开发及中部崛起等区域扶持政策的影响，这些试图缓解区域发展不平衡的政策，至少在现阶段，与市场规律是相违背的，其能够得到较大程度上的实施，与国家通过资本转移的方式进行扶持有很大的关系。此外，京津冀地区这一增长极的市场化程度也不如长三角和珠三角地区，其更大程度上是通过资本推动的。由此便出现了经济重心向西北移动而人口重心向东南移动的现象。

人口素质重心的变迁可能源于两个因素：一是生育率的差别；二是人口迁移。由于我国各地区基本执行了严格的计划生育政策，且公共教育并未市场化，因此人口素质重心的变化主要源于人口迁移。人口素质重心变迁轨迹与人口重心高度一致。1982—2000 年，人口素质重心移动幅度大于人口重心移动幅度，说明迁移人口受教育程度较高；而 2000—2010 年，其移动幅度大大减小，且小于人口迁移重心移动幅度，说明迁移人口的相对文化程度所有降低。

第 八 章
劳动力素质对经济增长的影响

本章提要：本文推导出一个可以测算经济增长来源的非参数分析框架，并以省级数据为样本，测算中国经济增长来源。结果显示，1978—2010 年，TFP、劳动与资本对中国经济增长的贡献份额分别约为 10.9%、3.7% 与 85.4%；如果不考虑国际金融危机的影响，则分别约为 20.7%、3.3% 与 76.0%。从经济增长的各分项来源来看，劳动的贡献份额最小，多数年份低于 8%；TFP 的贡献份额在 20 世纪 90 年代前大体处于上升趋势但波动较大，1992 年一度超过 50%，随后基本呈下降趋势，2005 年以来低于 10%；资本的贡献份额在 20 世纪 90 年代前大体处于下降趋势且波动较大，1992 年后则基本呈上升趋势，2005 年以来接近 90%。分地区来看，TFP 对东部地区经济增长的贡献远大于对其他地区，尽管近年来其他地区在经济增速方面实现了对东部地区的"赶超"，但这主要得益于生产要素（主要是资本）贡献的快速提高，而非 TFP 贡献的提升。

第一节 引言

中国自改革开放以来的经济快速增长引起了全世界的广泛关注，与之相伴的是对中国经济增长可持续性的争论。这种争论的本质在于，中国经济增长的动力究竟是什么，是单纯的要素投入还是生产率的提高？借用克鲁格曼被广泛引用的论断,是"汗水还是灵感"?[1]

对这个问题的回答目前有两种主要思路。第一种思路是测算中国的全要素生产率的增长率(以下简称"TFP 增长"),代表性研究包括世界银行经济考察团、陈宽等、张军扩、Chow、李京文等、Chow & Lin、Young、张军、施少华、安格斯·麦迪森、Wu 等。[2] 第二种思路是测算中国经济增长的来源,尤其是关注 TFP 对中国经济增长的贡献(以下简称"TFP 贡献")以及 TFP 对中国经济增长的贡献份额(以下简称"TFP 贡献份额")[3]。需要说明的是,一些文献将"TFP 增长"与"TFP 贡献"这两者视为等同,[4] 但是,正如王清杨、李勇所指出的,[5] 在通常使用的乘积生产函数形式中,两者并不完全一致。

本文延续第二种思路,尝试在测算中国经济增长的来源方面有所突破。目前大多数相关研究使用的是参数方法、随机前沿生产函数法与非参数方法,其中前两种方法在经济增长核算方面的准确性,一直存在着质疑,而目

---

[1] 克鲁格曼:《萧条经济学的回归》,朱文辉等译,中国人民大学出版社 1999 年版。

[2] 世界银行经济考察团:《中国:社会主义经济的发展(主报告)》,中国财政经济出版社 1982 年版;世界银行经济考察团:《中国:长期发展的问题和方案(主报告)》,中国财政经济出版社 1987 年版;陈宽、谢千里、罗斯基、王宏昌、郑玉歆:《中国国营工业生产率变动趋势研究》,《中国社会科学》1988 年第 4 期;张军扩:《"七五"期间经济效益的综合分析——各要素对经济增长贡献份额测算》,《经济研究》1991 年第 4 期;Chow, G., "Capital Formation and Economic Growth in China", *The Quarterly Journal of Economics*, 1993, 108(3), pp. 809–842;李京文等:《生产率与中国经济增长》,《数量经济技术经济研究》1996 年第 12 期;Chow, G., and A. Lin, "Accounting for Economic Growth in Taiwan and Mainland China: A Comparative Analysis", *Journal of Comparative Economics*, 2002, 30(3), pp. 507–530;Young, Alwyn, "Gold into Base Metals: Productivity Growth in the People's Republic of China during the Reform Period", *Journal of Political Economy*, 2003, 111(6), pp. 1220–1261;张军、施少华:《中国经济全要素生产率变动:1952—1998》,《世界经济文汇》2003 年第 2 期;安格斯·麦迪森:《中国经济增长的长期表现:公元 960—2030》,伍晓鹰、马德斌译,上海人民出版社 2008 年版;Wu, Harry X., "Accounting for China's Growth in 1952–2008: China's Growth Performance Debate Revisited with a Newly Constructed Dataset", RIETI Discussion Paper Series, 2011, No. 11–E–003.

[3] 我们在整理文献时发现,"TFP 贡献"与"TFP 贡献份额"这两个指标在不同文献中的名称并不完全一致,并且存在内涵相同的指标使用名称不同或者名称相同的指标内涵不同的现象。二者的严格定义我们将在后文给出。

[4] 郭克莎:《1979—1988 年经济增长的因素及效应分析》,《经济研究》1990 年第 10 期;朱钟棣、李小平:《中国工业行业的 TFP 测算——基于分行业面板数据的研究》,《管理世界》2005 年第 4 期;郭庆旺、贾俊雪:《中国 TFP 的估算:1979—2003》,《经济研究》2005 年第 8 期。

[5] 王清杨、李勇:《技术进步和要素增长对经济增长的作用——兼评索洛的"余值法"》,《中国社会科学》1992 年第 2 期。

前使用的非参数方法也难以准确测算经济增长的来源。我们沿用非参数方法，推导出一个可以测算经济增长来源的分析框架，并以省级数据为样本，测算 1978—2010 年的中国经济增长来源。本章剩余部分安排如下：第二节是文献综述；第三节推导分析框架；第四节是对使用数据的说明；第五节汇报测算结果；第六节简要概括研究的主要发现。

第二节 文献综述

从研究结果来看，对于改革开放前，现有的研究基本一致，即 TFP 对经济增长的贡献几乎可以忽略不计，中国经济增长主要归因于要素投入。[1] 对于改革开放后的这段时期，现有研究的结果差异较大。以 20 世纪 90 年代为例，多数研究发现 TFP 对经济增长的贡献份额为 20%—30%，Bosworth 和 Collins 则发现该份额高达 54.7%，[2] Ozyurt 发现在工业部门该份额为负值，[3] 考虑到 90 年代工业增长对中国经济增长的重要推动作用，这一比例显然过低。而在 1980 年前后到 2000 年前后大约 20 年的时间内，多数研究发现 TFP 对经济增长的贡献份额约为 30%，Ao 和 Fulginiti 的测算结果则超过 40%，[4] Bosworth 和 Collins 的测算结果甚至接近 50%，[5] 而王小鲁、Wu 则发现该份额不超过 20%。[6]

---

[1] 王小鲁：《中国经济增长的可持续性与制度变革》，《经济研究》2000 年第 7 期；Wang, Y., and Y. Yao, "Sources of China's Economic Growth 1952 – 1999: Incorporating Human Capital Accumulation", *China Economic Review*, 2003, 14 (1), pp. 32 – 52; Ozyurt, Selin, "Total Factor Productivity Growth in Chinese Industry: 1952 – 2005", *Montpellier Working Papers Series*, 2007, No. 07 – 13.

[2] Bosworth, Barry and Susan M. Collins, "Accounting for Growth: Comparing China and India", NBER Working Paper, 2007, No. 12943.

[3] Ozyurt, Selin, "Total Factor Productivity Growth in Chinese Industry: 1952 – 2005", *Montpellier Working Papers Series*, 2007, No. 07 – 13.

[4] Ao, Xiang and Lilyan Fulginiti, "Productivity Growth in China: Evidence from Chinese Provinces", EconWPA Development and Comp Systems Series, 2005, No. 0502024.

[5] Bosworth, Barry and Susan M. Collins, "Accounting for Growth: Comparing China and India", NBER Working Paper, 2007, No. 12943.

[6] 王小鲁：《中国经济增长的可持续性与制度变革》，《经济研究》2000 年第 7 期；Wu, Harry X., "Accounting for China's Growth in 1952 – 2008: China's Growth Performance Debate Revisited with a Newly Constructed Dataset", RIETI Discussion Paper Series, 2011, No. 11 – E – 003.

研究方法方面，大多数文献使用的是参数方法与随机前沿生产函数法[①]。但是，参数方法在经济增长核算方面的准确性，一直存在着质疑。首先，参数方法需要设定生产函数的具体形式，并对误差项设定某些假设前提，在不同的设定形式下，测算结果可能大相径庭。其次，对于关键的要素投入产出弹性，要么通过计量方程回归获得，要么通过国民经济账户中的要素收入份额直接获得。如果通过计量方程回归获得，那么所得到的要素投入产出弹性是所使用样本的平均值，难以反映个体差异或时间变化趋势；如果是通过国民经济账户中的要素收入份额直接获得，则暗含的假设条件是生产要素的报酬等于其边际产出，[②] 这只有在完全竞争市场中才可能实现，对于中国等处于转型阶段的国家而言，这一假设条件难以满足。再次，由于各区域之间经济发展的空间依赖性，用参数方法得到的结果很可能是有偏的。[③] 最后，参数方法使用的"索洛剩余"的核心是由微积分方法推导的增长速度方程，而在推导过程中舍弃了一些不能舍弃的经济变量，导致由此得到的结果并不精确。[④]

针对参数方法的缺陷，一些学者尝试探索新的研究方法。赵志耘等针对参数模型需要设定假设条件的局限性，[⑤] 采用非参数局部线性方法估测了改革开放以来中国的资本与劳动产出弹性，并据此测算了TFP对增长的贡献。高宇明、齐中英，章上峰、许冰，章上峰等则针对参数方法难以反映产出弹性

[①] 目前学界对随机前沿生产函数法是否属于参数方法尚有分歧。陈勇、唐朱昌认为其是参数方法；郭庆旺等，于永达、吕冰洋，聂辉华、贾瑞雪，魏楚、黄文若、沈满洪的文献综述均将随机前沿生产函数法作为与参数方法相并列的、独立的研究方法。由于参数方法与随机前沿生产函数法的差异并非本文的重点讨论对象，为行文方便，后文将参数方法与随机前沿生产函数法统称为"参数方法"。陈勇、唐朱昌：《中国工业的技术选择与技术进步：1985—2003》，《经济研究》2006年第9期；郭庆旺、贾俊雪：《中国TFP的估算：1979—2003》，《经济研究》2005年第8期；于永达、吕冰洋：《中国生产率争论：方法的局限性和结论的不确定性》，《清华大学学报》（哲学社会科学版）2010年第3期；聂辉华、贾瑞雪：《中国制造业企业生产率与资源配置》，《世界经济》2011年第7期；魏楚、黄文若、沈满洪：《环境敏感性生产率研究综述》，《世界经济》2011年第5期。

[②] 林毅夫、任若恩：《东亚经济增长模式相关争论的再探讨》，《经济研究》2007年第8期。

[③] 余丹林、吕冰洋：《质疑区域生产率测算：空间视角下的分析》，《中国软科学》2009年第11期。

[④] 王清杨、李勇：《技术进步和要素增长对经济增长的作用——兼评索洛的"余值法"》，《中国社会科学》1992年第2期。

[⑤] 赵志耘、吕冰洋、郭庆旺、贾俊雪：《资本积累与技术进步的动态融合：中国经济增长的一个典型事实》，《经济研究》2007年第11期。

时变性的不足,① 采用时变弹性生产函数估测了中国的要素产出弹性、TFP 增长率及经济增长来源。

上述方法虽然不同于经典的参数方法,但仍未脱离计量回归模型的基本分析框架,需要对生产函数与误差项设定前提假设。另外一些研究则试图借助于非参数的曼姆奎斯特指数（Malmquist Index,以下简称"M 指数"）。② 由于 M 指数反映的是 TFP 的变化趋势,③ 这些研究在计算得到 M 指数后,将其进一步处理,近似得到 TFP 对经济增长的贡献。M 指数的经济含义为考察期与基期 TFP 水平的相对值,因此将 M 值减去 1 就得到 TFP 增长率,如果将其直接视为 TFP 对经济增长的贡献,再与产出增长率相比即可得到 TFP 对经济增长的贡献份额。④ 涂正革、肖耿采取了另外一种处理方法,将考察期与基期的劳均产出相对值对数化,将其视为劳动生产率增长的近似替代,同时将技术效率相对值、技术水平相对值与劳均资本相对值（其中前两项之积相当于 M 指数）对数化,将劳均生产率增速分解为技术追赶、技术进步与资本深化三项（其中前两项之和相当于 TFP 对经济

---

① 高宇明、齐中英：《两种时变参数方法估算全要素生产率研究》,《数理统计与管理》2008 年第 4 期；郭克莎：《1979—1988 年经济增长的因素及效应分析》,《经济研究》1990 年第 10 期；章上峰、许冰：《时变弹性生产函数生产率分解公式及其政策含义》,《数量经济技术经济研究》2009 年第 7 期；章上峰：《时变弹性生产函数与全要素生产率》,《经济学》（季刊）2011 年第 2 期。

② 涂正革、肖耿：《中国的工业生产力革命——用随机前沿生产模型对中国大中型工业企业 TFP 增长的分解及分析》,《经济研究》2005 年第 3 期；郭玉清、姜磊：《中国地区经济差距扩散的源泉：资本深化还是效率改进?》,《数量经济技术经济研究》2010 年第 7 期；王恕立、胡宗彪：《中国服务业分行业生产率变迁及异质性考察》,《经济研究》2012 年第 4 期。

③ 利用 M 指数研究中国经济 TFP 增长率的代表性研究包括郑京海、刘小玄、ArneBigsten、林毅夫、刘培林、严鹏飞、王兵、郭庆旺、赵志耘、贾俊雪、岳书敬、刘朝明、陈勇、唐朱昌、姚战琪等。郑京海、刘小玄、Arne Bigsten：《中国国有企业的效率、技术进步和最佳实践》,《经济学》2002 年第 4 期；林毅夫、刘培林：《经济发展战略对劳均资本积累和技术进步的影响——基于中国经验的实证研究》,《中国社会科学》2003 年第 4 期；严鹏飞、王兵：《技术效率、技术进步与生产率增长：基于 DEA 的实证分析》,《经济研究》2004 年第 12 期；郭庆旺、赵志耘、贾俊雪：《中国省份经济的 TFP 分析》,《世界经济》2005 年第 5 期；岳书敬、刘朝明：《人力资本与区域 TFP 分析》,《经济研究》2006 年第 4 期；陈勇、唐朱昌：《中国工业的技术选择与技术进步：1985—2003》,《经济研究》2006 年第 9 期；姚战琪：《生产率增长与要素再配置效应：中国的经验研究》,《经济研究》2009 年第 11 期。

④ 王恕立、胡宗彪尽管并未在文中明确说明,但从该文表 1 数据来看,可推断作者采用的应该是这种方法。郭玉清、姜磊在文中同样没有给出明确说明,但很可能也采取了这种做法。参见王恕立、胡宗彪：《中国服务业分行业生产率变迁及异质性考察》,《经济研究》2012 年第 4 期；郭玉清、姜磊：《中国地区经济差距扩散的源泉：资本深化还是效率改进?》,《数量经济技术经济研究》2010 年第 7 期。

增长的贡献)。

与参数方法相比,非参数方法无须对生产函数的形式进行先验设定,同时可以避免空间相关性带来的测量误差,因此在测算 TFP 增长方面可能更为适宜,① 尤其是,由于可以用于进行多投入、多产出的生产率核算,非参数方法的适用范围更为广阔。②

但是,由于 TFP 增长及其对经济增长的贡献并不完全一致③,目前相关研究所采用的方法只能利用 M 指数近似估算 TFP 对经济增长的贡献,④ 所得到的结果并不是十分精确。严格地讲,经济增长各分项来源的贡献值加总之和应该等于经济增长速度,或各分项来源的贡献份额加总之和应该等于 100%。王恕立、胡宗彪在测算服务业生产率时,⑤ 仅提供了 TFP "贡献率"(相当于本文的"贡献份额"),并未完全提供增长率的分解结果,因此无法判断各分项来源的贡献值加总之和是否等于增长率;郭玉清、姜磊将劳均产出增长率分解为技术追赶、技术进步、资本深化三项,⑥ 但根据该文表 2 的数据,这三项数值加总之和并不等于人均产出增长率。涂正革、肖耿则在文中明确指出,⑦ 对数化方法仅能近似得到经济增长来源的分解结果。鉴于

---

① 吕冰洋、余丹林:《中国梯度发展模式下经济效率的增进——基于空间视角的分析》,《中国社会科学》2009 年第 6 期;陈勇、唐朱昌:《中国工业的技术选择与技术进步:1985—2003》,《经济研究》2006 年第 9 期;于君博:《前沿生产函数在中国区域经济增长技术效率测算中的应用》,《中国软科学》2006 年第 11 期;林毅夫、任若恩:《东亚经济增长模式相关争论的再探讨》,《经济研究》2007 年第 8 期。

② 一个例子是,利用非参数方法测算环境 TFP 的研究近年来大量出现,参见 Zhou & Poh、魏楚等的综述性介绍。Zhou, P., B. W. Ang & K. L. Poh, "A Survey of Data Envelopment Analysis in Energy and Environmental Studies", *European Journal of Operational Research*, 2008, 189 (1), pp. 1–18;魏楚、黄文若、沈满洪:《环境敏感性生产率研究综述》,《世界经济》2011 年第 5 期。

③ 王清杨、李勇:《技术进步和要素增长对经济增长的作用——兼评索洛的"余值法"》,《中国社会科学》1992 年第 2 期。

④ 涂正革、肖耿:《中国经济的高增长能否持续——基于企业生产率动态变化的分析》,《世界经济》2006 年第 2 期;郭玉清、姜磊:《中国地区经济差距扩散的源泉:资本深化还是效率改进?》,《数量经济技术经济研究》2010 年第 7 期;王恕立、胡宗彪:《中国服务业分行业生产率变迁及异质性考察》,《经济研究》2012 年第 4 期。

⑤ 王恕立、胡宗彪:《中国服务业分行业生产率变迁及异质性考察》,《经济研究》2012 年第 4 期。

⑥ 郭玉清、姜磊:《中国地区经济差距扩散的源泉:资本深化还是效率改进?》,《数量经济技术经济研究》2010 年第 7 期。

⑦ 涂正革、肖耿:《中国的工业生产力革命——用随机前沿生产模型对中国大中型工业企业 TFP 增长的分解及分析》,《经济研究》2005 年第 3 期。

此,本文试图提供一个可以测算经济增长来源的非参数框架,以丰富现有的研究方法,为相关研究提供一种可供选择的方法。

第三节 测算框架

我们首先介绍分析框架中的关键指标——最佳产出与产出无效值的测算方法,然后推导各省、市、自治区(以下简称"省"或"省市")经济增长来源的分解公式,最后推导其空间加总与跨期累计形式。

一 最佳产出与产出无效值的测算

对于最佳产出与产出无效值,我们通过数据包络分析法(Data Envelope Analysis, DEA)进行测算。传统的研究大多假设生产主体在生产前沿面上运行,遵循完全效率即没有非效率成分的存在,从而把全要素生产率等同于技术进步。但是,由于各种原因,生产决策单元并非都是处于生产前沿,生产中存在着一定的效率损失。将投入给定时的最佳产出标记为 $Y(l, k)$,则实际产出 y 与最佳产出 $Y(l, k)$ 的差值为产出无效值 $s(l, k)$。在图 8-1 中,横轴表示投入,纵轴表示产出,A、B、C 分别表示三个位于生产前沿面上的生产组合,经过这三点的包络线构成生产前沿面 $Y(\cdot)$,生产前沿面及其右下方区域构成生产可能性集。y_1 表示生产单位 1 的实际产出,其值取决于劳动投入 l_1 及资本投入 k_1;Y_1 表示投入仍为 l_1 与 k_1 时的最佳产出,y_1 与 Y_1 之间的差距即为生产单位 1 的产出无效值 $s_1(l_1, k_1)$。

对于 t 期的第 j 个生产单位,产出无效值可表示为 $s_j^t(l_j^t, k_j^t)$。通常情况下(如图 8-1 中的生产单位 1),$s_j^t(l_j^t, k_j^t)$ 的测算方法如图 8-2 所示。其中,λ_i 为权重向量,n 为生产单位个数,y_i^t、l_i^t、k_i^t 分别表示 t 期生产单位 i 的实际产出、劳动投入、资本投入,y_j^t、l_j^t、k_j^t 分别表示 t 期被考察单位 j 的实际产出、劳动投入、资本投入,$s_j^t(l_j^t, k_j^t)$ 表示以 t 期生产技术衡量的、t 期被考察生产组合 j 的产出无效值。约束条件 $\sum_{i=1}^{n} \lambda_i^t l_i^t \leq l_j^t$ 与 $\sum_{i=1}^{n} \lambda_i^t k_i^t \leq k_j^t$ 分别表示被考察生产组合的劳动与资本投入大于最佳投入,$\sum_{i=1}^{n} \lambda_i^t y_i^t = y_j^t + s_j^t(l_j^t,$

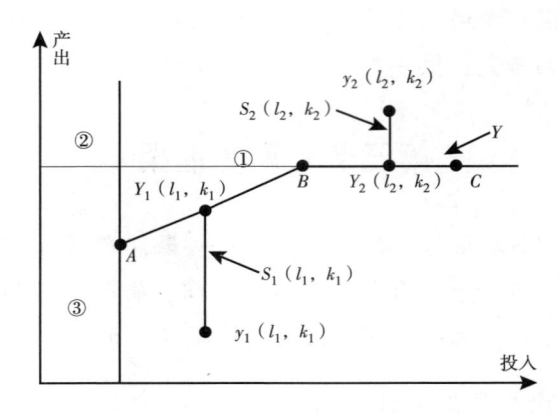

图 8-1 最佳产出与产出无效值示意

k_j^t）与 $s_j^t(l_j^t, k_j^t) \geq 0$ 相结合表示，被考察生产组合的实际产出小于最佳产出。四个约束条件相结合，表示被考察单位生产组合位于 t 期的生产可能集之内。

$$Max \quad s_j^t(l_j^t, k_j^t)$$
$$s.t.$$
$$Y_j^t(l_j^t, k_j^t) = \sum_{i=1}^{n} \lambda_i^t = y_j^t + s_j^t(l_j^t, k_j^t)$$
$$\sum_{i=1}^{n} \lambda_i^t l_i^t \leq l_j^t, \sum_{i=1}^{n} \lambda_i^t k_i^t \leq k_j^t, \sum_{i=1}^{n} \lambda_i^t = 1$$

图 8-2 线性规划：一般情形

$$Max \quad s_j^t(l_j^t, k_j^t)$$
$$s.t.$$
$$Y_j^t(l_j^t, k_j^t) = \sum_{i=1}^{n} \lambda_i^t = y_j^t + s_j^t(l_j^t, k_j^t)$$
$$\sum_{i=1}^{n} \lambda_i^t l_i^t \leq l_j^t, \sum_{i=1}^{n} \lambda_i^t k_i^t \leq k_j^t, \sum_{i=1}^{n} \lambda_i^t = 1$$

图 8-3 线性规划：超效率模型

在计算跨期最佳产出与产出无效值时，被考察单位的生产组合（如图 8-1 中的生产单位 2）可能会位于生产可能集之外，导致图 8-1 中的线性规划出现不可解的情形。这种情况下求解产出无效值与最佳产出需要借助超效率（Super-efficiency）模型。理论上讲，被考察单位生产组合位于生产可能集之外可具体分为三种情形，分别是：（1）投入位于生产可能集之内，产出位于生产可能集之外，如图 8-1 中的区域①；（2）投入与产出均位于生产可能集之外，如图 8-1 中的区域②；（3）投入位于生产可能集之外，产出位于生产可能集之内，如图 8-1 中的区域③。每种情形下的线性规划形式也不同，但在具体测算时，我们发现出现不可行解的情况均为第一种情况，因此我们只给出这种情况下的线性规划，具体见图 8-3 所示。与图 8-2 中的线性规划相比，图 8-3 中的线性规划区别在于，由于被考察生产组合的实际产出大于最佳产出，必须"缩减"部分产出才能落入生产可能性集内，因此产出无效值 $s_j^t(l_j^t, k_j^t)$ 为负值。

在计算出 $s_j^t(l_j^t, k_j^t)$ 后，通过线性规划中的第一个限制条件，可算出相应的最佳产出，即：$Y_j^t(l_j^t, k_j^t) = \sum_{i=1}^{n} \lambda_i^t y_i^t = y_j^t + s_j^t(l_j^t, k_j^t)$。另外，为了避免出现"技术退步"的情形，本文采用了序列 DEA 方法，[①] 即在构建生产前沿面时，除了使用当前生产组合，还包括之前各期位于生产前沿面上的生产组合。

二 产出增长率分解

根据前文对产出无效值及最佳产出的定义，对任意生产单位，都有以下四个关系式：

$$Y^t(l^t, k^t) = y^t + s^t(l^t, k^t) \tag{1}$$

$$Y^{t+1}(l^t, k^t) = y^t + s^{t+1}(l^t, k^t) \tag{2}$$

[①] 王兵、严鹏飞：《技术效率、技术进步与东亚经济增长：基于 APEC 视角的实证分析》，《经济研究》2007 年第 5 期；Oh, Dong-hyun and Almas Heshmati, "A Sequential Malmquist-Luenberger Productivity Index: Environmentally Sensitive Productivity Growth Considering the Progressive Nature of Technology", *Energy Economics*, 2010, 32, (6), pp. 1345-1355；董敏杰、李钢、梁泳梅：《中国工业环境全要素生产率的来源分解——基于要素投入与污染治理的分析》，《数量经济技术经济研究》2012 年第 2 期；王恕立、胡宗彪：《中国服务业分行业生产率变迁及异质性考察》，《经济研究》2012 年第 4 期。

$$Y^t(l^{t+1}, k^{t+1}) = y^{t+1} + s^t(l^{t+1}, k^{t+1}) \tag{3}$$

$$Y^{t+1}(l^{t+1}, k^{t+1}) = y^{t+1} + s^{t+1}(l^{t+1}, k^{t+1}) \tag{4}$$

为方便表述，上述四个关系式省略了代表生产组合的下标。(3)式与(1)式、(4)式与(2)式分别做差，整理得：

$$y^{t+1} - y^t = s^t(l^t, k^t) - s^t(l^{t+1}, k^{t+1}) + Y^t(l^{t+1}, k^{t+1}) - Y^t(l^t, k^t) \tag{5}$$

$$y^{t+1} - y^t = s^{t+1}(l^t, k^t) - s^{t+1}(l^{t+1}, k^{t+1}) + Y^{t+1}(l^{t+1}, k^{t+1}) - Y^{t+1}(l^t, k^t) \tag{6}$$

(5)式与(6)式左右两边分别相加并取平均值，有：

$$y^{t+1} - y^t = \frac{1}{2}[s^t(l^t, k^t) - s^t(l^{t+1}, k^{t+1}) + s^{t+1}(l^t, k^t) - s^{t+1}(l^{t+1}, k^{t+1})] +$$
$$\frac{1}{2}[Y^t(l^{t+1}, k^{t+1}) - Y^t(l^t, k^t) + Y^{t+1}(l^{t+1}, k^{t+1}) - Y^{t+1}(l^t, k^t)] \tag{7}$$

分别将(7)式右边第一项与第二项进一步分解，有

$$y^{t+1} - y^t = \underbrace{(S^t(l^t, k^t) - s^{t-1}(l^{t+1}, k^{t+1}))}_{①} +$$
$$\frac{1}{2}\underbrace{(s^{t+1}(l^t, k^t) - s^t(l^t, k^t) + s^{t+1}(l^{t+1}, k^{t+1}) - s^t(l^{t+1}, k^{t+1}))}_{②} $$
$$\frac{1}{4}\underbrace{\begin{pmatrix}[Y^t(l^{t+1}, k^{t+1} - Y^t(l^t, k^{t+1}) + Y^t(l^{t+1}, k^t) - Y^t(l^t, k^t]\\ + Y^{t+1}(l^{t+1}, k^{t+1} - Y^{t+1}(l^t, k^{t+1} + Y^{t+1}(l^{t+1}, k^t - Y^{t+1}(l^t, k^t]\end{pmatrix}}_{③} +$$
$$\frac{1}{4}\{\underbrace{[Y^t(l^{t+1}, k^{t+1}) - Y^t(l^{t+1}, k^t) + Y^t(l^t, k^{t+1}) - Y^t(l^t, k^t)]}_{④} +$$
$$\underbrace{[Y^{t+1}(l^{t+1}, k^{t+1}) - Y^{t+1}(l^{t+1}, k^t) + Y^{t+1}(l^t, k^{t+1}) - Y^{t+1}(l^t, k^t)]}_{④}\} \tag{8}$$

除了前文中所提到的 $s^t(l^t, k^t)$ 与 $Y^t(l^t, k^t)$ 外，(8)式中还包括了多个其他产出无效值与最佳产出，这里按类型分别进行说明。第一类是①与②中的三个产出无效值 $s^{t+1}(l^{t+1}, k^{t+1})$、$s^{t+1}(l^t, k^t)$ 与 $s^t(l^{t+1}, k^{t+1})$，三者的测算方法与 $s^t(l^t, k^t)$ 相似，只是需要将线性规划（图8-2与图8-3）中被考察的生产组合和生产前沿面组合进行相应的调整。第二类是③与④中的三个最佳产出 $Y^{t+1}(l^{t+1}, k^{t+1})$、$Y^{t+1}(l^t, k^t)$ 与 $Y^t(l^{t+1}, k^{t+1})$，测算方法与 $Y^t(l^t, k^t)$ 相似，均可由相应线性规划的第一个限制条件得到。第三类是③与④中的四个最佳产出值 $Y^t(l^{t+1}, k^t)$、$Y^t(l^t, k^{t+1})$、$Y^{t+1}(l^{t+1}, k^t)$ 与

$Y^{t+1}(l^t, k^{t+1})$。与前述最佳产出值不同，这四个最佳产出的生产组合为"虚拟"的生产组合，即 t 期的劳动投入与 $t+1$ 期的资本投入，或者是 $t+1$ 期的劳动投入与 t 期的资本投入。由于生产前沿面对位于生产曲线之内的任意生产组合都适用，对这种"虚拟"的生产组合也同样适用，这四个最佳产出值同样可以利用线性规划进行测算①。

将（8）式左边记为 $\Delta y^{t,t+1}$，将右边四项分别记为 $EFFE^{t,t+1}$、$TECH^{t,t+1}$、$L^{t,t+1}$ 与 $K^{t,t+1}$，则有：

$$\Delta y^{t,t+1} = EFFE^{t,t+1} + TECH^{t,t+1} + L^{t,t+1} + K^{t,t+1} \tag{9}$$

其中，$\Delta y^{t,t+1}$ 表示 t 期到 $t+1$ 期的产出增长总量，$EFFE^{t,t+1}$、$TECH^{t,t+1}$、$L^{t,t+1}$ 与 $K^{t,t+1}$ 分别表示效率变化、技术进步、劳动及资本对产出增长总量的贡献值。

为了更好地理解本文的测算框架，我们借助图形进行说明。由于生产组合包括两种投入与一种产出，要全面展示生产组合需要借助三维空间图形，为简便起见，这里我们仅通过平面图形说明效率变化、技术进步与要素投入对产出增长总量的贡献②，如图 8-4 所示，横轴表示投入，纵轴表示产出，$Y^t(\cdot)$ 表示 t 期的生产前沿面，$Y^{t+1}(\cdot)$ 表示 $t+1$ 期的生产前沿面。$y^t(l^t, k^t)$ 表示 t 期的实际产出，其值取决于 t 期的劳动投入 l^t 及资本投入 k^t；$Y^t(l^t, k^t)$ 与 $Y^{t+1}(l^t, k^t)$ 分别表示 t 期投入在 t 期与 $t+1$ 期的最佳产出，y^t 与 Y^t 之间的差距即为 t 期的实际产出相对于 t 期最佳产出的产出无效值（记为 y^tY^t），相当于（1）式及（8）式右侧前两项中的 $s^t(l^t, k^t)$，y^t 与 Y^{t+1} 的差距即为 t 期的实际产出相对于 $t+1$ 期最佳产出的产出无效值（记为 y^tY^{t+1}），相当于（2）式及（8）式右侧第两项中的 $s^{t+1}(l^t, k^t)$。同理，对于 $t+1$ 期的实际产出 $y^{t+1}(l^{t+1}, k^{t+1})$，$Y^t(l^{t+1}, k^{t+1})$ 与 $Y^{t+1}(l^{t+1}, k^{t+1})$ 分别表示 $t+1$ 期的投入在 t 期与 $t+1$ 期的最佳产出，y^{t+1} 与 Y^t 之间的差距（记为 $y^{t+1}Y^t$）为 $t+1$ 期的实际产出相对于 t 期最佳产出的产出无效值，相当于（3）式及（8）式右侧前两项中的 $s^t(l^{t+1}, k^{t+1})$，y^{t+1} 与 Y^{t+1}

---

① 限于篇幅，这里未列出（8）式中其他变量的线性规划，读者如有兴趣，可向笔者索取。
② 劳动与资本对经济增长总量贡献的图形说明较为复杂，这里未展示。读者如有兴趣，可向笔者索取。

之间的差距（记为 $y^{t+1}Y^{t+1}$）为 t 期的实际产出相对于 $t+1$ 期最佳产出的产出无效值，相当于（4）式及（8）式右侧前两项中的 $s^{t+1}(l^{t+1}, k^{t+1})$。

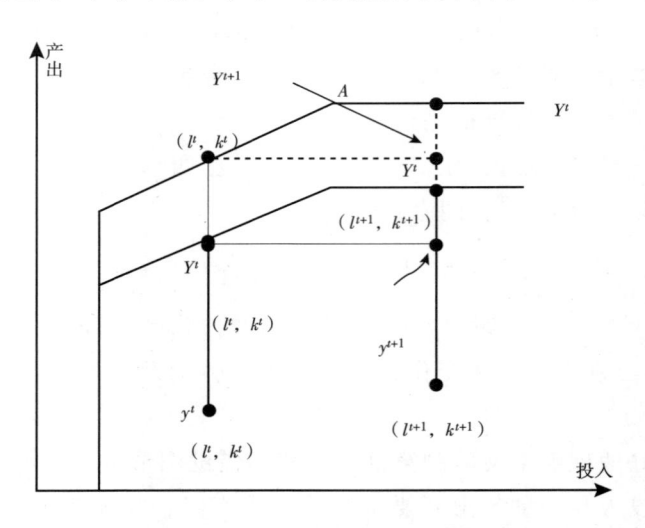

图 8-4 产出增长量的来源分解：效率变化贡献、技术进步贡献与要素贡献

上述变量描述了 t 期、$t+1$ 期投入与产出的静态状况。动态来看，产出无效值与最佳产出的不同组合可以构成产出增长的各项来源。y^tY^t 与 $y^{t+1}Y^{t+1}$ 的差值表示效率变化对产出增长总量的贡献 $EFFE^{t,t+1}$。$Y^{t+1}(l^t, k^t)$ 与 $Y^t(l^t, k^t)$ 的距离表示按 t 期投入水平衡量的生产前沿面扩张程度，相当于（8）式右侧第二项中的 $s^{t+1}(l^t, k^t) - s^t(l^t, k^t)$；$Y^{t+1}(l^{t+1}, k^{t+1})$ 与 $Y^t(l^{t+1}, k^{t+1})$ 之间的距离表示按 $t+1$ 期投入水平衡量的生产前沿面扩张程度，相当于（8）式右侧第二项中的 $s^{t+1}(l^{t+1}, k^{t+1}) - s^t(l^{t+1}, k^{t+1})$；两者的平均值表示的是技术进步对产出增长总量的贡献 $TECH^{t,t+1}$。假设过 $Y^t(l^t, k^t)$ 的水平线与 $y^{t+1}Y^t$ 相交于 A^t，则 A^t 与 $Y^t(l^{t+1}, k^{t+1})$ 之间的距离（记为 A^tY^t）表示的是以 t 期生产技术衡量的、因投入变化（l^t 变为 l^{t+1}、k^t 变为 k^{t+1}）而导致的最佳产出的增长量，相当于（7）式右边第二项中的 $Y^t(l^{t+1}, k^{t+1}) - Y^t(l^t, k^t)$；假设过 $Y^{t+1}(l^t, k^t)$ 的水平线与 $y^{t+1}Y^{t+1}$ 相交于 A^{t+1}，则 A^{t+1} 与 $Y^{t+1}(l^{t+1}, k^{t+1})$ 之间的距离（记为 $A^{t+1}Y^{t+1}$）表示的是以 $t+1$ 期生产技术衡量的、因投入变化（l^t 变为 l^{t+1}、k^t 变为 k^{t+1}）而导致的最佳产出的增

长量，相当于（7）式右边第二项中的 $Y^{t+1}(l^{t+1}, k^{t+1}) - Y^{t+1}(l^t, k^t)$；$A^t Y^t$ 与 $A^{t+1} Y^{t+1}$ 的平均值表示要素投入对产出增长总量的贡献值。

将（9）式左右两边分别除以 y^t，并分别用 $\dot{y}^{t,t+1}$、$effe^{t,t+1}$、$tech^{t,t+1}$、$l^{t,t+1}$ 与 $k^{t,t+1}$ 标记等式左边及右边四个分项，有：

$$\dot{y}^{t,t+1} = tfp^{t,t+1} + input^{t,t+1} = effe^{t,t+1} + tech^{t,t+1} + l^{t,t+1} + k^{t,t+1} \qquad (10)$$

其中，$\dot{y}^{t,t+1}$、$effe^{t,t+1}$、$tech^{t,t+1}$、$l^{t,t+1}$ 与 $k^{t,t+1}$ 分别表示 t 期到 $t+1$ 期的产出增长率、效率变化贡献、技术进步贡献、劳动贡献与资本贡献。这样，t 期到 $t+1$ 期产出增长率 $\dot{y}^{t,t+1}$ 就被分解为四项分项来源，其中前两项之和表示 TFP 贡献，记为 $tfp^{t,t+1}$；后两项之和即要素贡献，记为 $input^{t,t+1}$。如果关注各分项来源对产出增长的"贡献份额"，只需将（10）式各项分别除以 $\dot{y}^{t,t+1}$，得到：

$$100\% = \frac{tfp^{t,t+1}}{\dot{y}^{t,t+1}} + \frac{input^{t,t+1}}{\dot{y}^{t,t+1}} = \frac{effe^{t,t+1}}{\dot{y}^{t,t+1}} + \frac{tech^{t,t+1}}{\dot{y}^{t,t+1}} + \frac{l^{t,t+1}}{\dot{y}^{t,t+1}} + \frac{k^{t,t+1}}{\dot{y}^{t,t+1}} \qquad (11)$$

其中，第一个等式右边两项分别表示 TFP 贡献份额与要素贡献份额，第二个等式右边四项分别表示效率变化贡献份额、技术进步贡献份额、劳动贡献份额与资本贡献份额。

三 空间加总与跨期累计

在实证分析时，我们将各省市或视作生产单位。测算出各省市的经济增长来源之后，在空间维度上还应加总计算全国及各经济区域的经济增长来源，在时间维度上还应计算各分项来源贡献及贡献份额的跨期累计值。我们首先看空间加总的情形。除港澳台地区、西藏外，将四川与重庆合并后，根据上述（9）式，全国 29 个省市的地区生产总值（Gross Regional Product, GRP）的增长量之和可写为：

$$\sum_{i=1}^{29} \Delta y_i^{t,t+1} = \sum_{i=1}^{29} EFFE_i^{t,t+1} + \sum_{i=1}^{29} TECH_i^{t,t+1} + \sum_{i=1}^{29} L_i^{t,t+1} + \sum_{i=1}^{29} K_i^{t,t+1} \qquad (12)$$

全国的产出增长率可写为：

$$\frac{\sum_{i=1}^{29} \Delta y_i^{t,t+1}}{\tilde{y}^t} = \frac{\sum_{i=1}^{29} EFFE_i^{t,t+1}}{\tilde{y}^t} + \frac{\sum_{i=1}^{29} TECH_i^{t,t+1}}{\tilde{y}^t} + \frac{\sum_{i=1}^{29} L_i^{t,t+1}}{\tilde{y}^t} + \frac{\sum_{i=1}^{29} K_i^{t,t+1}}{\tilde{y}^t}$$

$$= \sum_{i=1}^{29} \left(\frac{y_i^t}{\tilde{y}^t} effe_i^{t,t+1} \right) + \sum_{i=1}^{29} \left(\frac{y_i^t}{\tilde{y}^t} tech_i^{t,t+1} \right) + \sum_{i=1}^{29} \left(\frac{y_i^t}{\tilde{y}^t} l_i^{t,t+1} \right) + \sum_{i=1}^{29} \left(\frac{y_i^t}{\tilde{y}^t} k_i^{t,t+1} \right) \tag{13}$$

其中 $\tilde{y}^t = \sum_{i=1}^{29} y_i^t$，表示 t 期 29 个省市的地区生产总值总和。上式表明，t 期到 $t+1$ 期全国的产出增长率同样可以分解成效率变化贡献、技术进步贡献、劳动贡献与资本贡献四部分，每部分都是各省市对应值的加权平均值，权重为 t 期各省市的地区生产总值占全国生产总值的比重。在得到各分项来源的贡献外，按照（11）式可以得到各分项来源对经济增长的贡献份额。同理，将（13）式中的权重替换为各省市 GRP 占其所在经济区域生产总值的比值，可以得到各分项来源对四大经济区域①经济增长的贡献及贡献份额。

下面推导各分项来源的跨期累计贡献值。$t+T$ 期相对于 t 期的产出增长总量可写为：

$$\Delta y^{t,t+T} = \Delta y^{t,t+1} + \Delta y^{t+1,t+2} + \cdots + \Delta y^{t+T-1,t+T} \tag{14}$$

由于上式对于各省市、全国及各区域加总值均适用，这里省去代表省市的下标 i。利用（9）式，（14）式可进一步写为：

$$\Delta y^{t,t+T} = EFFE^{t,t+1} + TECH^{t,t+1} + L^{t,t+1} + K^{t,t+1} + EFFE^{t,t+2} + TECH^{t,t+2} + L^{t,t+2} + K^{t,t+2} +$$
$$\cdots + EFFE^{t+T-1,t+T} + TECH^{t+T-1,t+T} + L^{t+T-1,t+T} + K^{t+T-1,t+T} \tag{15}$$

在（15）式左右两边分别除以 y^t，整理可得：

$$\dot{y}^{t,t+T} = \left(effe^{t,t+1} + \frac{y^{t+1}}{y^t} effe^{t+1,t+2} + \cdots + \frac{y^{t+T-1}}{y^t} effe^{t+T-1,t+T} \right) +$$
$$\left(tech^{t,t+1} + \frac{y^{t+1}}{y^t} tech^{t+1,t+2} + \cdots + \frac{y^{t+T-1}}{y^t} tech^{t+T-1,t+T} \right) +$$
$$\left(l^{t,t+1} + \frac{y^{t+1}}{y^t} l^{t+1,t+2} + \cdots + \frac{y^{t+T-1}}{y^t} l^{t+T-1,t+T} \right) +$$
$$\left(k^{t,t+1} + \frac{y^{t+1}}{y^t} k^{t+1,t+2} + \cdots + \frac{y^{t+T-1}}{y^t} k^{t+T-1,t+T} \right) \tag{16}$$

---

① 东部地区包括北京、天津、河北、上海、江苏、浙江、福建、山东、广东与海南 10 个省市；东北地区包括辽宁、吉林、黑龙江 3 个省；中部地区包括山西、安徽、江西、河南、湖北与湖南 6 个省；西部地区包括内蒙古、广西、四川（包括重庆）、贵州、云南、陕西、甘肃、青海、宁夏与新疆 10 个省市、自治区。

其中，$\dot{y}^{t,t+T}$ 表示 t 期到 $t+T$ 期的产出增长率。（16）式表明，$\dot{y}^{t,t+T}$ 同样可以分解为效率变化累计贡献、技术进步累计贡献、劳动累计贡献与资本累计贡献四部分。得出上述四项指标的数值后，再分别与产出累计增长率相比，可得到各分项来源对经济增长的累计贡献份额。

第四节　数据来源及处理

（一）产出

产出指标为以 1978 年不变价衡量的实际 GRP，由各省市 1978 年的地区生产总值与各年度以 1978 年不变价衡量的地区生产总值指数计算得到，数据来自于《中国统计年鉴》与《新中国 60 年统计资料汇编》。

需要说明的是，由于各省市 GRP 统计虚高，利用各省市 GRP 加总计算的 GDP 增速通常会高于国家统计局所公布的全国 GDP 增速。由此导致的问题是，TFP 贡献是否会被高估？郑京海、胡鞍钢在利用各省市数据测算中国 TFP 增速时曾指出，[①] TFP 增速相当于 TFP 的一阶差分，如果各省市 GRP 统计中的"水分"程度不随时间变化，则其对 TFP 增长速度的影响将会很小，因此使用省市数据并不会高估 TFP 增速。这种解释对 TFP 贡献的测算也同样适用，我们依旧利用图 8-4 进行说明。假设 GRP 统计虚高的省市出现在 $t+1$ 期的生产前沿面上，则会导致 $t+1$ 期的生产前沿面的向外扩张，$s^{t+1}(l^t, k^t)$、$s^{t+1}(l^{t+1}, k^{t+1})$ 均会"虚高"。根据（8）式右侧第一项，$effe^{t,t+1}$ 将会被低估，但是根据（8）式右侧第二项，$tech^{t,t+1}$ 则可能被高估，前者的低估与后者的高估相抵消，则会降低统计数据虚高对 TFP 贡献的综合影响。同时，GRP 统计虚高的省市出现在 $t+1$ 期的生产前沿面上也会导致 $Y^{t+1}(l^t, k^t)$ 与 $Y^{t+1}(l^{t+1}, k^{t+1})$ "虚高"，但根据（7）式右侧第二项，两者的"虚高"效应在很大程度上会相互抵消。因此，各省市 GRP 统计虚高对各分项来源对经济增长贡献的测算结果影响不大，特别是，如果关注各分项来源对经济增长的贡献份额，那么，由于产出增速也会随 $t+1$ 期 GRP

[①] 郑京海、胡鞍钢：《中国改革时期省际生产率增长变化的实证分析（1979—2001 年）》，《经济学》2005 年第 1 期。

的"虚高"而增大，GRP 统计虚高对测算结果的影响可能会更小。如果 GRP 统计虚高的省市出现在 t 期的生产前沿面上或者位于生产前沿面之内，也可以得出相似的推论。

（二）劳动投入

具体的工作时间能更准确的反映劳动投入量，但限于资料可得性，我们采用的是各省市的就业人员数。对照《中国统计年鉴》与《新中国 60 年统计资料汇编》可以发现，自 1991 年起，上述两份资料提供的各省就业人员数存在较大差异。考虑到后者仅提供 2008 年前的数据，我们使用的是《中国统计年鉴》所提供的数据。

（三）固定资本存量

采用永续盘存法（Perpetual Inventory Method，PIM）估测，具体公式为：

$$K_t = K_{t-1}(1 - \delta_t) + I_t \tag{17}$$

其中，K_{t-1} 与 K_t 表示 $t-1$ 期与 t 期固定资本存量，δ_t 表示 t 期的折旧率，I_t 表示以不变价衡量的 t 期新增投资额。该公式主要涉及四个变量，分别说明如下：①每年新增投资额。与国内研究省际固定资本存量的两篇代表性文献张军、吴桂英、张吉鹏与单豪杰一致，[1] 我们选择固定资本形成额作为各省市每年的名义投资额。②投资品价格指数。我们借鉴单豪杰的做法，[2] 根据《中国国内生产总值核算历史资料（1952—1995）》《中国国内生产总值核算历史资料（1952—2004）》提供的 1952—2004 年各省市固定资本形成价格指数，计算出以 1978 年为基期的价格平减指数，对于 2005—2010 年的指数，以各省市的固定资产投资价格指数替代。③基期资本存量 K_0。Hall 和 Jones 以 1960 年的投资比上之后十年内的平均投资增速与折旧率之和，[3] 估计出各国 1960 年的资本存量。这种方法的出发点是，在稳定状态下，资本存量

---

[1] 张军、吴桂英、张吉鹏：《中国省际物质资本存量估算：1952—2000》，《经济研究》2004 年第 10 期；单豪杰：《中国资本存量 K 的再估算：1952—2006 年》，《数量经济技术经济研究》2008 年第 10 期。

[2] 单豪杰：《中国资本存量 K 的再估算：1952—2006 年》，《数量经济技术经济研究》2008 年第 10 期。

[3] Hall, Robert E. and Charles I. Joens, "Why Do Some Countries Produce So Much More Output Per Worker than Others", *The Quarterly Journal of Economics*, 1999, 114 (2), 83–116.

的增速与投资增速是一致的。张军等与单豪杰也是采用这一思路估测各省市 1952 年的基期资本存量。① 我们沿用该方法,用 1978 年的资本形成总额比上折旧率与 1978—1987 年固定资本形成额平均增速之和,得到 1978 年各省市的固定资本存量。④折旧率。单豪杰假设各省市折旧率均为 10.96%,② 张军等假设各省市折旧率均为 9.6%,③ Wu 采用的是 4% 与 7%。④ 我们将主要汇报折旧率为 10.96% 时的计算结果,并在进行稳健性检验时汇报采用其他三种折旧率时的计算结果。

第五节 测算结果

根据第三部分的测算框架,我们测算了 1978—2010 年中国各省市、四大经济区域及全国的经济增长来源与各分项来源的贡献份额。限于篇幅,我们仅汇报全国及四大经济区域经济增长来源的测算结果,在累计贡献与累计贡献份额方面主要汇报以 1978 年为基期的测算结果。

需要说明的是,对于经济增长率,本文涉及三种计算口径。第一种口径是根据各省市 GRP 加总后得到的结果;第二种口径是利用本文的测算框架,即由效率变化贡献、技术进步贡献、劳动贡献与资本贡献四部分加总而得的结果;第三种口径是国家统计局对各省市产出数据进行调整后的全国 GDP 增速。前两种计算口径均是使用各省数据,结果基本一致。为了与其他使用全国时间序列数据的研究结果进行对比,我们对各分项来源的贡献分别进行调整,得到与第三种口径相对应的值,调整因子为第三种口径与第二种(或第一种)口径计算出的全国经济增长率的比值,在后文中我们也主要汇报依此得到的各分项来源的贡献。当然,这种调整并不影响各分项来源贡献份额的计算结果。

---

① 张军、吴桂英、张吉鹏:《中国省际物质资本存量估算:1952—2000》,《经济研究》2004 年第 10 期;单豪杰:《中国资本存量 K 的再估算:1952—2006 年》,《数量经济技术经济研究》2008 年第 10 期。

② 单豪杰:《中国资本存量 K 的再估算:1952—2006 年》,《数量经济技术经济研究》2008 年第 10 期。

③ 张军、施少华:《中国经济全要素生产率变动:1952—1998》,《世界经济文汇》2003 年第 2 期。

④ Wu, Harry X., "Accounting for China's Growth in 1952 – 2008: China's Growth Performance Debate Revisited with a Newly Constructed Dataset", RIETI Discussion Paper Series, 2011, No. 11 – E – 003.

一 整体考察

综合来看,1978—2010 年,中国经济增长约 19.8 倍,TFP 贡献、劳动贡献与资本贡献分别为 2.2 倍、0.7 倍与 16.9 倍,TFP 贡献份额约为 10.9%,劳动与资本贡献份额分别约为 3.7% 与 85.4%。如果不考虑 2008 年之后国际金融危机的影响,1978—2007 年中国经济增长约 14.2 倍,TFP 贡献、劳动贡献与资本贡献分别为 2.9 倍、0.5 倍与 10.8 倍,TFP 贡献份额约为 20.7%,劳动与资本贡献份额约分别为 3.3% 与 76.0%。

从各分项来源的变化趋势来看,TFP 贡献份额在 1978—1991 年间波动幅度较大,但大体处于上升趋势,在 20 世纪 90 年代初一度接近甚至超过 50%[1],之后稳定下降,这与其他研究所发现的 TFP 在 20 世纪 90 年代初期之前增长较快且波动剧烈、之后下降的变化趋势基本一致;[2] 在 2005 年之后,TFP 贡献份额降低到 10% 之下,国际金融危机后甚至降为负值。TFP 贡献中,效率变化贡献一直为负值,这与郭庆旺、贾俊雪以及涂正革、肖耿的发现基本一致。[3] 考虑到 DEA 分析框架中的"效率"指的是相对"落后"的生产单元与相对"先进"的生产单元之间的"相对效率",因此,效率变化贡献为负可能意味着,欠发达地区未能有效利用沿海先进地区的生产技术,这与朱承亮、岳宏志、李婷所发现的技术效率对中国经济增长贡献较低、区域间技术效率差异扩大的结论基本一致。[4] 劳动贡献份额在改革开放初期与 90 年代前后曾达到 10% 左右,但在多数年份位于 8% 以下,并且在 2000 年之前大体处于下滑趋势,仅是在 2000 年之后才有所反弹,目前大致保持在 4%—5%。资本贡献份额在绝大多数年份都是经济增长的主要来源,这与其他研

---

[1] Hu & Khan 也得出类似的结论,参见 Hu, Zuliu and Mohsin S. Khan, "Why is China Growing So Fast?", *IMF Economic Issues*, 1997, No. 8。

[2] Jefferson, G., T. Rawski, L. Wang, and Y. Zheng, "Ownership, Productivity Change, and Financial Performance in Chinese Industry", *Journal of Comparative Economics*, 2000, 28 (4), pp. 786 - 813;姚战琪:《生产率增长与要素再配置效应:中国的经验研究》,《经济研究》2009 年第 11 期。

[3] 涂正革、肖耿:《中国的工业生产力革命——用随机前沿生产模型对中国大中型工业企业 TFP 增长的分解及分析》,《经济研究》2005 年第 3 期。

[4] 朱承亮、岳宏志、李婷:《中国经济增长效率及其影响因素的实证研究:1985—2007 年》,《数量经济技术经济研究》2009 年第 9 期。

究的结论一致;① 1978—1991 年,资本贡献份额波动幅度较大且大体呈下降趋势,在 1992 年之后则基本呈上升趋势,在 2005 年之后接近 90%,在国际金融危机后甚至超过 100%,这与王小鲁等发现的中国经济增长对资本的依赖越来越强基本一致。②

二 分阶段考察

在三十多年的改革开放历程中,有两个年份具有特殊意义:一是 1992 年,以邓小平南方谈话与明确建立社会主义市场经济体制目标为标志,改革开放进入了新的时期,甚至有研究认为是进入改革开放的"第二个阶段";③ 二是 2001 年底加入 WTO,意味着对外开放从政策层面上升到体制层面和制度层面,对中国经济产生了十分深远的影响。以这两个年份为分界点,我们将 1978—2010 年的改革开放历程划分为三个阶段:1978—1991 年、1992—2001 年、2002—2010 年。

(1) 1978—1991 年。在"文革"结束后的经济调整关键时期 1979—1981 年,④ TFP 贡献在零值附近小幅波动,经济增长主要来自于要素投入,尤其是资本贡献。

随着国民经济调整效果的显现以及 1982 年中共十二大召开后中国经济体制改革的全面开展,⑤ 1982—1985 年 TFP 贡献连续四年超过 3 个百分点,TFP 贡献份额则超过 30%,其中 1984 年甚至超过 50%。1986 年,TFP 贡献跌为负值,但在 1987—1988 年重新恢复至 1985 年的水平。1988 年第四季度,为应对 1986—1988 年日益严重的通货膨胀,党中央、国务院提出要"治理经济环境""整顿经济秩序",⑥ 受其影响,1989 年及 1990 年两年的 TFP

---

① 李京文等:《生产率与中国经济增长的研究:1953—1990 年》,《数量经济技术经济研究》1992 年第 1 期;孙琳琳、任若恩:《中国资本投入和 TFP 的估算》,《世界经济》2005 年第 12 期;李宾、曾志雄:《中国 TFP 变动的再测算:1978—2007 年》,《数量经济技术经济研究》2009 年第 3 期。
② 王小鲁、樊纲、刘鹏:《中国经济增长方式转换和增长可持续性》,《经济研究》2009 年第 1 期。
③ 张神根:《试析 1992 年以来经济体制改革的特点》,《当代中国史研究》2001 年第 5 期。
④ 章铮、张大生、王小宽:《中华人民共和国经济发展全纪录(第一卷)》,中国社会出版社 2009 年版;章铮、张大生、王小宽:《中华人民共和国经济发展全纪录(第二卷)》,中国社会出版社 2009 年版。
⑤ 章铮、张大生、王小宽:《中华人民共和国经济发展全纪录(第二卷)》,中国社会出版社 2009 年版。
⑥ 章铮、张大生、王小宽:《中华人民共和国经济发展全纪录(第二卷)》,中国社会出版社 2009 年版。

表 8-1 中国经济增长的来源

单位：%

时间 \ 指标	经济增长速度及其来源[1]							调整后的经济增长速度及来源[2]							各分项来源的贡献份额					
	y	tfp	effe	tech	input	l	k	y	tfp	effe	tech	input	l	k	tfp	effe	tech	input	l	k
1978—1979	8.4	-0.3	-7.9	7.5	8.7	1.0	7.8	7.6	-0.3	-7.1	6.8	7.9	0.9	7.0	-3.8	-93.5	89.7	103.8	11.4	92.5
1979—1980	8.8	1.6	-6.3	8.0	7.2	0.8	6.4	7.8	1.4	-5.6	7.0	6.4	0.7	5.7	18.3	-72.0	90.3	81.7	9.3	72.5
1980—1981	5.9	0.9	-3.3	4.2	5.0	1.0	4.0	5.2	0.8	-2.9	3.7	4.4	0.9	3.5	15.3	-55.7	71.0	84.7	17.0	67.7
1981—1982	9.6	3.4	-1.0	4.3	6.3	0.7	5.6	9.1	3.2	-0.9	4.1	5.9	0.6	5.3	34.8	-10.1	44.9	65.2	6.9	58.3
1982—1983	10.9	4.8	-0.8	5.6	6.1	0.6	5.5	10.9	4.8	-0.8	5.6	6.1	0.6	5.5	44.0	-7.7	51.7	56.0	5.6	50.4
1983—1984	15.3	8.0	-0.5	8.5	7.3	0.5	6.8	15.2	8.0	-0.5	8.5	7.2	0.4	6.8	52.4	-3.5	55.9	47.6	3.0	44.6
1984—1985	13.4	4.3	-3.8	8.1	9.1	0.5	8.6	13.5	4.3	-3.8	8.1	9.2	0.5	8.7	32.0	-28.0	60.0	68.0	3.7	64.4
1985—1986	7.4	-0.5	-2.7	2.2	8.0	0.5	7.5	8.8	-0.6	-3.2	2.6	9.4	0.5	8.9	-6.8	-36.4	29.5	106.8	6.2	100.6
1986—1987	11.2	3.5	0.6	2.9	7.7	0.4	7.2	11.6	3.6	0.6	3.0	8.0	0.4	7.5	31.4	5.4	26.0	68.6	3.8	64.8
1987—1988	11.7	4.7	0.3	4.3	7.0	0.3	6.7	11.3	4.5	0.3	4.2	6.8	0.3	6.5	40.1	2.9	37.2	59.9	2.8	57.1
1988—1989	4.2	-0.4	-1.0	0.6	4.6	0.3	4.3	4.1	-0.4	-1.0	0.5	4.5	0.3	4.2	-10.1	-23.5	13.4	110.1	6.5	103.6
1989—1990	5.5	0.7	-1.3	2.0	4.8	0.7	4.1	3.8	0.5	-0.9	1.4	3.3	0.5	2.9	12.4	-23.6	36.0	87.6	12.6	75.1
1990—1991	9.4	4.1	-1.6	5.6	5.4	0.7	4.7	9.2	4.0	-1.5	5.5	5.2	0.7	4.5	43.1	-16.4	59.6	56.9	7.5	49.4
1991—1992	15.6	8.8	-0.8	9.6	6.8	0.3	6.5	14.2	8.0	-0.7	8.8	6.2	0.3	5.9	56.4	-5.3	61.7	43.6	1.9	41.7
1992—1993	16.4	7.7	-1.7	9.5	8.7	0.1	8.6	14.0	6.6	-1.5	8.1	7.4	0.1	7.3	47.0	-10.6	57.6	53.0	0.9	52.1
1993—1994	14.3	4.6	-2.1	6.7	9.7	0.8	8.9	13.1	4.2	-2.0	6.2	8.9	0.7	8.2	32.2	-14.9	47.1	67.8	5.3	62.5
1994—1995	12.9	4.2	-1.0	5.2	8.6	0.3	8.3	10.9	3.6	-0.9	4.4	7.3	0.3	7.0	32.9	-7.8	40.8	67.1	2.5	64.6

续表

指标 时间	经济增长速度及其来源[1]							调整后的经济增长速度及其来源[2]							各分项来源的贡献份额						
	$\dot{y}$	tfp	effe	tech	input	l	k	$\dot{y}$	tfp	effe	tech	input	l	k	$\dot{y}$	tfp	effe	tech	input	l	k
1995—1996	11.7	3.5	-0.1	3.6	8.2	0.2	8.1	10.0	3.0	-0.1	3.1	7.0	0.1	6.9	100	29.8	-1.2	31.0	70.2	1.4	68.7
1996—1997	11.1	2.9	-1.8	4.7	8.2	0.4	7.7	9.3	2.4	-1.5	3.9	6.9	0.4	6.5	100	26.2	-16.1	42.3	73.8	4.0	69.8
1997—1998	9.8	3.2	-1.1	4.3	6.6	-1.4	8.0	7.8	2.5	-0.9	3.4	5.3	-1.1	6.4	100	32.6	-11.5	44.1	67.4	-14.6	82.0
1998—1999	9.1	1.5	-1.7	3.3	7.6	0.0	7.6	7.6	1.3	-1.5	2.7	6.3	0.0	6.3	100	16.6	-19.2	35.8	83.4	0.4	83.0
1999—2000	9.9	2.3	-1.7	4.0	7.5	0.1	7.4	8.4	2.0	-1.5	3.4	6.4	0.1	6.3	100	23.6	-17.5	41.0	76.4	1.2	75.2
2000—2001	9.7	2.1	-1.4	3.5	7.6	0.1	7.5	8.3	1.8	-1.2	3.0	6.5	0.1	6.4	100	21.2	-14.9	36.1	78.8	1.5	77.3
2001—2002	10.9	2.4	-2.6	4.9	8.6	0.6	8.0	9.1	2.0	-2.1	4.1	7.1	0.5	6.7	100	21.6	-23.5	45.1	78.4	5.1	73.3
2002—2003	12.4	2.5	-2.9	5.4	9.9	0.6	9.4	10.0	2.0	-2.3	4.3	8.0	0.4	7.6	100	19.9	-23.4	43.4	80.1	4.5	75.6
2003—2004	13.7	2.9	-2.4	5.3	10.8	0.7	10.1	10.1	2.1	-1.8	3.9	8.0	0.5	7.5	100	21.0	-17.4	38.4	79.0	5.1	73.9
2004—2005	12.9	1.0	-2.5	3.5	11.9	0.7	11.3	11.3	0.9	-2.2	3.1	10.4	0.6	9.8	100	7.7	-19.1	26.7	92.3	5.2	87.1
2005—2006	13.7	1.0	-3.2	4.1	12.8	0.6	12.2	12.7	0.9	-2.9	3.8	11.8	0.6	11.3	100	7.0	-23.2	30.1	93.0	4.4	88.6
2006—2007	14.4	1.3	-3.2	4.5	13.1	0.6	12.6	14.2	1.2	-3.2	4.4	13.0	0.6	12.4	100	8.7	-22.3	31.0	91.3	3.9	87.4
2007—2008	11.7	-1.0	-3.1	2.1	12.7	0.6	12.2	9.6	-0.8	-2.6	1.7	10.4	0.5	10.0	100	-8.8	-26.7	17.8	108.8	4.8	104.0
2008—2009	11.6	-2.4	-4.4	2.0	14.0	0.6	13.4	9.2	-1.9	-3.5	1.6	11.1	0.5	10.6	100	-20.8	-37.9	17.1	120.8	5.4	115.4
2009—2010	13.1	-0.9	-4.1	3.2	14.0	0.5	13.5	10.4	-0.7	-3.3	2.5	11.1	0.4	10.7	100	-7.1	-31.5	24.4	107.1	3.8	103.3

注：表中 $\dot{y}$、tfp、effe、tech、input、l、k 分别表示GDP增长、全要素生产率、效率变化、技术进步、要素投入、劳动投入与资本投入。"1"利用本文的测算框架得到的结果，由效率变化贡献、技术进步贡献、要素投入贡献加总而得，与国家统计局公布的全国GDP增长率、来自于中经网。第二列至第八列是本文的测算结果；第十列至第十五列由第三列至第八列调整而得，调整因子为第九列与第二列的比值；第十六（十七、……二十三）列 = 第二（三、……八）列/第九列 = 第十列 × 100。

贡献基本在零值附近徘徊。政策效果在 1991 年开始显现，TFP 贡献大幅反弹至 4.0 个百分点，对经济增长的贡献份额则超过 40%。

与 1978 年相比，1991 年中国 GDP 增长约 214.9%，其中 TFP、劳动与资本分别贡献 62.0 个、13.3 个与 139.6 个百分点，贡献份额分别为 28.9%、6.2% 与 65.0%。就 TFP 对经济增长的贡献份额而言，与研究期限范围大致相同的其他研究相比，本文得到的结果与张军扩，Wang & Wei，王小鲁、樊纲、刘鹏等基本一致，较张军等与 Ozyurt 等以工业部门为研究范围的结果要高，但低于 Ao & Fulginiti 的研究结果。[①]

(2) 1992—2001 年。1992 年后，在邓小平南方谈话与明确建立社会主义市场经济体制目标后，经济改革进一步深化，经济效益显著改善，TFP 对经济增长的贡献明显提高。1992 年 TFP 贡献高达 8.0 个百分点，对经济增长的贡献份额达到 56.4%，为 1978—2010 年的最高值。1993 年 TFP 贡献达到 6.6 个百分点，贡献份额也接近 50%。1994—2001 年，除 1999 年、2001 年外，TFP 贡献均超过 2 个百分点，但大体处于下滑状态，对经济增长的贡献份额则从 30% 左右下滑至 20% 左右。与此同时，资本贡献份额则从 60% 左右上升至 80% 左右。劳动贡献份额变化较小，但在 1998 年，受国有企业改革的影响，劳动贡献份额仅为 -14.6%。

与 1991 年相比，2001 年中国 GDP 增长约 167.3%，其中 TFP、劳动与资本分别贡献 51.1 个、0.7 个与 115.6 个百分点，贡献份额分别为 30.5%、0.4% 与 69.1%。就 TFP 对经济增长的贡献份额而言，此阶段的 30.5% 略高于 1978—1991 年的 28.9%。如果考察 1978—2001 年的整体情况，则 TFP 对经济增长的贡献份额为 30.1%。与研究期限范围大致相同的其他研究相比，本文得到的结果与 Chow & Lin，张军、施少华，Wu，孙琳琳、任若恩，任若恩、孙琳琳等大致相等，较王小鲁，Wang & Yao，郭庆旺、贾俊雪，徐瑛、

---

① 张军扩：《"七五"期间经济效益的综合分析——各要素对经济增长贡献份额测算》，《经济研究》1991 年第 4 期；Wang, Zijian and Wei, Jiegen, "The Sources of China's Economic Growth: 1952 - 1998", Working Paper Series, http://papers.ssrn.com/sol3/papers.cfm? abstract_id = 628202, 2004；王小鲁、樊纲、刘鹏：《中国经济增长方式转换和增长可持续性》，《经济研究》2009 年第 1 期；Ozyurt, Selin, "Total Factor Productivity Growth in Chinese Industry: 1952 - 2005", *Montpellier Working Papers Series*, 2007, No. 07 - 13；Ao, Xiang and Lilyan Fulginiti, "Productivity Growth in China: Evidence from Chinese Provinces", Econ WPA Development and Comp Systems Series, 2005, No. 0502024.

表 8-2　中国经济增长的来源：累计值

单位：%

时间	经济增长速度及其来源 ẏ	tfp	effe	tech	input	l	k	调整后的经济增长速度及来源 ẏ	tfp	effe	tech	input	l	k	各分项来源的贡献份额 ẏ	tfp	effe	tech	input	l	k
1978—1979	8.4	-0.3	-7.9	7.5	8.7	1.0	7.8	11.7	-0.4	-10.9	10.5	12.1	1.3	10.8	100	-3.8	-93.5	89.7	103.8	11.4	92.5
1978—1980	17.9	1.4	-14.7	16.2	16.5	1.8	14.7	20.2	1.6	-16.6	18.2	18.6	2.1	16.5	100	7.9	-82.1	90.0	92.1	10.3	81.8
1978—1981	24.9	2.5	-18.6	21.1	22.4	3.0	19.4	29.6	3.0	-22.1	25.0	26.6	3.6	23.0	100	10.0	-74.7	84.7	90.0	12.1	77.9
1978—1982	36.9	6.7	-19.8	26.5	30.3	3.8	26.4	36.3	6.6	-19.5	26.0	29.7	3.8	26.0	100	18.1	-53.7	71.7	81.9	10.4	71.5
1978—1983	51.9	13.3	-21.0	34.2	38.6	4.7	34.0	48.7	12.4	-19.7	32.1	36.3	4.4	31.9	100	25.5	-40.4	66.0	74.5	9.0	65.4
1978—1984	75.1	25.4	-21.8	47.2	49.7	5.4	44.3	64.9	22.0	-18.8	40.8	42.9	4.6	38.3	100	33.8	-29.0	62.8	66.2	7.2	59.0
1978—1985	98.6	32.9	-28.4	61.3	65.7	6.2	59.4	90.0	30.0	-25.9	55.9	59.9	5.7	54.2	100	33.4	-28.8	62.2	66.6	6.3	60.3
1978—1986	113.4	31.9	-33.7	65.7	81.5	7.2	74.3	115.6	32.5	-34.4	67.0	83.1	7.3	75.8	100	28.1	-29.8	57.9	71.9	6.3	65.5
1978—1987	137.2	39.4	-32.5	71.9	97.8	8.1	89.8	134.6	38.7	-31.8	70.5	96.0	7.9	88.0	100	28.7	-23.6	52.4	71.3	5.9	65.4
1978—1988	164.9	50.5	-31.6	82.2	114.4	8.8	105.6	161.8	49.6	-31.0	80.6	112.3	8.7	103.6	100	30.6	-19.2	49.8	69.4	5.4	64.0
1978—1989	176.0	49.4	-34.2	83.6	126.6	9.6	117.1	191.4	53.7	-37.2	90.9	137.7	10.4	127.3	100	28.1	-19.5	47.5	71.9	5.4	66.5
1978—1990	191.2	51.3	-37.8	89.1	140.0	11.5	128.5	203.3	54.5	-40.2	94.7	148.8	12.2	136.6	100	26.8	-19.8	46.6	73.2	6.0	67.2
1978—1991	218.7	63.1	-42.3	105.5	155.6	13.5	142.1	214.9	62.0	-41.6	103.6	152.9	13.3	139.6	100	28.9	-19.4	48.2	71.1	6.2	65.0
1978—1992	268.3	91.1	-45.0	136.1	177.2	14.5	162.7	243.8	82.8	-40.9	123.6	161.0	13.2	147.9	100	34.0	-16.8	50.7	66.0	5.4	60.6
1978—1993	328.8	119.5	-51.4	170.9	209.3	15.0	194.3	292.7	106.4	-45.7	152.1	186.3	13.4	172.9	100	36.4	-15.6	52.0	63.6	4.6	59.1
1978—1994	390.1	139.3	-60.5	199.8	250.8	18.3	232.6	347.6	124.1	-53.9	178.0	223.5	16.3	207.2	100	35.7	-15.5	51.2	64.3	4.7	59.6
1978—1995	453.2	160.1	-65.4	225.5	293.1	19.8	273.3	406.3	143.5	-58.6	202.1	262.8	17.8	245.0	100	35.3	-14.4	49.8	64.7	4.4	60.3

续表

指标\时间	$\dot{y}$	经济增长速度及其来源 tfp	effe	tech	input	l	k	$\dot{y}$	调整后的经济增长速度及其来源 tfp	effe	tech	input	l	k	$\dot{y}$	各分项来源的贡献份额 tfp	effe	tech	input	l	k
1978—1996	518.2	179.4	−66.2	245.6	338.7	20.8	317.9	461.5	159.8	−58.9	218.8	301.7	18.5	283.2	100	34.6	−12.8	47.4	65.4	4.0	61.4
1978—1997	586.6	197.4	−77.2	274.6	389.2	23.5	365.7	517.6	174.2	−68.1	242.3	343.4	20.8	322.7	100	33.7	−13.2	46.8	66.3	4.0	62.3
1978—1998	653.8	219.3	−84.9	304.2	434.5	13.7	420.8	575.1	192.9	−74.7	267.6	382.2	12.1	370.1	100	33.5	−13.0	46.5	66.5	2.1	64.4
1978—1999	722.6	230.7	−98.1	328.8	491.9	14.0	477.9	627.7	200.4	−85.2	285.6	427.3	12.2	415.1	100	31.9	−13.6	45.5	68.1	1.9	66.1
1978—2000	803.8	249.8	−112.3	362.1	554.0	15.0	539.0	683.0	212.3	−95.4	307.7	470.7	12.7	458.0	100	31.1	−14.0	45.1	68.9	1.9	67.1
1978—2001	891.4	268.4	−125.3	393.8	623.0	16.3	606.7	748.8	225.5	−105.3	330.8	523.3	13.7	509.6	100	30.1	−14.1	44.2	69.9	1.8	68.1
1978—2002	999.6	291.8	−150.8	442.5	707.8	21.8	686.0	819.2	239.1	−123.6	362.7	580.1	17.9	562.3	100	29.2	−15.1	44.3	70.8	2.2	68.6
1978—2003	1135.7	318.9	−182.7	501.6	816.8	27.9	788.9	902.9	253.6	−145.2	398.8	649.3	22.2	627.2	100	28.1	−16.1	44.2	71.9	2.5	69.5
1978—2004	1305.2	354.5	−212.2	566.8	950.7	36.6	914.1	1003.2	272.5	−163.1	435.6	730.7	28.1	702.6	100	27.2	−16.3	43.4	72.8	2.8	70.0
1978—2005	1486.9	368.5	−246.9	615.4	1118.4	46.1	1072.3	1114.6	276.2	−185.1	461.3	838.4	34.6	803.8	100	24.8	−16.6	41.4	75.2	3.1	72.1
1978—2006	1704.8	383.7	−297.4	681.0	1321.1	55.7	1265.4	1251.9	281.7	−218.4	500.1	970.1	40.9	929.2	100	22.5	−17.4	39.9	77.5	3.3	74.2
1978—2007	1964.6	406.3	−355.4	761.7	1558.3	65.8	1492.5	1423.5	294.4	−257.5	551.9	1129.1	47.7	1081.5	100	20.7	−18.1	38.8	79.3	3.3	76.0
1978—2008	2206.4	385.0	−419.9	804.8	1821.4	77.4	1744.1	1639.9	286.1	−312.1	598.2	1353.8	57.5	1296.3	100	17.4	−19.0	36.5	82.6	3.5	79.0
1978—2009	2474.5	329.3	−521.4	850.7	2145.2	91.7	2053.4	1806.9	240.5	−380.8	621.2	1566.4	67.0	1499.5	100	13.3	−21.1	34.4	86.7	3.7	83.0
1978—2010	2811.4	305.5	−627.5	932.9	2505.9	104.4	2401.5	1982.3	215.4	−442.4	657.8	1766.9	73.6	1693.3	100	10.9	−22.3	33.2	89.1	3.7	85.4
1978—1991	218.7	63.1	−42.3	105.5	155.6	13.5	142.1	214.9	62.0	−41.6	103.6	152.9	13.3	139.6	100	28.9	−19.4	48.2	71.1	6.2	65.0
1991—2001	211.1	64.4	−26.0	90.5	146.7	0.9	145.8	167.3	51.1	−20.6	71.7	116.3	0.7	115.6	100	30.5	−12.3	42.9	69.5	0.4	69.1
2001—2010	193.7	3.7	−50.6	54.4	189.9	8.9	181.0	150.1	2.9	−39.3	42.1	147.2	6.9	140.3	100	1.9	−26.2	28.1	98.1	4.6	93.5

陈秀山、刘凤良的结果要高,但低于 Ao & Fulginiti, Perkins & Rawski 与 Bosworth & Collins 的结果。[1]

(3) 2002—2010 年。在加入 WTO 后的前三年内,TFP 每年贡献 2 个百分点左右的经济增长,贡献份额约为 20%。从 2005 开始,TFP 贡献大幅下滑,贡献份额则降到 10% 之下,劳动贡献份额有小幅提升,资本贡献份额则大幅提升,到 2007 年接近 90%。从 2008 年开始,在国际金融危机的影响下,国际需求减弱导致国内企业订单大幅减少,产能利用率明显下滑,企业开工量严重不足,生产资源大量闲置,最终导致生产效率以及 TFP 大幅降低至负值,仅是依靠资本贡献,经济增长速度才得以避免大幅度的下滑。与 2001 年相比,2010 年中国 GDP 增长约 149.1%,其中 TFP、劳动与资本分别贡献 3.6 个、6.8 个与 138.7 个百分点,贡献份额分别为 1.9%、4.6% 与 93.5%。

上述结果意味着,2001—2010 年中国经济增长主要依赖的是要素投入贡献,尤其是资本贡献,TFP 对经济增长的贡献非常有限。刘强、范爱军的研究也为此提供了证据。[2] 他们发现,加入 WTO 并未带来中国产业结构升级,其原因在于,加入 WTO 带来的规模效应尽管使资源配置效率短期内快速提高,但这种提高是基于原有的比较优势,由于中国的产业处于价值链低端,容易形成产业结果在价值链低端的固化,FDI 流入等因素进一步强化了这种产业链低端的固化。

---

[1] Chow, G., "Capital Formation and Economic Growth in China", *The Quarterly Journal of Economics*, 1993, 108 (3), pp. 809-842;张军、施少华:《中国经济全要素生产率变动:1952—1998》,《世界经济文汇》2003 年第 2 期;Wu, Harry X., "Accounting for China's Growth in 1952-2008: China's Growth Performance Debate Revisited with a Newly Constructed Dataset", RIETI Discussion Paper Series, 2011, No. 11-E-003;孙琳琳、任若恩:《中国资本投入和 TFP 的估算》,《世界经济》2005 年第 12 期;任若恩、孙琳琳:《我国行业层次的 TFP 估计:1981—2000》,《经济学》2009 年第 4 期;王小鲁:《中国经济增长的可持续性与制度变革》,《经济研究》2000 年第 7 期;Wang, Y., and Y. Yao, "Sources of China's Economic Growth 1952-1999: Incorporating Human Capital Accumulation", *China Economic Review*, 2003, 14 (1), pp. 32-52;郭庆旺、贾俊雪:《中国 TFP 的估算:1979—2003》,《经济研究》2005 年第 8 期;徐瑛、陈秀山、刘凤良:《中国技术进步贡献份额的度量与分解》,《经济研究》2006 年第 8 期;Ao, Xiang and Lilyan Fulginiti, "Productivity Growth in China: Evidence from Chinese Provinces", EconWPA Development and Comp Systems Series, 2005, No. 0502024;Perkins, D., and T. Rawski, "Forecasting China's Economic Growth to 2025", in Brandt, L., and T. Rawski (eds.), *China's Great Economic Transformation*, 2008, Cambridge and New York: Cambridge University Press;Bosworth, Barry and Susan M. Collins, "Accounting for Growth: Comparing China and India", NBER Working Paper, 2007, No. 12943.

[2] 刘强、范爱军:《入世为什么没有使中国的产业结果升级?》,《经济研究》工作论文,2011。

三 分区域考察

图 8-5 与表 8-3 展示了 1978—2010 年四大经济区域的经济增长来源。与全国的情形相似，要素投入尤其是资本投入是各地区的主要经济增长来源，资本投入对东部与东北地区经济增长的贡献份额分别达到 61.2% 与 96.1%，对中部与西部地区经济增长的贡献份额甚至超过了 100%。技术进步对各地区的经济增长有一定的正向作用，但由于效率变化值的负向影响，TFP 对经济增长的贡献份额较为有限，在东部地区略高于 1/3，在东北地区仅为 1.8%，在中部与西部地区甚至为负值。

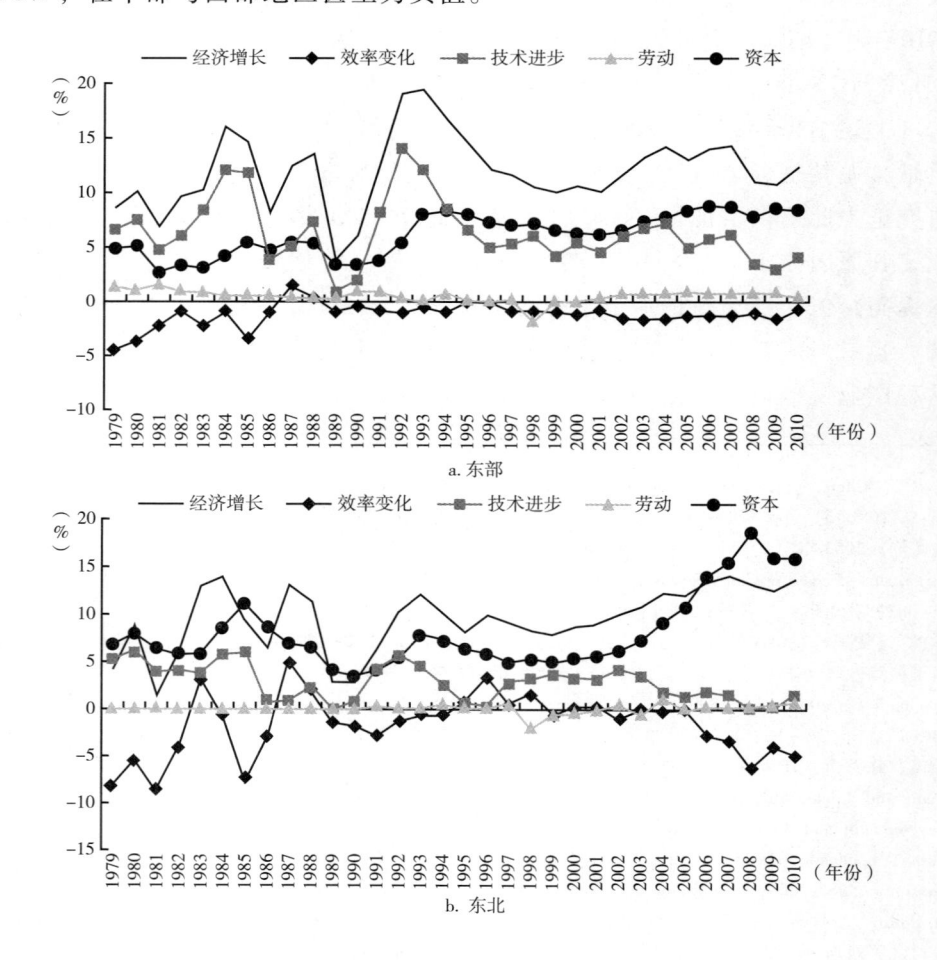

a. 东部

b. 东北

c. 中部

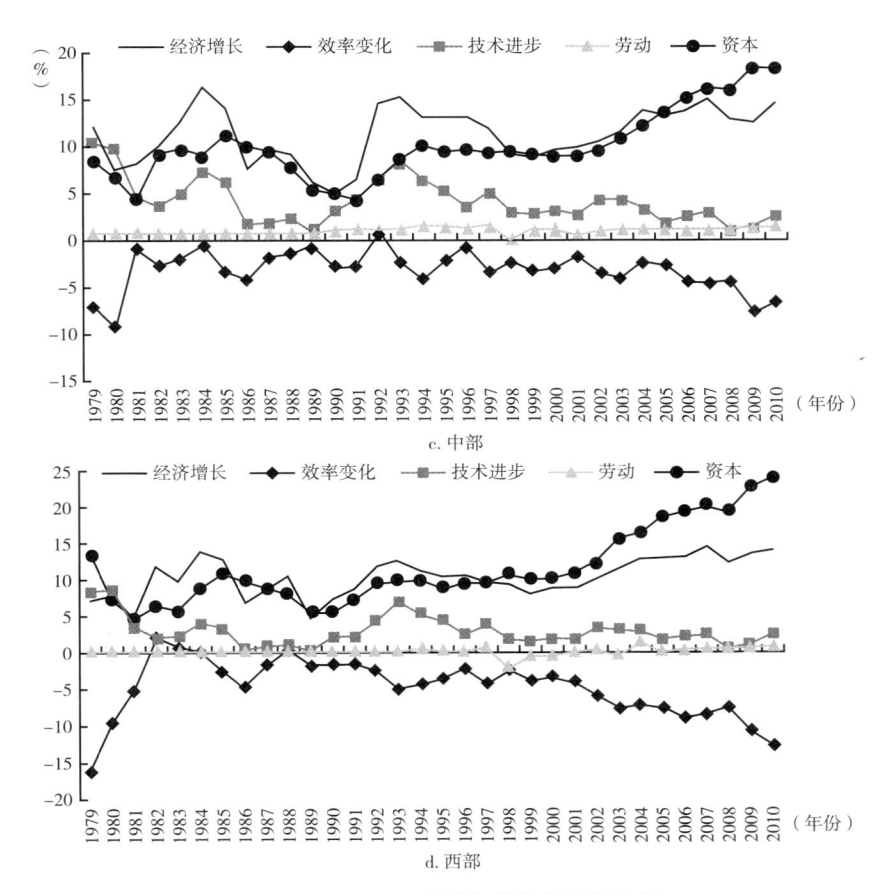

d. 西部

图 8-5　不同区域的经济增长来源分解

具体到东部地区，1978—1991 年 TFP 对经济增长的贡献份额超过了 50%，但在 1991—2001 年与 2001—2010 年两个阶段，TFP 的贡献份额明显下降，这主要是因为技术进步的贡献出现了下滑，资本投入的贡献份额则相应上升。东北地区在 1978—1991 年与 1991—2001 年两个阶段 TFP 对经济增长的贡献较大，尤其是后一阶段，贡献份额接近 40%，但在 2001 年之后，TFP 的贡献份额降为负值，资本投入成为这一阶段经济增长的主要源泉。中部地区也呈现出相似的变化趋势，前者在 2001 年之前，TFP 的贡献份额平均为 10% 左右，但在 2001 年之后降为负值。与其他三个地区相比，西部地区 TFP 对经济增长的贡献度较低。

表8-3 各分项来源对经济增长的贡献份额：累计值

单位：%

地区	指标 时间	$\dot{y}$	tfp	effe	tech	input	l	k
东部	1978—2010	100	34.7	-8.8	43.5	65.3	4.2	61.2
	1978—1991	100	50.4	-10.2	60.6	49.6	7.2	42.3
	1991—2001	100	44.7	-5.9	50.6	55.3	-0.7	56.0
	2001—2010	100	29.3	-9.8	39.1	70.7	5.6	65.0
中部	1978—2010	100	-13.4	-33.8	20.4	113.4	2.7	110.7
	1978—1991	100	7.9	-31.5	39.3	92.1	1.7	90.4
	1991—2001	100	11.0	-21.6	32.7	89.0	2.5	86.5
	2001—2010	100	-24.6	-38.4	13.8	124.6	3.0	121.7

地区	指标 时间	$\dot{y}$	tfp	effe	tech	input	l	k
东北	1978—2010	100	1.8	-17.3	19.2	98.2	2.1	96.1
	1978—1991	100	14.0	-26.1	40.1	86.0	1.2	84.8
	1991—2001	100	38.9	5.7	33.1	61.1	-2.3	63.4
	2001—2010	100	-11.4	-23.4	12.0	111.4	3.6	107.9
西部	1978—2010	100	-37.7	-57.6	19.9	137.7	4.2	133.5
	1978—1991	100	1.4	-27.5	28.9	98.6	10.7	87.8
	1991—2001	100	-5.2	-35.6	30.4	105.2	3.6	101.6
	2001—2010	100	-52.8	-68.3	15.5	152.8	3.5	149.3

长期以来，尤其是20世纪90年代之后，我国经济增长的区域差异显著扩大，东部地区的经济增速明显高于其他地区。近年来，其他地区与东部地区之间的经济增速差异已经明显变小，而在2008年之后，由于东部地区的外向型经济受国际金融危机的冲击更大，其他地区在经济增速方面已经"赶超"了东部地区。上述分析表明，这种"追赶"主要得益于这些地区生产要素贡献（主要是资本贡献）的快速提高，而非TFP贡献的提升。因此，采取措施促进先进生产技术在全国范围内的传播，提高落后省市的生产效率，对这些省市乃至全国未来的经济增长至关重要。

四 稳健性检验

如前文所言，选择不同的折旧率水平对资本存量尤其是对基期资本存量有较大影响。为考察不同折旧率对中国经济增长来源的影响，我们同时测算了在4%、7%与9.6%三种折旧率水平下的中国经济增长来源。

我们发现，不同的折旧率对劳动贡献份额基本没有影响，这可能是因为劳动贡献份额本身数值就比较低；在不同的折旧率下，TFP贡献份额与资本贡献份额各自的变化趋势基本一致（见图8-6与图8-7）。在研究初期以及贡献份额达到局部极值的年份，折旧率对TFP贡献份额与资本贡献份额的影响相对较大，而在多数年份里，两者对折旧率大小并不敏感。

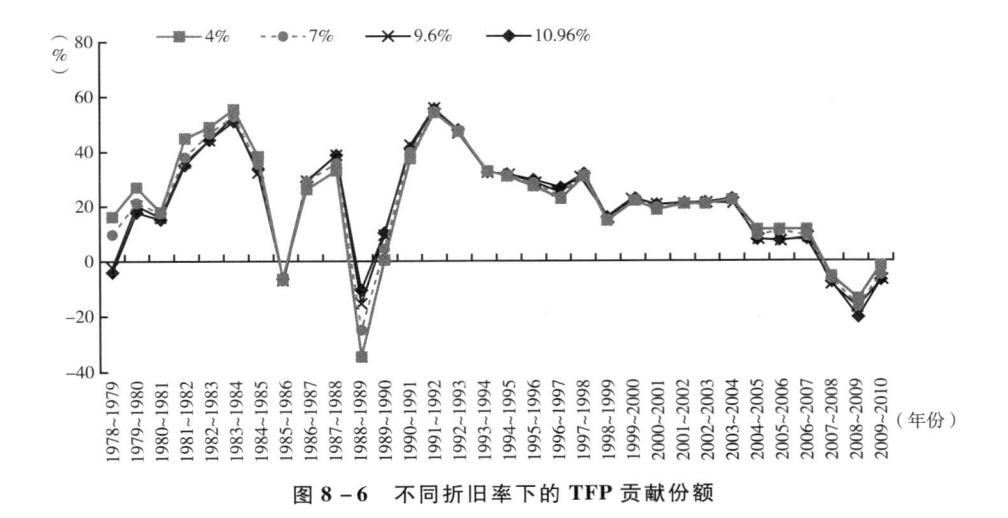

图8-6 不同折旧率下的TFP贡献份额

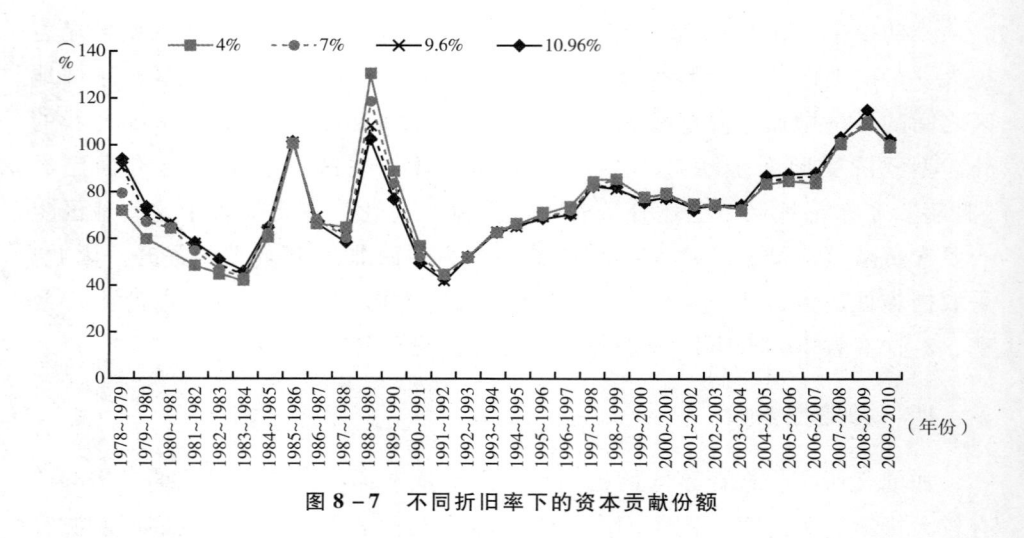

图 8-7　不同折旧率下的资本贡献份额

如以累计值衡量，则各分项来源对经济增长的贡献及贡献份额受折旧率的影响更小。在整个考察区间 1978—2010 年，如将折旧率从 10.96% 降低为 4%，TFP 贡献份额提高约 1.3 个百分点，资本贡献份额下降约 1.4 个百分点。在 1978—1991 年与 1991—2001 年两个分阶段，TFP 与资本贡献份额随折旧率变化而浮动的区间也仅为 2 个百分点左右。2001—2010 年，TFP 与资本贡献份额随折旧率变化而浮动的区间有所扩大，但也不到 5 个百分点。从上述结果来看，本文测算的结果较为稳健。

第六节　结论

本文推导出一个可以测算经济增长来源的非参数分析框架，并以省级数据为样本，测算 1978—2010 年的中国经济增长来源。结果显示，1978—2010 年，TFP、劳动与资本对经济增长的贡献份额约分别为 10.9%、3.7% 与 85.4%。如果不考虑 2008 年之后国际金融危机的影响，则在 1978—2007 年，TFP、劳动与资本对经济增长的贡献份额约分别为 20.7%、3.3% 与 76.0%。从经济增长的各分项来源来看，劳动的贡献份额较小，在多数年份低于 8%；TFP 贡献份额在 20 世纪 90 年代之前大体处于上升趋势但波动幅度较大，在 90 年代初一度超过 50%，但随后逐步下降；资本贡献份额在 20

第八章 劳动力素质对经济增长的影响　231

表 8-4　不同折旧率下的中国经济增长来源：累计值

单位：%

指标 时间	折旧率	经济增长速度及来源							调整后的经济增长速度及来源							各分项来源的贡献份额						
		y	tfp	effe	tech	input	i	k	y	tfp	effe	tech	input	i	k	y	tfp	effe	tech	input	i	k
1978—2010	4	2811.4	342.9	−600.3	943.2	2468.5	105.7	2362.8	1982.3	241.8	−423.3	665.1	1740.6	74.6	1666	100	12.2	−21.4	33.5	87.8	3.8	84
	7	2811.4	318.2	−617.7	935.9	2493.2	104.8	2388.5	1982.3	224.4	−435.5	659.9	1758	73.9	1684.1	100	11.3	−22	33.3	88.7	3.7	85
	9.6	2811.4	305.5	−627.5	932.9	2505.9	104.4	2401.5	1982.3	215.4	−442.4	657.8	1766.9	73.6	1693.3	100	10.9	−22.3	33.2	89.1	3.7	85.4
	10.96	2811.4	305.5	−627.5	932.9	2505.9	104.4	2401.5	1982.3	215.4	−442.4	657.8	1766.9	73.6	1693.3	100	10.9	−22.3	33.2	89.1	3.7	85.4
1978—1991	4	218.7	60.5	−54.1	114.6	158.2	13.4	144.8	214.9	59.4	−53.1	112.6	155.4	13.2	142.2	100	27.7	−24.7	52.4	72.3	6.1	66.2
	7	218.7	61.7	−47.2	108.9	157	13.5	143.5	214.9	60.6	−46.4	107	154.2	13.3	141	100	28.2	−21.6	49.8	71.8	6.2	65.6
	9.6	218.7	62.5	−43.8	106.3	156.2	13.5	142.7	214.9	61.4	−43	104.4	153.4	13.3	140.2	100	28.6	−20	48.6	71.4	6.2	65.2
	10.96	218.7	63.1	−42.3	105.5	155.6	13.5	142.1	214.9	62	−41.6	103.6	152.9	13.3	139.6	100	28.9	−19.4	48.2	71.1	6.2	65
1991—2001	4	211.1	60	−23.7	83.7	151	0.3	150.8	167.3	47.6	−18.8	66.4	119.7	0.2	119.5	100	28.4	−11.2	39.7	71.6	0.1	71.4
	7	211.1	62.6	−24.3	86.9	148.5	0.5	147.9	167.3	49.6	−19.2	68.9	117.7	0.4	117.3	100	29.7	−11.5	41.2	70.3	0.2	70.1
	9.6	211.1	64	−25.4	89.4	147.1	0.7	146.4	167.3	50.7	−20.2	70.9	116.6	0.6	116	100	30.3	−12.1	42.4	69.7	0.4	69.3
	10.96	211.1	64.4	−26	90.5	146.7	0.9	145.8	167.3	51.1	−20.6	71.7	116.3	0.7	115.6	100	30.5	−12.3	42.9	69.5	0.4	69.1
2001—2010	4	193.7	11.8	−45.9	57.7	181.9	9.4	172.5	150.1	9.1	−35.6	44.7	141	7.3	133.7	100	6.1	−23.7	29.8	93.9	4.8	89.1
	7	193.7	8.2	−48	56.2	185.4	9.1	176.3	150.1	6.4	−37.2	43.6	143.7	7.1	136.6	100	4.2	−24.8	29	95.8	4.7	91
	9.6	193.7	5.2	−49.7	54.9	188.4	9	179.5	150.1	4.1	−38.5	42.6	146	6.9	139.1	100	2.7	−25.7	28.4	97.3	4.6	92.7
	10.96	193.7	3.7	−50.6	54.4	189.9	8.9	181	150.1	2.9	−39.3	42.1	147.2	6.9	140.3	100	1.9	−26.2	28.1	98.1	4.6	93.5

世纪 90 年代之前大体处于下降趋势且波动幅度较大，在 1992 年之后则基本呈上升趋势。分地区来看，TFP 对东部地区经济增长的贡献要远大于对其他地区的贡献，尽管近年来其他地区在经济增速方面已经实现了对东部地区的"赶超"，但这种"追赶"主要得益于这些地区生产要素贡献（主要是资本贡献）的快速提高，而非 TFP 贡献的提升。

从改革开放到 20 世纪初的 20 多年时间内，TFP 对中国经济增长的贡献尽管低于资本贡献，但仍达到 30% 左右，这表明 TFP 的提高是中国经济增长的重要推动力之一。同时还应注意到，中国经济对资本的依赖性很高且越来越强。2008—2010 年，中国经济增长甚至全部来自于资本贡献；即便不考虑国际金融危机的影响，2005—2007 年，资本对中国经济增长的贡献份额也接近 90%。如何平衡好经济增长速度与经济增长效益之间的关系，确实是我们需要认真思考且可能是需要长期面对的问题之一。同时，如何充分利用东部地区的先进生产技术，促进先进生产技术在全国范围的传播，进而促进东北、中部与西部地区的 TFP 进步，对这些省市乃至全国的经济增长至关重要。

参考文献

[1] 安格斯·麦迪森：《中国经济增长的长期表现：公元 960—2030》，伍晓鹰、马德斌译，上海人民出版社 2008 年版。

[2] 陈宽、谢千里、罗斯基、王宏昌、郑玉歆：《中国国营工业生产率变动趋势研究》，《中国社会科学》1988 年第 4 期。

[3] 陈勇、唐朱昌：《中国工业的技术选择与技术进步：1985—2003》，《经济研究》2006 年第 9 期。

[4] 董敏杰、李钢、梁泳梅：《中国工业环境全要素生产率的来源分解——基于要素投入与污染治理的分析》，《数量经济技术经济研究》2012 年第 2 期。

[5] 高宇明、齐中英：《基于时变参数的我国全要素生产率估计》，《数量经济技术经济研究》2008 年第 2 期。

[6] 高宇明、齐中英：《两种时变参数方法估算全要素生产率研究》，《数理统计与管理》2008 年第 4 期。

[7] 郭克莎：《1979—1988 年经济增长的因素及效应分析》，《经济研究》1990 年第 10 期。

[8] 郭庆旺、贾俊雪：《中国 TFP 的估算：1979—2003》，《经济研究》2005 年第 8 期。

- [9] 郭庆旺、赵志耘、贾俊雪：《中国省份经济的 TFP 分析》，《世界经济》2005 年第 5 期。
- [10] 郭玉清、姜磊：《中国地区经济差距扩散的源泉：资本深化还是效率改进?》，《数量经济技术经济研究》2010 年第 7 期。
- [11] 克鲁格曼：《萧条经济学的回归》，朱文辉等译，中国人民大学出版社 1999 年版。
- [12] 李宾、曾志雄：《中国 TFP 变动的再测算：1978—2007 年》，《数量经济技术经济研究》2009 年第 3 期。
- [13] 李京文等：《生产率与中国经济增长的研究：1953—1990 年》，《数量经济技术经济研究》1992 年第 1 期。
- [14] 李京文等：《生产率与中国经济增长》，《数量经济技术经济研究》1996 年第 12 期。
- [15] 林毅夫、刘培林：《经济发展战略对劳均资本积累和技术进步的影响——基于中国经验的实证研究》，《中国社会科学》2003 年第 4 期。
- [16] 林毅夫、任若恩：《东亚经济增长模式相关争论的再探讨》，《经济研究》2007 年第 8 期。
- [17] 刘强、范爱军：《入世为什么没有使中国的产业结果升级?》，《经济研究》工作论文，2011。
- [18] 吕冰洋、余丹林：《中国梯度发展模式下经济效率的增进——基于空间视角的分析》，《中国社会科学》2009 年第 6 期。
- [19] 聂辉华、贾瑞雪：《中国制造业企业生产率与资源配置》，《世界经济》2011 年第 7 期。
- [20] 任若恩、孙琳琳：《我国行业层次的 TFP 估计：1981—2000》，《经济学（季刊）》2009 年第 4 期。
- [21] 单豪杰：《中国资本存量 K 的再估算：1952—2006 年》，《数量经济技术经济研究》2008 年第 10 期。
- [22] 世界银行经济考察团：《中国：社会主义经济的发展（主报告）》，中国财政经济出版社 1982 年版。
- [23] 世界银行经济考察团：《中国：长期发展的问题和方案（主报告）》，中国财政经济出版社 1987 年版。
- [24] 孙琳琳、任若恩：《中国资本投入和 TFP 的估算》，《世界经济》2005 年第 12 期。
- [25] 涂正革、肖耿：《中国的工业生产力革命——用随机前沿生产模型对中国大中型工业企业 TFP 增长的分解及分析》，《经济研究》2005 年第 3 期。
- [26] 涂正革、肖耿：《中国经济的高增长能否持续——基于企业生产率动态变化的分析》，《世界经济》2006 年第 2 期。
- [27] 王恕立、胡宗彪：《中国服务业分行业生产率变迁及异质性考察》，《经济研究》2012 年第 4 期。
- [28] 王兵、严鹏飞：《技术效率、技术进步与东亚经济增长：基于 APEC 视角的实证分析》，《经济研究》2007 年第 5 期。
- [29] 王清杨、李勇：《技术进步和要素增长对经济增长的作用——兼评索洛的"余值法"》,《中国社会科学》1992 年第 2 期。

[30] 王小鲁:《中国经济增长的可持续性与制度变革》,《经济研究》2000 年第 7 期。

[31] 王小鲁、樊纲、刘鹏:《中国经济增长方式转换和增长可持续性》,《经济研究》2009 年第 1 期。

[32] 魏楚、黄文若、沈满洪:《环境敏感性生产率研究综述》,《世界经济》2011 年第 5 期。

[33] 吴延瑞:《生产率对中国经济增长的贡献:新的估计》,《经济学(季刊)》2008 年第 8 期。

[34] 徐现祥、舒元:《基于对偶法的中国全要素生产率核算》,《统计研究》2009 年第 7 期。

[35] 徐瑛、陈秀山、刘凤良:《中国技术进步贡献份额的度量与分解》,《经济研究》2006 年第 8 期。

[36] 严鹏飞、王兵:《技术效率、技术进步与生产率增长:基于 DEA 的实证分析》,《经济研究》2004 年第 12 期。

[37] 杨勇:《中国服务业 TFP 再测算》,《世界经济》2008 年第 1 期。

[38] 姚战琪:《生产率增长与要素再配置效应:中国的经验研究》,《经济研究》2009 年第 11 期。

[39] 余丹林、吕冰洋:《质疑区域生产率测算:空间视角下的分析》,《中国软科学》2009 年第 11 期。

[40] 于君博:《前沿生产函数在中国区域经济增长技术效率测算中的应用》,《中国软科学》2006 年第 11 期。

[41] 于永达、吕冰洋:《中国生产率争论:方法的局限性和结论的不确定性》,《清华大学学报》(哲学社会科学版) 2010 年第 3 期。

[42] 岳书敬、刘朝明:《人力资本与区域 TFP 分析》,《经济研究》2006 年第 4 期。

[43] 张军、施少华:《中国经济全要素生产率变动:1952—1998》,《世界经济文汇》2003 年第 2 期。

[44] 张军、吴桂英、张吉鹏:《中国省际物质资本存量估算:1952—2000》,《经济研究》2004 年第 10 期。

[45] 张军扩:《"七五"期间经济效益的综合分析——各要素对经济增长贡献份额测算》,《经济研究》1991 年第 4 期。

[46] 张神根:《试析 1992 年以来经济体制改革的特点》,《当代中国史研究》2001 年第 5 期。

[47] 章上峰:《时变弹性生产函数与全要素生产率》,《经济学》2011 年第 2 期。

[48] 章上峰、许冰:《时变弹性生产函数生产率分解公式及其政策含义》,《数量经济技术经济研究》2009 年第 7 期。

[49] 章铮、张大生、王小宽:《中华人民共和国经济发展全记录(第一卷)》,中国社会出版社 2009 年版。

[50] 章铮、张大生、王小宽:《中华人民共和国经济发展全记录(第二卷)》,中国社会出版社 2009 年版。

[51] 赵志耘、吕冰洋、郭庆旺、贾俊雪:《资本积累与技术进步的动态融合:中国经济增长的一个典型事实》,《经济研究》2007 年第 11 期。

[52] 郑京海、胡鞍钢：《中国改革时期省际生产率增长变化的实证分析（1979—2001年）》，《经济学》2005 年第 1 期。

[53] 郑京海、刘小玄、Arne Bigsten：《中国国有企业的效率、技术进步和最佳实践》，《经济学》2002 年第 4 期。

[54] 朱承亮、岳宏志、李婷：《中国经济增长效率及其影响因素的实证研究：1985—2007 年》，《数量经济技术经济研究》2009 年第 9 期。

[55] 朱钟棣、李小平：《中国工业行业的 TFP 测算——基于分行业面板数据的研究》，《管理世界》2005 年第 4 期。

[56] 朱钟棣、李小平：《中国工业行业资本形成、TFP 变动及其趋异化：基于分行业面板数据的研究》，《世界经济》2005 年第 9 期。

[57] Ao, Xiang and Lilyan Fulginiti, "Productivity Growth in China: Evidence from Chinese Provinces", EconWPA Development and Comp Systems Series, 2005, No. 0502024.

[58] Bosworth, Barry and Susan M. Collins, "Accounting for Growth: Comparing China and India", NBER Working Paper, 2007, No. 12943.

[59] Chow, G., "Capital Formation and Economic Growth in China", The Quarterly Journal of Economics, 1993, 108 (3), pp. 809 – 842.

[60] Chow, G., and A. Lin, "Accounting for Economic Growth in Taiwan and Mainland China: A Comparative Analysis", Journal of Comparative Economics, 2002, 30 (3), pp. 507 – 530.

[61] Chow, G., "Note: Another Look at the Rate of Increase in TFP in China", Journal of Chinese Economic and Business Studies, 2008, 6 (2), pp. 219 – 224.

[62] Hall, Robert E. and Charles I. Joens, "Why Do Some Countries Produce So Much More Output Per Worker Than Others", The Quarterly Journal of Economics, 1999, 114 (2), 83 – 116.

[63] Hu, Zuliu and Mohsin S. Khan, "Why is China Growing So Fast?", IMF Economic Issues, 1997, No. 8.

[64] Jefferson, G., T. Rawski, L. Wang, and Y. Zheng, "Ownership, Productivity Change, and Financial Performance in Chinese Industry", Journal of Comparative Economics, 2000, 28 (4), pp. 786 – 813.

[65] Li, Kui – Wai and Tung Liu, "Economic and Productivity Growth Decomposition: An Application to Post – reform China", Economic Modelling, 2011, 20 (1), pp. 366 – 373.

[66] Oh, Dong-hyun and Almas Heshmati, "A Sequential Malmquist-Luenberger Productivity Index: Environmentally Sensitive Productivity Growth Considering the Progressive Nature of Technology", Energy Economics, 2010, 32, (6), pp. 1345 – 1355.

[67] Ozyurt, Selin, "Total Factor Productivity Growth in Chinese Industry: 1952 – 2005", Montpellier Working Papers Series, 2007, No. 07 – 13.

[68] Perkins, D., and T. Rawski, "Forecasting China's Economic Growth to 2025", in

Brandt, L., and T. Rawski (eds.), *China's Great Economic Transformation*, 2008, Cambridge and New York: Cambridge University Press.

[69] Wang, Y., and Y. Yao, "Sources of China's Economic Growth 1952 – 1999: Incorporating Human Capital Accumulation", *China Economic Review*, 2003, 14 (1), pp. 32 – 52.

[70] Wang, Zijian and Wei, Jiegen, "The Sources of China's Economic Growth: 1952 – 1998", Working Paper Series, http://papers.ssrn.com/sol3/papers.cfm?abstract_id = 628202, 2004.

[71] Wu, Harry X., "Accounting for China's Growth in 1952 – 2008: China's Growth Performance Debate Revisited with a Newly Constructed Dataset", RIETI Discussion Paper Series, 2011, No. 11 – E – 003.

[72] Wu, Yanrui, "Has Productivity Contributed to China's Growth?", *China Economic Review*, 2003, 8 (1), pp. 15 – 30.

[73] Young, Alwyn, "Gold into Base Metals: Productivity Growth in the People's Republic of China during the Reform Period", *Journal of Political Economy*, 2003, 111 (6), pp. 1220 – 1261.

[74] Zhou, P., B. W. Ang & K. L. Poh, "A Survey of Data Envelopment Analysis in Energy and Environmental Studies", *European Journal of Operational Research*, 2008, 189 (1), pp. 1 – 18.

第 九 章
劳动力素质对劳动生产率的影响

本章提要：本章测算了1997—2010年中国劳动生产率的增长状况及劳动利用效率损失；研究结果表明：1997—2010年全国全要素生产率年均提升约2.07个百分点，其中，劳动生产率的贡献是0.89个百分点；劳动生产率的提高主要来自于劳动技术的进步；分区域来看，无论是劳动技术进步率还是劳动利用效率，东部地区均处于明显的领先地位。

我们检验了劳动力素质等相关变量对劳动生产率增速的影响。解释变量包括各省劳动力平均受教育年限、劳动生产率增速的一阶滞后项经济发展水平（用人均GDP的对数值衡量）、男性就业人员占就业人员总数的比重、城镇就业人员占就业人员总数的比重、第一产业与第二产业就业人员占就业人员总数的比重、时间虚拟变量。我们并未发现劳动力素质的提升明显促进劳动生产率提高的证据。

劳动力素质的提升使企业能够更便利地使用高素质劳动力来从事更高技术含量的工作，从产业价值链的低端环节不断地过渡到技术开发、产品设计环节，从而推进中国企业和产业的升级，为形成新的竞争优势提供了可能。而要将这种可能转变为现实，就需要将教育成果转化为生产力，真正发挥劳动力尤其是高素质劳动力的作用，具体措施包括：继续促进劳动力的跨地区流动，进一步消除劳动力在区域、行业间流动的制度壁垒，提高劳动力资源，尤其是高素质劳动力的利用效率；加快东部地区产业升级速度，推动经济转型；加快产业结构转移，促进中西部地区的产业升级，鼓励东部地区企业到中西部地区投资建厂。

改革开放以来，中国劳动力的素质有了很大的提升，劳动力受教育的程度不断提高。根据联合国教科文组织的统计，目前中国拥有世界上数量最多的大学毕业生。劳动力受教育程度的提升为中国经济持续快速发展提供了可能性，这种可能性能否转化为现实，则取决于就业状况、产业结构与劳动力结构的匹配程度等多种因素。本章旨在考察劳动力素质对劳动生产率的影响状况，并提出相应的政策建议。

第一节　引言

本章的首要工作是测算劳动生产率。早期的方法是用人均产出表示劳动生产率，这种方法的不足之处在于，将产出全部看做劳动投入的结果，忽略了资本投入的贡献。为避免这一缺陷，许多研究使用了全要素生产率的概念。按多数研究文献[1]综述部分的归纳，目前测算全要素生产率增速的方法主要有参数方法、随机前沿生产函数法与非参数方法[2]三大类。其中，参数方法从所使用的生产函数具体形式来看，又包括柯布－道格拉斯生产函数（CD 函数）与超越对数生产函数（Translog 函数）两大类；与参数方法类

---

[1]　一个较全面的介绍请参见永达、吕冰洋《中国生产率争论：方法的局限性和结论的不确定性》，《清华大学学报》（哲学社会科学版）2010 年第 3 期。

[2]　目前学界对 TFP 增长率测算方法的划分尚未有统一标准，分歧主要集中于对随机前沿生产函数法的看法。陈勇、唐朱昌认为随机前沿生产函数法是一种参数方法；聂辉华、贾瑞雪认为是随机前沿生产函数法非参数方法；于永达、吕冰洋与魏楚、黄文若、沈满洪的文献综述均将随机前沿生产函数法作为与参数方法、非参数方法（原文为数据包络分析法）相并列的、独立的研究方法。郭庆旺等则将随机前沿生产函数法与非参数的数据包络分析方法通称为边界生产前沿函数法。我们采用了与于永达、吕冰洋，魏楚等一致的划分标准。陈勇、唐朱昌：《中国工业的技术选择与技术进步：1985—2003》，《经济研究》2006 年第 9 期；聂辉华、贾瑞雪：《中国制造业企业生产率与资源误置》，《世界经济》2011 年第 7 期；于永达、吕冰洋：《中国生产率争论：方法的局限性和结论的不确定性》，《清华大学学报》（哲学社会科学版）2010 年第 3 期；魏楚、黄文若、沈满洪：《环境敏感性生产率研究综述》，《世界经济》2011 年第 5 期；郭庆旺、赵志耘、贾俊雪：《中国省份经济的 TFP 分析》，《世界经济》2005 年第 5 期。

似，随机前沿生产函数法（Stochastic Frontier Analysis，SFA）也包括 CD 函数与 Translog 函数两大类，区别在于 SFA 在参数回归方程中增加了生产效率项；非参数方法一般是以数据包络分析（Data Envelope Analysis，DEA）方法为基础，首先通过线性规划测算出产出距离值，再将产出距离值动态化计算出反映 TFP 增长的指数，目前使用最为广泛的是曼姆奎斯特指数（Malmquist Index，以下简称"M 指数"），也有部分文献使用了卢恩伯格指数（Luenberger Index，以下简称"L 指数"）。

对于参数方法与 SFA 的不足，已有许多文献进行探讨[1]，其中最主要的是，参数方法与 SFA 需要设定生产函数的具体形式，并对误差项设定某些假设前提。与参数方法相比，非参数方法无需对生产函数的形式进行先验设定，同时可以避免空间相关性带来的测量误差[2]，因此在测算全要素生产率增速方面可能更为适宜[3]。非参数方法方面，无论是 M 指数还是 L 指数，目前的方法测算的均是全要素生产率增速，而全要素生产率的增长既可能来自于劳动生产率的提升，也有可能来自于产出或资本生产率的提升。因此，全要素生产率的增长并不完全来自于劳动力相关变量的影响，如果能测算出劳动生产率的提升速度，则能更准确的测算劳动力相关变量对生产率的影响。董敏杰、李钢、梁泳梅提供了一个可以将全要素生产率增速按产出与要素投入进行分解的框架[4]，第二节将按照这一框架测算 1997—2010 年中国劳动生产率的增长状况，第三节检验劳动力素质等相关变量对劳动生产率增速的影响，最后为结论及政策建议节。

---

[1] 林毅夫、任若恩：《东亚经济增长模式相关争论的再探讨》，《经济研究》2007 年第 8 期；余丹林、吕冰洋：《质疑区域生产率测算：空间视角下的分析》，《中国软科学》2009 年第 11 期。

[2] 余丹林、吕冰洋：《质疑区域生产率测算：空间视角下的分析》，《中国软科学》2009 年第 11 期。

[3] 陈勇、唐朱昌：《中国工业的技术选择与技术进步：1985—2003》，《经济研究》2006 年第 9 期；于君博：《前沿生产函数在中国区域经济增长技术效率测算中的应用》，《中国软科学》2006 年第 11 期；林毅夫、任若恩：《东亚经济增长模式相关争论的再探讨》，《经济研究》2007 年第 8 期。

[4] 董敏杰、李钢、梁泳梅：《中国工业环境全要素生产率的来源分解——基于要素投入与污染治理的分析》，《数量经济技术经济研究》2012 年第 2 期。

第二节 劳动生产率增速的测算

一 测算框架

根据 Fukuyama 和 Weber[①],同时考虑投入与产出时的效率损失函数为:

$$IE^{t,j}(x^{t,j},y^{t,j};g_x^{t,j},g_y^{t,j}) = \max_{s_x,s_y,s_b} \frac{\frac{1}{N}\sum_{n=1}^{N}\frac{S_{n,x}^{t,j}}{g_{n,x}^{t,j}} + \frac{1}{M}\sum_{m=1}^{M}\frac{S_{m,y}^{t,j}}{g_{m,y}^{t,j}}}{2}$$

$$s.t. \sum_{k=1}^{K} z^{t,k}x_n^{t,k} + S_{n,x}^{t,j} = x_n^{t,j},\forall n;\sum_{k=1}^{K} z^{t,k}y_m^{t,k} - S_{m,y}^{t,j} = y_m^{t,j},\forall m;$$

$$\sum_{k=1}^{K} z^{t,k} = 1, z^{t,k} \geq 0, \forall k; S_{n,x}^{t,j} \geq 0, \forall n; S_{m,y}^{t,j} \geq 0, \forall m \tag{1}$$

$IE^{t,j}(x^{t,j},y^{t,j};g_x^{t,j},g_y^{t,j})$ 表示 t 时期、K 个生产单元中第 j 个生产单元的效率损失值。其中,$x^{t,j}$ 与 $y^{t,j}$ 分别表示 t 时期生产单元 j 的投入向量与产出向量,两种向量包含的种类数分别为 N 与 M;$S_{n,x}^{t,j}$ 与 $S_{m,y}^{t,j}$ 分别表示 t 时期生产单元 j 的第 n 种投入和第 m 种产出的松弛向量;$g_{n,x}^{t,j}$ 与 $g_{m,y}^{t,j}$ 分别表示投入压缩与产出扩张的方向性向量;$z^{t,k}$ 表示权重;$\sum_{k=1}^{K} z^{t,k} = 1, z^{t,k} \geq 0, \forall k$ 的约束条件意味着规模报酬可变(VRS),如果去掉这一约束条件则意味着规模报酬不变(CRS),本节主要测算 VRS 条件下的效率损失值及全要素生产率。

在投入为劳动与资本的情况下,$N = 2$,$M = 1$,(1)式可进一步写为:

$$IE^{t,j}(l^{t,j},k^{t,j},y^{t,j},g_l,g_k,g_y) = \max_{s_l,s_k,s_y} \frac{\frac{1}{2}\frac{S_l^{t,j}}{l^{t,j}} + \frac{1}{2}\frac{S_k^{t,j}}{k^{t,j}} + \frac{S_y^{t,j}}{y^{t,j}}}{2}$$

---

① Fukuyama, Hirofumi and William L. Weber, "A Directional Slacks – based Measure of Technical Inefficiency", Socio – Economic Planning Science, 2009, Vol. 43, Issue 4, 274 – 287.

$$s.t.\ l^{t,j} - S_l^{t,j} = \sum_{k=1,k\neq o}^{K} z^{t,k} l^{t,k}; k^{t,j} - S_k^{t,j} = \sum_{k=1,k\neq o}^{K} z^{t,k} k^{t,k}; y^{t,j} + S_y^{t,j} = \sum_{k=1,k\neq o}^{K} z^{t,k} k^{t,k};$$

$$\sum_{k=1,k\neq o}^{K} z^{t,k} = 1, z^{t,k} \geq 0, \forall k; S_l^{t,j} \geq 0; S_k^{t,j} \geq 0; S_y^{t,j} \geq 0 \tag{2}$$

可进一步将效率损失函数值分解为三部分：劳动利用效率损失、资本利用效率损失与产出效率损失。对于 t 时期的生产单元 j，三者可分别表示为：

$$IE_l^{t,j} = \frac{1}{4} \frac{S_l^{t,j}}{l^{t,j}} \tag{3}$$

$$IE_k^{t,j} = \frac{1}{4} \frac{S_k^{t,j}}{k^{t,j}} \tag{4}$$

$$IE_y^{t,j} = \frac{1}{2} \frac{S_y^{t,j}}{y^{t,j}} \tag{5}$$

（2）式的效率损失函数可写为：

$$IE^{t,j} = IE_l^{t,j} + IE_k^{t,j} + IE_y^{t,j} \tag{6}$$

根据董敏杰等[①]的研究，从动态[②]的角度看，有：

$$LI = Effe + Tech \tag{7}$$

其中：

$$Effe = IE^t(l^t,k^t,y^t) - IE^{t+1}(l^{t+1},k^{t+1},y^{t+1}) \tag{8}$$

$$Tech = \frac{1}{2}\{[IE^{t+1}(l^{t+1},k^{t+1},y^{t+1}) - IE^t(l^{t+1},k^{t+1},y^{t+1})] +$$
$$[IE^{t+1}(l^t,k^t,y^t) - IE^t(l^t,k^t,y^t)]\} \tag{9}$$

（5）—（7）式即 Chambers, Chambers、Färe 和 Grosskopf 所提出的卢

---

① 董敏杰、李钢、梁泳梅：《中国工业环境全要素生产率的来源分解——基于要素投入与污染治理的分析》，《数量经济技术经济研究》2012年第2期。

② 对效率值与全要素生产率的区分有助于理解本文的研究思路。效率指标度度的是既定时期各决策单元与生产边界的相对关系，是一种静态分析；全要素生产率测度的是生产边界的移动（技术进步）以及各决策单元与生产边界相对位置的变化（效率变化），是一种动态分析。按照SDF（谢波德产出距离函数）、DDF、SBM与SBI四种方法均可测算出距离函数值，根据当期距离函数值则可以测算出效率值，根据当期距离函数值与跨期距离函数值则可以进一步测算出全要素生产率。

恩伯格生产率指数。① （8）式与（9）式包括了四个效率损失值，其中，$IE^t(l^t,k^t,y^t)$ 与 $IE^{t+1}(l^{t+1},k^{t+1},y^{t+1})$ 分别表示 t 期与 $t+1$ 期的效率损失值，$IE^t(l^{t+1},k^{t+1},y^{t+1})$ 与 $IE^{t+1}(l^t,k^t,y^t)$ 表示两个跨期效率损失值，前者是以 $t+1$ 期的生产组合作为被考察单元、以 t 期的生产组合构建生产前沿面，后者则是以 t 期的生产组合作为被考察单元、以 $t+1$ 期的生产组合构建生产前沿面。需要指出的是（2）式中方向性向量的选择，根据董敏杰等的推导过程②，不仅是 $IE^t(l^t,k^t,y^t)$，其余三个效率损失值在计算时均要以 t 期的劳动投入、资本投入与产出作为方向性向量。

基于效率损失函数的可加性，有下列关系式：

$$LI = LI_l + LI_k + LI_y \tag{10}$$

$$Effe = Effe_l + Effe_k + Effe_y \tag{11}$$

$$Tech = Tech_l + Tech_k + Tech_y \tag{12}$$

具体推导过程参见董敏杰等③的研究。（10）—（12）式中，LI_l 表示劳动生产率，$Effe_l$ 表示劳动利用效率的变化，$Tech_l$ 表示劳动利用技术进步率；LI_k 表示资本生产率，$Effe_k$ 表示资本利用效率的变化，$Tech_k$ 表示资本利用技术进步率；LI_y 表示产出生产率，$Effe_y$ 表示产出技术的利用效率变化值，$Tech_y$ 表示产出技术进步率。（7）—（9）式表示，全要素生产率可以按照技术进步与效率提高进行分解，（10）—（12）式表示，全要素生产率也可以按照投入要素与产出进行分解。

如果将（7）—（9）式中的相关变量具体化为劳动投入，有：

$$LI_l = Effe_l + Tech_l \tag{13}$$

---

① Chambers Robert G., "A New Look at Exact Input, Output, and Productivity Measurement", Department of Agricultral and Resource Economics, The University of Maryland, College Park, Working Paper, 1996, No. 96 - 05; Chambers Robert G., "Exact Nonradial Input, Output, and Productivity Measurement", Economic Theory, 2002, Vol. 20, Issue. 4, 751 - 765.

② 董敏杰、李钢、梁泳梅：《中国工业环境全要素生产率的来源分解——基于要素投入与污染治理的分析》，《数量经济技术经济研究》2012 年第 2 期。

③ 董敏杰、李钢、梁泳梅：《中国工业环境全要素生产率的来源分解——基于要素投入与污染治理的分析》，《数量经济技术经济研究》2012 年第 2 期。

$$Effe_l = IE_l^t(l^t,k^t,y^t) - IE_l^{t+1}(l^{t+1},k^{t+1},y^{t+1}) \tag{14}$$

$$Tech_l = \frac{1}{2}\{[IE_l^{t+1}(l^{t+1},k^{t+1},y^{t+1}) - IE_l^t(l^{t+1},k^{t+1},y^{t+1})] + [IE_l^{t+1}(l^t,k^t,y^t) - IE_l^t(l^t,k^t,y^t)]\} \tag{15}$$

（13）—（15）式表示，与 LI、Effe 与 Tech 类似，LI_l、$Effe_l$ 与 $Tech_l$ 可以通过计算四个劳动利用效率损失值 $IE_l^t(l^t, k^t, y^t)$、$IE_l^{t+1}(l^{t+1}, k^{t+1}, y^{t+1})$、$IE_l^t(l^{t+1}, k^{t+1}, y^{t+1})$ 与 $IE_l^{t+1}(l^t, k^t, y^t)$ 而得。

对位于生产前沿面上，即不存在效率损失的生产单元，上述（2）式无法测出其相对效率。而且，在计算跨期效率损失值 $IE_l^t(l^{t+1},k^{t+1},y^{t+1})$ 时，由于用以构建生产前沿的技术参照 t 期及之前各省份的生产组合，而考察期 t+1 的生产组合经常会位于生产前沿面之外，即 t+1 期的生产组合效率可能会"超过" t 期及之前所有的生产组合，利用（2）式会出现线性规划不可解的情形。对于不可解的情形，王兵等沿用 Yourk 和 Zaim 的建议[①]，将相应的技术进步值直接设置为 0，董敏杰等沿用 Cooper、Seiford 和 Zhu 与 Cooper、Seiford 和 Tone 等的建议[②]，将出现不可行解的 $IE_l^t(l^{t+1},k^{t+1},y^{t+1})$ 值均设为零，依此计算的 LI 与 Tech 值也相应进行调整。我们在这里借鉴了 Du、Liang 和 Zhu 在构建基于松弛的效率测度法（Slacks – based Measure efficiency，SBM）超效率（Super – Efficiency）模型时的思路[③]，对于使用（2）式测算时位于生产前沿面上或之外的生产组合（用 o 标记），效率损失值采用下述模型测算：

$$IE^{t,j}(l^{t,j},k^{t,j},y^{t,j},g_l,g_k,g_y) = \max_{s_l,s_k,s_y} \frac{-\frac{1}{2}\frac{S_l^{t,j}}{l^{t,j}} - \frac{1}{2}\frac{S_k^{t,j}}{k^{t,j}} - \frac{S_y^{t,j}}{y^{t,j}}}{2}$$

---

① Yoruk, B. and Zaim, O., "Productivity Growth in OECD Countries: A Comparison with Malmquist Indices", *Journal of Comparative Economics*, 2005, Vol. 33, Issue. 2, 401 – 4201.

② 董敏杰、李钢、梁泳梅：《中国工业环境全要素生产率的来源分解——基于要素投入与污染治理的分析》，《数量经济技术经济研究》2012 年第 2 期；Cooper, William W., Lawrence M., Seiford and Joe Zhu, *Handbook on Data Envelopment Analysis*, Kluwer Academic Publishers, 2004; Cooper, William W., Lawrence M. Seiford and Kaoru Tone, Data Envelopment Analysis (Second Edition), Springer Science + Business Media, LLC, 2007.

③ Du Juan, Liang Liang, Zhu Joe, "A Slacks – based Measure of Super – efficiency in Data Envelopment Analysis: A Comment", *European Journal of Operational Research*, 2010, Vol. 204, Issue. 3, 6941 – 697.

$$s.t.\ l^{t,j}+S_l^{t,j} \geq \sum_{k=1,k\neq o}^{K} z^{t,k} l^{t,k}; k^{t,j}+S_k^{t,j} \geq \sum_{k=1,k\neq o}^{K} z^{t,k} k^{t,k}; y^{t,j}-S_y^{t,j} \leq \sum_{k=1,k\neq o}^{K} z^{t,k} k^{t,k};$$

$$\sum_{k=1,k\neq o}^{K} z^{t,k} = 1, z^{t,k} \geq 0, \forall k; S_l^{t,j} \geq 0; S_k^{t,j} \geq 0; S_y^{t,j} \geq 0 \tag{16}$$

约束条件表示，生产组合 o 本身不参与构造生产前沿面。第一个与第三个约束条件表示，生产组合 o 的投入与非合意产出要经过"扩张"才能使其进入生产前沿面之内；第二个约束条件表示，生产组合 o 的合意产出要经过"缩减"才能使其进入生产前沿面之内。通过（16）式测算的效率损失值为非正数，表示其生产效率超出或至少等于生产前沿面上的生产单元。

二　数据处理

将各省市作为考察单元，出于数据可获取的原因，剔除港澳台地区与西藏自治区，同时将四川与重庆合并，共得到 29 个省市的历史数据。测算的时间区间为 1997—2010 年，投入产出变量的选择与数据来源如下。

（1）产出。产出指标为实际地区生产总值，对于各个省份，由 1952 年的地区生产总值与各年度以 1952 年不变价衡量的地区生产总值指数相乘而得。除海南省外的其他省份数据来自《新中国 60 年统计资料汇编》。至于海南省，并不能得到 1952 年的地区生产总值及 1978 年之前的地区生产总值指数，而仅是提供了 1970 年不变价的工业总产值与农业总产值。我们使用估测法得到海南省历年的实际 GDP，具体方法见本章附录。

（2）劳动力投入。具体的工作时间能更准确的反映劳动力投入量，但限于资料的可得性，我们采用的是各省市的就业人员。数据来自于历年《中国统计年鉴》。

（3）资本存量。采用永续盘存法估测，具体参见张军、吴桂英、张吉鹏[1]的研究。

三　计算结果

根据上述方法，可以计算各年度、各省份的全要素生产率及其分解值。

---

[1] 张军、吴桂英、张吉鹏：《中国省际物质资本存量估算：1952—2000》，《经济研究》2004 年第 10 期。

其中，表 9-1 是 1997—2010 年全国全要素生产率的平均变化值，表 9-2 是各地区的全要素生产率变化平均值。从表 9-1 可以看出，1997—2007 年，全国的全要素生产率每年提高约 2 个百分点，但受金融危机的影响，2008—2010 年增幅明显放缓，2009 年甚至下降 0.69 个百分点。在 1997—2010 年，全国全要素生产率年均提升约 2.07 个百分点，其中，资本生产率的贡献为负，产出生产率的贡献是 1.46 个百分点，劳动生产率的贡献是 0.89 个百分点。劳动生产率的提高主要来自于劳动技术的进步：1997—2010 年劳动技术进步率年均为 0.98 个百分点，劳动利用效率则处于下滑状态。

分区域来看，东部、东北、中部与西部地区的劳动生产率年均分别提高 2.18 个、0.72 个、0.25 个与 0.04 个百分点。无论是劳动技术进步率还是劳动利用效率，东部地区均处于明显的领先地位，其中劳动技术年均进步率高达 2.11 个百分点。中部与西部地区的劳动利用效率基本处于下降趋势，表明这些地区仍有通过学习东部地区先进技术来提高劳动生产率的潜力。

表 9-1 1997—2010 年全国全要素生产率增速及其分解：时间趋势

年份	LI	LI_l	LI_k	LI_y	$Effe_l$	$Effe_k$	$Effe_y$	$Tech_l$	$Tech_k$	$Tech_y$
1997	2.73	0.2	-0.25	2.78	-0.35	-0.06	-0.21	0.55	-0.19	2.99
1998	2.92	1.25	-0.35	2.02	-0.44	-0.07	-3.05	1.68	-0.29	5.07
1999	1.32	0.66	-0.29	0.95	-0.23	-0.13	-1.55	0.89	-0.16	2.5
2000	2.53	0.97	-0.23	1.8	0.07	-0.07	-1.14	0.89	-0.16	2.93
2001	2.22	0.97	-0.23	1.47	0.18	-0.08	-1.17	0.8	-0.14	2.64
2002	1.6	0.61	-0.08	1.08	-0.02	0.03	-2.26	0.63	-0.12	3.34
2003	2.37	0.7	-0.4	2.07	-0.08	-0.36	-1.25	0.79	-0.05	3.32
2004	3.11	0.75	-0.33	2.69	0.06	-0.15	0.47	0.69	-0.18	2.22
2005	2.33	0.98	-0.28	1.63	-0.13	0.01	0.66	1.11	-0.29	0.97
2006	2.39	0.93	-0.18	1.65	0.08	0.22	0.4	0.85	-0.4	1.25
2007	2.6	0.86	-0.17	1.91	-0.18	-0.05	-0.32	1.04	-0.12	2.23
2008	0.7	1.03	0.01	-0.35	-0.27	0.36	1.48	1.3	-0.35	-1.82
2009	-0.69	0.76	-0.43	-1.03	0.26	-0.06	-1.01	0.5	-0.37	-0.01
2010	0.77	0.92	-0.53	0.39	-0.08	-0.28	-1.35	1	-0.25	1.74
平均值	2.07	0.89	-0.29	1.46	-0.09	-0.05	-0.8	0.98	-0.24	2.25

注：各年份的全国平均值为各省市算术平均值；$IL = LI_l + LI_k + LI_y$；$LI_l = Effe_l + Tech_l$；$LI_k = Effe_k + Tech_k$；$LI_y = Effe_y + Tech_y$。

表 9-2 1997—2010 年全要素生产率增速及其分解：区域差异

年份		1997	1998	1999	2000	2001	2002	2003	2004	2005	2006	2007	2008	2009	2010	平均值
$Effe_t$	全国	-0.35	-0.44	-0.23	0.07	0.18	-0.02	-0.08	0.06	-0.13	0.08	-0.18	-0.27	0.26	-0.08	-0.09
	东部	0.27	-0.6	0.06	-0.07	0.05	-0.07	-0.23	-0.04	-0.15	1.83	-0.4	0.17	0.25	-0.18	0.07
	东北	0	-0.18	0.18	0	0	0	0	0	-0.3	-0.29	-0.17	-0.59	0.41	-0.17	-0.09
	中部	-2.17	-0.44	-1.38	0.32	0.59	0.19	0.09	0.28	-0.13	-0.07	-0.15	-0.89	0.16	-0.05	-0.28
	西部	0.02	-0.35	0.05	0.09	0.1	-0.11	-0.06	0.06	-0.05	-1.48	0.02	-0.25	0.28	0.03	-0.13
$Tech_t$	全国	0.55	1.68	0.89	0.89	0.8	0.63	0.79	0.69	1.11	0.85	1.04	1.3	0.5	1	0.98
	东部	1.49	2.99	2.06	2.11	2.01	1.84	1.95	1.81	1.9	1.03	2.26	1.99	1.7	2.27	2.11
	东北	0.42	2.16	0.83	0.54	0.16	0.48	0.24	0.33	0.66	0.82	0.87	1.36	0.71	0.91	0.81
	中部	0.02	1.35	0.46	0.41	0.36	-0.46	0.37	0.21	0.58	0.6	0.62	1.26	0.52	0.64	0.53
	西部	-0.03	0.44	0	0.06	0.04	0.12	0.04	-0.03	0.77	0.84	0.11	0.62	-0.76	-0.03	0.17
LI_t	全国	0.2	1.25	0.66	0.97	0.97	0.61	0.7	0.75	0.98	0.93	0.86	1.03	0.76	0.92	0.89
	东部	1.76	2.39	2.12	2.05	2.06	1.77	1.71	1.77	1.75	2.86	1.86	2.16	1.95	2.09	2.18
	东北	0.42	1.98	1.01	0.55	0.16	0.48	0.24	0.33	0.37	0.52	0.71	0.77	1.12	0.73	0.72
	中部	-2.15	0.91	-0.92	0.73	0.95	-0.28	0.47	0.49	0.45	0.52	0.47	0.38	0.68	0.59	0.25
	西部	-0.01	0.09	0.05	0.15	0.14	0.01	-0.02	0.02	0.72	-0.64	0.13	0.37	-0.48	-0.01	0.04

注：各地区值为各省市的算术平均值；东北地区包括辽宁、黑龙江与吉林；东部地区包括北京、天津、河北、上海、江苏、浙江、福建、山东、广东与海南；中部地区包括山西、安徽、江西、河南、湖北与湖南；西部地区包括内蒙古、广西、重庆、四川、贵州、云南、陕西、甘肃、青海、宁夏与新疆；对每一年份均有：$LI_t = Effe_t + Tech_t$。

第三节 劳动力素质对劳动生产率的影响

我们通过计量模型考察劳动力素质对劳动生产率的影响。基本模型如下：

$$LI_t^{i,t} = \beta_0 + \beta_1 \text{Lnedu}^{i,t} + \sum \beta_j x_j^{i,t} + \mu^{i,t} \tag{17}$$

$LI_t^{i,t}$ 表示上文计算得到的劳动生产率增速，β_0 为常数项。$\text{Lnedu}^{i,t}$ 表示第 i 个省份 t 年的劳动力平均素质的对数值。$x_j^{i,t}$ 为其他控制变量，$\mu^{i,t}$ 表示误差项。按通常惯例，劳动力素质利用劳动力的平均受教育年限衡量，具体计算公式如下：

$$edu^{i,t} = \sum_{e=1}^{7} N_e^{i,t} Y_e \tag{18}$$

$e=1$，2，3，4，5，6，7，分别表示七种层次的受教育水平（未上过学、小学、初中、高中、大学专科、大学本科、研究生），$N_e^{i,t}$ 表示第 i 个省份 t 年接受第 e 种层次受教育程度的就业人员数量，Y_e 表示第 e 种层次受教育程度的受教育年限，分别取值 0、6、9、12、15、16、19。

控制变量包括其他可能影响劳动生产率增速的变量，具体如下：①劳动生产率增速的一阶滞后项 $L \cdot LI_t^{i,t}$，这主要是考虑到劳动生产率的增速可能存在某种惯性，原因在于，某些对生产率增速有影响的因素长期存在，因此之前年份劳动生产率增速较快的省份容易取得较快的劳动生产率增速；②经济发展水平，用人均 GDP 的对数值 LnGDP 衡量；③男性就业人员占就业人员总数的比重，用 male 表示；④城镇就业人员占就业人员总数的比重，用 rural 表示；⑤第一产业、第二产业就业人员占就业人员总数的比重，分别用 pri、sec 表示；⑥时间虚拟变量。上述数据来自《中国劳动统计年鉴》《中国统计年鉴》等统计资料。

我们首先测算了劳动力素质对数值（Lnedu）、变化值（dedu）与劳动生产率增速、劳动技术进步率、劳动利用效率变化的相关系数（见表 9-3），结果显示，无论是对数值还是变化值，劳动力素质与劳动生产率提升之间的相关系数都非常低。对于计量模型（17）式，为稳健起见，我们测算了控制变量不同组合时的情形，固定效应与随机效应估算结果分别如表 9-4 与表 9

-5 所示。固定效应模型结果显示，第二产业就业人员占就业人员总数的比重对劳动生产率的提升有正向的促进作用，其余变量对劳动生产率的提升没有显著影响。随机效应模型结果显示，劳动生产率增速的滞后项、第二产业就业人员占就业人员总数的比重对劳动生产率的提升有正向的促进作用，男性就业人员占就业人员总数的比重对劳动生产率的提升有不利影响，其余变量对劳动生产率的提升没有显著影响。

表 9 – 3　相关系数

	LI_l	$Tech_l$	$Effe_l$
$Lnedu$	0.003951	– 0.02323	0.048391
$dedu$	0.012857	0.00757	0.012747

综合上述结果，我们并未发现劳动力素质对劳动生产率的提升有明显影响。这与梁泳梅、李钢、董敏杰的测算结果基本一致[①]。我们认为，导致这一结果的主要原因在于，中国产业结构（进而劳动力需求结构）与劳动力供给结构不匹配，产业结构升级速度要滞后于劳动力升级速度。劳动力结构的优化、高素质劳动者比重的上升，是劳动力市场在供给结构上的新变化，这需要有相应的劳动力需求结构来对应，即需要更多的高端工作岗位来容纳高素质劳动者。但在劳动力需求结构方面，中国的产业升级速度缓慢，尤其是在经济发展较快的东部地区，产业结构仍以劳动密集型产业为主，主要吸收的是普通劳动者。随着"中部崛起""西部大开发""振兴东北老工业基地"等区域协调战略的全面铺开以及惠农政策力度的加大，东部地区与其他地区对劳动力的需求竞争加剧，导致"民工荒"的出现。由于劳动密集型产业处在产业价值链的低端环节，企业的利润空间十分有限，无法提供更高的劳动报酬来接纳更多的高素质劳动力，在多数大学生希望在东部地区工作的背景下，"大学生就业难"这一问题凸显。"民工荒"与"大学生就业难"的背后是以农民工为代表的普通劳动者利用效率较高，而以大学毕业生为代表的中、高端劳动力的利用效率较低，导致劳动力资源的效应难以充分发挥，教育成果难以转化为现实生产力。

---

① 梁泳梅、李钢、董敏杰：《劳动力资源与经济发展的区域错配》，《中国人口科学》2011 年第 5 期。

表9-4 固定效应模型回归结果

被解释变量	-1 LI_t	-2 LI_t	-3 LI_t	-4 LI_t	-5 LI_t	-6 LI_t	-7 LI_t	-8 LI_t	-9 LI_t	-10 LI_t	-11 LI_t
Lnedu	-0.0043	-0.0101	0.0027	-0.0151	0.0076	-0.0029	0.0042	-0.0055	0.003	0.0013	0.0024
	(-0.40)	(-0.87)	(-0.23)	(-0.88)	(-0.35)	(-0.24)	(-0.19)	(-0.30)	(-0.14)	(-0.07)	(-0.11)
L.LI_t	-0.0742	-0.0765	-0.0791	-0.0768	-0.0612	-0.081	-0.068	-0.0815	-0.0737	-0.116*	-0.106*
	(-1.61)	(-1.67)	(-1.72)	(-1.67)	(-1.30)	(-1.77)	(-1.44)	(-1.77)	(-1.56)	(-2.52)	(-2.23)
rural		0.0003				0.0003	0.0003	0.0003	0.0003	0.0001	0.0001
		-1.36				-1.25	-1.1	-1.16	-1.3	-0.28	-0.45
male			-0.0011			-0.001	-0.0012	-0.001	-0.0011	-0.0009	-0.0013
			(-1.82)			(-1.74)	(-1.64)	(-1.68)	(-1.55)	(-1.50)	(-1.72)
Lngdp				0.002				0.0005	0.0159	0.0011	-0.0007
				-0.81				-0.19	-1.54	-0.31	(-0.06)
pri					控制		控制			0.0006	0.0007
										-1.58	-1.72
sec										0.0012***	0.0012***
										-3.76	-3.39
时间虚拟变量									控制		控制
常数项	0.0186	0.0215	0.0627	0.026	-0.0071	0.0634	0.0587	0.0643	0.0815	-0.0089	0.0143
	-0.81	-0.93	-1.88	-1.05	(-0.15)	-1.9	-0.93	-1.91	(-0.74)	(-0.14)	-0.13
观测值	377	377	377	377	377	377	377	377	377	377	377

注：括号内为 t 检验值。"*" $p < 0.05$, "**" $p < 0.01$, "***" $p < 0.001$。

表 9 – 5　随机效应模型回归结果

被解释变量	(1) LI_i	(2) LI_i	(3) LI_i	(4) LI_i	(5) LI_i	(6) LI_i	(7) LI_i	(8) LI_i	(9) LI_i	(10) LI_i	(11) LI_i
$Lnedu$	0.0007	0.0078	0.0128	-0.0003	0.0034	0.0149	0.0229*	0.0128	0.0179	0.0145	0.0179
	(0.11)	(0.78)	(1.59)	(-0.03)	(0.49)	(1.44)	(1.99)	(1.07)	(1.47)	(1.18)	(1.42)
$L.LI_i$	0.818***	0.816***	0.795***	0.818***	0.826***	0.795***	0.801***	0.793***	0.791***	0.773***	0.777***
	(29.15)	(28.93)	(27.04)	(28.56)	(29.42)	(27.01)	(27.15)	(26.31)	(25.76)	(24.75)	(24.55)
$rural$		-0.0001				0.0000	-0.0001	0.0000	-0.0001	0.0000	-0.0001
		(-0.93)				(-0.33)	(-0.79)	(-0.44)	(-1.30)	(0.18)	(-0.42)
$male$			-0.0012			-0.00120*	-0.00124*	-0.00119*	-0.00123*	-0.00137**	-0.00142*
			(-2.48)			(-2.32)	(-2.25)	(-2.28)	(-2.24)	(-2.59)	(-2.50)
$Lngdp$				0.0002				0.0007	0.0029	-0.0009	0.0008
				(0.13)				(0.35)	(1.19)	(-0.41)	(0.28)
pri										0.000181	0.000144
										(0.90)	(0.70)
sec										0.0005*	0.0004
										(2.08)	(1.56)
时间虚拟变量					控制		控制		控制		控制
常数项	0.0005	-0.0119	0.0433*	0.0009	-0.0045	0.0374	0.0242	0.0360	0.0243	0.0351	0.0320
	(0.04)	(-0.62)	(1.97)	(0.06)	(-0.29)	(1.31)	(0.74)	(1.25)	(0.75)	(0.94)	(0.81)
观测值	377	377	377	377	377	377	377	377	377	377	377

注：括号内为 t 检验值。"*" $p<0.05$，"**" $p<0.01$，"***" $p<0.001$。

第四节 结论及建议

本章首先测算了 1997—2010 年中国劳动生产率的增长状况，然后检验了劳动力素质等相关变量对劳动生产率增速的影响。结果发现，1997—2010 年全国全要素生产率年均提升约 2.07 个百分点，其中，劳动生产率的贡献是 0.89 个百分点；劳动生产率的提高主要来自于劳动技术的进步；分区域来看，无论是劳动技术进步率还是劳动利用效率，东部地区均处于明显的领先地位。但是，我们并未发现劳动力素质的提高促进劳动生产率提升的明显证据。

劳动力素质的提升使企业能够更便利地使用高素质劳动力来从事更高技术含量的工作，从产业价值链的低端环节不断地过渡到技术开发、产品设计环节，从而推进中国企业和产业的升级，为形成新的竞争优势提供了可能。而要将这种可能转变为现实，就需要将教育成果转化为生产力，真正发挥劳动力尤其是高素质劳动力的作用，具体措施包括：继续促进劳动力的跨地区流动，进一步消除劳动力在区域间、行业间流动的制度壁垒，提高劳动力资源，尤其是高素质劳动力的利用效率；加快东部地区产业升级速度，推动经济转型；加快产业转移，促进中西部地区的产业结构升级，鼓励东部地区企业到中西部地区投资建厂。

参考文献

[1] 陈勇、唐朱昌：《中国工业的技术选择与技术进步：1985—2003》，《经济研究》2006 年第 9 期。
[2] 董敏杰、李钢、梁泳梅：《中国工业环境全要素生产率的来源分解——基于要素投入与污染治理的分析》，《数量经济技术经济研究》2012 年第 2 期。
[3] 郭庆旺、赵志耘、贾俊雪：《中国省份经济的 TFP 分析》，《世界经济》2005 年第 5 期。
[4] 梁泳梅、李钢、董敏杰：《劳动力资源与经济发展的区域错配》，《中国人口科学》2011 年第 5 期。
[5] 林毅夫、任若恩：《东亚经济增长模式相关争论的再探讨》，《经济研究》2007 年

第 8 期。
[6] 吕冰洋、余丹林:《中国梯度发展模式下经济效率的增进——基于空间视角的分析》,《中国社会科学》2009 年第 6 期。
[7] 聂辉华、贾瑞雪:《中国制造业企业生产率与资源误置》,《世界经济》2011 年第 7 期。
[8] 王兵、吴延瑞、颜鹏飞:《中国区域环境效率与环境全要素生产率增长》,《经济研究》2010 年第 5 期。
[9] 魏楚、黄文若、沈满洪:《环境敏感性生产率研究综述》,《世界经济》2011 年第 5 期。
[10] 余丹林、吕冰洋:《质疑区域生产率测算:空间视角下的分析》,《中国软科学》2009 年第 11 期。
[11] 于君博:《前沿生产函数在中国区域经济增长技术效率测算中的应用》,《中国软科学》2006 年第 11 期。
[12] 于永达、吕冰洋:《中国生产率争论:方法的局限性和结论的不确定性》,《清华大学学报》(哲学社会科学版) 2010 年第 3 期。
[13] 张军、吴桂英、张吉鹏:《中国省际物质资本存量估算:1952—2000》,《经济研究》2004 年第 10 期。
[14] Chambers Robert G., "A New Look at Exact Input, Output, and Productivity Measurement", Department of Agricultral and Resource Economics, The University of Maryland, College Park, Working Paper, 1996, No. 96 - 05.
[15] Chambers Robert G., "Exact Nonradial Input, Output, and Productivity Measurement", *Economic Theory*, 2002, Vol. 20, Issue. 4, 751 - 765.
[16] Chambers, Robert G., Rolf Fire and Shawna Grosskopf, "Productivity Growth in APEC Countries", *Pacific Economic Review*, 1996, Vol. 1, Issue. 3, 181 - 190.
[17] Cooper, William W., Lawrence M. Seiford and Joe Zhu, Handbook on Data Envelopment Analysis, Kluwer Academic Publishers, 2004.
[18] Cooper, William W., Lawrence M. Seiford and Kaoru Tone, Data Envelopment Analysis (Second Edition), Springer Science + Business Media, LLC, 2007.
[19] Du Juan, Liang Liang, Zhu Joe, "A Slacks - based Measure of Super - efficiency in Data Envelopment Analysis: A Comment", *European Journal of Operational Research*, 2010, Vol. 204, Issue. 3, 6941 - 697.
[20] Fukuyama, Hirofumi and William L., Weber, "A Directional Slacks - based Measure of Technical Inefficiency", *Socio - Economic Planning Science*, 2009, Vol. 43, Issue 4, 274 - 287.
[21] Yoruk, B., and Zaim, O., "Productivity Growth in OECD Countries: A Comparison with Malmquist Indices", *Journal of Comparative Economics*, 2005, Vol. 33, Issue. 2, 401 - 4201.

附录：海南地区生产总值的测算

我们按下述方法来推测海南 1952 年的地区生产总值：①将 1970 年海南农业总产值与工业总产值相加，得到 1970 年的海南工农业总产值。②根据 1970 年与 1952 年当年价格的全国 GDP，以及以 1952 年不变价衡量的 1970 年全国 GDP 指数，得到 1970 年相对于 1950 年的全国 GDP 价格指数。③以 1970 年相对于 1950 年的全国 GDP 价格指数作为 1970 年相对于 1952 年的海南地区生产总值价格指数的近似替代，将 1970 年海南工农业总产值调整为 1952 年不变价。④假设 1952 年除工农业外的其他部门的生产总值占当年海南地区生产总值的比重为 20%，利用 1952 年的海南地区工农业总产值得到 1952 年的海南地区生产总值。之所以选择 20% 这一比例，主要是考虑到，对 1952 年海南地区生产总值的高估不仅影响之后年份对其自身生产效率的测算，而且，生产总值被高估的海南还有可能参与构建之后年份生产前沿面的构建，进而影响对其他省市生产效率的测算，因此，对 1952 年海南地区生产总值进行估计必须谨慎。无论是从当年全国情况来看，还是从海南 1978 年的统计数据来看，20% 这一比例都是比较保守的。⑤根据《新中国 60 年统计资料汇编》所提供的以 1952 年不变价计算的 1952—1978 年海南省工农业生产指数与《全国各省、自治区、直辖市历史统计资料汇编（1949—1989）》提供的以 1978 年不变价计算的 1978—2008 年的海南地区生产总值指数，得到以 1952 年不变价计算的海南地区生产总值指数。⑥根据第四步测算的 1952 年海南地区生产总值及第五步测算的以 1952 年不变价计算的海南地区生产总值指数，得到 1952—2008 年以 1952 年不变价衡量的海南地区生产总值。

第 十 章
劳动力素质对产业升级的影响

本章提要：中国加入世界贸易组织后，中国产业的国际竞争力得到大幅提升；但有学者认为，中国的对外贸易主要是通过利用世界产业链转移机遇，目前仍旧只是进入了产业链的低端，"低端锁定"可能会影响中国的产业升级；也有学者认为中国目前仍旧仅是"世界工场"，而不是"世界工厂"，中国外贸增长是"不可持续的""悲惨式"增长。本文主要是通过对中国出口产品结构的分析来判断中国出口结构优化升级情况。本文的研究表明，改革开放以来中国出口商品的结构得到了极大的提升。第一次提升实现了从主要依靠出口初级原材料过渡到了主要依靠制成品出口；第二次提升实现了制成品的技术含量的不断提高。如前所述，与中国劳动力素质的快速提升相比，中国工业产品提升速度较慢，但这表明中国工业已经有了坚实的产业升级的劳动力基础。我们还对中国劳动力素质的结构进行了展望，结果显示中国劳动力素质仍旧处于快速提升时期，可以预计今后10年中国劳动力结构会进一步优化，劳动力素质会进一步提高，从而会进一步提高中国产品的技术水平。我们对于中国今后10年经济增长与发展方式的转变整体持乐观态度，认为中国将会迎来质量型人口红利所带来的经济增长与产业升级的新十年。

第一节 引言

2001年12月以来中国正式成为世界贸易组织（World Trade

Organization，WTO）成员；以此为标志，中国全面融入世界经济的大潮中已经十余年了。中国利用两个市场的能力不断增强，国际贸易对于解决中国劳动力的就业问题起到了积极的作用。但也有学者认为，中国的对外贸易主要是通过利用世界产业链转移机遇，目前仍旧只是进入了产业链的低端，"低端锁定"可能会影响中国的产业升级；也有学者认为中国目前仍旧仅是"世界工场"，而不是"世界工厂"，中国外贸增长是"不可持续的""悲惨式"增长。本文主要通过对中国出口产品结构的分析来判断中国出口结构是否有较大优化，中国制品出口是否已经具有高级化趋势。

第二节 中国产业结构的第一次跨越升级

1980年中国制造业出口总额为87亿美元，进口总额为122亿美元，进口超过出口。中国当时主要是依靠农产品及矿产品取得外汇，制造业总体呈现出净进口的局面。当时中国贸易行业主要的目的就是千方百计取得外汇，从而能进口中国所需要的建设机械及重要原材料。

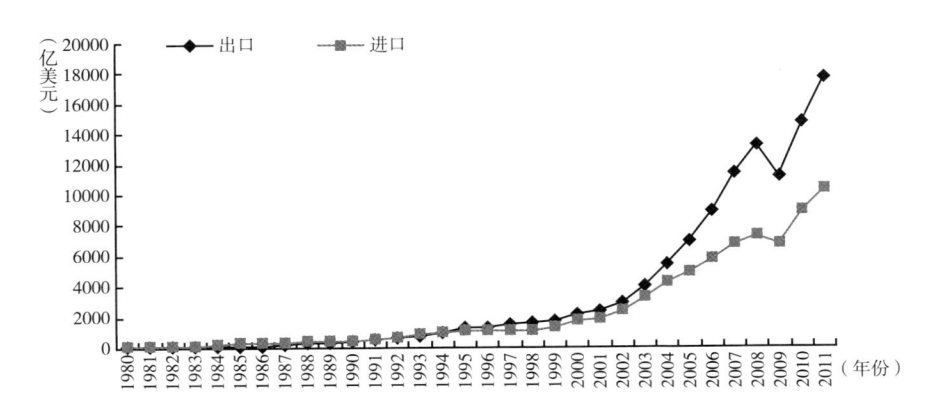

图10-1 1980—2011年中国制造业进口与出口金额

资料来源：中国产业与企业竞争力研究中心数据库。

这一局面一直到20世纪90年代以后才基本改变，确切地说，我国直到1994年以后制造业才开始持续出现净出口的局面；但如果将制造业作为一个"经济单位"来看，从1980年以来，制造业直到1998年才实现累计进口量超过累计出口量。如果从中国整个产业结构，而不是制造业内部的结构来看，中国20世纪90年代中后期完成了第一次重大产业结构升级，即从主要依靠出口初级产品换取外汇、进口制成品到快速推动工业化。从某种意义上说，这一阶段实质是依靠自然财富换取物质财富，从而加速工业化的进程。大致也是在这一时期，中国商品出口制成品占比开始超过中国商品进口制成品占比，此后中国商品出口制成品占比不断提升，到2001年中国商品出口制成品占比为93.5%。可以判断，中国已经初步摆脱了人均资源禀赋较低的不利局面，单纯自然条件的限制已经不再成为民族崛起的障碍。

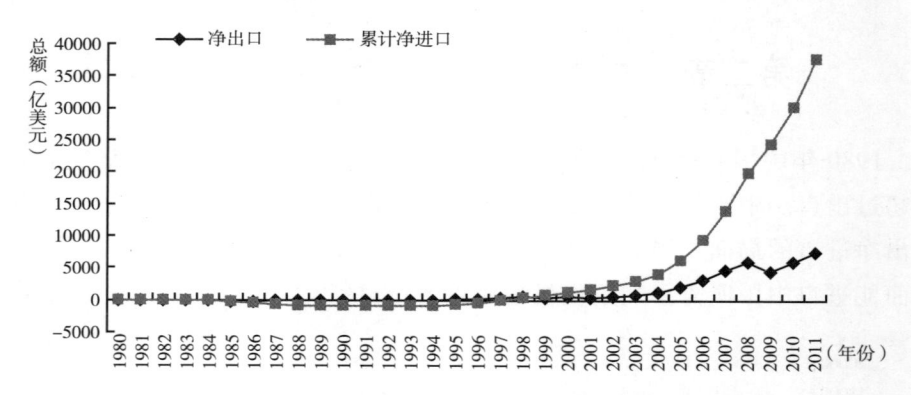

图10-2　1980—2011年中国净出口与累计净进口金额

资料来源：中国产业与企业竞争力研究中心数据库。

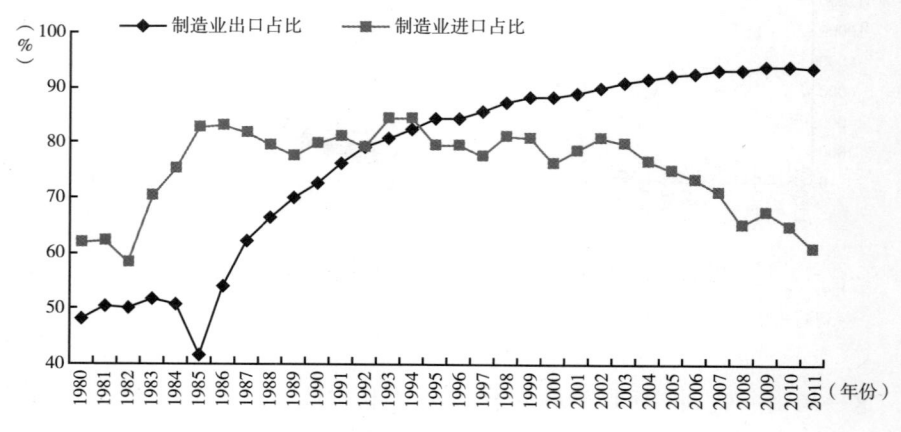

图10-3　1980—2011年中国商品进出口中制成品占比

资料来源：中国产业与企业竞争力研究中心数据库。

第三节 以人力资本为基础测量出口结构的升级

目前在衡量一国对外贸易结构时,通常利用跨国贸易数据来衡量某一行业技术等级,总体思路是:某一产品越是发达国家出口得多,该产品的技术含量越高;相反,越是发展中国家出口得多,该商品的技术含量越低。本文的思路是利用中国各产业劳动力的学历素质来衡量某一行业的技术等级,也就是一个行业劳动力平均学历水平越高,这一行业的技术水平越高;相反,如果这一行业劳动力平均学历水平越低,这一行业的技术水平越低。我们可以想象,如果一个行业劳动者学历大都是小学以下,这个行业的产品技术含量不可能高;而另一个行业劳动者学历大都是大学本科及以上,这个行业的产品技术含量不可能低。

行业出口占制成品的比例如图 10-4 所示,该行业平均学历如图 10-5 所示。我们根据式(1)计算中国制成品出口技术含量。

中国制成品出口技术含量 = $\sum$ 某行业出口占制成品的比例 × 该行业劳动力平均学历 (1)

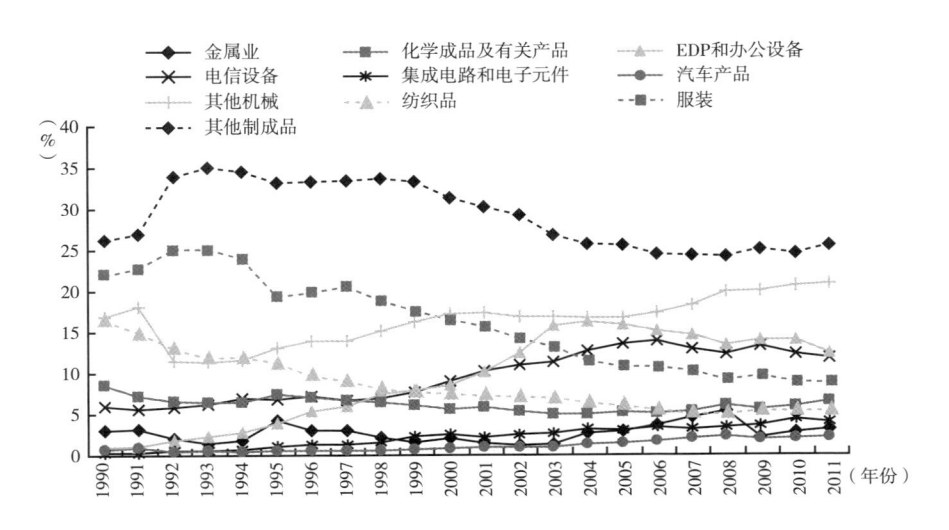

图 10-4 中国制造业出口结构

资料来源:中国产业与企业竞争力中心数据库。

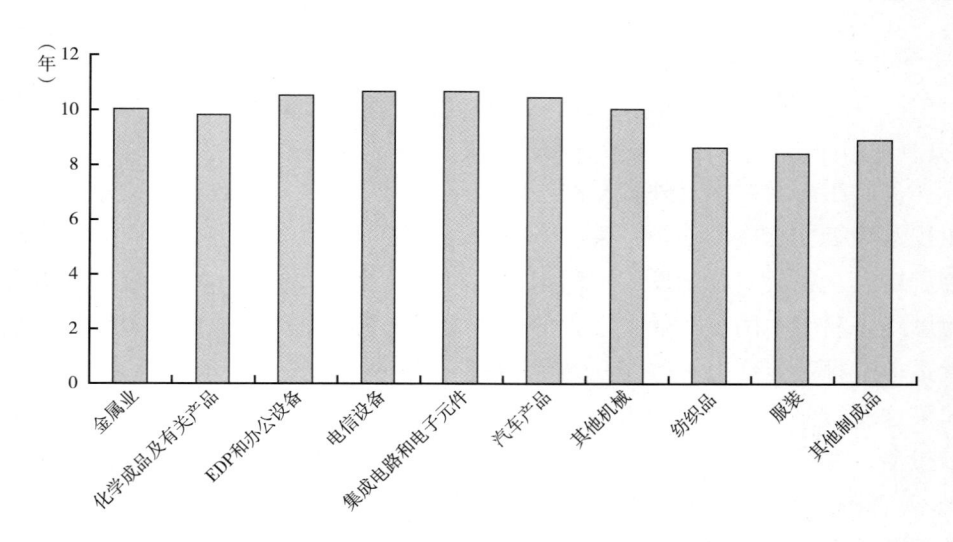

图 10-5　中国制造业分行业劳动力平均学历

资料来源：中国产业与企业竞争力中心数据库。

这样，我们可以根据公式（1）及图10-4及图10-5所示数据，计算出中国进出口制成品的技术含量（见图10-6）。特别要说明的是，由于我们采取了固定年份的行业劳动力平均学历水平，因而剔除了行业内部的产品升级，而仅是反映了产业间升级对中国产业升级的影响。

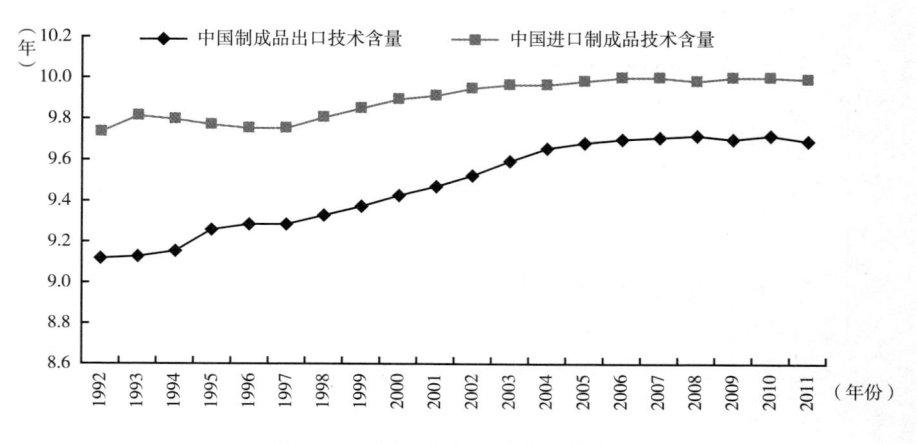

图 10-6　中国进出口制成品技术含量

资料来源：中国产业与企业竞争力研究中心数据库。

我们假设发达国家各产业使用了与中国相同的劳动力结构,根据图10-7所示中国进口商品的结构也可以计算出中国进口产业的技术含量,如图10-6所示。从图10-6中可以得出以下结论。

(1) 中国产品出口技术含量不断提升。中国制成品技术含量从1992年的9.1年提高到2011年的9.7年;我们判断,中国目前制造业整体产业技术层次已经大体相当于发达国家20世纪90年代的水平。

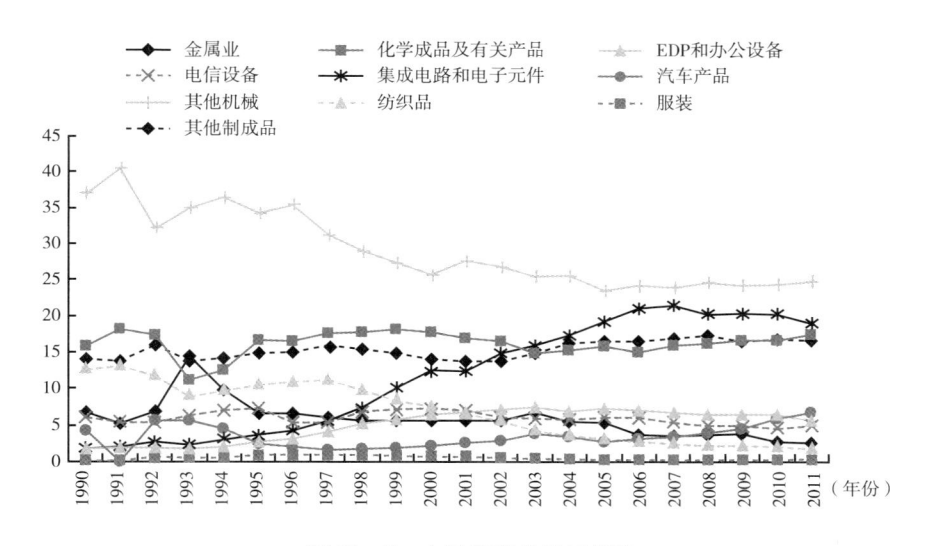

图10-7 中国制造业进口结构

资料来源:中国产业与企业竞争力中心数据库。

(2) 中国进口制成品的技术含量也在不断提升。虽然由于中国进口商品中初级产品所占比例大幅提升,中国进口商品平均技术含量有所下降,但制成品技术含量近二十年来呈现出不断提升的局面。这也反映出中国产业不断升级,"倒逼"进口商品不断升级。

(3) 中国进出口制成品的技术差距不断缩小。虽然中国制成品进出口技术含量不断升级,但出口商品技术含量升级的速度要高于进口商品升级的速度。1993年进出口商品平均技术含量相差0.68年,到2011年仅相差0.30年。这说明中国制成品的产业结构与发达国家的差距正在快速缩小。特别需要说明的是,由于中国出口商品中制造业占比为93%,

而中国进口商品中制造业占比仅为61%。一般情况下,制造业在整个商品中技术含量是较高的,而初级产品的技术含量是较低的。因而可以判断,改革开放以来中国商品进出口制成品的技术差距缩小的程度比图10-8所示的还要明显。

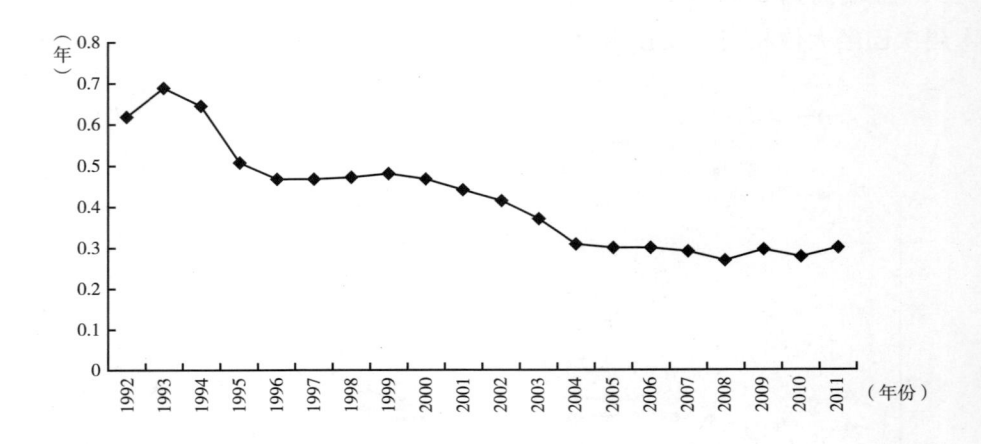

图10-8 1992—2011年中国进出口制成品的技术差距

资料来源:笔者计算。

(4)中国出口贸易技术水平的提升速度要快于整个工业技术水平的提升速度。与中国制成品出口技术含量类似,我们构造了衡量中国工业产品技术含量的指标,计算公式为:$\sum_{i=1}^{n} \alpha_i \times E_i$,其中,$E_i$为第$i$个行业员工的平均学历水平,$\alpha_i$为第$i$个行业增加值占工业增加值的比例。在对学历的五个等级(研究生及以上、本科、大专、高中、初中及以下)分别用9、7、5、3、1进行赋值,从而可以算出每个行业员工的平均学历水平。如图10-9所示,可以看出,1992年中国工业产品技术含量为2.38年,到2007年仅为2.44年,基本没有变化。而中国出口商品的技术含量从9.12年提高到9.70年,有较大幅度的提高。这表明中国出口贸易技术水平的提升速度快于中国工业技术水平的提升速度,也可以说明出口带动了中国工业技术水平的提升。

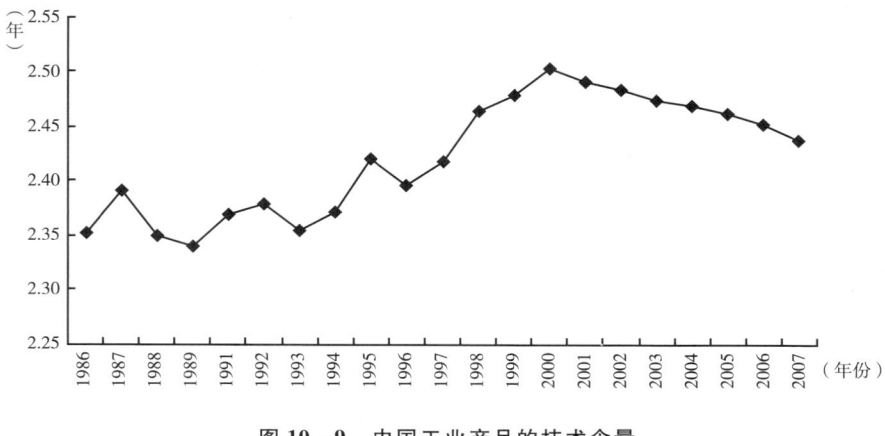

图 10-9　中国工业产品的技术含量

资料来源：李钢、刘吉超：《入世十年中国产业国际竞争力的实证分析》，《财贸经济》2012年第8期。

第四节　质量型人口红利将进一步优化中国产业结构

人口红利一直以来被认为是我国经济增长的重要动力；但许多学者认为中国人口红利即将达到极值并开始下降；因而近年来官员认为中国下一步经济增长的主要动力是"改革红利"。我们认为，改革不仅是中国重要的增长动力，任何国家也只有通过对自身制度的不断完善与变革才能有效应对不断出现的挑战；就中国具体情况而言，虽然传统的"数量型人口红利"将要消失，但"质量型人口红利"将仍旧是中国经济增长的重要动力。我们计算了中国主要行业亿元产出所需要投入的不同学历的劳动力及劳动力总数，如表10-1所示。

我们再根据各行业出口情况计算出各行业出口所需要投入的各类劳动力，最后可以计算出中国制成品出口所需要投入的劳动力的结构及总量。各行业出口量及折算的汇率如表10-2所示。

根据表10-1及表10-2计算的中国出口商品所需要投入的各类劳动力的数量如图10-10所示。从图10-10中可以看出，中国出口所带动的劳动力就业，最主要仍是低端劳动力，初中及以下学历人员占到出口解

表 10 – 1　各行业亿元产出所需投入的劳动力

单位：万人

行业	具有研究生及以上学历人员	具有大学本科学历人员	具有大专学历人员	具有高中学历人员	具有初中及以下学历人员	直接劳动
金属业	0.621	4.775	10.348	30.411	36.197	82.353
化学成品及有关产品	1.633	12.395	26.328	75.168	100.834	216.360
EDP 和办公设备	3.885	28.638	42.499	105.828	119.313	300.162
电信设备	2.522	14.269	19.504	65.375	57.885	159.555
集成电路和电子元件	2.522	14.269	19.504	65.375	57.885	159.555
汽车产品	2.057	13.762	24.380	65.090	68.747	174.037
其他机械	1.774	16.130	31.568	90.193	111.535	243.375
纺织品	0.878	7.148	23.733	118.733	229.942	380.434
服装	3.344	19.456	61.973	299.036	674.422	1058.231
其他制成品	1.239	10.007	28.235	112.839	217.783	307.102

资料来源：中国产业与企业竞争力研究中心数据库。

决就业的 56.41%，具高中学历人员占到 34.11%，两者合计占到 90% 以上。但我们也应看到，与 1980 年相比出口所需投入劳动力中，高端劳动力增长得更快。全部劳动力增长了 326 倍，具有初中及以下学历人员增长了 296 倍，具有高中学历人员增长了 354 倍，具有大专学历人员增长了 429 倍，而具有大学本科学历人员增长了 580 倍，具有研究生及以上学历人员增长了 576 倍。总体而言，学历越高，劳动力增长的速度越快。这一结论，也可以与上节的判断——中国出口商品技术含量不断提高相印证。

我们假设国外各行业与中国采取了相同的生产技术，各行业劳动力投入量相当。这样，我们还可以根据中国分行业进口产品的金额（如表 10 – 3 所示）计算出中国进口商品所需要的劳动力投入量（如图 10 – 11 所示）。

表 10-2　中国分行业出口产品金额

单位：亿美元

年份	金属业	化学成品及有关产品	EDP 和办公设备	电信设备	集成电路和电子元件	汽车产品	其他机械	纺织品	服装	其他制成品	汇率
1980	2.37	11.33	—	—	—	0.63	7.12	25.40	16.25	23.34	2.94
1981	5.25	—	—	—	—	—	—	33.90	19.30	47.67	2.94
1982	4.87	—	—	—	—	—	—	27.35	21.40	47.40	2.94
1983	2.05	—	—	—	—	—	—	32.70	23.20	46.65	2.94
1984	1.30	—	—	—	—	—	-3.43	38.25	27.55	51.42	2.94
1985	1.18	—	—	—	—	—	-0.97	36.80	24.50	36.90	2.94
1986	—	—	—	—	—	—	-2.93	54.40	40.50	40.16	3.45
1987	—	—	—	—	—	—	-11.27	64.85	57.90	106.55	3.72
1988	—	—	—	—	—	—	-16.87	69.75	69.90	160.82	3.72
1989	—	—	—	—	—	—	-22.74	72.15	81.65	210.04	3.77
1990	12.82	37.52	3.75	26.23	1.28	2.58	74.49	72.19	96.69	115.56	4.78
1991	16.69	38.52	5.24	30.07	1.84	4.11	97.82	80.14	122.45	145.59	5.32
1992	13.21	43.49	11.33	38.80	3.11	2.65	76.15	85.83	167.04	225.95	5.51
1993	10.58	46.24	16.47	45.22	3.60	3.58	83.75	86.99	184.41	257.47	5.76
1994	16.54	62.36	26.64	67.44	6.14	4.26	114.47	118.18	237.31	341.90	8.62
1995	52.25	90.95	48.03	84.09	12.95	6.21	162.80	139.18	240.49	413.14	8.35

续表

年份	金属业	化学成品及有关产品	EDP和办公设备	电信设备	集成电路和电子元件	汽车产品	其他机械	纺织品	服装	其他制成品	汇率
1996	36.34	88.77	67.17	90.04	14.77	5.92	175.22	121.12	250.34	422.90	8.31
1997	44.64	102.27	92.44	103.04	19.46	7.32	214.83	138.28	318.03	518.77	8.29
1998	32.88	103.21	118.46	111.11	23.87	7.96	240.76	128.17	300.48	536.51	8.28
1999	26.59	103.73	133.68	130.61	37.10	10.40	276.57	130.43	300.78	570.70	8.28
2000	43.91	120.98	186.38	195.08	53.52	15.81	375.21	161.35	360.71	685.65	8.28
2001	31.52	133.52	235.72	237.59	49.32	18.92	407.46	168.25	366.50	709.42	8.28
2002	33.22	153.25	362.28	320.17	72.77	26.77	487.77	205.62	413.02	850.74	8.28
2003	48.13	195.81	625.06	450.32	104.01	35.71	662.62	269.00	520.61	1058.66	8.28
2004	138.78	263.60	871.01	684.97	161.84	62.72	902.07	334.28	618.56	1385.85	8.28
2005	192.78	357.72	1106.95	948.56	204.13	99.57	1163.13	410.50	741.63	1778.45	8.19
2006	325.19	445.29	1344.94	1236.13	292.09	144.10	1545.96	486.78	953.79	2179.63	7.97
2007	515.31	603.41	1658.90	1462.81	356.72	230.32	2069.43	560.32	1155.20	2749.00	7.60
2008	709.51	793.13	1768.39	1619.48	434.86	286.36	2631.56	653.67	1204.05	3212.88	6.95
2009	236.60	620.08	1573.21	1487.99	403.28	198.53	2248.27	598.24	1072.64	2808.61	6.83
2010	395.65	875.19	2059.91	1804.26	629.23	280.37	3036.97	768.71	1298.20	3616.81	6.77
2011	554.62	1147.23	2184.60	2087.35	695.65	374.94	3683.45	944.11	1537.74	4508.88	6.46

资料来源：中国产业与企业竞争力研究中心数据库。

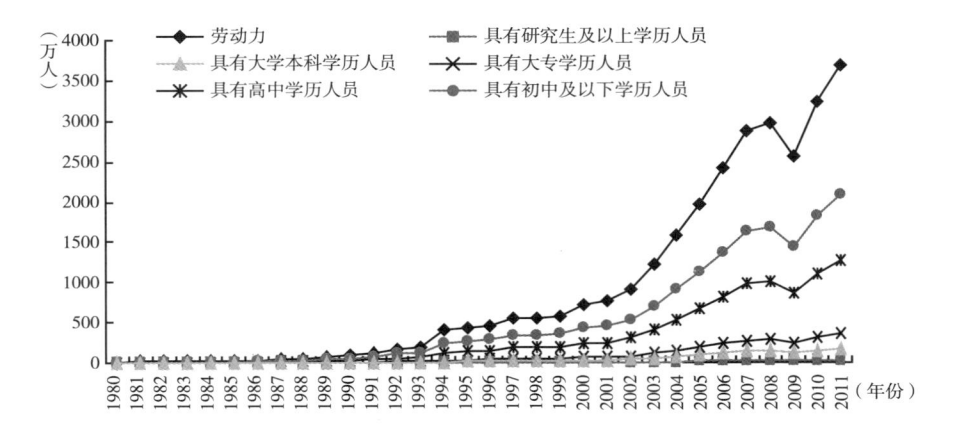

第十章 劳动力素质对产业升级的影响　265

图 10－10　1980—2011 年中国出口所需投入的各类劳动力

资料来源：笔者计算。

表 10－3　中国分行业进口产品金额

单位：亿美元

年份	金属业	化学成品及有关产品	EDP和办公设备	电信设备	集成电路和电子元件	汽车产品	其他机械	纺织品	服装	其他制成品	汇率
1980	22.2	28.5	—	—	—	7.3	39.7	11.0	0.5	7.4	2.94
1981	15.9	—	—	—	—	—	—	16.7	0.7	94.2	2.94
1982	17.9	—	—	—	—	—	—	11.7	—	68.1	2.94
1983	35.4	—	—	—	—	—	—	9.1	—	82.1	2.94
1984	43.6	—	—	—	—	—	−19.7	13.7	0.1	123.8	2.94
1985	71.2	—	—	—	—	—	−33.5	20.4	0.1	239.8	2.94
1986	—	—	—	—	—	—	−19.6	31.6	0.1	296.2	3.45
1987	—	—	—	—	—	—	−32.3	35.9	0.2	316.1	3.72
1988	—	—	—	—	—	—	−41.5	42.2	0.3	394.6	3.72
1989	—	—	—	—	—	—	−41.0	46.0	—	410.3	3.77
1990	28.5	66.8	7.7	25.4	7.5	18.0	156.6	52.9	0.5	60.0	4.78
1991	26.9	93.3	9.7	27.8	10.3	—	208.8	67.5	0.6	70.6	5.32
1992	44.3	111.8	12.5	34.0	17.3	36.0	207.8	75.6	4.4	103.1	5.51
1993	126.8	97.3	15.9	54.5	21.3	49.7	304.0	76.5	5.5	120.1	5.76
1994	94.4	121.3	20.7	68.1	29.2	43.9	352.8	93.5	6.2	137.3	8.62
1995	68.8	173.0	28.6	76.2	38.8	26.1	356.8	109.1	9.7	154.3	8.35

续表

年份	金属业	化学成品及有关产品	EDP和办公设备	电信设备	集成电路和电子元件	汽车产品	其他机械	纺织品	服装	其他制成品	汇率
1996	72.4	181.1	34.2	58.3	46.9	21.6	386.7	119.8	10.4	165.0	8.31
1997	66.6	193.0	44.8	59.7	62.5	19.0	341.7	122.7	11.2	175.1	8.29
1998	64.9	201.6	58.9	78.2	83.3	20.6	327.4	110.8	10.7	174.1	8.28
1999	74.9	240.3	77.3	93.6	133.9	25.4	364.3	110.8	11.0	196.1	8.28
2000	96.9	302.1	108.6	124.1	211.6	38.0	437.1	128.3	11.9	240.3	8.28
2001	107.5	321.0	126.6	132.9	236.1	49.1	525.4	125.7	12.7	262.0	8.28
2002	136.0	390.4	170.9	141.5	351.7	69.6	636.4	130.6	13.6	327.5	8.28
2003	220.3	489.8	242.2	195.1	525.2	127.8	837.9	142.2	14.2	491.0	8.28
2004	233.9	654.7	296.3	246.3	744.6	144.3	1096.9	153.0	15.4	697.3	8.28
2005	263.4	777.3	357.9	293.6	953.2	135.5	1164.6	155.0	16.3	814.6	8.19
2006	216.2	870.5	406.9	355.3	1217.2	185.8	1404.9	163.6	17.2	957.3	7.97
2007	241.4	1074.2	454.6	357.4	1452.6	240.3	1621.6	166.4	19.8	1146.8	7.60
2008	271.5	1190.0	468.9	369.0	1481.2	290.7	1809.8	162.9	22.8	1268.0	6.95
2009	264.8	1119.7	430.6	340.7	1369.2	308.5	1633.6	149.2	18.4	1116.9	6.83
2010	250.5	1494.2	568.2	402.3	1809.9	530.4	2186.0	176.8	25.2	1499.4	6.77
2011	271.6	1805.4	578.2	511.8	1961.5	696.4	2561.2	189.0	40.1	1714.0	6.46

资料来源：中国产业与企业竞争力研究中心数据库。

从图10-11中可以看出，中国进口所需投入的劳动力最主要是低端劳动力，初中及以下学历人员占到49.92%，具高中学历人员占到36.81%，两者合计占到86.73%。但我们注意到，与中国出口所需要投入的劳动力结构相比，低了3个百分点。与1980年相比，进口所需投入劳动力中，高端劳动力增长得更快。全部劳动力增长了200倍，具有初中及以下学历人员增长了198倍，具有高中学历人员增长了208倍，具有大专学历人员增长了207倍，而具有大学本科学历人员增长了235倍，具有研究生及以上学历人员增长了263倍。总体而言，学历越高劳动力增长的速度越快。这一结论也可以与上节的判断——中国进口商品技术含量不断提高——相印证。但我们也注意到，与中国出口商品所需投入的劳动力结构相比，进口商品所需投入的高端劳动力增长得较慢；这也与上节的判断——我国出口商品的技术进步速度比进口商品更快——相一致。

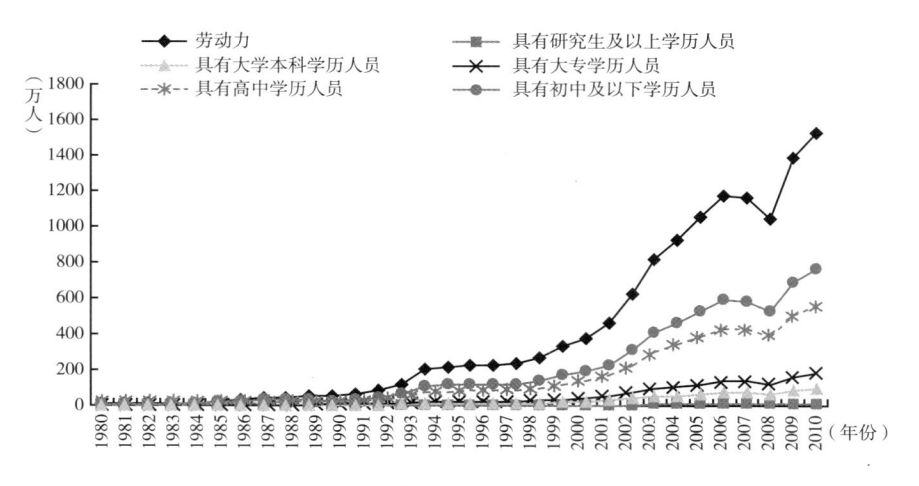

图 10-11　1980—2010 年中国进口所需投入的各类劳动力

资料来源：笔者计算。

　　由于目前世界政治经济的秩序是商品与资本流动壁垒较低而劳动力流动壁垒较高；但现实经济活动中，商品流动实际上变相实现了工作岗位的跨国流动。如前所述，中国制成品的出口增加了国内的就业岗位；中国制成品的进口实际上是增加了贸易伙伴的就业岗位，而减少了国内的就业岗位。那么，中国综合进出口的国际贸易对中国国内就业的影响是什么样的？我们计算了中国净出口所需要投入的各类劳动力的数量，如图 10-12 所示，可以看出十分有趣的变化，中国 1980 年大专以上的高级劳动力实际上处于净进口[①]的状态，而低端劳动力处于净出口的状态。这与中国当时的劳动力结构是相吻合的。1982 年，每十万人中仅有 599 人具有大学文化程度（大专以上文化程度），6622 人具有高中文化程度，17758 人具有初中文化程度，35377 人具有小学文化程度，文盲和半文盲人口占总人口的 23.5%。这一状况一直持续到 1993 年才得以彻底改变；1994 年以后，中国各类劳动力处于净出口的状态。到 2011 年中国国际贸易解决了中国近 267 万高端劳动力的就业，占劳动力净出口的 12%。这与中国劳动力素质的变化相一致，第

---

　　① 为表述方便，将出口商品所需要投入的劳动量高于进口商品相应所需要投入劳动量称为劳动力的净出口，相反，称为劳动力的净进口。

六次人口普查数据显示 2010 年每 10 万人中具有大学文化程度的人数为 8930 人；具有高中文化程度的人数上升为 14032 人；具有初中文化程度的人数上升为 38788 人；而具有小学文化程度的人数则下降为 26779 人；文盲率下降为 4.08%。可以说，中国净出口所解决的就业岗位结构的变化，一方面反映了中国出口商品结构的变化，说明中国出口商品的技术含量不断变化；另一方面也反映出因中国劳动力结构的变化而导致的中国比较优势的变化。

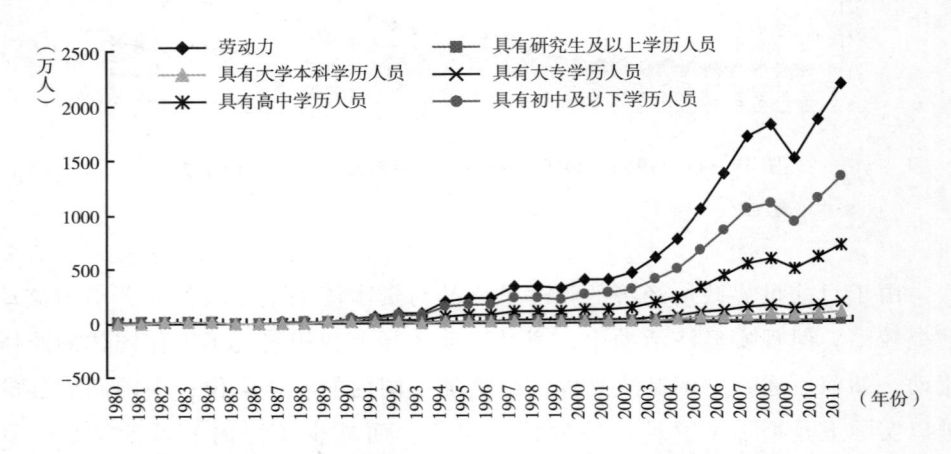

图 10-12　1980—2011 年中国净出口所需投入的各类劳动力

资料来源：笔者计算。

中国社会科学院工经所最近的研究表明，到 2020 年我国劳动力素质还能有较大幅度的提高，25 岁及以上劳动力平均受教育年限会从 8.56 年提高到 10.2 年；这一结果表明中国劳动力素质仍旧处于快速提升时期，可以预计今后 10 年中国劳动力结构会进一步优化，劳动力素质会进一步提高，从而会进一步提高中国产品的技术水平。

第五节　结论与展望

本文对我国商品，特别是制成品的进出口情况进行了分析。本文的研究结论表明，改革开放以来中国出口商品的结构得到了巨大的提升。第一次提升实现了从主要依靠出口初级原材料过渡到了主要依靠制成品出口；第二次提升实现了制成品的技术含量的不断提高。如前所述，与中国劳动力素质的快速提升相比，中国工业产品提升速度较慢；但这表明中国工业已经有了坚实的产业升级的劳动力基础。我们还对中国劳动力素质的结构进行了展望，结果显示中国劳动力素质仍处于快速提升时期，可以预计今后10年中国劳动力结构会进一步优化，劳动力素质会进一步提高，从而会进一步提高中国产品的技术水平。我们对于中国今后10年经济增长与发展方式的转变整体持乐观态度，认为中国将会迎来质量型人口红利所带来的经济增长与产业升级的新十年。

参考文献

[1] 金碚：《竞争力经济学》，广东经济出版社2003年版。

[2] 张其仔：《比较优势的演化与中国产业升级路径的选择》，《中国工业经济》2008年第9期。

[3] 李钢、董敏杰、金碚：《比较优势与竞争优势是对立的吗？——基于中国制造业的实证研究》，《财贸经济》2009年第9期。

[4] 李钢、沈可挺、郭朝先：《中国劳动密集型产业竞争力提升出路何在？》，《中国工业经济》2009年第10期。

[5] 李钢、刘吉超：《入世十年中国产业国际竞争力的实证分析》，《财贸经济》2012年第8期。

[6] 蔡昉、王德文、王美艳：《工业竞争力与比较优势——WTO框架下提高我国工业竞争力的方向》，《管理世界》2003年第3期。

[7] Lall, Sanjaya, *Competitiveness, Technology and Skills*, Edward Elgar Publishing, 2001.

[8] Hickman, Bert G., *International Productivity and Competitiveness*, Oxford University Press, 1992.

[9] WTO, International Trade Statistics 2001–2011, http://www.wto.org.

第十一章
劳动力素质对产业升级影响的案例研究

本章提要：产业升级是转变经济增长方式的一个重要方面，主要包括：一是，三次产业之间的优化升级，主要表现为劳动力向第三产业转移，第三产业在国民经济中的比重不断提高；二是，三次产业内部的升级，主要表现为产品的技术含量逐渐提高，产业朝着技术密集型产业发展。无论哪方面的升级都离不开劳动力素质的提升。农村剩余劳动力能否顺利向第二、第三产业转移，很大程度上取决于农村劳动力的素质。在产业内部的升级中，要发展技术密集型产业更是离不开高素质劳动力。总之，产业升级需要伴随着劳动力素质的提升，不断提高的劳动力素质有利于产业升级的加快实现。农村劳动力素质的提升，不仅可以作用于第二、第三产业，同时也可以作用于第一产业，有利于实现第一产业内部的优化升级。双龙镇农民由于掌握了香菇种植技术，劳动力素质得到了很大提升，直接促成了香菇种植业成为双龙镇农业的主导产业，实现了农业内部的优化升级。同时，双龙镇劳动力素质的提升又间接地促进了第二、第三产业的发展，促进了双龙镇三次产业的优化升级。但是，由于香菇种植技术这一技能是具有专用性的，其在其他行业并不能被使用，在剔除了香菇种植技术的因素之后，双龙镇的劳动力素质并不高，并不能满足工业内部优化升级的需要，甚至阻碍了工业的升级。在未来，双龙镇要想实现工业内部的升级，必须努力提高劳动力在工业方面的素质，如提高劳动力的受教育水平、对劳动力进行技能培训

（就像过去进行香菇种植技术培训一样）等。本章还对沁新集团做了案例研究。

第一节 劳动力素质与产业升级——以河南省西峡县双龙镇案例研究

一 河南省西峡县双龙镇的概况

双龙镇位于河南省西部伏牛山腹地，属西峡县，处在卢氏、灵宝、栾川、嵩县等地南下的交通咽喉要道上，国道311和省道331交汇集镇穿境而过。双龙镇总面积293.67平方公里，森林覆盖率达89%，有159个村民小组，5904户总人口2.34万人。双龙镇这样一个山区小镇，经济快速发展，产业结构也在不断优化。

从表11-1可以看到，2002—2010年，双龙镇生产总值从1.90亿元上升到12.5亿元，年均增长率26.60%。其中，第一产业从0.84亿元增长到1.84亿元，年均增长率10.37%；第二产业从0.83亿元增长到9.53亿元，年均增长率35.59%；第三产业从0.22亿元增长到1.14亿元，年均增长率22.45%。

表11-1 双龙镇生产总值：2002—2010年

单位：千元，%

年份	生产总值(当年价格)				生产总值比重		
	总计	第一产业	第二产业	第三产业	第一产业	第二产业	第三产业
2002	189659	83650	83407	22602	44.1	44.0	11.9
2003	207842	79150	102855	25837	38.1	49.5	12.4
2004	318031	96087	190795	31149	30.2	60.0	9.8
2005	341400	104890	190660	45860	30.7	55.8	13.5
2006	577190	117730	405160	54300	20.4	70.2	9.4
2007	805210	135270	604200	65740	16.8	75.0	8.2
2008	974220	145420	745870	82930	14.9	76.6	8.5
2009	1057480	166430	789640	101410	15.7	74.7	9.6
2010	1251140	184200	952680	114260	14.7	76.1	9.1

资料来源：西峡县双龙镇政府。

总体来看，双龙镇三大产业的变动是符合产业结构变动规律的，处在不断优化之中。第一产业在地区生产总值中的比重不断下降，九年共下降了29.4个百分点；第二产业发展较快，在地区生产总值中的比重从44.0%上升到76.1%，提高了32.1个百分点，从2004年开始居于绝对主导地位；第三产业在地区生产总值中的比重略有收缩，从11.9%下降到9.1%，下降了2.8个百分点。经过多年的发展，双龙镇已经走出了一条独具山区特色并具前瞻性的镇域经济发展路子，实现了率先发展、跨越发展、协调发展，成为镶嵌在伏牛山中的一颗璀璨明珠。

西峡双龙镇的人均GDP增长远高于全国平均水平，2002—2010年，全国人均GDP的年均增长率为15.61%，双龙镇为25.50%，高出全国9.89个百分点。2002年，双龙镇人均GDP为8704元，全国平均水平为9398元，双龙镇仅为全国人均GDP的92.61%；但到了2010年，双龙镇人均GDP为53557元，全国人均GDP为29992元，双龙镇人均GDP是全国的1.79倍。

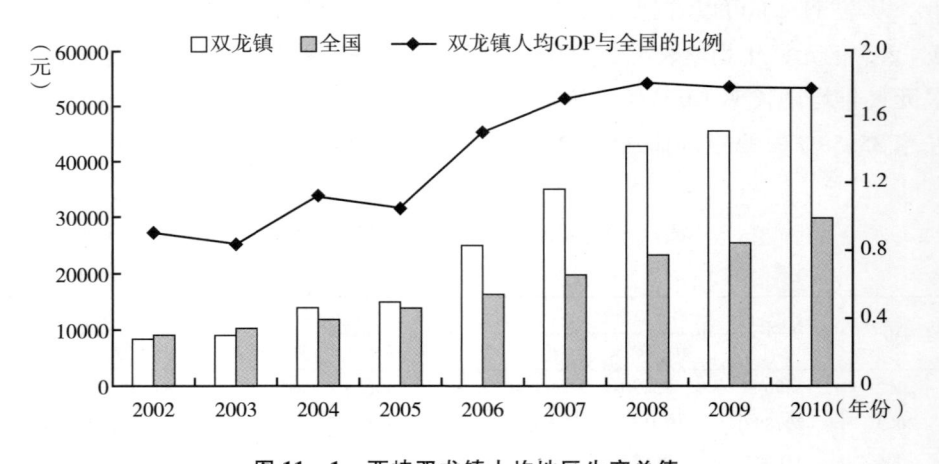

图11-1 西峡双龙镇人均地区生产总值

资料来源：西峡双龙镇政府，《中国统计年鉴（2011）》。

二 双龙镇农村劳动力素质的提升

（一）双龙镇农村劳动力素质提升的表现

劳动力素质提升有多种表现方式，如劳动力技能的提高、劳动力受教水平的提高等，双龙镇农村劳动力素质的提升主要体现在香菇种植技术上。在传统农业中，农民的技能主要体现在种植玉米、小麦等传统农作物上，这是我国绝大多数农民都具备的劳动技能，而在西峡县双龙镇，除了具备这项基本技能之外，大部分农民还通过技术培训掌握了香菇种植技术，提高了自身的劳动技能，并且在种植过程中不断学习新技术，促进劳动力素质进一步提高。

1993年，双龙镇党委、政府为了增加地方财政和农民的收入，顺应西峡县党委、政府在全县范围内推广香菇种植的政策，鼓励农民种植香菇。在初期，镇政府对农民的扶持集中体现为技术指导，帮助农民掌握香菇种植技术。初期农民主要种植的是椴木香菇。

由于收益大、收益期短，香菇种植很快在双龙镇得到了推广。但是香菇种植的弊端也随之而来。种植椴木香菇需要耗费大量的木材，大范围砍伐山林给双龙镇带来了一些生态环境问题。为了解决这些问题，1998年开始，双龙镇逐步用袋料香菇代替椴木香菇，袋料香菇的主要原料是木屑，松、杉、樟木及大多数阔叶木，除此之外还可以利用各种农作物秸秆、林木废料。与椴木香菇相比，袋料香菇对于木材的消耗量要小得多。由椴木香菇转向袋料香菇，双龙镇农民的香菇种植技术也提升到了一个新的高度。

在转向种植袋料香菇之后，双龙镇人并没有满足于现状，而是不断的追求技术上的进步，以提高香菇种植效益。为了提高香菇的产量和质量，双龙镇党委、政府积极推进香菇标准化生产，组织建立了化山、小集、罐沟、山涧沟、小水五个规模较大的袋料香菇标准化生产基地。基地设有专门的技术人员负责技术工作，帮助农民提高技术水平，掌握更先进的种植技术。2010年，五个袋料香菇标准化生产基地共种植香菇250万袋，占全镇总量的31%。

值得一提的是，目前双龙镇正在积极探索由木腐菌生产向草腐菌生产转移的道路。香菇属于木腐菌类，与木腐菌相比，草腐菌的最大优势在于其原材料更加环保，苞米秆、稻草等秸秆及牛粪等都可作为种植草腐菌的原材料。要实现木腐菌生产向草腐菌生产的转移，首先需要解决的就是技术问题，让农民切实掌握草腐菌种植技术。为了解决农民技术问题，双龙镇建立了草腐菌示范场,逐步向农民推广草腐菌种植技术。

(二) 双龙镇农村劳动力素质提升的推动力

前文已经指出,双龙镇农村劳动力素质的提升主要体现在香菇种植技术上,那么,现在摆在我们面前的问题是,是什么因素促使农民开始学习香菇种植技术?是政府的力量,还是市场的力量?我们认为,在双龙镇农村劳动力素质提升的过程中,政府是第一推动力,但是在政府开启了农民学习香菇种植技术的大门之后,政府的力量逐步让位于市场机制,换句话说,市场主导了双龙镇农民种植技术的进一步提升。

首先,政府是双龙镇农村劳动力素质提升的第一推动力,主要原因有:第一,1993年,双龙镇之所以会种植香菇,是西峡县政府和双龙镇政府做出的战略决策,当然政府做出这样的决策也是基于对香菇市场前景的看好,并没有脱离市场机制,但是,如果没有政府的决策,单靠市场,农民是不可能放弃传统农业转向其并不熟悉的香菇种植的,至少在1993年是不可能的,政府的力量在这一过程中居于主导地位。第二,选择了种植香菇之后,接下来的问题是,如何让农民掌握种植技术,解决这一问题的主体是双龙镇政府,而不是市场。在双龙镇香菇种植早期,为了解决技术问题,镇主要领导人及工商、财政、税务、公安等部门带领村组干部和农村"能人"到浙江、湖北、福建等地考察学习种植技术,回镇之后,政府又组织干部下乡亲自指导农民种植香菇,当好农民的技术指导员。而且政府要求镇村干部每人带头种香菇,做好示范作用,谁不种谁下岗。虽然政府的做法有些"霸道",但是就当时的情况而言,也找不出更好、更有效的办法。

其次,市场主导了双龙镇农民种植技术的进一步提升。农民种植香菇之后,很快便尝到了甜头,相对于传统农作物,香菇的收益更大,农民开始自觉学习香菇种植技术,为了获得更高的收益,农民积极学习更高、更先进的技术。香菇市场的发展对香菇种植提出了新要求,为了适应市场,农民不得不努力提高自身技术,在这一时期,促使双龙镇农村劳动力素质不断提高的主导力量是市场机制。双龙镇人从种植椴木香菇转向袋料香菇、推行标准化基地生产以及目前正在试验的由木腐菌生产向草腐菌生产的转移,都是市场引导的结果。当然,政府的力量也是不可忽视的。政府一直在为农民提供各种帮助,但是已不再是农村劳动力素质提升的主导力量。

三 双龙镇农村劳动力素质的提升对当地产业结构的影响

双龙镇农村劳动力素质的提升,不仅促进了第二、第三产业的发展,有利于三次产业结构的优化升级,同时也带动了第一产业内部优化升级的实现。

(一) 农村劳动力素质的提升促进了农业内部的优化升级

双龙镇通过提升劳动力素质,将农民从传统农业中解放出来,发展现代农业——香菇种植业,实现了农业内部结构的优化升级。同时,双龙镇农村劳动力素质的进一步提升也促使了香菇种植业的升级。在香菇种植业的发展过程中,从椴木香菇向袋料香菇的转移、产出效率的提高,这些都必须以双龙镇农村劳动力素质的不断提高为前提条件。

产业的劳动生产率变化情况可以帮助我们了解产业内部的优化升级,图 11-2 为双龙镇第一产业劳动生产率情况。很明显可以看到,双龙镇第一产业的劳动生产率大幅高于全国平均水平,2004 年,双龙镇第一产业的劳动生产率为 13360 元/人,全国为 6148 元/人,二者相差了 7212 元/人;2010 年,双龙镇第一产业的劳动生产率为 27407 元/人,全国为 14512 元/人,相差 12895 元/人。

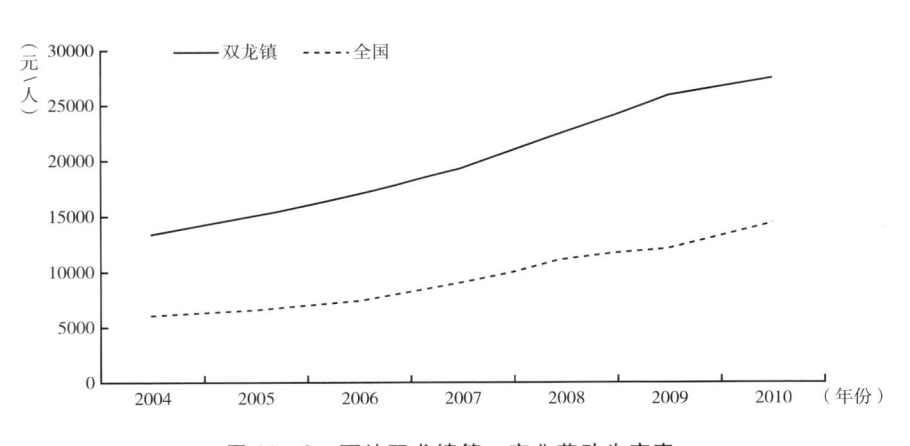

图 11-2 西峡双龙镇第一产业劳动生产率

资料来源:西峡双龙镇政府,《中国统计年鉴 (2011)》。

(二) 农村劳动力素质的提升促进了当地工业的发展

双龙镇农村劳动力素质的提升对工业的促进作用主要表现如下。

首先,双龙镇农村劳动力素质的提升为工业发展提供了人员保障。

一方面,劳动力素质的提升使得大批劳动力从农业中解放出来,转移到工业部门,就绝对数来看,从 2004 年到 2010 年,双龙镇本镇人口从事第一产业的人数从 7192 人减少到了 6721 人,减少了 471 人,而第二产业的人数从 1014 人增长到了 2395 人,增加了 1381 人(新增加的 993 人绝大部分都投入到了第二产业中);从绝对数看,双龙镇人口第一产业就业人员占比从 61.46% 下降到了 52.95%,下降了 8.51 个百分点,第二产业就业人员占比从 8.67% 上升到了 18.87%,上升了 10.2 个百分点(见表 11-2)。另一方面,香菇种植具有很强的季节性,一般来说,5—10 月为农闲时期,在这一时期,一部分从业者会选择去企业打零工。

表 11-2 双龙镇本镇人口在双龙镇的就业情况

单位:人,%

年份	绝对数				相对数			
	总计	第一产业	第二产业	第三产业	总计	第一产业	第二产业	第三产业
2004	11701	7192	1014	3495	100	61.46	8.67	29.87
2005	11745	6905	1000	3840	100	58.79	8.51	32.69
2006	11750	6906	1005	3839	100	58.77	8.55	32.67
2007	11750	7004	1010	3736	100	59.61	8.60	31.80
2008	11537	6450	1405	3682	100	55.91	12.18	31.91
2009	12542	6415	2594	3533	100	51.15	20.68	28.17
2010	12694	6721	2395	3578	100	52.95	18.87	28.19

资料来源:西峡双龙镇政府。

其次,香菇的种植带动了香菇加工业的发展。

香菇种植业的发展带动了香菇加工业的发展,目前双龙镇每年大约种植袋料香菇 800 万袋,丰富的原材料是香菇加工业发展的前提条件。截至 2010 年底,双龙镇共有工业企业 25 家,其中食品加工企业 7 家(见表 11-3)。在 7 家企业中,除了国华油脂公司不从事香菇加工业务,其余 6 家企业主要从事精制干香菇、干香菇丝(片)、干香菇脚、干香菇粒等农副食品加工业务。2010 年,6 家企业的产值均在 1000 万元以上,共实现产值 1.81 亿元,其中南阳华源食品公司的产值最高,为 4500 万元,农家乐食品公司的产值最低,为 1200 万元。

表 11-3 2010 年双龙镇食品加工企业情况统计

单位：万元

企　业	产值	税利	企　业	产值	税利
南阳华源食品公司	4500	180	新高山食品公司	1800	90
九顺达食品公司	3000	130	农家乐食品公司	1200	50
同顺食品公司	4000	170	国华油脂公司	320	25
良耀食品公司	3600	150	合　计	18420	795

注：表中数据为 2010 年 10 月各企业的预计值，而并非当年最终的统计值。

资料来源：西峡双龙镇政府。

（三）农村劳动力素质的提升带动了当地商贸流通业的迅速发展

在香菇种植业的基础上，1993 年双龙镇建成双龙香菇市场。双龙香菇市场位于 311 国道与豫 48 省道的交汇处，占地 1.8 平方公里。在香菇市场建成初期，由于双龙镇香菇种植业刚刚起步、发展有限，市场的交易额并不高。香菇种植业的发展是香菇市场发展的基础，随着双龙镇香菇种植业的发展，双龙香菇市场也迅速发展起来。1995 年市场交易额突破亿元大关，1997 年双龙香菇市场被业内人士公认为全国最大的专业市场。现在，双龙香菇市场已成为我国最大的香菇集散地，年交易额近 10 亿元，出口量占全国总量的 1/3。来自日本、韩国、新加坡、马来西亚及中国港、澳、台等 20 多个国家和地区 600 多家香菇购销代理商长年驻守双龙镇，从事贸易经营，2010 年该市场出口额约为 8000 万美元。

以双龙香菇市场为依托，双龙商贸流通业迅速发展。香菇批发和零售业的发展需要有配套的交通运输业和仓储业，伴随着双龙香菇市场规模的扩大，住宿业、餐饮业也逐步发展起来。2010 年，全镇从事服装、百货、五金、餐饮、旅馆、农家宾馆、香菇购销等行业的经营门店达 1000 余户，从业人员超万人，其中集镇 800 多户，群众来自商贸流通业的收入占全镇人均纯收入的 25%。

（四）双龙镇的劳动力素质阻碍了工业内部的优化升级

双龙镇劳动力素质的提升集中体现在香菇种植技术上，而香菇种植技术具有专用性，这种技术除了在香菇种植业中能用到之外，在其他行业很难使用到。换句话说，离开香菇种植业，双龙镇农民的劳动力素质即被打回了原形，在其他行业，香菇种植技术并不能被视为衡量劳动力素质提升的依据。为了消除香菇种植技术在测量劳动力素质中的影响，我们希望用双龙镇劳动者的受教育水平来衡量劳动力素质水平，但由于缺乏相关数据，我们仅以调研时抽取的四个典型村的村委会成员的受教育水平来间接反映全镇总体水平。

双龙镇下辖22个行政村，课题组调研时选取了四个典型村庄进行了深入调研，所选取的四个典型村庄：以农业为主要发展产业的小集村、以工业为主要发展产业的后湖村、以香菇交易等物流贸易业为主要发展产业的双龙村、以旅游业等第三产业为主要发展方向的化山村。表11-4为2010年四个典型村村委会成员受教育情况，可以看到，15人中1人为中专学历，10人为高中学历，3人为初中学历，1人为小学学历。总体来看，四个典型村村委会成员的平均受教育水平并不高，大约为高中水平。一般来说，村委会的平均受教育水平会略高于全村平均水平，至少不会低于全村水平，同时，从发展角度来说，四个典型村在双龙镇属于上等水平，全镇劳动者的受教育水平应该是低于这四个村的，因此我们可以大体做出这样一个判断：双龙镇劳动力的平均受教育水平小于或等于高中。这一水平低于全国工业的劳动者平均受教育水平，这样的劳动力素质是无法满足工业化发展要求的。

表11-4 2010年双龙镇四个典型村的村委会成员受教育情况

村　名	主任	副主任	秘书（委员）	妇女主任（委员）
化山村	小学	初中	初中	高中
后湖村	高中	—	高中	高中
双龙村	高中	高中	高中	高中
小集村	中专	高中	高中	初中

资料来源：双龙镇化山村、后湖村、双龙村、小集村村委会。

从上面的分析可以看到，剔除了香菇种植技术的因素之后，双龙镇的劳动力素质水平并不高，这样的水平阻碍了双龙镇工业的优化升级，具体表现在以下三个方面。

第一，虽然2010年双龙镇第二产业的占比已经达到了76.1%，但是其工业内部的结构并不高级。双龙镇的工业主要分布在炼钢及耐火材料、食品加工和矿石开采三大行业，2010年，炼钢及耐火材料企业的产值占总值的80.8%，食品加工占15.7%，矿山开采企业占3.5%。这些产业的技术含量普遍不高，一些技术含量较高的产业在双龙镇并没有发展起来，劳动力素质不高是阻碍这些产业发展的一个重要原因。

第二，就食品加工产业内部而言，目前双龙镇香菇加工业发展的深度还不够，企业基本处在价值链的低端，只是进行一些简单的加工，如精制干香菇、干香菇丝（片）、干香菇脚、干香菇粒等，产品的附加值不高，其对经济的贡献也十分有限。之所以会出现这样的情况，劳动力素质不高是制约双龙镇香菇加工产业发展的根本原因。一方面，双龙镇缺乏高素质人才，这直接阻碍了产品创新，没有产品创新就更谈不上深加工了；另一方面，基础劳动力缺乏香菇深加工所必须具备的素质，是制约双龙镇香菇加工业发展的最根本原因。

第三，双龙镇的劳动力素质水平无法满足企业优化升级的需要。以龙成集团为例。龙成集团1988年起步于双龙镇，最初只是一家小石墨厂，通过不断创新，逐步实现了产品升级，现在龙成集团主要经营特殊钢铁的研发与生产、结晶器铜板和保护渣的生产等业务，旗下共有9家子公司，其中7家为全资法人企业。在这7家企业中，南阳汉冶特钢有限公司最具竞争力，公司以"特种、特重、特厚"钢板为主导产品，具有独家专利的水冷模铸钢锭设备，公司的主要品种被广泛用于国内重机、工程机械、钢结构、发电设备、造船、桥梁、石油平台、石油石化、模具等行业并出口欧洲、亚洲、南美、中东等二十多个国家和地区，被喻为世界最具竞争力的"特重/特厚/特种钢板"生产基地。显然，以双龙镇的劳动力素质无法满足龙成集团的发展需要，目前其大部分工厂已迁至西峡县，双龙镇不但没有跟上龙成集团的发展步伐，反而在龙成集团的升级中被淘汰，这对于一个镇来说是非常大的损失。

四 小结

双龙镇农民掌握了香菇种植技术，劳动力素质得到了很大的提升，直接促使香菇种植业成为双龙镇农业的主导产业，实现了农业内部的优化升级。

同时，双龙镇劳动力素质的提升又间接地促进了第二、第三产业的发展，促进了双龙镇三次产业结构的优化升级。但是，由于香菇种植技术这一技能是具有专用性的，其在其他行业并不能被使用，在剔除了香菇种植技术的因素之后，双龙镇的劳动力素质并不高，不能满足工业内部优化升级的需要，甚至阻碍了工业的升级。在未来，双龙镇要想实现工业内部的升级，必须努力提高劳动力在工业方面的素质，如提高劳动力的受教育水平、对劳动力进行技能培训（就像当初进行香菇种植技术培训一样）。

第二节　技术人才缺乏制约企业升级——山西沁新集团案例研究

通过对山西沁新能源集团股份有限公司的调研，我们发现，技术人才的缺乏是企业进行产业升级，尤其是通过技术进步等方式进行产品升级和产业链条升级的最大制约。

一　沁新集团的基本情况

（一）概况

山西沁新能源集团股份有限公司总部位于山西省沁源县李元镇，集团拥有煤、焦、电、化、材、机械、物流及农林产业开发八类产业，李元、沁北两个循环经济工业园区，由下属24个企业组成。集团注册资本2.24亿元，资产总额68.81亿元，员工7800余人，是长治市最大的优质主焦煤生产和加工转化基地。在山西省工业企业30强中列第30位、山西省百强民营企业中列第4位、山西省企业100强和制造业100强中分别列第23位和第16位、全国煤炭企业100强中列第55位、全国规模以上民营企业500强中列第353位，是全省30户循环经济试点单位之一、全省煤炭综合利用科技创新十佳企业之一，获得"长治市功勋企业""全国厂务公开民主管理先进单位"等称号，荣获"全省创业就业贡献奖"、山西慈善突出贡献单位（企业）奖、"国际低碳企业奖"等，并被中国企业联合会、中国企业家协会评选为全国"最具影响力企业"，是全国模范职工之家、国家级"守合同重信用"单位、全国就业与社会保障先进民营企业。

（二）主要产品及生产能力

沁新集团的主要产品是煤、焦、电等煤炭相关产品，其中李元生产园区年生产优质主焦煤能力达 360 万吨，洗煤能力 400 万吨，发电装机容量 69MW，焦炭 100 万吨，刚玉及磨料 6 万吨，建材标砖 2.5 亿块，电石 4 万吨。沁北园区年生产优质主焦煤能力达 600 万吨，洗煤能力 300 万吨。

2010 年，沁新集团全年完成原煤产量 279.27 万吨，洗精煤产量 157.52 万吨，发电量 21369.81 万度，焦炭产量 76.22 万吨，刚玉产量 2.59 万吨，电石产量 1.56 万吨，完成销售收入 27.92 亿元，上缴税金 4.53 亿元，上缴规费 1.32 亿元，上缴煤炭资源价款 3.97 亿元，合计上缴税费 9.82 亿元。

（三）产业链的延伸

近年来，沁新集团通过"依托煤、延伸煤、超越煤"的发展战略，调整产业结构，延伸产业链条，优化产业升级，发展循环经济，其主导产业已形成四条循环经济产业模式：①煤—洗精煤—煤矸石发电—刚玉冶炼磨料加工及粉煤灰建材的煤电材产业链；②煤—洗精煤—焦化—余热发电—电石化工的煤焦化产业链；③生态治理和旅游开发；④节能减排、热电联产项目，即煤—洗精煤—焦化—余热发电—李元、县城集中供热。

二 经营管理人才对企业发展的促进

沁新集团的快速发展阶段，始于 20 世纪 90 年代末。1996 年是公司发展史上的分水岭。当年，原任沁源县煤管局副局长的孙宏原，被聘当选为公司总经理，并继而当选为公司的董事长和党总支书记。企业高级管理者的更换，对于沁新的发展影响十分重大，促使公司经历了以下几场大变革，终于逐渐形成目前的发展模式和格局。

（一）兼并了一系列小型工厂和企业

1996 年，公司成功整体兼并原沁源县农修厂，敲响了企业改革发展的"第一锤"。1997 年，兼并沁源县轻机厂。2000 年，公司兼并李元煤矿。2001 年，公司正式兼并濒临倒闭的沁源发电厂。2002 年，公司成功兼并虎峪煤矿和七一煤矿，并整合设立为新力煤矿。2003 年，吸收东坡煤矿、东沟煤矿、下城艾煤矿、西沟煤矿、古联煤矿、王陶东沟煤矿到公司旗下，公司煤矿数量达到 10 座。同年，公司还对裕源牧工商有限公司进行了整体收购。

（二）扩建矿井，进行技术改造，提升生产能力和技术水平

1996年，公司对沁新煤矿45万吨矿井开始实施"四通一平"改扩建工程，并于2000年竣工投产。这一工程被誉为公司"生命工程"，极大地提升了公司的生产能力和技术水平，成为公司发展史上的一个里程碑。

2003年，公司再次对新源煤矿进行45万吨技改扩建工程，其下属的选煤厂也开始进行180万吨扩能技改，净增原煤入洗能力120万吨。2004年，公司又开始对沁新煤矿、新源煤矿实施120万吨技术改造。同年10月2日，新源煤矿120万吨技改扩建项目中的最大工程——技改扩建米巷道全线贯通。8月底，选煤厂二期改扩建双系统正式投产，原煤入洗能力达到240万吨。这些技术改造工程，极大地提升了沁新公司的生产能力和技术水平。

（三）延伸产业链

随着公司的快速发展，企业高级管理者制定了新的发展思路——依托煤、延伸煤、超越煤。根据这一思路，沁新开始不断的扩展产业链的新环节，甚至向非煤产业延伸。2001年，公司通过兼并沁源发电厂，开始将产业链延伸至非煤产业。2002年，公司组建成立了新型环保建材公司和同创电石厂。2003年，公司先后成立余热发电项目筹建领导组和焦化厂筹建办公室，拉开了项目设计、设备选型、施工安装等一系列筹建工作的序幕，标志着公司"煤—焦化—余热发电""煤—洗精煤—矸石发电—粉煤灰建材"两条主导产业链初具雏形。

可见，企业的管理者对于企业的发展十分重要，在获得了自主经营、自负盈亏的体制环境后，企业家往往将自身利益与企业利益紧密结合在一起。一个高瞻远瞩的企业家，往往能够准确定位企业的发展方向，愿意并且有胆识在扩大企业规模、提高企业的技术水平等关键环节上进行投入；并能够在发展循环经济、保护生态环境、坚持安全发展、实现可持续发展、建立企业与社会的和谐等方面有所作为。

三 技术人才缺乏对企业升级的影响及企业的应对之策

（一）技术型劳动力的稀缺

在调研中我们了解到，沁新集团当前发展的最大障碍——高素质劳动力尤其是以工程师和高级技术工人为代表的技术人才特别缺乏。在技术人才

中，工程师尤为稀缺。因为，沁新集团在延伸产业链条的过程中，更需要的是对特定的、具体的生产流程及工艺流程环节的设计，这些工作主要是依靠工程师来完成。当生产线上的主要工艺流程都已经确定后，只需要对技术工人进行培训即可进行生产，因此，相对来说对技术工人的要求并不是很高。

沁新集团对技术人才是非常重视的，为技术人才提供的物质条件和相关待遇都非常好。以大中专毕业生为例，本科毕业的劳动者，除了可以获得工资等薪酬外，还将每月获得1500元的学历津贴；专科毕业的劳动者的学历津贴为每月800元。这从当地的平均收入水平来看，是比较高的。

然而，相对较高的收入并不能吸引到足够的技术人才。沁新集团每年能够招聘到的大中专毕业生约有100人，但是，企业招聘到了大学毕业生，往往也很难将其长期留下来。技术人才流失的情况比较严重。

（二）技术型劳动力稀缺的原因

技术人才缺乏，主要原因是沁新集团位于山西省沁源县李元镇，所处的地理位置为山区且相对偏僻，交通不是特别方便。因此，许多技术人才都不愿意到沁新集团来工作。

另一个原因，则在于企业现在的产业链发展得不是很成熟，很多环节都没有成熟的技术，难以吸引到较多的人才。一方面是由于这些环节的技术攻关难度较大，出成果和完善技术的难度较大，成功的概率较小；另一方面，成熟技术的缺乏使得学校也很难培养出大量已经掌握相关技术的普通技术工人，技术型劳动力供给较少也导致了企业难以获得相应的人才。

（三）企业的应对之策

实际上，技术人才对于沁新集团的发展是十分重要的。例如，沁新公司正在建设新的精密铸造项目，欲与国际汽车生产商合作，生产与汽车相关的配件。目前，公司已经上了两条生产线，但是产量都不大。一个重要的制约性因素就是技术人才的缺乏，使得生产线无法全面应用和开工，而只能将主要精力放在人员的培养上。

在未来，随着公司产业链的不断延伸，当生产越来越超出以煤炭资源为主的生产要素范围时，技术在生产中的作用就更加重要。

沁新集团也认识到了这一点，并于2006年建立了集团企业技术中心，主要任务是根据企业的发展战略和整体规划，从事重大关键技术的开发和研究,为企业提供技术支持。具体来说,技术中心负责集团主导产品——煤、焦、电等产品的研发升级换代工作;负责集团在发展新项目、新产业、新产品以及重点基建工程时技术领域方面的前期调研和论证等工作;负责集团大型技术改造项目的论证和设计;负责各企业生产工艺的重大技术攻关和技术改进工作;负责参与同类型、同行业企业的技术交流与合作,联合开展战略性研究开发,推动集团产业技术的升级换代;建立国内同行业专家技术人员目录库,搞好专家联络工作,每月聘请专家为集团各企业进行生产工艺、产品质量、管理机制等技术方面的指导,形成与专家技术人员长期密切、共赢发展的协作关系;负责集团内部优秀技术人才的培训工作,为集团培养高素质的技术和管理人才;负责集团产品质量评价,帮助制定质量管理的措施和制度,保证质量管理体系的有效运行,确保集团产品质量和经济效益的稳步提高;以及其他一系列与技术管理和研发有关的活动。

但是,集团企业技术中心的成立,远未能解决企业发展所需技术人才缺乏的问题。因此,企业目前只能依靠自己培养人才的方式来解决问题,主要做法是:企业与学校联合培养技术型人才。沁新集团每年从当地的高考落榜生中挑选出八九十名高中毕业生,与长治职业学校等高校进行联合培养。由沁新集团提供培养学生所需的学费和生活费,并且沁新集团还从内部派出班主任,负责对培养的学生进行管理和指导。学生毕业后,直接进入沁新集团,从事技术工作。根据调研的情况,由于这些学生都是山西甚至长治本地的生源,比较适应当地的生活;而且对于高考落榜学生而言,在沁新集团工作也是一个较有发展前景的选择,因此,绝大部分联合培养的毕业生都安心留在了沁新集团,并做出了一定的贡献。但是,这种与技术学校联合培养人才的方式,虽然有利于补充企业的技术工人,但在短中期内仍然无法解决工程师等高级技术人才缺乏的困难。企业还需要进一步开拓新的方式来解决技术人才缺乏的问题。

四 总结

综上所述,劳动力的素质水平和劳动力素质结构,对于企业升级和产业升级而言影响十分重大。高素质劳动力对于企业升级的影响,有两个关键环节,或者说是两步关键的跳跃。只有在这两个环节都获得了与之相适应的人才，企业才能实现飞跃；在任何一个环节出现人才缺口，都将制约企业升级的速度。

第一个关键环节，是企业决定是否要进行产业升级，以及企业应以什么样的思路和方向来发展。在这个环节上，企业最需要的高素质人才，就是经验丰富、有魄力、能够高瞻远瞩的企业管理者。也就是说，优秀的企业家，能够决定企业是否需要进行产业升级、在什么时候升级，以及以何种方式（如兼并其他企业、引进新技术等）进行升级。这是企业进行产业升级的最初始环节，只有迈开了这一步，企业升级才可能真正开始。无人拍板，企业便很有可能沿着原有的路径行进，或者是继续缓慢发展，或者是在遇到重大挑战和危机时被淘汰。

从沁新集团的案例来看，沁新集团在进行产业升级时，走的是过程升级、产品升级、功能升级和链条升级四种升级类型相结合的道路，即通过引进更先进的技术、转向生产更加精密和尖端的产品、增加新的功能（如营销等）、从原来的产业延伸向新的产业、实现产业多元化等方式来实现产业升级。而这些重大决策都是在企业董事长的领导下做出的。

第二个关键环节，是企业在决定了要进行产业升级以及升级的大方向后，还必须考虑更加具体的实现产业升级的方法。例如，如果是以引进新技术来进行升级，则必须考虑应该引进何种技术，引进的技术又如何消化和吸收，甚至加以创新。在这个环节中，技术的选择和决定、工艺流程的设计，对于产业升级而言十分关键。而这个环节能否成功，又主要取决于企业所拥有的技术型人才。当企业拥有足够多的以工程师、高级技术工人为代表的高技术型劳动力时，就比较容易吸收新技术和进行再创新，靠技术进步来推进的产业升级就比较容易实现。当企业缺乏技术型人才时，产业升级的进程就会相对缓慢。因此，企业能够获得足够的技术型人才，是企业成功实现产业升级的第二个跳跃。

这两个环节，对于企业实现产业升级来说，都是必不可少的。同样，以管理型人才和技术型劳动者为代表的高素质劳动力，对于企业升级和发展而言都是至关重要的。不过，沁新集团当前所面临的情况，与我们多次问卷调查所得到的分析结果较为相似，即当前以工程师、高级技术工人为代表的高技术型劳动力比以企业家为代表的管理型人才更加稀缺。

中国展望

第十二章
中国劳动力素质未来变化趋势分析

本章提要：以第六次全国人口普查数据为基础，按照四种不同情形的出生率水平，我们推算了 2010—2030 年六种劳动力年龄标准下，中国劳动力素质的变化状况，主要假设如下。

出生率：高、中、低与不变四种情形，来自世界银行；

总人口死亡率：7‰；

各年龄段人口死亡率：假设 2011—2030 年各年龄的人口死亡率保持在 2010 年的水平，数据来自于第六次人口普查合计非模板表 T4-01；

小学入学率、小学升初中入学率：假设 2011—2030 年保持在 2010 年的水平，分别为 99.7% 与 98.7%；

初中升高中入学率，具体分为两步：①《国家中长期教育改革和发展规划纲要》指出，2020 年努力使高中毛入学率达到 90%，而 2010 年高中毛入学率为 82.5%，假设 2010—2020 年以相同速率提升，则估计得到 2011—2020 年的高中毛入学率，对于 2021—2030 年的高中毛入学率，假设保持在 2020 年的水平。②根据 1990—2010 年初中升高中入学率与高中毛入学率之间的拟合结果，推测 2011—2030 年的初中升高中入学率。

高中升高等教育入学率，假定 2011—2030 年的高中升高等教育入学率稳定在 2010 年水平，为 83.3%。

研究生入学比例，假定 2011—2030 年稳定在 2010 年的水平。

根据我们推算的结果，不同的出生率对以平均受教育年限来衡量的劳动力平均素质水平影响较小。这主要是因为，在未来二十年内，出生率的高低仅会影响到 0—20 岁的人口数量以及平均受教育年限。由于 20 岁以上人口数量与受教育程度不受出生率的影响，不同的出生率情形下，未来劳动适龄人口的平均受教育年限基本稳定。测算结果显示，从 2010 年到 2020 年劳动力（以 25 岁及以上）的平均受教育年限会从 8.56 年提升到 10.2 年。

本章以第六次全国人口普查数据为基础，我们推算了从现在到 2030 年中国劳动力素质的发展情况。

第一节 推算方法及过程

一 t 年新增人口计算

$$I^t = N^{t-1} \times (1 - d^{t-1}) \times b^{t-1} \tag{1}$$

其中，I^t 表示 t 年的新出生人口，N^{t-1}、d^{t-1}、b^{t-1} 分别表示 $t-1$ 年的总人口数、死亡率及出生率。

1. 死亡率

考虑到在过去年份里，总人口死亡率基本稳定在 7‰ 左右，而且 2010 版联合国对于世界人口趋势的预测中（World Population Prospects: The 2010 Revision），中国未来人口死亡率基本在 7‰ 左右，因此假设 2011—2030 年总人口死亡率均为 7‰。

表 12-1 2010—2030 年中国人口出生率的四种情形预测

单位：‰

年份	2010—2015	2015—2020	2020—2025	2025—2030
中（meidum）	12	11	10	9
高（high）	14	13	13	12
低（low）	10	8	7	7
不变（constant）	13	12	10	9

资料来源：World Population Prospects: The 2010 Revision。

2. 出生率

出生率数据来自于联合国的预测，分为高、中、低与不变四种情形。针对每种情形，我们分别进行了预测。

二 任意年龄段不同教育程度人数的动态变化

对于 $t-1$ 年每一年龄段的人，在 t 年的受教育程度或受教育年限可能存在以下三种变化。

第一种情形是，如果在 t 年未达到标准毕业年龄（小学 12 岁、初中 15 岁、高中 18 岁、高等教育 22 岁、研究生 25.5 岁，相应 $t-1$ 年的年龄分别为 11 岁、14 岁、17 岁、21 岁、24.5 岁），则除去死亡人数外，$t-1$ 年每一年龄段的人在 t 年进入同一教育程度的下一年级，受教育年限相应增加 1 年。

第二种情形是，如果在 t 年超过标准毕业年龄（$t-1$ 年小学、初中、高中、高等教育、研究生的年龄分别超过 11 岁、14 岁、17 岁、21 岁、24.5 岁），则意味着已经进入劳动队伍，t 年受教育年限与 $t-1$ 年相等。

第三种情形较为复杂。对于任意年度（如 t 年），不同受教育程度人数主要取决于上一年（如 $t-1$ 年）不同受教育程度的人数。当 $a^{t-1}=5$、11、14、17、21 岁时，

$$N_e^t = N_e^{t-1} + N_{e-1}^{t-1} \times (1 - d_{e-1}^{t-1}) \times r_{e-1,e}^t \tag{2}$$

$$N_{e-1}^t = N_{e-1}^{t-1} \times (1 - d_{e-1}^{t-1}) \times (1 - r_{e-1,e}^t) \tag{3}$$

其中，$t=2011$，…，2030，表示年份；a^{t-1} 表示 $t-1$ 年的年龄；$e=1$，2，3，4，5，6（分别表示未上过学、小学、初中、高中、高等教育与研究生）；d_{e-1}^{t-1} 表示 $t-1$ 年度、受教育程度为 $e-1$ 的人口死亡率；$r_{e-1,e}^t$ 表示 $t-1$ 年度、受教育程度 $e-1$ 向受教育程度 e 的升学率。上述公式假设，在 t 年"升入"小学、初中、高中、高等教育与研究生时的标准年龄分别为 6、12、15、18 和 22 岁，相应的 $t-1$ 年的年龄分别为 5、11、14、17 和 21 岁。

上述情形表示，$t-1$ 年度年龄为 5、11、14、17 和 21 岁的人在第二年（t 年）将面临升学选择：接受更高一级的教育或直接参加工作，前者人数由（2）式计算得到，后者人数由（3）式计算得到。下面举个例子对此进行说明。假设 2010 年（$t-1$ 年）末 11 岁（通常情况下，第二年面临从小

学升入初中）的小学生总人数是 10000（N_{e-1}^{t-1}），11 岁人口的死亡率为 0.1%（d_{e-1}^{t-1}），2011 年从小学升入初中的升学率为 99%（$r_{e-1,e}^{t}$），同时 11 岁已经上初中的人数为 1000 人（N_e^{t-1}），则根据公式（2），2011 年末（t 年）的初中一年级总人数（N_{e-1}^{t}）为：1000 + 10000 ×（1 − 0.1%）× 99%；根据公式（3），小学上完即参加工作的人数为：10000 ×（1 − 0.1%）×（1 − 99%）。由于不知道 11 岁已上初中的学生（人数为 N_e^{t-1}）具体是上初几，这里其实是假设需要从初一继续从头上起。由于这部分学生比例并不大，而且 2017 年之后不再存在这种情况，对结果影响不大。$t-1$ 年的年龄为（a^{t-1}）11 岁、14 岁、17 岁、21 岁时也面临类似情形。

上述三种情形共包含了各年龄段人口死亡率、不同教育程度的升学率等变量，分别进行说明。

各年龄段人口死亡率。考虑到在过去年份里中国人口死亡率基本稳定（7‰左右），我们假设 2011—2030 年各年龄的人口死亡率保持在 2010 年的水平，数据来自于第六次人口普查合计非模板表 T4 – 01。由于难以得到各年龄段不同教育程度人口死亡率，假设在相同年龄时各教育程度死亡率相等。

小学入学率、小学升初中入学率。小学入学率、小学升初中入学率在 2010 年分别为 99.7% 与 98.7%，已接近 100%，假设 2011—2030 年保持在 2010 年的水平。

初中升高中入学率。从数据上看，1990—2010 年的初中升高中入学率与高中毛入学率之间存在较为稳定的对应关系（初中升高中入学率 = 0.8855 × 高中毛入学率 + 18.413，R^2 = 0.9418），我们通过对高中毛入学率的预测来计算未来的初中升高中入学率。具体分为两步：①《国家中长期教育改革和发展规划纲要》指出，2020 年努力使高中毛入学率达到 90%，而 2010 年高中毛入学率为 82.5%，假设 2010—2020 年以相同速率提升，则估计得到 2011—2020 年的高中毛入学率，对于 2021—2030 年的高中毛入学率，假设保持在 2020 年的水平。②根据 1990—2010 年的拟合结果，推测 2011—2030 年的初中升高中入学率。

高中升高等教育入学率。由于 1999 年以来的高等教育扩招，高中升高等教育入学率与高等教育毛入学率之间并不存在明显的线性对应关系，而

2012年4月20日教育部发布的《全面提高高等教育质量的若干意见》明确提出,今后公办普通高校本科招生规模将保持相对稳定,因此假定2011—2030年的高中升高等教育入学率稳定在2010年的水平,为83.3%。

研究生入学比例假定2011—2030年稳定在2010年的水平,为9.35%。

三 计算各年劳动适龄人口的平均受教育年限

通过上述两步计算出各年度不同教育程度人数,再根据不同年龄、不同教育程度的受教育年限,计算得到各年劳动适龄人口的平均受教育年限。不同年龄、不同教育程度的受教育年限设定如下。

表 12 – 2 各年龄段及各种教育程度的劳动人口的受教育年限假定

单位:年

年龄	未上过学	小学	初中	高中	高等教育	研究生教育
15	0.0	6.0	9.0	9.5	12.5	16.0
16	0.0	6.0	9.0	10.5	12.5	16.0
17	0.0	6.0	9.0	11.5	12.5	16.0
18	0.0	6.0	9.0	12.0	12.5	16.0
19	0.0	6.0	9.0	12.0	13.5	16.0
20	0.0	6.0	9.0	12.0	14.5	16.0
21	0.0	6.0	9.0	12.0	15.5	16.0
22	0.0	6.0	9.0	12.0	15.5	16.0
23	0.0	6.0	9.0	12.0	15.5	17.0
24	0.0	6.0	9.0	12.0	15.5	18.0
25	0.0	6.0	9.0	12.0	15.5	19.0
26	0.0	6.0	9.0	12.0	15.5	19.0
大于26	0.0	6.0	9.0	12.0	15.5	19.0

此处的高等教育包括了大学本科与大学专科,前者标准学制为4年,后者标准学制为3年。考虑到两者数量大致相等,假设高等教育学制为3.5年。研究生教育包括硕士与博士研究生,前者标准学制为3年,后者标准学制为6年(3年硕士+3年博士)。但是,考虑到硕士研究生数量远高于博士研究生数量,并且有部分专业的硕士教育学制为2年,因此假设研究生教育学制为3.5年。

考虑到关于劳动力年龄界限目前有不同的标准,这里设置了六种不同的劳动力年龄界限:15—60 岁、15—65 岁、20—60 岁、20—65 岁、25—60 岁、25—65 岁。另外,由于国外的统计数据一般把 25 岁及以上作为统计口径,我们也计算了这一标准下的情形。因此,我们共计算了四种出生率情形、七种劳动年龄标准下,中国劳动适龄人口平均受教育年限的变化趋势。

第二节 推算结果

根据我们推算的结果,不同的出生率对以平均受教育年限来衡量的劳动力平均素质水平影响较小。这主要是因为,在未来二十年内,出生率的高低仅会影响到 0—20 岁的人口数量与平均受教育年限。① 由于 20 岁以上人口数量与受教育程度不受出生率高低的影响,不同的出生率情形下,未来劳动适龄人口的平均受教育年限基本稳定。测算结果显示,中等出生率、高出生率与不变出生率假定条件下计算的劳动力平均素质水平差异极其微小。限于篇幅,这里仅汇报低出生率假定下和中出生率假定下的推算结果。

表 12 – 3 不同标准下劳动适龄人口平均受教育年限:低出生率情形

单位:年

年份	15—60 岁	15—65 岁	20—60 岁	20—60 岁	25—60 岁	25—65 岁	25 岁及以上
2010	9.51	9.36	9.46	9.29	9.19	9.02	8.56
2011	9.58	9.42	9.54	9.37	9.28	9.1	8.63
2012	9.64	9.48	9.62	9.44	9.37	9.19	8.72
2013	9.7	9.53	9.71	9.52	9.48	9.28	8.81
2014	9.79	9.61	9.8	9.6	9.59	9.38	8.9
2015	9.88	9.69	9.86	9.66	9.69	9.48	9
2016	9.97	9.78	9.96	9.76	9.78	9.57	9.07
2017	10.07	9.88	10.04	9.84	9.84	9.64	9.14
2018	10.16	9.98	10.08	9.89	9.94	9.75	9.23
2019	10.24	10.06	10.18	10	10.02	9.83	9.3
2020	10.33	10.17	10.28	10.11	10.05	9.89	9.35

---

① 例如,2020 年 10 岁及以上的人口在 2010 年及之前就已经出生,因此,不同的出生率假设只会影响到 2020 年 10 岁以下的人口数;同样,不同的出生率假设只会影响到 2030 年 20 岁以下的人口数。

续表

年份	15—60 岁	15—65 岁	20—60 岁	20—60 岁	25—60 岁	25—65 岁	25 岁及以上
2021	10.41	10.27	10.37	10.22	10.14	10	9.44
2022	10.5	10.37	10.46	10.32	10.2	10.08	9.51
2023	10.59	10.47	10.56	10.43	10.22	10.11	9.54
2024	10.7	10.57	10.65	10.51	10.34	10.22	9.64
2025	10.82	10.66	10.77	10.61	10.46	10.32	9.74
2026	10.93	10.75	10.9	10.7	10.59	10.41	9.84
2027	11.06	10.84	11.04	10.8	10.72	10.5	9.93
2028	11.18	10.94	11.17	10.9	10.85	10.6	10.02
2029	11.31	11.05	11.31	11.02	10.97	10.7	10.1
2030	11.44	11.15	11.45	11.14	11.11	10.82	10.2

表 12 – 4　不同标准下劳动适龄人口平均受教育年限：中等出生率情形

单位：年

年份	15—60 岁	15—65 岁	20—60 岁	20—60 岁	25—60 岁	25—65 岁	25 岁及以上
2010	9.51	9.36	9.46	9.29	9.19	9.02	8.56
2011	9.58	9.42	9.54	9.37	9.28	9.1	8.63
2012	9.64	9.48	9.62	9.44	9.37	9.19	8.72
2013	9.7	9.53	9.71	9.52	9.48	9.28	8.81
2014	9.79	9.61	9.8	9.6	9.59	9.38	8.9
2015	9.88	9.69	9.86	9.66	9.69	9.48	9
2016	9.97	9.78	9.96	9.76	9.78	9.57	9.07
2017	10.07	9.88	10.04	9.84	9.84	9.64	9.14
2018	10.16	9.98	10.08	9.89	9.94	9.75	9.23
2019	10.24	10.06	10.18	10	10.02	9.83	9.3
2020	10.33	10.17	10.28	10.11	10.05	9.89	9.35
2021	10.41	10.27	10.37	10.22	10.14	10	9.44
2022	10.5	10.37	10.46	10.32	10.2	10.08	9.51
2023	10.59	10.47	10.56	10.43	10.22	10.11	9.54
2024	10.7	10.57	10.65	10.51	10.34	10.22	9.64
2025	10.82	10.66	10.77	10.61	10.46	10.32	9.74
2026	10.93	10.75	10.9	10.7	10.59	10.41	9.84
2027	11.06	10.83	11.04	10.8	10.72	10.5	9.93
2028	11.18	10.93	11.17	10.9	10.85	10.6	10.02
2029	11.31	11.04	11.31	11.02	10.97	10.7	10.1
2030	11.43	11.15	11.45	11.14	11.11	10.82	10.2

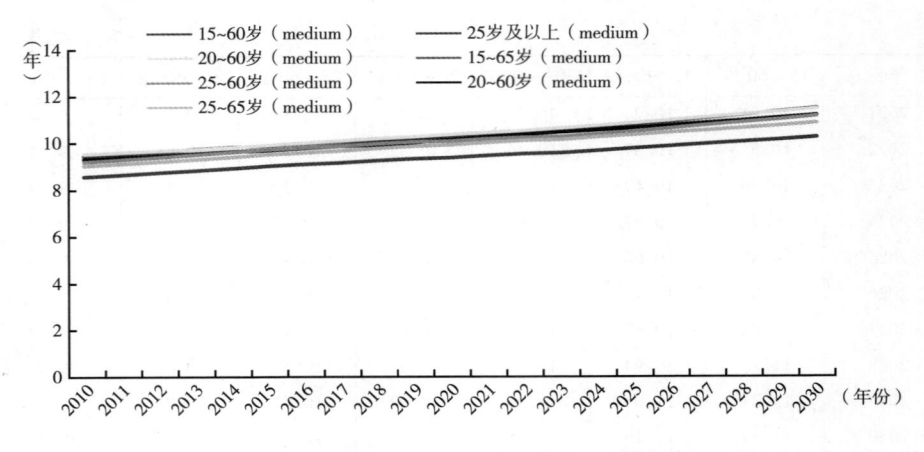

图 12-1 中等出生率假定下劳动力的平均受教育程度

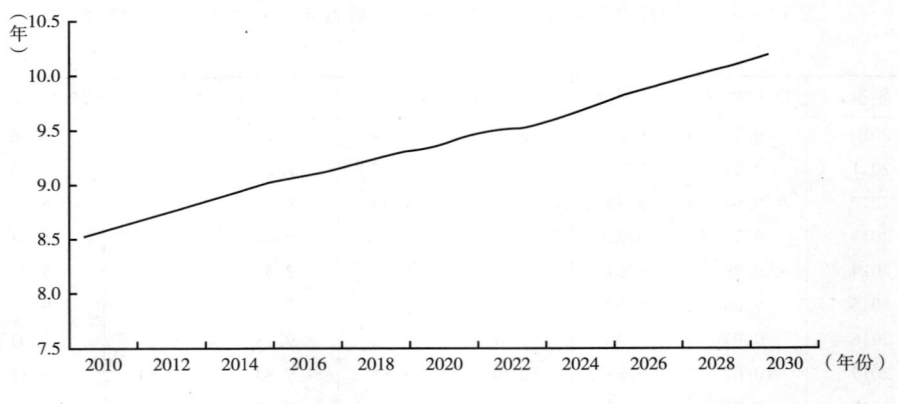

图 12-2 中等出生率假定下,中国未来劳动力(25 岁及以上人口)素质的发展情况

总体而言,未来中国劳动力素质的提升速度是比较快的。以中等出生率条件为例,25 岁及以上劳动人口的平均受教育年限,从 2010 年的 8.5 年上升到了 2030 年的 10.2 年。中国劳动力素质的快速提升,将成为中国经济持续发展和产业结构升级的推动力。

第十三章
劳动力素质与经济发展问卷调查

本章提要： 为了更好地考查劳动力素质对经济发展和产业升级的影响，本研究分别对企业和经济学家进行了多次问卷调查。调查问卷的分析结果表明：当前，以高级管理者、工程师和技术工人为代表的中高级人才供给不足，而且各类劳动力的素质与国外先进企业相比仍然有较大差距，中国劳动力的素质仍然有待提高。这成为提升中国产业的国际竞争力的障碍。当前，中国制造业竞争力的主要来源仍然是廉价的劳动力。应该要注意加强对本国劳动力进行以专业技术为主的各类培训。在未来，技术、人才和产品质量将成为中国制造业竞争优势的主要来源。另外，调研还关注了员工收入问题，结果显示，高级管理人员收入与企业员工平均收入的比例不宜过高，尤其是国有企业更要注意控制。以技术工人为代表的企业员工收入的提高也应受到企业的重视。

第一节 样本量及分布

为了从不同地视角考查劳动力素质与经济发展的关系，我们分别对企业和经济学家就相似的问题进行了问卷调查。

2009年进行的企业调查收到有效样本共2067个。其中，大部分企业集中分布在资本相对密集型行业，如有21.7%的企业分布在通信设备、计算机及其他电子设备制造业，16.1%的企业分布在电气机械及器材制造业。少部分企业分布在劳动密集型行业，如纺织业占4.4%，皮革、毛皮、羽毛

（绒）及其制品业占 4.8%。

2010 年 5 月进行的企业调查一共收到 974 份有效问卷。大部分企业集中分布在资本相对密集型行业，如有 19% 的企业分布在电气机械及器材制造业，15% 的企业分布在通信设备、计算机及其他电子设备制造业。少部分企业分布在劳动密集型行业，如纺织业和皮革、毛皮、羽毛（绒）及其制品业均占 6%。

2010 年 8 月进行的企业调查一共收到 1386 份有效问卷。从企业所在行业的分布来看，大部分企业分布在劳动密集型行业，占总数的 66.1%；少部分企业分布在资本密集型行业，占 11.7%；分布在其他行业的占 22.2%。

绝大部分企业分布在东部沿海地区，占 82.3%，其中，长三角地区占 35.1%，珠三角地区占 24.8%，环渤海地区占 10.1%，其他东部沿海地区占 12.3%。分布在中部地区和西部地区的企业较少，分别占 11.5% 和 6.1%。从总体来看，企业在各地区的分布状况与中国经济在地区间的分布结构基本吻合。

2014 年 10 月进行的中国经济学家调查一共收到 52 份有效问卷。51.9% 的被调查者是来自高等院校的教师，26.9% 来自中国社会科学院和政府机关下属的研究机构，其他来自企业、金融机构等。67.3% 的被调查者年龄为 30—50 岁。这样的结构基本能够满足问卷调查对受访者在具备一定的经济学理论基础以及具有对社会经济较深刻的理解和体验等方面的要求。

第二节　中高级人才供给不足成为经济增长瓶颈

整体来看，企业招聘各类层次的职工均较为困难。2010 年 8 月的调查显示，认为技术工人、高级管理者和工程师招聘困难的企业分别占 54.18%、54.11% 和 48.12%，说明市场结构性失业严重。此外，即便是对最缺乏技术和知识的普通体力劳动者的需求，市场也难以满足，选择招聘困难的企业占 40.98%，选择招聘十分容易的企业只占 21.29%，前者几乎是后者的两倍，这与中国存在大量的农村剩余劳动力相矛盾，可能的原因是受金融危机的影响，农民工在城市工作的收益下降，导致了"返乡潮"现象的出现，从而造成企业招聘普通体力劳动者出现困难。

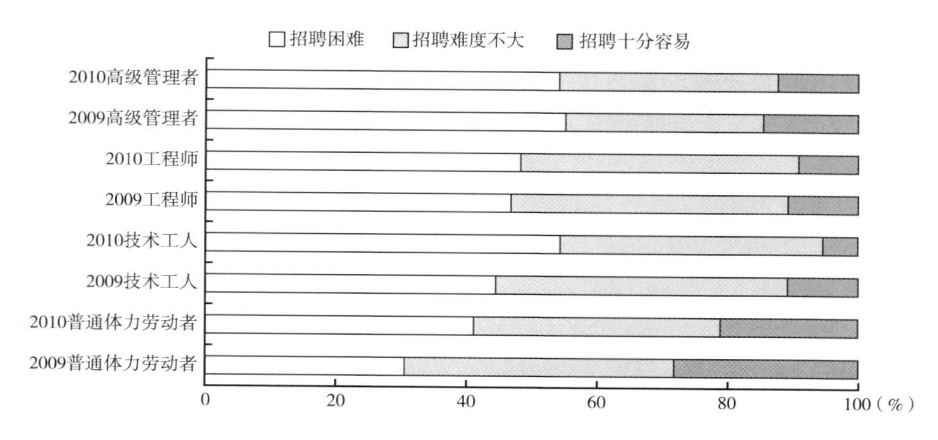

图 13-1　企业对各类职工的招聘现状（两次调研结果对比）

赋予不同招聘状态不同的权数，计算出企业招聘状态指数，以此来对比两次调研结果中企业对各类职工的招聘状况，得到表 13-1，可以看出，总体而言，两次调研的各类职工的招聘状态指数均小于 3，说明市场上企业普遍面临招聘职工的困难。对比不同的职工的招聘情况，可以发现，普通体力劳动者相较于其他职工而言，招聘情况最好，最差的为高级管理者，这反映了我国市场上劳动力供求结构失衡较为严重。从时间发展来看，第二次调研的企业招聘状态指数均比第一次有所下降，反映出相比于 2009 年 10 月，2010 年 8 月的招聘状况更为困难，如 2009 年 10 月的招聘总指数为 2.45，而 2010 年 8 月招聘总指数下降到 2.25 的水平。

表 13-1　企业招聘状态指数

时间	普通体力劳动者	技术工人	工程师	高级管理者	总指数
2009 年 10 月	2.96	2.36	2.29	2.20	2.45
2010 年 8 月	2.61	2.02	2.21	2.16	2.25

分行业来看，对普通体力劳动者招聘最困难的行业为文教体育用品制造业，其面临招聘困难的企业数占 75%，比可以轻易招聘到普通体力劳动者的企业数（占 8.33%）多出 66.67 个百分点。皮革、毛皮、羽毛（绒）及其制品业招聘技术工人最为困难，其面临技术工人短缺的企业占 80%，无

一企业能够较为容易地招聘到技术工人，前者与后者比例差为 80 个百分点，这可能是因行业技术提高较快而造成市场上技术工人短缺。对于工程师和高级管理者的招聘，采掘业都是最困难的行业，这与近些年采掘业较高的行业景气度有关。

表 13 – 2　招聘各类职工最为困难的企业统计

单位：%，个百分点

项目	招聘最困难行业	招聘困难企业占比	招聘十分容易企业占比	两者之差
普通体力劳动者	文教体育用品制造业	75	8.33	66.67
技术工人	皮革、毛皮、羽毛（绒）及其制品业	80.00	0.00	80.00
工程师	采掘业	66.67	0.00	66.67
高级管理者	采掘业	66.67	0.00	66.67

分地区来看，其他东部沿海地区对普通体力劳动者的招聘最困难，表示招聘困难的企业占比最多，达到 52.05%，表示招聘十分容易的企业占比 15.20%；最为乐观的地区是中部地区，25% 的企业表示招聘困难，33.75% 的企业表示招聘十分容易，可见中部地区普通体力劳动者的供求较为均衡；长三角地区对技术工人的招聘最为困难，表示招聘困难的企业比例最大，占 62.27%，只有 4.33% 的企业表示招聘十分容易；招聘较为乐观的为西部地区，但也同样陷入困境。招聘工程师最困难的地区是中部地区，53.13% 的企业表示招聘困难，表示招聘十分容易的企业占 5.63%。西部地区招聘高级管理者最困难，60.00% 的企业表示招聘困难，只有 10.59% 的企业表示招聘十分容易。较为落后的中部地区和西部地区分别招聘工程师和高级管理者较为困难，表明高级人才供给不足仍旧是中、西部地区发展的软肋。

针对经济学家的问卷调查也基本支持相似的结论。对于目前国内各类劳动力的供求判断，经济学家中认为技术工人和工程师的供给小于需求的比例最大，其次为高级管理者。这与针对企业的调查结论相似。另外，绝大多数的经济学家都认为普通体力劳动者已处于供大于求的状态，其中 25.5% 的经济学家认为普通体力劳动者的供给远远大于需求，41.2% 的经济学家认为仅是供给略大于需求。如果把"供给略小于需求"和"供给远远小于需求"

视为"招聘困难",则经济学家认为的普通体力劳动者供小于求的比例(17.6%)要小于企业(2010年为21.3%,2009年为28.4%)。这种差异可能是由于经济学家是基于整个中国的宏观经济环境来进行判断,而企业主要是基于自身状况来判断。近年来,农村剩余劳动力转移的新特点是越来越多的剩余劳动力选择在本省就近进行产业转移,而跨省的转移已经成为少数。因此,东部地区企业能够选择的农村剩余劳动力正在不断减少,而我们的受访企业又主要集中在东部地区,出现这种判断上的差异也就不足为奇了。

经济学家对技术工人的判断则与普通体力劳动者相反。绝大多数的经济学家都认为技术工人的供给小于需求,其中41.2%的经济学家认为技术工人的供给远远小于需求,37.3%的经济学家认为技术工人供给略小于需求,而认为技术工人供求基本平衡的经济学家占15.7%。经济学家对工程师供求的判断与技术工人相似。绝大多数的经济学家都认为工程师的供给小于需求,其中18.4%的经济学家认为工程师的供给远远小于需求,44.9%的经济学家认为工程师供给仅略小于需求,认为工程师供求基本平衡的经济学家占32.7%。经济学家对高级管理者供求的判断与工程师相似。绝大多数的经济学家都认为高级管理者的供给小于需求,其中29.4%的经济学家认为高级管理者的供给远远小于需求,15.7%的经济学家认为高级管理者供给略小于需求。如果把"供给略小于需求"和"供给远远小于需求"视为"招聘困难",则经济学家所判断的高级管理者供求缺口要小于企业。有37.3%的经济学家认为高级管理者供求基本平衡,该比例与企业中认为高级管理者招聘难度不大的比例基本相似。

经济学家认为未来10年我国各类劳动力的供求不平衡状况将会有所缓解。对于未来10年普通体力劳动者的供求,认为将趋于基本平衡的经济学家占29.4%,该比例略高于认为"供给略大于需求"的经济学家比例(25.5%)和认为"供给略小于需求"的经济学家比例(25.5%),同时也远远高于认为目前"供求基本平衡"的比例(15.7%)。对于未来10年技术工人的供求,多数经济学家仍然认为是"供给略小于需求"的状态(占37.3%)。但认为未来10年技术工人将趋于"供求基本平衡"的经济学家比例(33.3%)已远远高于认为将是"供给远远小于需求"的经济学家比例(15.7%),这与对目前的判断不同。对于未来10年工程师的供求,多

	供给远远大于需求	供给略大于需求	供求基本平衡
	供给略小于需求	供给远远小于需求	

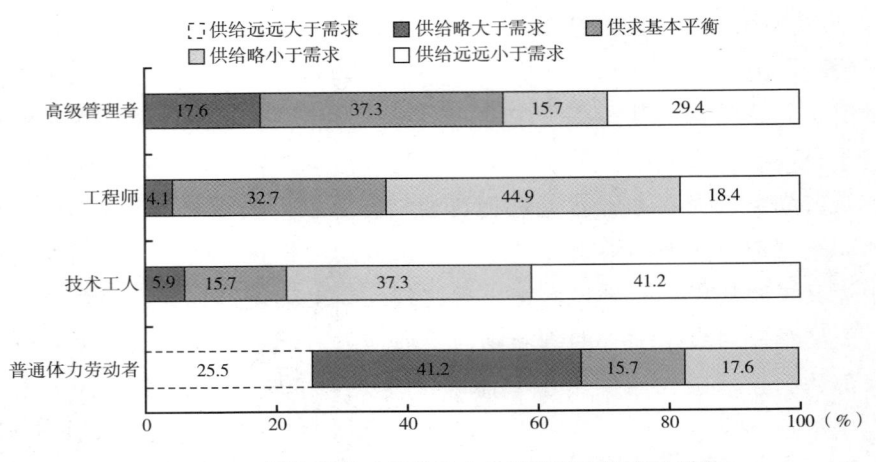

类别	供给远远大于需求	供给略大于需求	供求基本平衡	供给略小于需求	供给远远小于需求
高级管理者		17.6	37.3	15.7	29.4
工程师		4.1	32.7	44.9	18.4
技术工人		5.9	15.7	37.3	41.2
普通体力劳动者	25.5	41.2	15.7	17.6	

图 13 – 2　经济学家对目前国内各类劳动力供求的判断

数经济学家认为将趋于"基本平衡"（占 39.2%），这与多数经济学家认为目前是"供给略小于需求"的判断不同；但也仍然有较多的经济学家认为未来工程师依然是"供给略小于需求"（占 37.3%）。对于未来 10 年高级管理者的供求，多数经济学家认为将趋于"供给略小于需求"（占 34.0%），另外，认为未来是"供求基本平衡"和"供给略大于需求"的经济学家比例也不小，均为 26.0%。总体而言，经济学家认为未来 10 年中国各类劳动力的供求状况都会有所改善。

	供给远远大于需求	供给略大于需求	供求基本平衡
	供给略小于需求	供给远远小于需求	

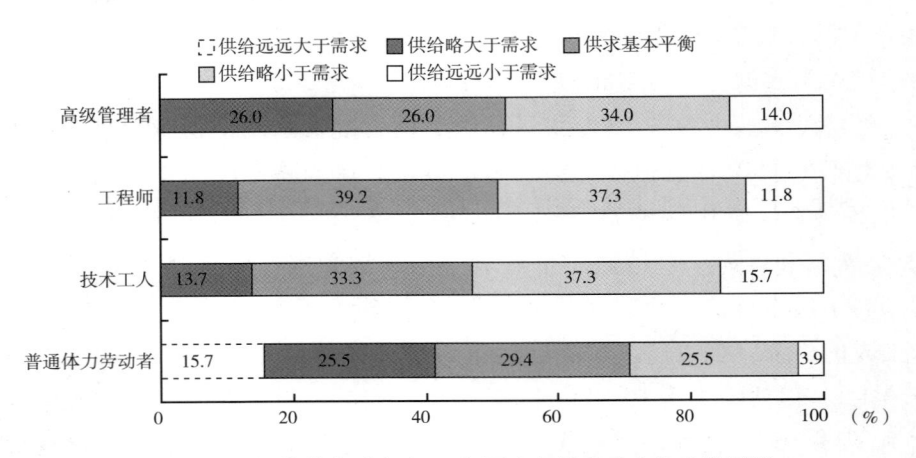

类别	供给远远大于需求	供给略大于需求	供求基本平衡	供给略小于需求	供给远远小于需求
高级管理者		26.0	26.0	34.0	14.0
工程师		11.8	39.2	37.3	11.8
技术工人		13.7	33.3	37.3	15.7
普通体力劳动者	15.7	25.5	29.4	25.5	3.9

图 13 – 3　经济学家对未来 10 年国内各类劳动力供求的判断

第三节 企业各类职工的素质与国外先进同行相比差距较大，各类劳动力的素质均有待提高

为了加深对中国当前各类劳动力的素质水平的了解，我们针对企业家和经济学家设置了与此相关的几个问题，如目前中国企业各类人员最需要提升的素质；与发达国家的先进同行相比，中国企业的哪类员工存在着较大素质差距；与发达国家的先进同行相比，中国企业的哪类员工的素质相差最大等问题。

一 企业各类职工的素质均有待提高

整体而言，企业家认为各类职工所需提升的最主要的素质为敬业精神，持该观点的企业家占了受访者的将近一半。除敬业精神以外，普通体力劳动者、技术工人、工程师最需要提升的则是劳动技能素质，而销售人员和高级管理者最需要提升的则是心理素质。

对于"目前中国企业各类人员最需要提升的素质"这个问题，经济学家与企业的判断有很大区别，经济学家认为不同类型的人员，所需要提升的

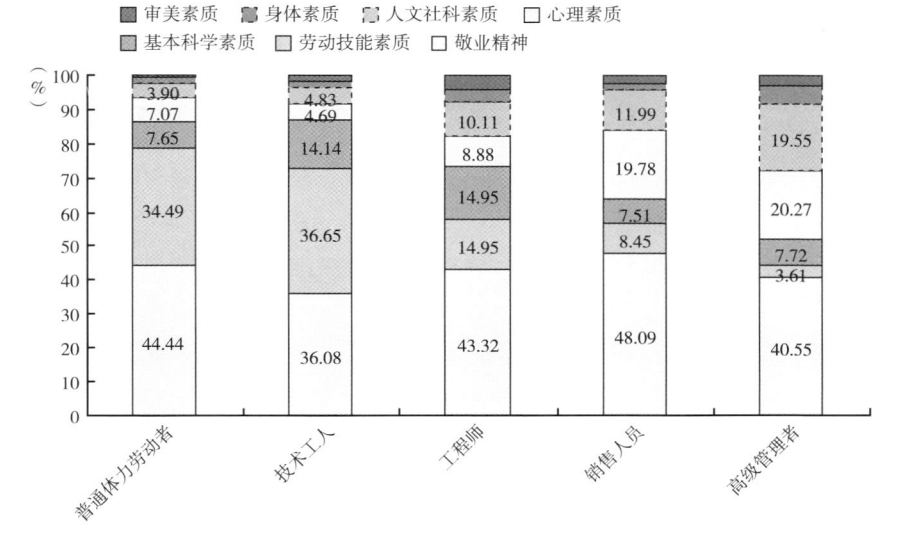

图 13-4 企业各类职工所需提升素质对比（企业问卷调查）

素质也不同。对于普通体力劳动者而言，多数经济学家（占 44.2%）认为最需要提升的素质是劳动技能素质，其次才是敬业精神（占 23.1%），这与企业认为最需要提升的是敬业精神有所不同。对于技术工人而言，多数经济学家（占 35.3%）认为最需要提升的素质是劳动技能素质，这与企业相同。对于工程师而言，多数经济学家（占 40.4%）认为最需要提升的素质是基本科学素质，其次才是敬业精神，这与企业认为最需要提升的是敬业精神有所不同。对于销售人员而言，多数经济学家（占 48.1%）认为最需要提升的素质是人文社科素质，其次才是敬业精神，这与企业认为最需要提升的是敬业精神有所不同。对于高级管理者而言，多数经济学家（占 40.4%）认为最需要提升的素质是敬业精神，这点与企业的判断相同。

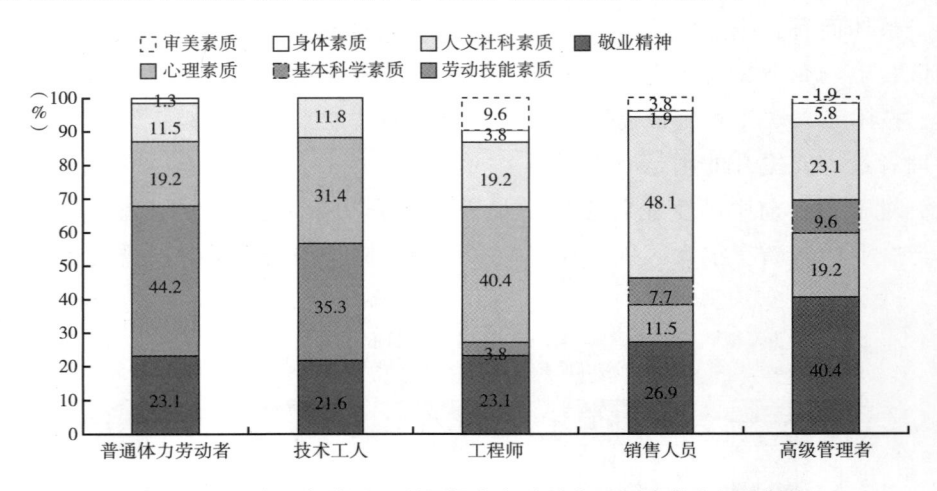

图 13-5　企业各类职工所需提升素质对比（经济学家问卷调查）

可见，企业更看重各类员工的敬业精神，而经济学家则对敬业精神、劳动技能素质、人文社科素质和基本科学素质都很关注。经济学家与企业的判断出现如此大的区别，原因可能在于：一方面，企业与职工联系紧密，对敬业精神缺乏的感受较为深切；另一方面，敬业精神对微观企业的影响较大，而对宏观经济的影响相对较小，因而企业更看重敬业精神。

在 2010 年 8 月的企业调查中，分地区来看，对于普通体力劳动者，环渤海地区、其他东部沿海地区、中部地区和珠三角的企业认为最需要提升的是敬业精神，长三角和西部地区的企业认为最需要提升的是敬业精神和劳动技能素质。

对于技术工人，长三角的企业认为最需要提升的是敬业精神，环渤海地区、其他东部沿海地区、西部地区和珠三角的企业认为最需要提升的是劳动技能素质，中部地区的企业认为最需要提升的是敬业精神和劳动技能素质。对于工程师、销售人员和高级管理者，所有地区的企业认为最需要提升的素质均为敬业精神。

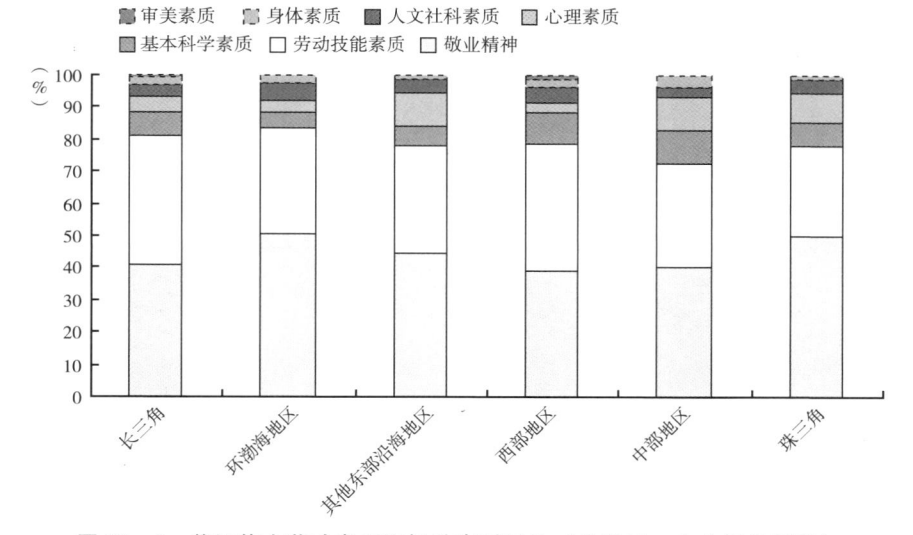

图 13-6 普通体力劳动者所需提升素质对比（分地区，企业问卷调查）

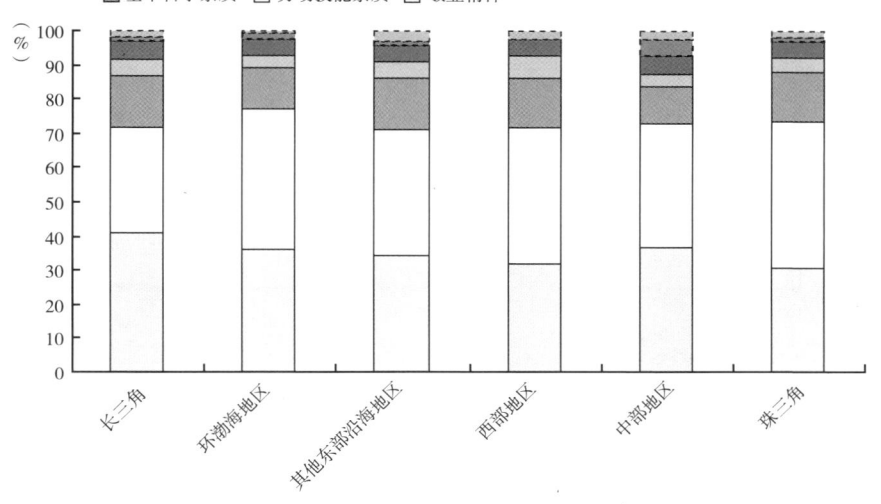

图 13-7 技术工人所需提升素质对比（分地区，企业问卷调查）

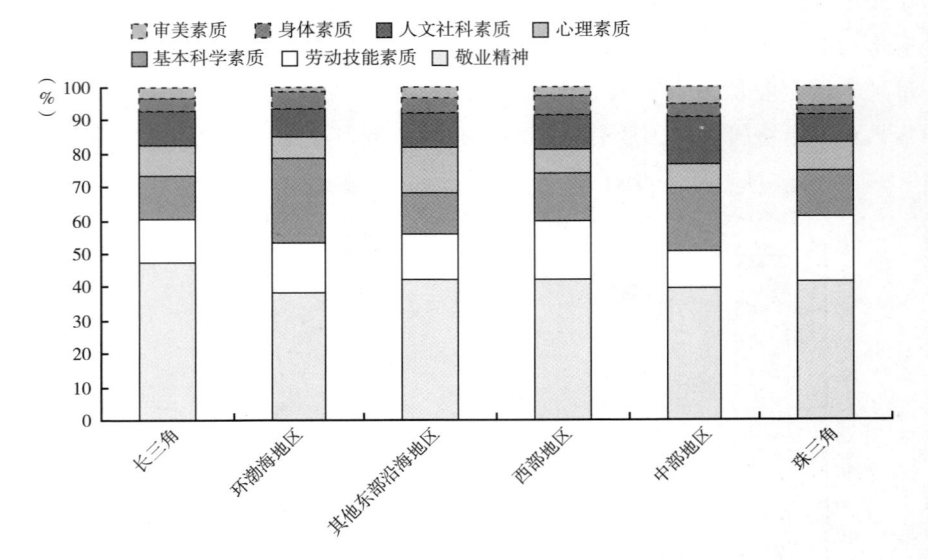

图 13-8　工程师所需提升素质对比（分地区，企业问卷调查）

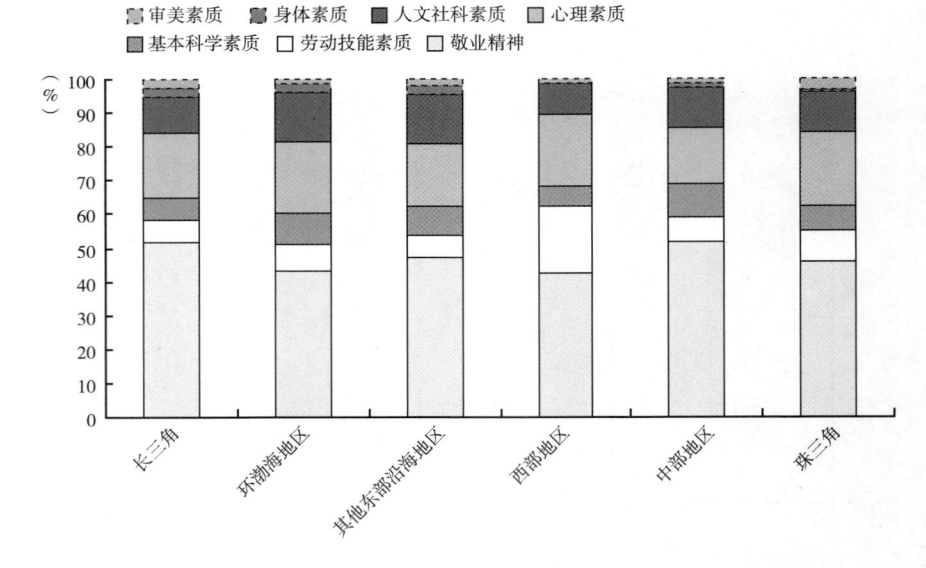

图 13-9　销售人员所需提升素质对比（分地区，企业问卷调查）

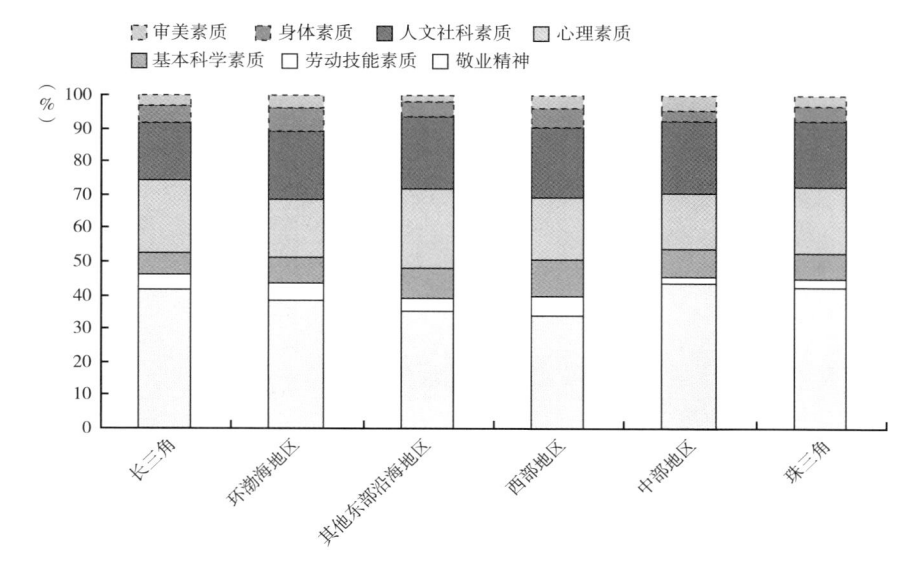

图 13-10　高级管理者所需提升素质对比（分地区，企业问卷调查）

二　与外国先进企业相比企业各类员工的科学素质均有待提高

2010年5月和2010年8月的企业调研都显示出，企业家认为与国外先进企业比较，我国企业的普通体力劳动者、工程师、销售人员和高级管理者差距最大的素质均为敬业精神，2010年8月的调查中，持该观点的企业家分别占受访者的42.3%、36.7%、45.8%和37.8%。2010年8月的企业问卷调查显示，技术工人与国外先进企业相比差距最大的素质是劳动技能素质，比例高达33.6%，技术工人的敬业精神与外国先进同行相比差距也较大，达到32.5%，略小于劳动技能素质。

经济学家的判断则与企业的判断有很大区别。经济学家认为，与发达国家相比，不同类型的人员相差最大的素质各不相同。对于普通体力劳动者而言，多数经济学家（占37.3%）认为与发达国家相比差别最大的素质是劳动技能素质，其次是敬业精神（占29.4%）。对于技术工人而言，多数经济学家（占35.3%）认为与发达国家相比差别最大的素质是基本科学素质，其次是劳动技能素质（占33.3%）。对于工程师而言，多

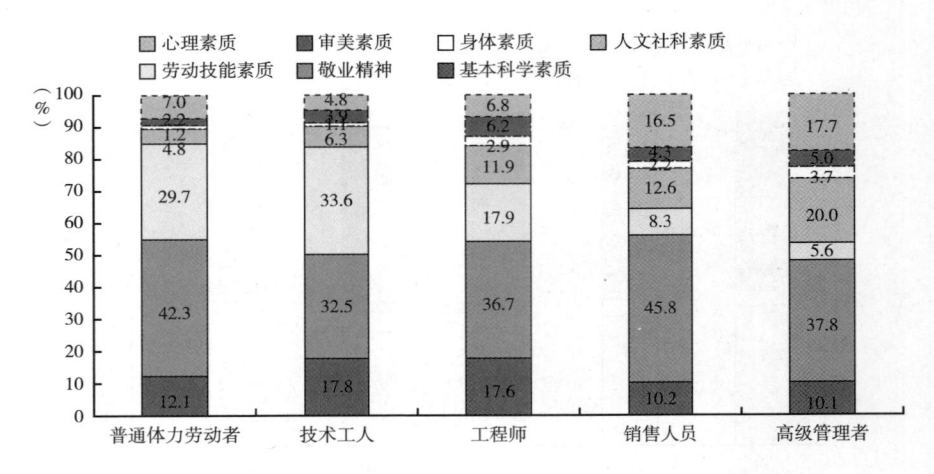

图 13–11 与国外先进企业比较，企业各类职工各类素质对比
（2010 年 8 月企业调研）

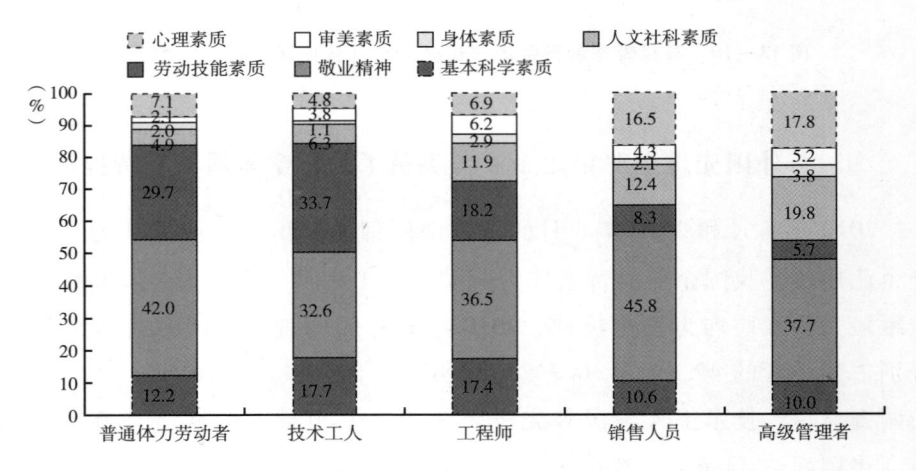

图 13–12 与国外先进企业比较，企业各类职工各类素质对比
（2010 年 5 月企业调研）

数经济学家（占 35.3%）认为与发达国家相比差别最大的素质是基本科学素质，其次是人文社科素质（占 27.5%）。对于销售人员所言，多数经济学家（占 43.1%）认为与发达国家相比差别最大的素质是人文社科素质，其次是敬业精神（占 27.5%）。对于高级管理者而言，多数经济学家（占 35.3%）认为与发达国家相比差别最大的素质是敬业精神，其次是人

文社科素质（占 27.5%）。

总体而言，企业认为各类职工与发达国家相比主要的差距在于敬业精神，而经济学家则认为中国各类人员的差距有所不同，在敬业精神、基本科学素质、人文社科素质、劳动技能素质等方面均存在差距。

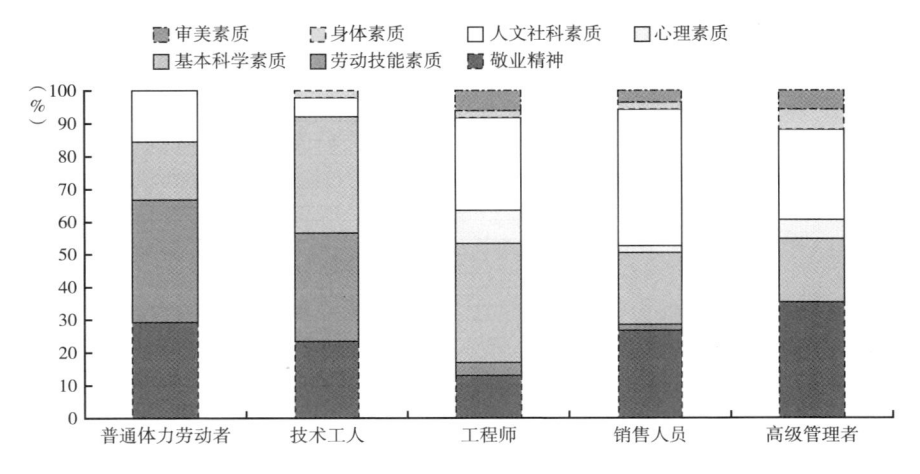

图 13-13　与发达国家相比，中国企业各类人员相差最大的素质
（经济学家问卷调查）

图 13-14 显示了 2010 年 8 月企业调研中不同行业的普通体力劳动者与发达国家相比差距最大的素质比较。分行业来看，对于普通体力劳动者，采掘业认为与外国先进同行比较差距最大的素质是基本科学素质（44.44%）；认为差距最大的素质是劳动技能素质的行业有有色金属冶炼压延加工业（45.00%），文教体育用品制造业（41.67%），石油加工、炼焦及核燃料加工业（33.33%），设备制造业（40.48%），皮革、毛皮、羽毛（绒）及其制品业（40.00%），木材加工及木、竹、藤、棕、草制品业（42.86%），家具制造业（48.15%）和非金属矿物制品业（50.00%），其中比例最高的为非金属矿物制品业（50.00%），此外，其中的文教体育用品制造业，石油加工、炼焦及核燃料加工业，皮革、毛皮、羽毛（绒）及其制品业三个行业对劳动技能素质和敬业精神的认同度相同。除此以外，其他的行业均认为与外国先进同行比较差距最大的素质是敬业精神，其中比例最高的行业为塑料制品业，比例高达 60.00%。

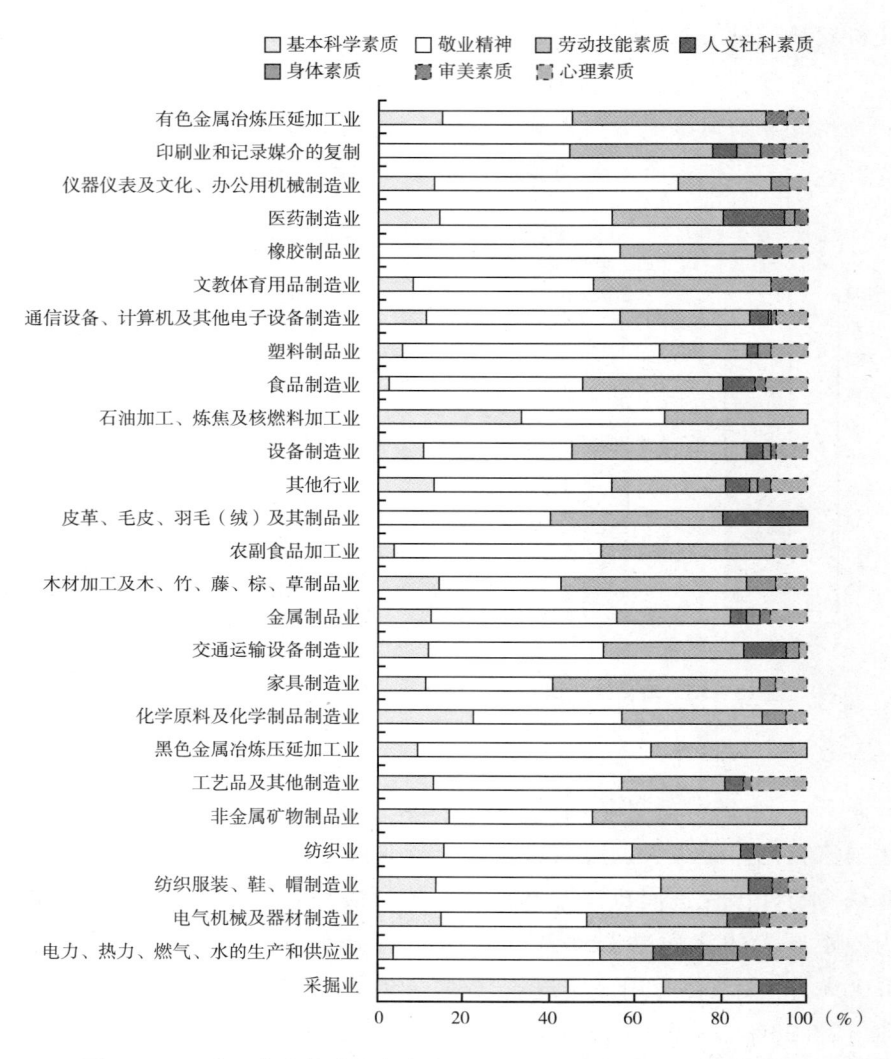

310　从数量型到质量型人口红利

图 13-14　普通体力劳动者各类素质与国外先进同行比较（分行业）

图 13-15 显示了 2010 年 8 月企业调研中不同行业的技术工人与发达国家相比差距最大的素质比较。分行业来看，对于技术工人，与国外先进企业对比，认为基本科学素质与外国先进同行差距最大的行业有石油加工、炼焦及核燃料加工业（33.33%），皮革、毛皮、羽毛（绒）及其制品业（30.00%），非金属矿物制品业（33.33%），比例最高的行业为石油加工、炼

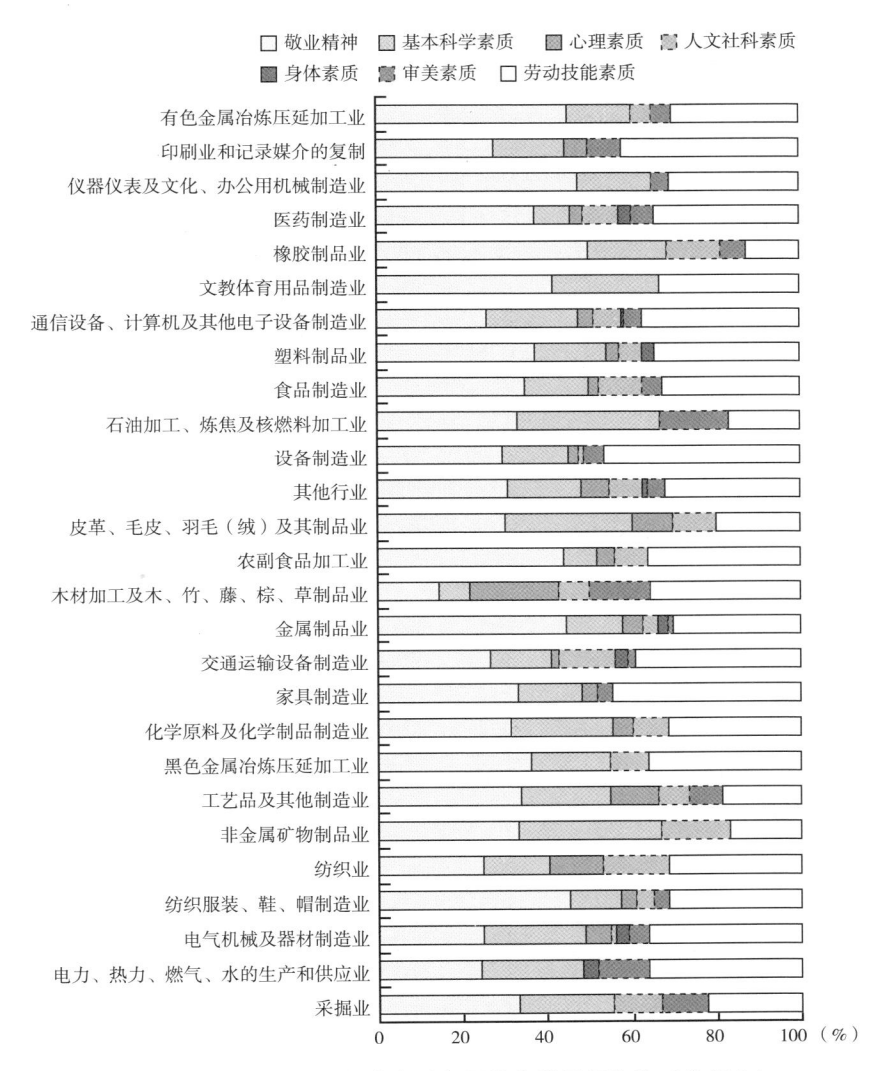

图 13-15 技术工人各类素质与国外先进同行比较（分行业）

焦及核燃料加工业、非金属矿物制品业，以上三个行业同时也认为敬业精神与外国先进同行差距最大（比例相同）。认为劳动技能素质差距最大的行业有通信设备、计算机及其他电子设备制造业（37.31%），设备制造业（46.63%），木材加工及木、竹、藤、棕、草制品业（35.71%），交通运输设备制造业（39.34%），家具制造业（44.44%），化学原料及化学制品制造业

(31.03%),黑色金属冶炼压延加工业(36.36%),纺织业(31.25%),电气机械及器材制造业(36.25%),电力、热力、燃气、水的生产和供应业(36.00%)等,其中比例最高的行业为设备制造业,且化学原料及化学制品制造业和黑色金属冶炼压延加工业同时认为敬业精神也是差距最大的素质。此外,大部分行业均认为与外国先进同行比较,差距最大的素质为敬业精神。

图 13-16 显示了 2010 年 8 月企业调研中不同行业的工程师与发达国家

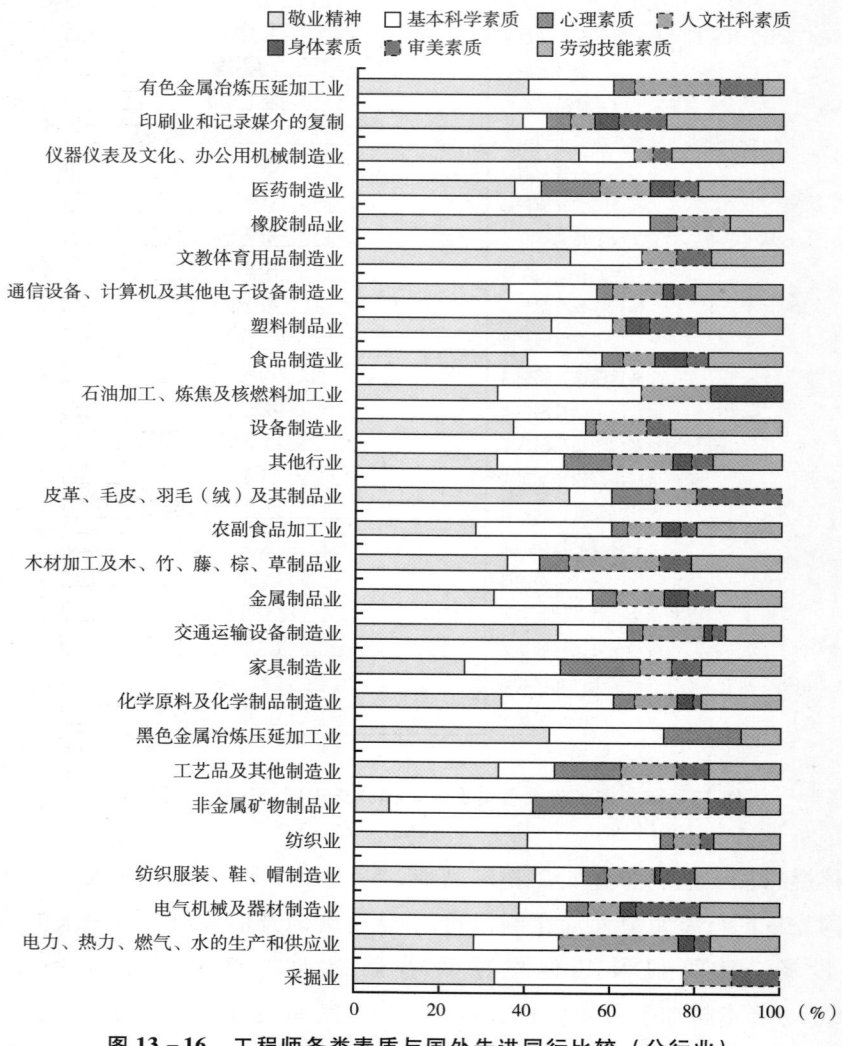

图 13-16 工程师各类素质与国外先进同行比较(分行业)

相比差距最大的素质比较。分行业来看，对于工程师，与外国先进同行比较，认为差距最大的素质是基本科学素质的行业有石油加工、炼焦及核燃料加工业（33.33%），农副食品加工业（32.00%），非金属矿物制品业（33.33%），采掘业（44.44%），比例最高的行业为采掘业，其中石油加工、炼焦及核燃料加工业同时也认为敬业精神是差距最大的素质。电力、热力、燃气、水的生产和供应业认为差距最大的素质是人文社科素质和敬业精神，比例均为28.00%。除此以外的其他行业均认为敬业精神是差距最大的素质，比例最高的行业为仪器仪表及文化、办公用机械制造业，达到52.17%。

图13-17显示了2010年8月企业调研中不同行业的销售人员与发达国家相比差距最大的素质比较。分行业来看，对于销售人员，绝大部分的行业认为差距最大的素质为敬业精神，其中比例最高的行业为采掘业和石油加工、炼焦及核燃料加工业，均为66.67%；皮革、毛皮、羽毛（绒）及其制品业认为差距最大的素质为心理素质，比例达到40.00；非金属矿物制品业认为差距最大的素质是敬业精神和基本科学素质，两者比例均为41.67%。

图13-18显示了2010年8月企业调研中不同行业的高级管理者与发达国家相比差距最大的素质比较。分行业来看，对于高级管理者，绝大多数行业均认为差距最大的素质为敬业精神，其中比例最高的行业为文教体育用品制造业，达到58.33%；农副食品加工业认为差距最大的素质是敬业精神和人文社科素质，比例均为28.00%；非金属矿物制品业认为差距最大的素质有三种，为敬业精神、基本科学素质和人文社科素质，比例均为25.00%。

在2010年8月的企业调查中，分地区来看，对于普通体力劳动者，所有地区的企业均认为与外国先进同行相比差距最大的素质为敬业精神，其中比例最高的地区为珠三角，达到45.1%。对于技术工人，西部地区和长三角地区认为差距最大的素质是敬业精神，比例分别为37.6%和40.7%，其他地区均认为差距最大的素质是劳动技能素质，其中比例最大的地区为环渤海地区，比例为32.1%。对于工程师，所有地区均认为差距最大的素质为敬业精神，其中比例最大的地区为长三角和中部地区，均为38.1%。对于

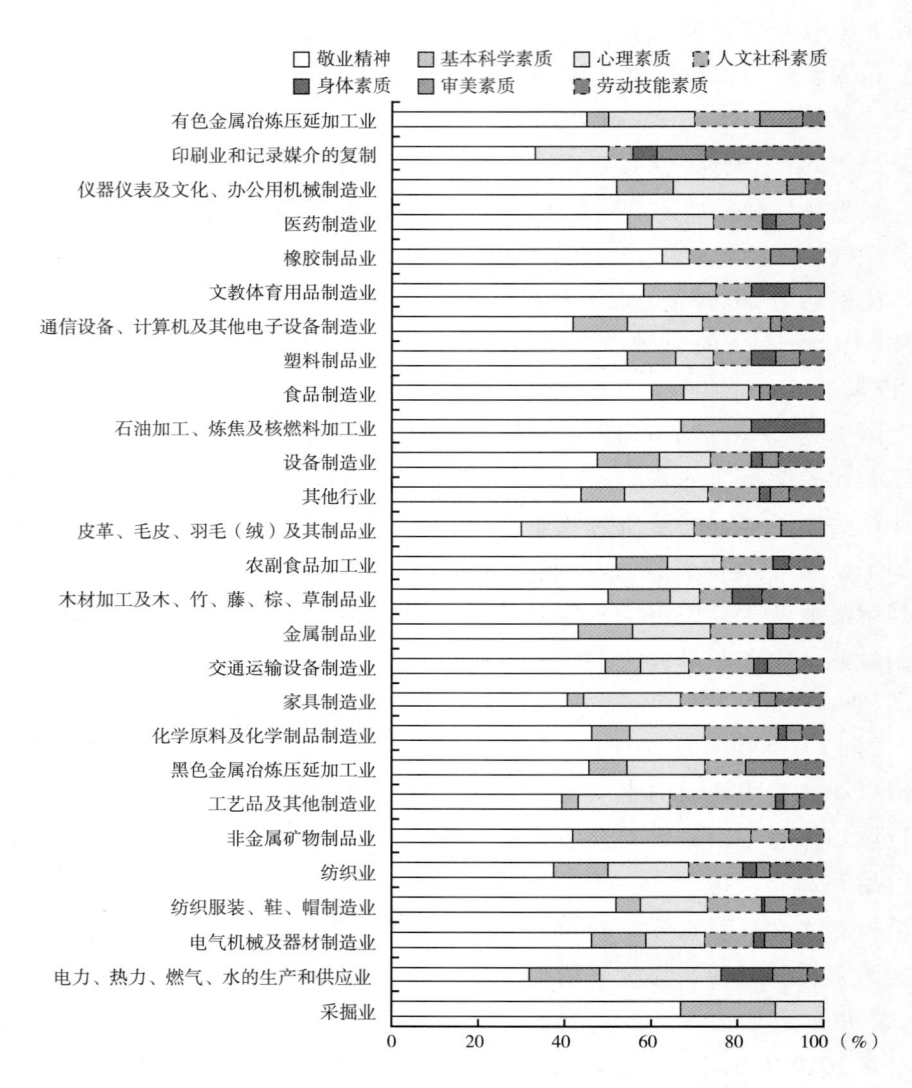

图 13-17 销售人员各类素质与国外先进同行比较（分行业）

销售人员，所有地区均认为差距最大的素质为敬业精神，其中比例最高的地区为中部地区，达到 51.3%。对于高级管理者，所有地区均认为差距最大的素质是敬业精神，其中比例最高的地区为长三角，达到 40.9%。

图 13-18 高级管理者各类素质与国外先进同行比较（分行业）

三 高级管理者素质与国外同行相比差距最大

2010年5月和8月的企业调研都显示出，目前，各类企业员工中与外国同行相比素质差距最大的是高级管理者，有36%的企业受访者持该观点。

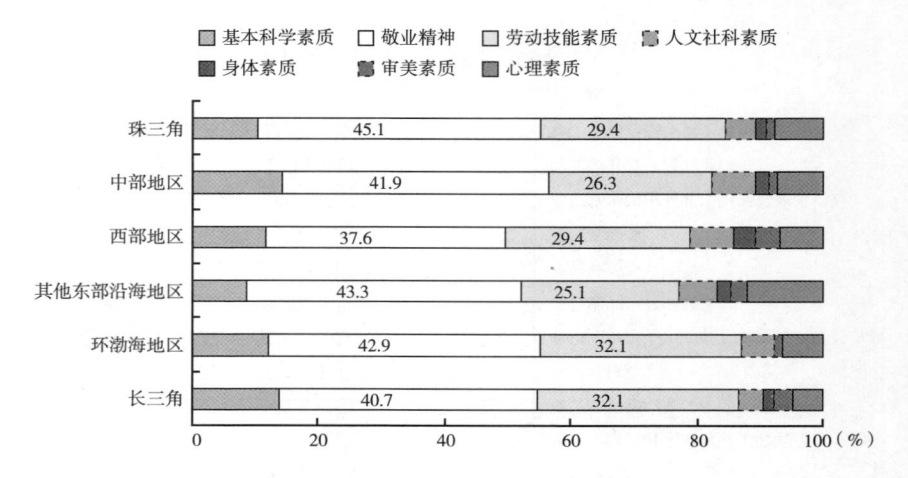

图 13-19　普通体力劳动者各类素质与国外先进同行比较
（2010 年 8 月企业调研，分地区）

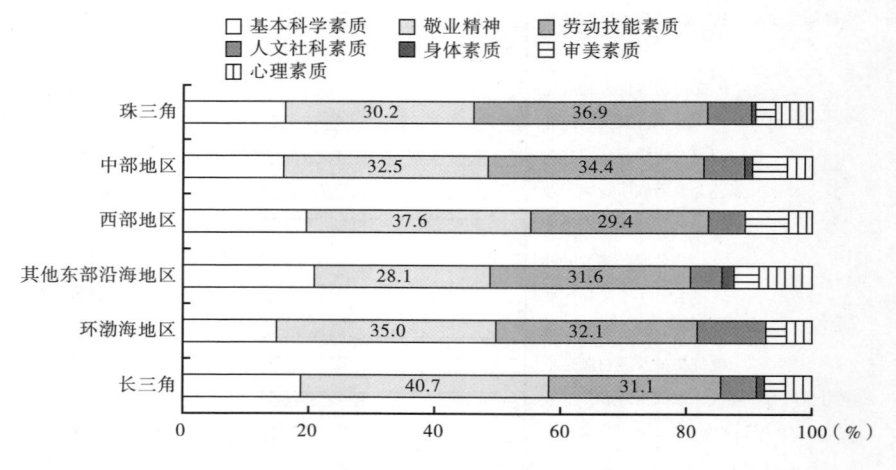

图 13-20　技术工人各类素质与国外先进同行比较
（2010 年 8 月企业调研，分地区）

这说明了我国经济发展阶段仍然处于低端，主要依靠国内廉价的劳动力和大量能源投入维持，而企业家才能作为促进经济发展的一个重要因素尚未很好地发展起来。

分行业来看，大部分行业的企业家均认为高级管理者素质与外国同行相

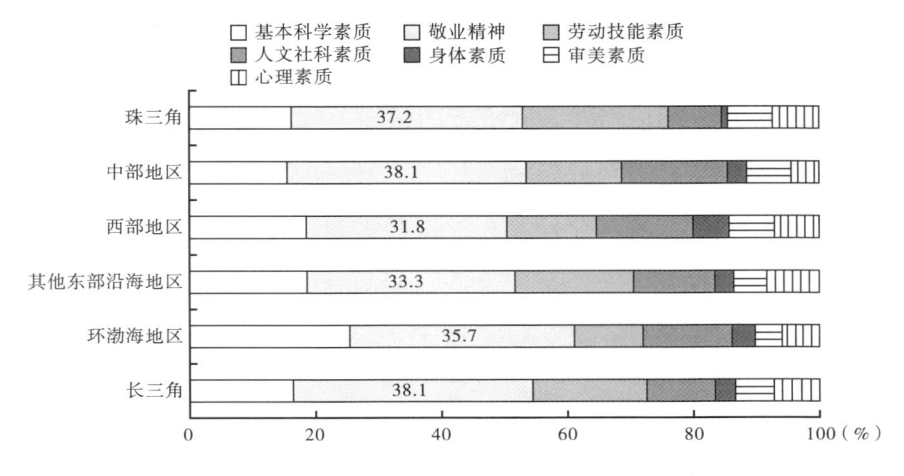

图 13-21 工程师各类素质与国外先进同行比较
（2010 年 8 月企业调研，分地区）

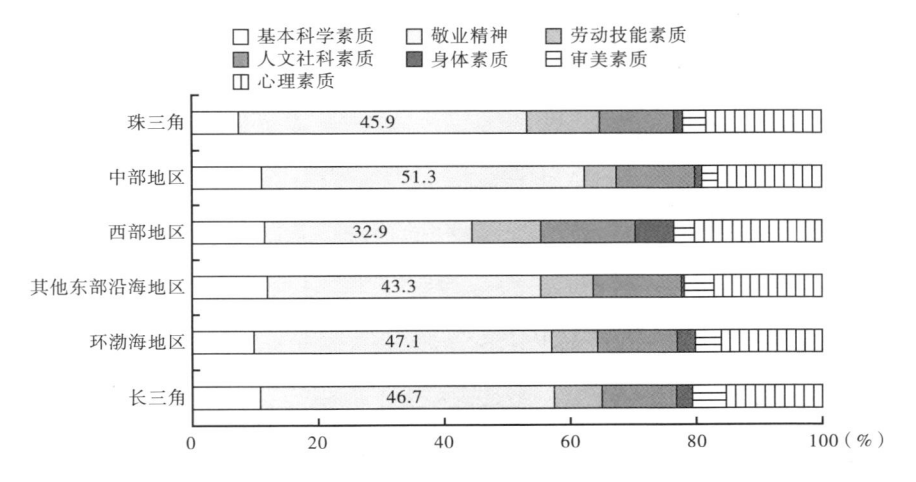

图 13-22 销售人员各类素质与国外先进同行比较
（2010 年 8 月企业调研，分地区）

比差距最大，其中比例最高的行业为黑色金属冶炼压延加工业，达到 63.64%；认为销售人员素质与外国同行差距最大的行业为橡胶制品业，比例为 31.25%；认为技术工人素质与外国同行差距最大的行业为文教体育用品制造业，木材加工及木、竹、藤、棕、草制品业和家具制造业，其中比例

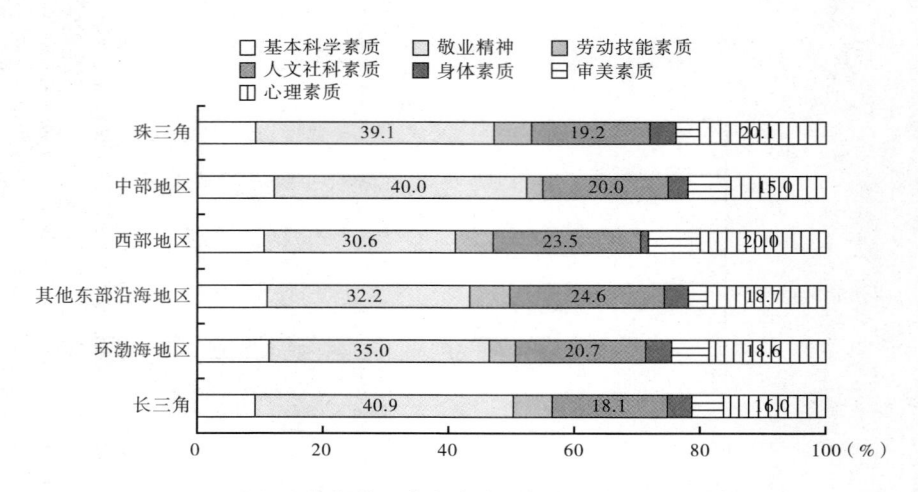

类别	基本科学素质	敬业精神	劳动技能素质
	人文社科素质	身体素质	审美素质
	心理素质		

图表数据（分地区）：
- 珠三角：39.1 / 19.2 / 20.1
- 中部地区：40.0 / 20.0 / 15.0
- 西部地区：30.6 / 23.5 / 20.0
- 其他东部沿海地区：32.2 / 24.6 / 18.7
- 环渤海地区：35.0 / 20.7 / 18.6
- 长三角：40.9 / 18.1 / 16.0

图 13-23　高级管理者各类素质与国外先进同行比较
（2010 年 8 月企业调研，分地区）

图例：销售人员、工程师、普通体力劳动者、技术工人、高级管理者

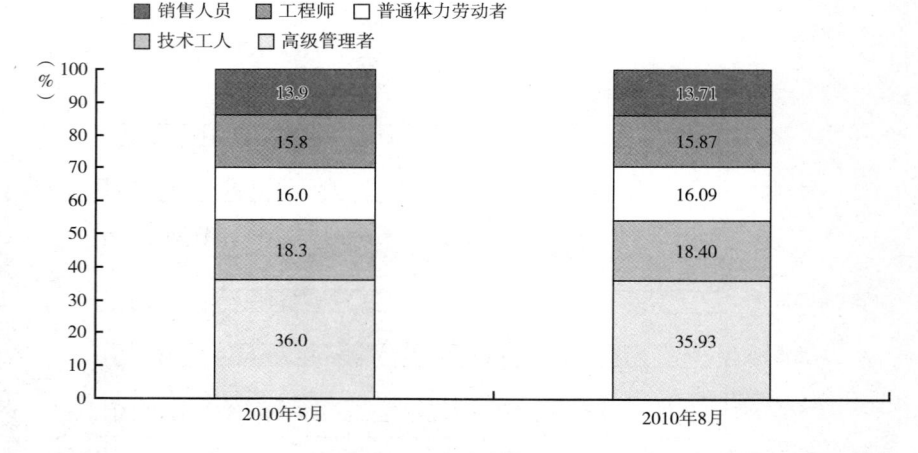

2010年5月：36.0 / 18.3 / 16.0 / 15.8 / 13.9
2010年8月：35.93 / 18.40 / 16.09 / 15.87 / 13.71

图 13-24　与国外同行相比，企业各类职工素质的差距（两次企业调研结果对比）

最大的为文教体育用品制造业，比例达到 41.67%；认为普通体力劳动者素质与外国同行差距最大的行业为石油加工、炼焦及核燃料加工业，其对高级管理者和普通体力劳动者的选择比例相同，为 33.33%；非金属矿物制品业认为技术工人、工程师、普通体力劳动者和销售人员的素质与外国同行差距均为最大，比例均为 25.00%。

分地区来看，任何一个地区的企业家都认为高级管理者素质与外国同行相比差距最大,其中比例最高的为西部地区,达到 38.82%,比例最小的为珠三角地区,但也达到 31.40%。

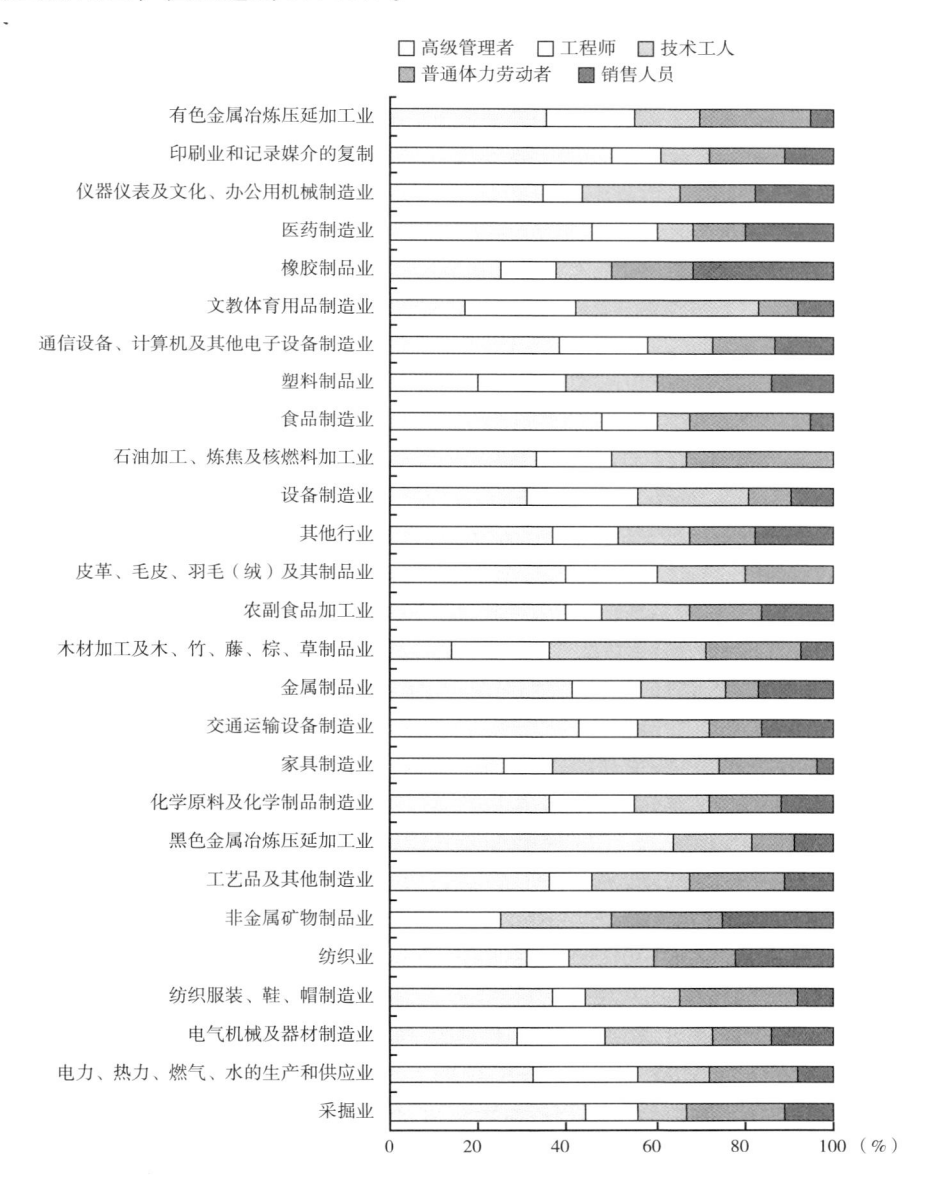

图 13-25　与国外同行相比,企业各类职工素质的差距
(2010 年 8 月企业调研,分行业)

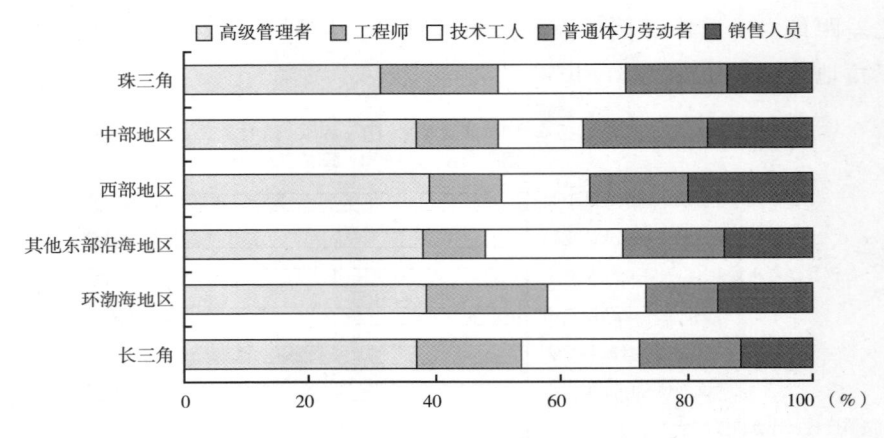

图 13-26　与国外同行相比企业各类职工素质的差距
（2010年8月企业调研，分地区）

第四节　劳动力素质与中国产业国际竞争力
——目前与将来的状况

一　廉价的劳动力是中国制造业当前竞争力的主要来源

2010年8月的企业调研显示，从整体来看，大部分企业认为我国制造业目前的竞争力主要来源于相对低廉的劳动力成本（占69.12%），其他因素所占比例较小，依次为：良好的基础设施占8.95%，较高的产品质量占8.73%，受过良好教育的专业人才占7.50%，较先进的生产技术占5.70%。对比2010年5月和8月的调研结果，可以发现企业对目前我国制造业的认识基本没有变化。

绝大多数的经济学家也认为我国制造业目前竞争力的主要来源是相对低廉的劳动力成本（占65.4%），这个判断与企业相同。第二个重要因素是良好的基础设施，选择该项来源的经济学家占比为21.2%，该比例远高于企业。认为目前竞争力的来源是"较高的产品质量"和"较先进的生产技术"的经济学家均仅占1.9%，该比例远远小于企业。这说明企业对目前中国的产品质量和生产技术比经济学家更自信。

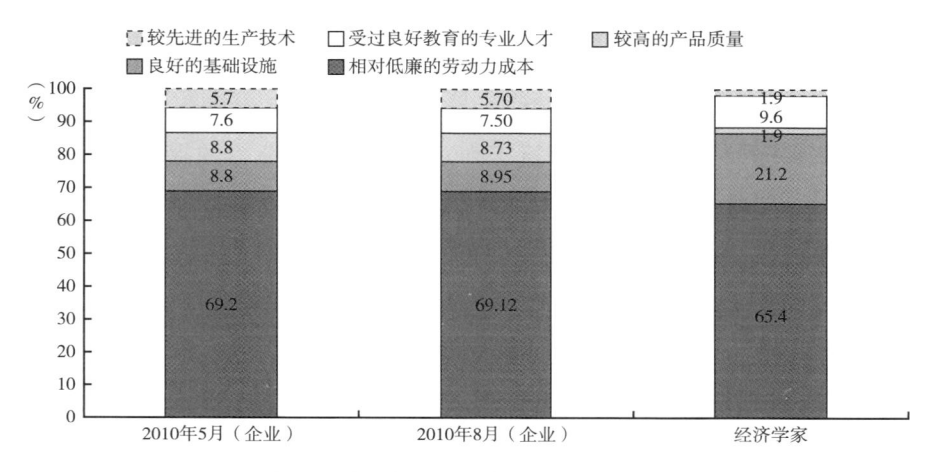

图 13-27 我国制造业当前的竞争力主要来源（两次企业调研结果和经济学家调查对比）

分地区来看，环渤海地区企业认为我国当前制造业的竞争力主要来源于相对低廉的劳动力成本，比例达到 81.43%，最低的中部地区也占到 63.75%。长三角和珠三角对良好的基础设施的认可度比其他地区要高，中部地区对受过良好教育的专业人才的认可度高于其他地区。

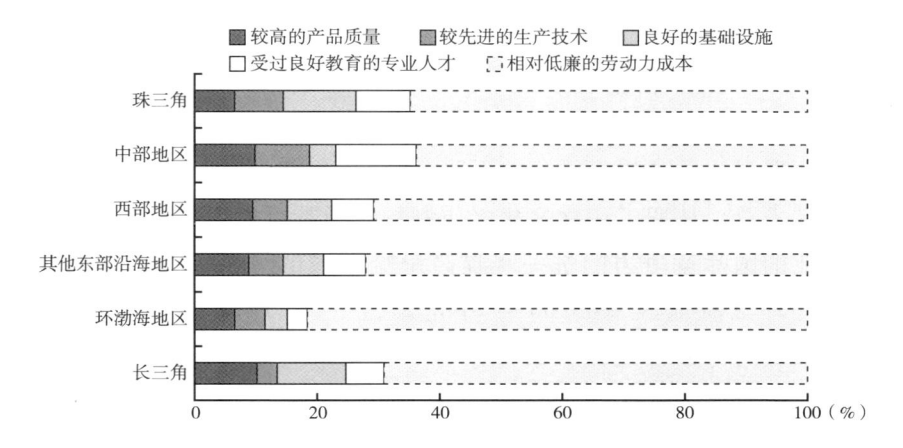

图 13-28 我国制造业当前的竞争力主要来源
（分地区，2010 年 8 月企业调研）

二 职工的素质不高已成为中国产业国际竞争力提升的障碍

2010年5月与8月的企业调研显示,绝大多数的企业受访者都认为(约占58%)当前企业职工的素质不高对企业国际竞争力的提升产生了一定程度的影响,另外有约30%的企业受访者认为这种影响是严重的。

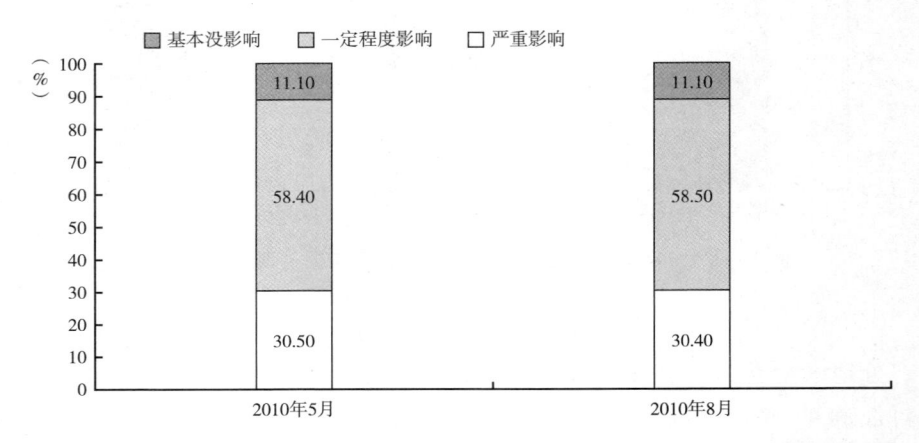

图 13 – 29 企业职工的科学文化素质对企业国际竞争力的提升的影响情况
(两次企业调研结果对比)

本课题组根据调查数据构建了职工科学文化素质制约性指数,两次调研的指数分别是59.70和59.65[①],说明职工的科学文化素质对企业的国际竞争力的提升存在一定的影响。两次调研结果的职工科学文化素质制约性指数基本不变,后者比前者稍有下降,下降了0.05个点。

分地区来看,从职工科学文化素质制约性指数可以得出,职工科学文化素质对企业的国际竞争力的进一步提高影响最大的是长三角,达到61.32;其次依次为环渤海地区(60.00)、中部地区(59.69)、珠三角(58.87);影响程度最低的为西部地区,其职工科学文化素质制约性指数仅为55.29,但也存在一定程度的影响。

---

① 按照梯度关系给"基本没影响""一定程度影响""严重影响"分别赋予梯度值1、3、5,计算出指数后按照1=0,5=100进行换算,即得到职工科学文化素质制约性指数,其为0表示基本没影响,为50表示存在一定程度影响,为100表示严重影响,指数越大,影响程度越大。

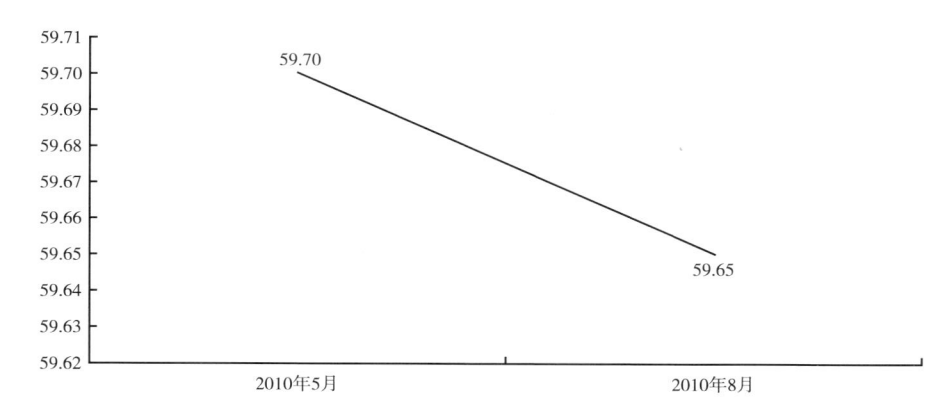

图 13-30 职工科学文化素质制约性指数变化图

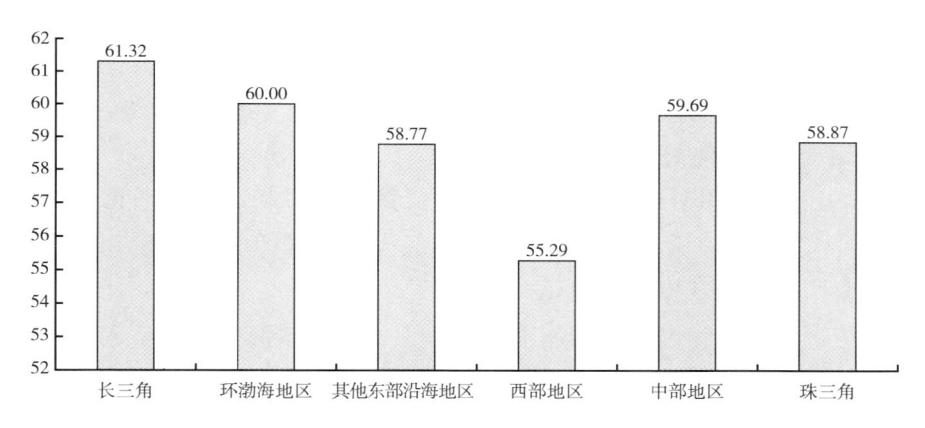

图 13-31 职工科学文化素质制约性指数（2010 年 8 月企业调研，分地区）

经济学家的调研结果也与企业相似。绝大多数经济学家（占 53.8%）认为目前劳动力的素质对中国进一步提升国际竞争力有一定的影响，34.6% 的经济学家则认为这种影响很严重，另外 11.5% 的经济学家认为基本没有影响。

三 技术、人才和产品质量是未来中国制造业竞争优势的新源泉

企业和经济学家都认为未来中国制造业竞争优势的主要来源会发生变化，且均认可新源泉在于技术、人才和产品质量。

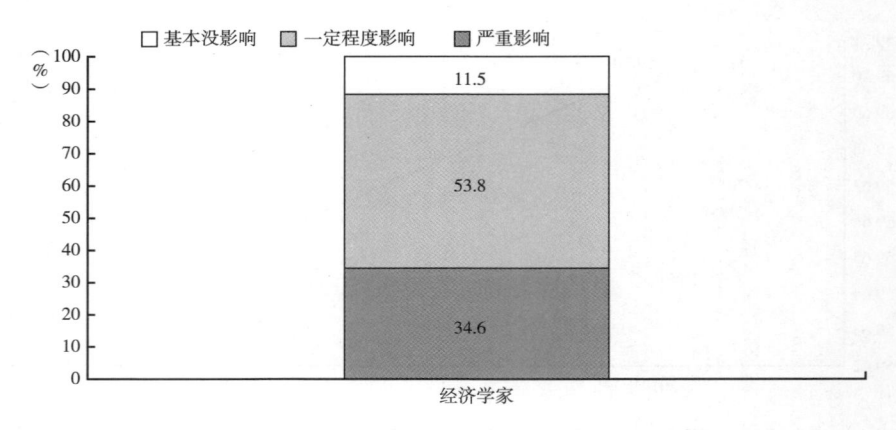

图 13-32　目前劳动力的素质对中国国际竞争力的
进一步提升的影响（经济学家调研）

对于中国制造业未来竞争力来源的判断，2010年8月的企业调研中，企业受访者普遍认为较先进的生产技术是主要来源（占26.91%），与之接近的分别是受过良好教育的专业人才（26.26%）和较高的产品质量（24.82%）；认为相对廉价的劳动力成本依然是中国制造业未来竞争力主要来源的占13.93%，低于前述三个因素，但大于良好的基础设施（8.08%）。两次企业调研结果基本没有变化。

经济学家也认为未来中国制造业竞争力的主要来源是技术、人才和产品质量，只是排序与企业有微小的差别。认为未来最重要的竞争力来源是"受过良好教育的专业人才"的经济学家占最大比例，为36.5%，远高于企业的判断。其次，分别有26.9%和21.2%的经济学家认为未来最重要的竞争力来源是"较高的产品质量"和"较先进的生产技术"。在未来最重要的竞争力来源中，经济学家最不看重"相对低廉的劳动力成本"，这一点也与企业的判断有差别。

在2010年8月企业调研中，分行业来看，采掘业认为中国制造业未来竞争力的最主要来源是较先进的生产技术，占比最高，达到55.56%；认为受过良好教育的专业人才是最主要的竞争力来源的是非金属矿物制品业，占比为50%，在所有行业中最高；认为较高的产品质量是未来竞争力的最主要来源的是仪器仪表及文化、办公用机械制造业，占比为47.83%，高于其

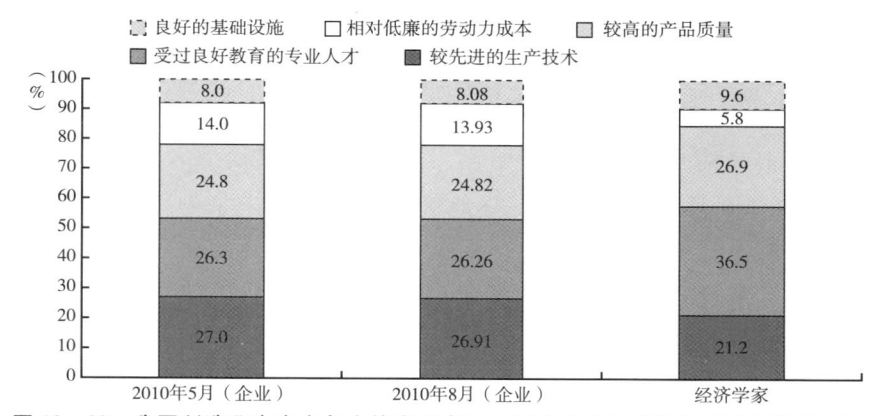

图 13-33 我国制造业未来竞争力的主要来源（两次企业调研和经济学家调研对比）

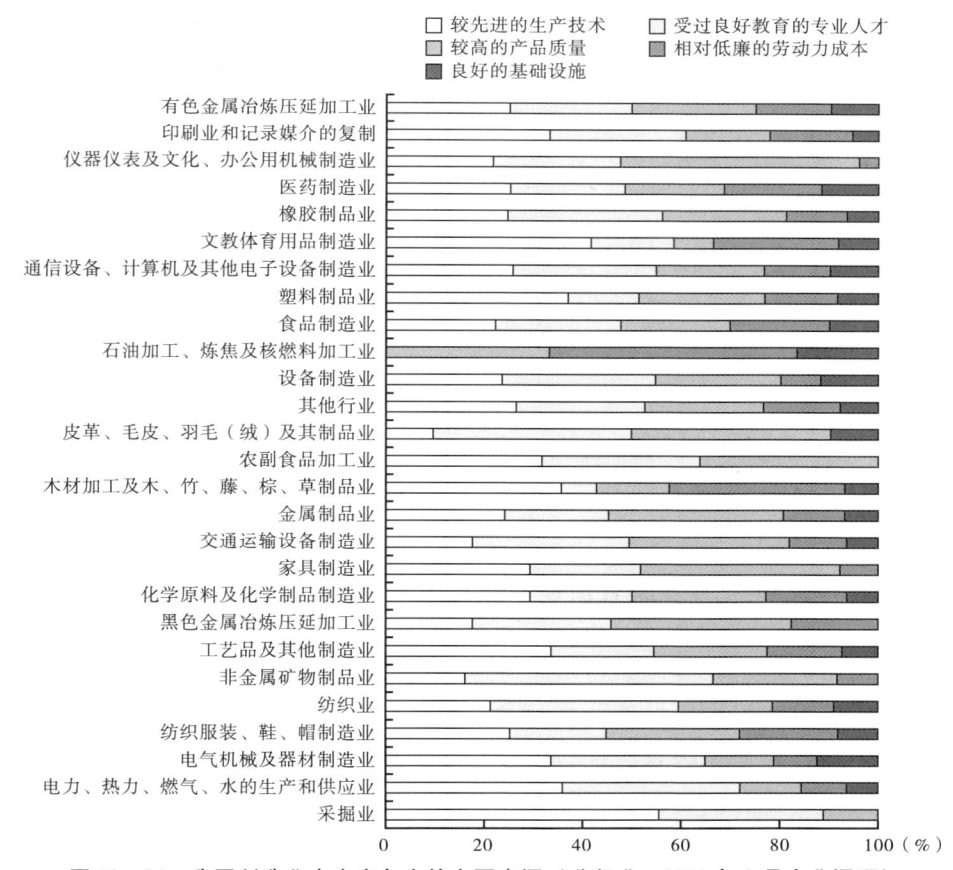

图 13-34 我国制造业未来竞争力的主要来源（分行业，2010年8月企业调研）

他行业对较高的产品质量的认可；石油加工、炼焦及核燃料加工业仍然认为未来中国制造业竞争力的最主要来源是相对低廉的劳动力成本（占50%，为行业中最高），所有行业都不认为良好的基础设施将会是中国制造业未来竞争力的最主要来源。

在2010年8月企业调研中，分地区来看，对于未来中国制造业的竞争力的主要来源，其他东部沿海地区对较高的产品质量的认可度最高，达到30.4%；珠三角对较先进的生产技术的认可度最高，达到30.2%；环渤海地区对受过良好教育的专业人才的认可度最高，达到30.7%。

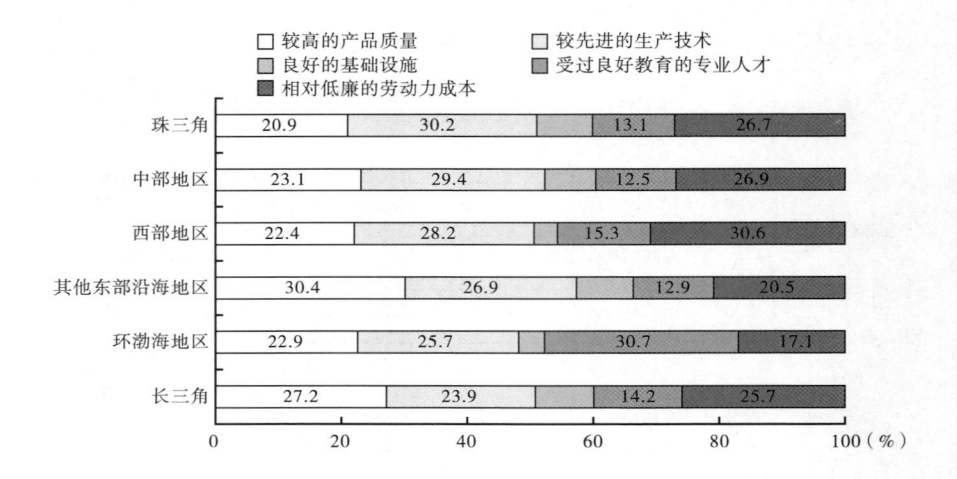

地区	较高的产品质量	较先进的生产技术	良好的基础设施	受过良好教育的专业人才	相对低廉的劳动力成本
珠三角	20.9	30.2	13.1	26.7	
中部地区	23.1	29.4	12.5	26.9	
西部地区	22.4	28.2	15.3	30.6	
其他东部沿海地区	30.4	26.9	12.9	20.5	
环渤海地区	22.9	25.7	30.7	17.1	
长三角	27.2	23.9	14.2	25.7	

图13-35 我国制造业未来竞争力的主要来源（分地区，2010年8月企业调研）

四 应该对本国劳动力加强专业技术培训

在受访的经济学家中，有80.8%的经济学家认为目前应该对本国劳动力加强专业技术培训，另外分别有9.6%和7.7%的经济学家认为应该加强高等专业教育和通识教育。这与多数经济学家认为普通体力劳动者和技术工人目前最需要提升的素质是劳动技能素质的判断是相一致的。

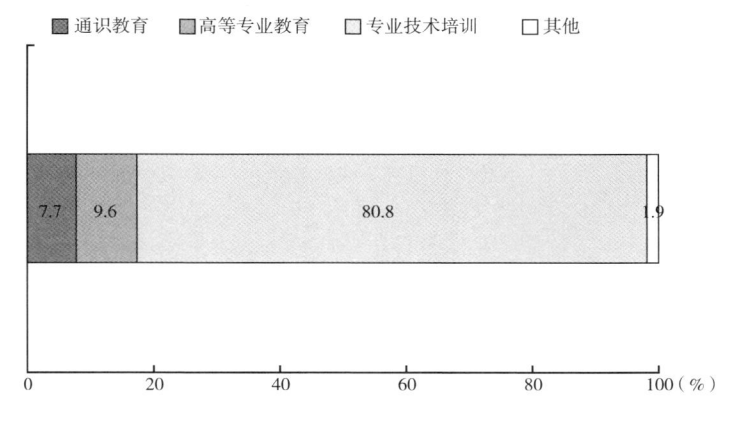

图 13-36　目前应该对本国劳动力加强哪方面的教育和培训
（经济学家调研）

第五节　高级管理人员收入与企业员工平均收入的比例不宜过高，以技术工人为代表的企业员工的收入提高也受企业关注

一　高级管理人员收入与企业员工平均收入的比例不宜过高，尤其是国有企业更要注意控制

对于我国企业高级管理人员收入与企业员工平均收入的合理比例，多数经济学家（40.8%）认为应该控制在 1∶5。其他经济学家分歧较大，有 18.4% 的经济学家认为合理比例可以达到 1∶10 以上，但也有 16.3% 的经济学家认为合理比例应该控制在 1∶3。

但经济学家普遍都认为国有企业的高级管理人员收入与企业员工平均收入的合理比例应该要低于中国企业的平均水平。对于国有企业，大部分经济学家（39.2%）认为高级管理人员收入与企业员工平均收入的合理比例为 1∶3，该比例小于多数经济学家认可的中国企业 1∶5 的水平。另外，也有 25.5% 的经济学家认为国有企业中高级管理人员收入与企业员工平均收入的合理比例可以达到 1∶5。认为国有企业高级管理人员收入与企业员工平均收入的合理比例可以在 1∶10 以上的经济学家仅占 7.8%，远远少于对中国企业持相同观点的经济学家的占比（18.4%）。

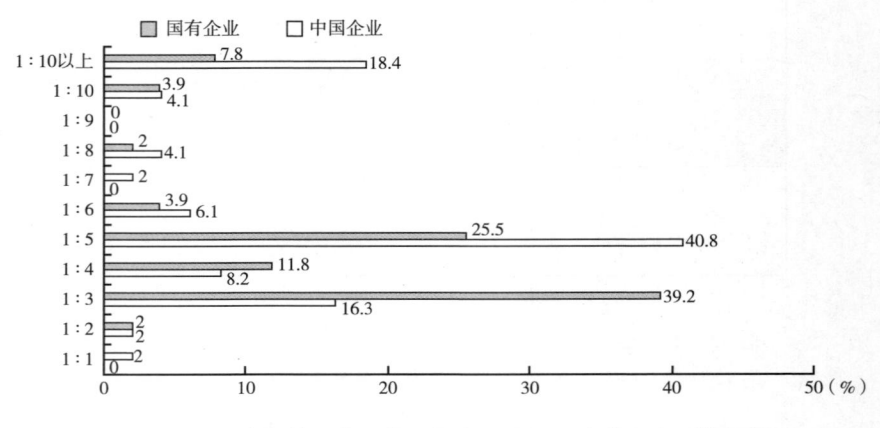

图 13-37　高级管理人员收入与企业员工平均收入合理的比例
（经济学家调研）

二　企业提高薪酬时会优先考虑技术工人

2010 年 5 月和 8 月的企业调研都显示出，企业在提高薪酬时会优先考虑的对象是技术工人，持该观点的企业家占受访者的比例最高，两次调研均约为 26%。销售人员和普通体力劳动者的薪酬提高也受到企业的关注。认为应该优先考虑提高高级管理者薪酬的企业占比最少，两次调研均为 16% 左右。

分行业来看，企业提薪时会优先考虑高级管理者的行业只有仪器仪表及文化、办公用机械制造业，比例为 39.13%，高于对其他职工的选择。会优先考虑工程师的行业有医药制造业（25.71%），通信设备、计算机及其他电子设备制造业（24.38%），交通运输设备制造业（27.87%），电气机械及器材制造业（27.50%），其中比例最高的为交通运输设备制造业。会优先考虑技术工人的行业有有色金属冶炼压延加工业（40.00%），医药制造业（25.71%），橡胶制品业（31.25%），文教体育用品制造业（33.33%），石油加工、炼焦及核燃料加工业（66.67%），设备制造业（35.71%），金属制品业（38.55%），家具制造业（40.74%），化学原料

图例：■ 高级管理者　■ 工程师　□ 普通体力劳动者　■ 销售人员　□ 技术工人

2010年5月：26.2、20.7、19.4、17.0、16.7
2010年8月：26.41、20.56、19.48、17.17、16.38

图 13-38　企业提薪时优先考虑的对象（两次调研结果对比）

及化学制品制造业（36.21%），黑色金属冶炼压延加工业（27.27%），工艺品及其他制造业（33.96%），非金属矿物制品业（33.33%），纺织业（37.50%），纺织服装、鞋、帽制造业（32.58%），电力、热力、燃气、水的生产和供应业（44.00%），采掘业（44.44%），其中比例最高的为石油加工、炼焦及核燃料加工业。会优先考虑普通体力劳动者的行业有印刷业和记录媒介的复制（27.78%），塑料制品业（45.71%），皮革、毛皮、羽毛（绒）及其制品业（50.00%），其中比例最高的行业为皮革、毛皮、羽毛（绒）及其制品业。会优先考虑销售人员的行业有医药制造业（25.71%），橡胶制品业（31.25%），食品制造业（25.00%），农副食品加工业（36.00%），木材加工及木、竹、藤、棕、草制品业（35.71%），非金属矿物制品业（33.33%），其中比例最大的行业是农副食品加工业。

　　分地区来看，企业提高薪酬时会优先考虑的对象是高级管理者的地区是西部地区，比例为22.35%；珠三角、其他东部沿海地区、环渤海地区和长三角这些东部沿海发达地区的企业提高薪酬时会优先考虑的对象是技术工人，其比例分别为28.20%、26.31%、23.57%和27.98%，比例最高的地区为珠三角；会优先考虑普通体力劳动者的地区为其他东部沿海地区，其同时也会优先考虑技术工人，两者比例相同，均为

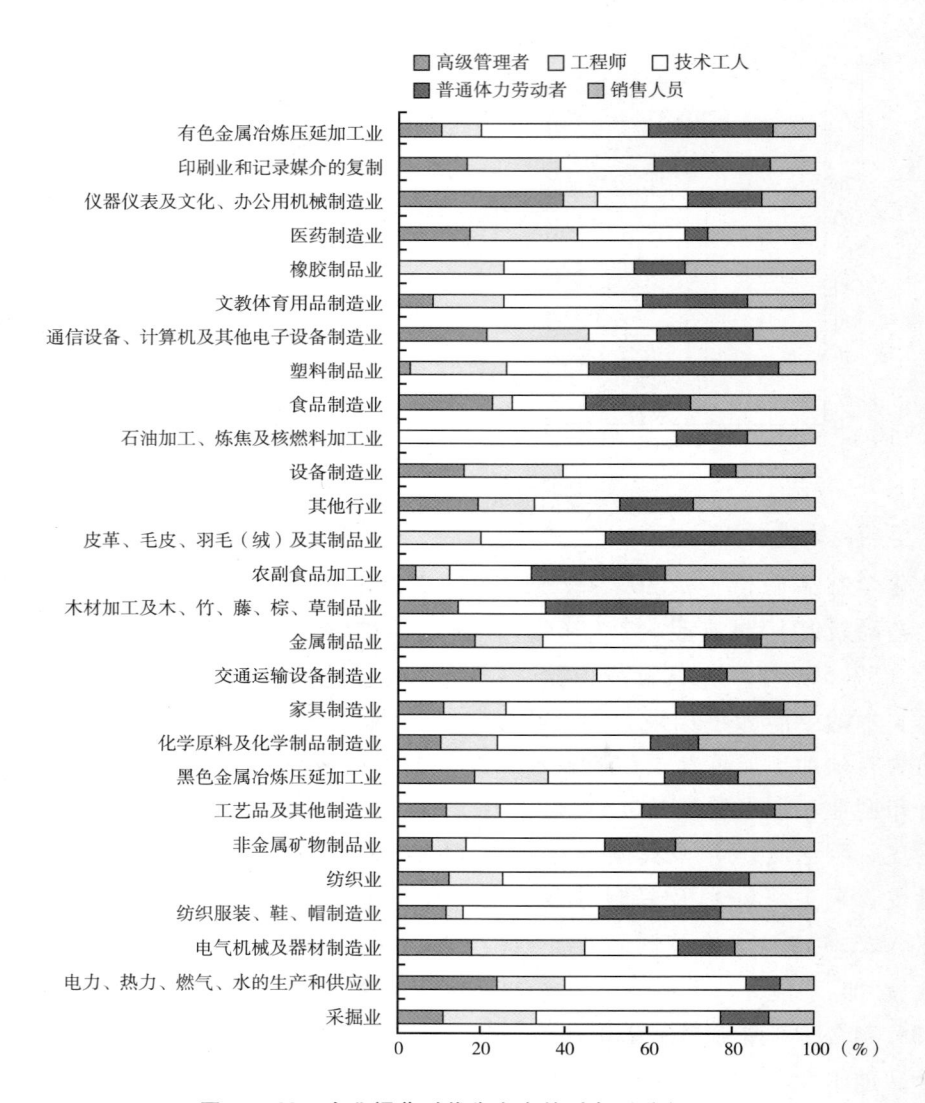

图 13-39 企业提薪时优先考虑的对象（分行业）

26.31%；会优先考虑销售人员的地区为中部地区和环渤海地区，比例分别为 30.63% 和 23.57%，环渤海地区同时也优先考虑技术工人，两者比例相同，在会优先考虑销售人员的两个地区中，中部地区的比例最高。

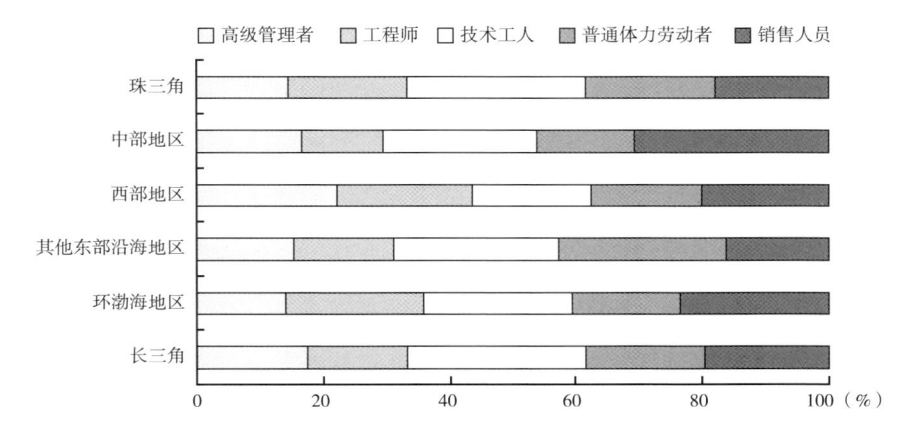

图 13-40　企业提薪时优先考虑的对象（分地区）

第六节　小结

多次企业调研和经济学家调研的结果显示：当前，以高级管理者、工程师和技术工人为代表的中高级人才供给不足，这成为经济增长的瓶颈。目前，各类劳动力的素质与国外先进企业相比仍然有较大差距，其中，企业受访者认为差距最大的素质是敬业精神，而经济学家则认为不同类型的人员相差最大的素质各不相同，劳动技能素质、基本科学素质、人文社科素质和敬业精神都有体现。中国劳动力的素质仍然有待提高。

在劳动力素质和中国产业国际竞争力的关系方面，当前，中国制造业竞争力的主要来源仍然是廉价的劳动力。劳动力的素质不高已经成为中国产业国际竞争力提升的障碍。因此，应该要注意加强对本国劳动力进行以专业技术为主的各类培训。在未来，技术、人才和产品质量将成为中国制造业竞争优势的主要来源。

另外，调研还关注了员工收入问题，结果显示，高级管理人员收入与企业员工平均收入的比例不宜过高，尤其是国有企业更要注意控制。以技术工人为代表的企业员工收入提高也应受到企业的重视。

附录：企业调查问卷

一 您公司所处的行业是（ ）

1）采掘业
2）农副食品加工业
3）食品制造业
4）饮料制造业
5）烟草制品业
6）纺织业
7）纺织服装、鞋、帽制造业
8）皮革、毛皮、羽毛（绒）及其制品业
9）木材加工及木、竹、藤、棕、草制品业
10）家具制造业
11）造纸及纸制品业
12）印刷业和记录媒介的复制
13）文教体育用品制造业
14）石油加工、炼焦及核燃料加工业
15）化学原料及化学制品制造业
16）医药制造业
17）化学纤维制造业
18）橡胶制品业
19）塑料制品业
20）非金属矿物制品业
21）黑色金属冶炼压延加工业
22）有色金属冶炼压延加工业
23）金属制品业
24）设备制造业
25）交通运输设备制造业
26）电气机械及器材制造业

27）通信设备、计算机及其他电子设备制造业

28）仪器仪表及文化、办公用机械制造业

29）工艺品及其他制造业

30）废弃资源和废旧材料回收加工业

31）电力、热力、燃气、水的生产和供应业

32）其他行业

二　您公司所处的地区是（　）

　　1）长三角　　　　　　　2）珠三角

　　3）环渤海地区　　　　　4）其他东部沿海地区

　　5）中部地区　　　　　　6）西部地区

三　贵公司目前在各类员工中招聘的现状是（　）

	普通体力劳动者	技术工人	工程师	高级管理者
招聘困难,劳动力供不应求				
招聘难度不大,劳动力供求平衡				
招聘十分容易,劳动力供大于求				

四　目前贵公司各类员工最需提升的素质是（　）

	普通体力劳动者	技术工人	工程师	销售人员	高级管理者
敬业精神					
基本科学素质					
人文社科素质					
审美素质					
劳动技能素质					
身体素质					
心理素质					

五　与国外同行先进企业相比，贵公司各类人员总体素质相差最大的是（　）

　　1）普通体力劳动者　　　2）技术工人　　　3）工程师

　　4）销售人员　　　　　　5）高级管理者

六 贵企业提高薪酬优先考虑的对象是（ ）

    1）普通体力劳动者　　　　　　2）技术工人

    3）工程师　　　　　　　　　　4）销售人员

    5）高级管理者

七 与国外同行先进企业相比，贵公司各类人员相差最大的素质分别是（ ）

	普通体力劳动者	技术工人	工程师	销售人员	高级管理者
敬业精神					
基本科学素质					
人文社科素质					
审美素质					
劳动技能素质					
身体素质					
心理素质					

八 您认为，中国制造业目前的竞争力主要来源于（ ）

    1）相对低廉的劳动力成本　　　　2）受过良好教育的专业人才

    3）良好的基础设施　　　　　　　4）较高的产品质量

    5）较先进的生产技术

九 您认为，中国制造业未来的竞争力主要来源于（ ）

    1）相对低廉的劳动力成本　　　　2）受过良好教育的专业人才

    3）良好的基础设施　　　　　　　4）较高的产品质量

    5）较先进的生产技术

十 员工的科学文化素质是否已经制约了贵公司国际竞争力的进一步提升（先不用分行业）（ ）

    1）严重影响了国际竞争力的进一步提升

    2）对国际竞争力的进一步提升有一定影响

    3）基本没有影响

第十四章
劳动力素质对中国未来经济影响评估

本章提要：一方面劳动力素质提高将会促使技术进步，提高劳动生产率，从而促进产业升级；另一方面劳动力素质提高后必须要求更高的报酬，提高劳动力成本，改变资本与劳动力的比价，从而促使企业采取资本密集型技术，减少对劳动力的使用，这也会提高劳动生产率，最终表现为产业升级。因而劳动力素质提升对经济增长的影响难以直接判断，要结合中国实际进行定量分析。本章采用CGE模型对劳动力素质提高与经济增长的关系进行分析。模型运行的结果显示，劳动力素质的提高将会提高经济增长率；从2011年到2020年每年提高经济增长2个百分点左右；到2020年累计提高经济增长20%（也就是2020年冲击结果的GDP是基线GDP的1.2倍）。

由于不同行业的生产函数不同，劳动力素质提升对不同行业产生的影响也有较大差异。总体而言，劳动力素质的提高更有利于资本密集型产业的发展，有利于技术进步较快行业的发展。

分区域看，劳动力素质提升对东北地区、东部沿海地区、中部地区和西部地区均有正面冲击，四个地区的经济总量分别提高620亿元、4660亿元、1413亿元和1239亿元，区域的GDP增长率分别提高1.87%、2.14%、1.87%与1.79%。提高劳动力素质，对东部沿海地区的经济增长率提高幅度最大，对东北地区及中部地区的经济增长率提高幅度次之，对西部地区的经济增长率提高幅度最小。

第一节　引言

劳动力素质与经济增长关系可以用图 14-1 表示。一方面劳动力素质提高将会导致技术进步，提高劳动生产率，从而促进产业升级；另一方面劳动力素质提高后必须要求更高的报酬，提高劳动力成本，改变资本与劳动力的比价，从而促使企业采取资本密集型技术，减少对劳动力的使用，这也会提高劳动生产率，最终表现为产业升级。为了进行定量分析，我们将图14-1简化为图 14-2。

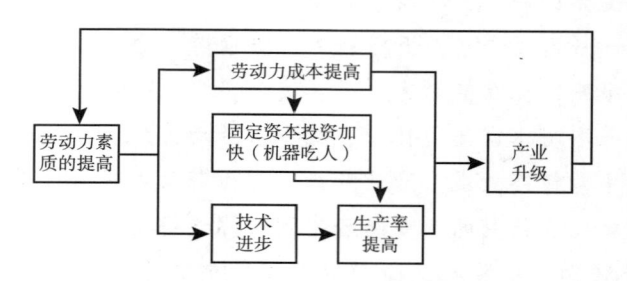

图 14-1　劳动力素质与经济增长的关系

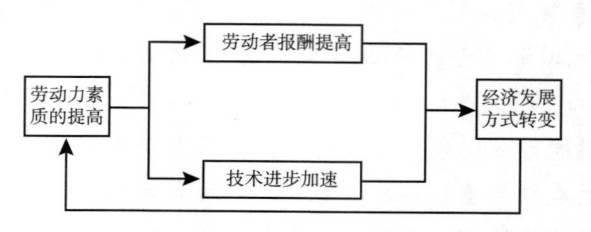

图 14-2　劳动力素质与经济增长的关系的简化

本节将采用 CGE 模型对劳动力素质与经济增长的关系进行分析。可计算一般均衡（Computable General Equilibrium，CGE）模型通过对家庭、企业、政府等各个经济主体的行为设定，对经济体系中各部门之间的相互影响进行定量分析，从而分析一项经济政策的直接与间接影响。比较而言，大部分经济计算模型都需要以较长时段的时间序列数据为基础才能进行分析估计，而 CGE 模型是以经济主体在成本最小化和效用最大化条件下的行为模式为基础进行定量分析的,因而能够放松对经济体在长时期内结构基本稳定的假设,从而对于像中国这样经济体系快速变化且难以有外部体系可供参照的独特经济体具有特殊的意义。鉴于此,CGE模型在引入中国后被广泛用于宏观经济、区域经济、国际贸易、财政税收、能源与资源环境政策、就业与收入分配等众多领域的经济分析。模型的数据基础是在2002年中国投入产出表的基础上构建的社会核算矩阵(SAM)。SAM能够为CGE建模提供一个完整一致的核算框架。对于原始SAM中不同来源统计数据存在的一些差异以及投入产出表本身存在的统计误差项,本章采用跨熵法(Cross Entropy)进行调整。模型中的替代弹性、收入弹性等一些关键参数的取值主要是通过借鉴其他一些CGE模型相关文献来确定,其余参数的取值则是利用SAM的基年数据和外生给定的关键参数通过校准(Calibration)方法来得到。

相对于一般的建模过程而言,本模型的一个进步在于,我们基于大规模的企业问卷调查,对一些关键参数进行了适当调整。2009年10月与2010年6月,中国社会科学院工业经济研究所分别组织了两次针对企业的大规模问卷,根据调查的结果,我们对一些关键参数进行调整,使之更加符合中国经济的实际。例如,在贸易模块中,我们根据有关企业为应对汇率波动而在国际贸易中采取的定价策略变化,对不同行业的国际市场价格采取了不同的设定,如对部分行业采用大国模型假设;根据不同行业企业的出口产品价格和产品出口规模对国家出口退税政策调整的敏感程度差异,对不同行业的出口退税率进行了相应的差异化设定;针对有关企业技术升级问题的调研结果,对不同行业的技术进步率进行了相应的调整。

第二节 劳动力成本与技术进步关系的定量计算

中国的劳动力成本正在不断提高,这是技术进步的结果。越来越多先进的、生产效率更高的技术被应用,促进了全要素生产率的提高。对于劳动力本身而言,同样的劳动力投入带来了更高的产出,这意味着劳动力的劳动强度提高了,劳动者必须付出更高强度的劳动。这也相应的要求劳动者报酬有所增加。鉴于此,我们将使用各省2001—2008年的数据,通过以下计量模型来分析技术进步对劳动力成本的影响。

$$Lnw_{it} = \gamma_1 + \gamma_2 LnA_{it} + e_{it} \quad (1)$$

其中，w_{it} 表示第 i 个省份的劳动者在第 t 年度获得的平均劳动者报酬，数据来源于《新中国 60 年统计资料汇编》；A_{it} 表示第 i 个省份在第 t 年度的技术进步率。这里，我们使用新古典增长函数来测算全要素生产率，并用以衡量技术进步率 A。

A_{it} 的计算如下：

$$A_{it} = \frac{Y_{it}}{L_{it}^{\alpha} K_{it}^{\beta}} \quad (2)$$

其中，Y_{it} 为省、市、自治区的地区生产总值，并调整为 2000 年不变价；K_{it}^{β} 为各省的固定资本存量，借鉴张军等的方法测算[①]，并调整为 2000 年不变价，由于 1997 年之前的固定资产投资价格指数将重庆与四川合并在一起，本章在测算固定资产投资时也将重庆与四川合并在一起，统称为"四川"；L_{it}^{α} 为各省的平均就业人数，计算数据均来自《中国统计年鉴》《新中国 60 年统计资料汇编》。

将由（2）式计算出的 A_{it}，代入（1）式，进入回归。回归结果如表 14 - 1 所示。从回归结果来看，全要素生产率对劳动力成本具有显著的影响。从模型结果来看，全要素生产率与劳动力成本正向相关，当全要素生产率提高 1% 时，劳动力成本也会相应地提高 1.797%。

表 14 - 1　劳动力成本提高与 A 关系回归结果

项目	Lnw
LnA	1.797***
	(13.04)
γ_1	2.61***
	(46.01)
R^2	0.64
Wald chi2(1)	179.91
Prob > chi2	0.000

注：括号内数据为 Z 检验值，"***"表示在 1% 的水平上显著。

[①] 张军、吴桂英、张吉鹏：《中国省际物质资本存量估算：1952—2000》，《经济研究》2004 年第 10 期。

第三节 劳动力素质提升对中国经济的影响

首先本课题组对中国2011—2020年的经济增长及产业结构、区域结构进行了预测,预测值作为研究的基线;然后课题组根据前述的研究结果,在模型中同时进行技术进步与劳动力成本提高的冲击,根据冲击的结果来分析劳动力素质提高对中国经济的影响。本节分析劳动力素质提高对中国宏观经济的影响,下一节分析劳动力素质提高对不同区域的影响。

一 对中国总产出的影响

单独提高技术进步率对经济的影响是正向冲击,即将会提高经济增长率;而单独提高劳动力成本对经济的影响是负向冲击,即将会降低经济增长率。正如前文所分析的,劳动者素质的提高一方面提高了技术进步率,另一方面也会提高劳动力成本;模型运行的结果显示,劳动力素质的提高将会提高经济增长率(见图14-3),2011—2020年每年提高经济增长2个百分点左右;到2020年累计提高经济增长20%(也就是2020年冲击结果的GDP是基线GDP的1.2倍)。

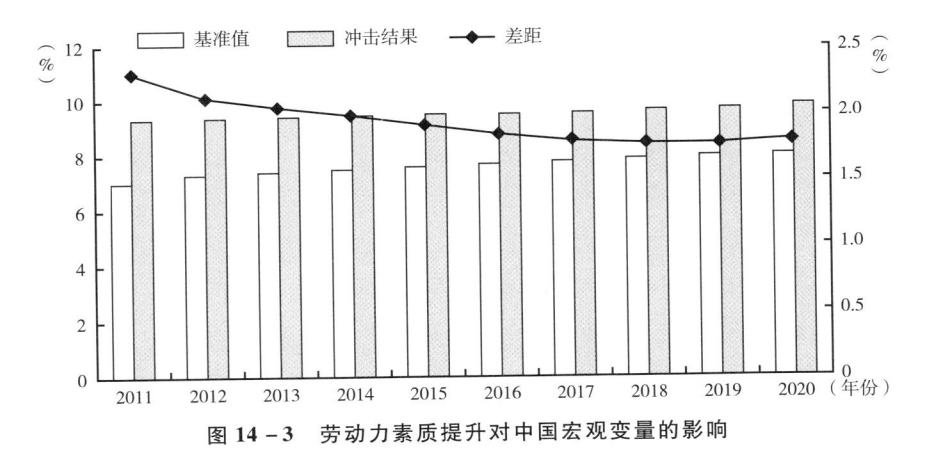

图14-3 劳动力素质提升对中国宏观变量的影响

二 劳动力素质提升对不同行业的影响

由于不同行业的生产函数不同,劳动力素质提升对不同行业产生的影响

表 14-2　劳动力素质提升对各产业产出的影响

单位：%

年份	2011	2012	2013	2014	2015	2016	2017	2018	2019	2020
农业	1.81	1.77	1.77	1.76	1.75	1.72	1.67	1.62	1.56	1.5
煤炭开采和洗选业	1.69	0.39	0.09	0.09	0.41	1.05	1.95	2.88	3.73	4.41
石油和天然气开采业	1.28	1.24	1.33	1.45	1.6	1.77	1.98	2.22	2.49	2.76
金属矿采选业	0.77	0.73	0.63	0.53	0.48	0.57	0.83	1.31	1.99	2.78
非金属矿采选业	1.47	2.41	2.46	2.36	2.19	1.97	1.74	1.55	1.43	1.38
食品制造及烟草加工业	2.25	1.7	1.61	1.6	1.62	1.68	1.76	1.87	1.97	2.04
纺织业	1.73	0.64	0.44	0.34	0.31	0.41	0.67	1.07	1.56	2.04
服装皮革羽绒及其制品业	1.68	-0.19	-0.63	-0.89	-1	-0.91	-0.58	-0.03	0.67	1.38
木材加工及家具制造业	1.34	0.8	0.99	1.38	1.86	2.34	2.71	2.93	2.97	2.86
造纸印刷及文教用品制造业	2.69	2	1.91	1.86	1.83	1.82	1.85	1.92	2.01	2.1
石油加工、炼焦及核燃料加工业	4.17	3.65	3.55	3.42	3.2	2.96	2.74	2.66	2.8	3.23
化学工业	2.27	1.29	0.9	0.6	0.43	0.48	0.76	1.25	1.85	2.43
非金属矿物制品业	1.46	2.86	2.95	2.83	2.57	2.19	1.73	1.27	0.89	0.65
金属冶炼及压延加工业	1.52	2.07	2.15	2.13	2.05	1.93	1.78	1.65	1.58	1.58
金属制品业	2.07	1.9	2.18	2.47	2.68	2.78	2.77	2.67	2.54	2.42
通用、专用设备制造业	1.18	2.68	2.79	2.69	2.46	2.13	1.73	1.34	1.02	0.82
交通运输设备制造业	2	2.74	2.83	2.8	2.68	2.47	2.18	1.86	1.56	1.33
电气、机械及器材制造业	2.59	2.1	2.09	2.11	2.13	2.16	2.21	2.3	2.41	2.52

续表

年份	2011	2012	2013	2014	2015	2016	2017	2018	2019	2020
通信设备、计算机及其他电子设备制造业	3.51	2.91	2.89	2.87	2.79	2.66	2.49	2.33	2.18	2.08
仪器仪表及文化办公用机械制造业	2.84	-0.49	-1.51	-2.33	-3.06	-3.55	-3.66	-3.29	-2.39	-1.06
其他制造业+废品废料	2.38	1.62	2	2.47	2.91	3.31	3.6	3.78	3.84	3.78
电力、热力的生产和供应业	2.07	1.98	2	2.01	2.01	2.02	2.04	2.07	2.12	2.18
燃气生产和供应业	2.28	1.84	1.76	1.75	1.82	1.97	2.19	2.44	2.69	2.9
水的生产和供应业	2.38	2.09	2.02	1.98	1.95	1.96	1.99	2.06	2.14	2.23
建筑业	-4.77	2.96	3.21	2.57	1.6	0.42	-0.82	-1.9	-2.66	-2.99
交通运输及仓储业、邮政业、信息传输、计算机服务和软件业	2.79	2.69	2.72	2.74	2.73	2.68	2.59	2.46	2.29	2.11
批发和零售贸易业	2.46	2.11	2.06	2.02	1.96	1.9	1.84	1.8	1.77	1.77
住宿和餐饮业	3	2.24	2.04	1.92	1.84	1.8	1.8	1.84	1.87	1.88
金融保险业	3.3	2.86	2.73	2.6	2.45	2.29	2.12	1.94	1.78	1.64
房地产业、租赁和商务服务业	3.44	2.5	2.27	2.11	1.98	1.87	1.81	1.81	1.84	1.88
旅游业、科学研究事业、综合技术服务业、其他社会服务业教育事业、卫生、社会保障和社会福利事业、文化、体育和娱乐业、公共管理和社会组织	2.93	2.32	2.26	2.26	2.27	2.28	2.27	2.22	2.11	1.94

资料来源：笔者计算。

也有较大差异。总体而言，劳动力素质的提高更有利于资本密集型产业的发展，有利于技术进步较快行业的发展。

第四节 劳动力素质提升对不同区域的影响

由于各地区的产业结构不同，劳动力素质提升对不同地区的影响将会有较大差异。在利用全国模型估算出对各产业的影响后，我们假设同一行业在不同省份技术水平相同，从而可以通过全国模型对各行业的影响来计算劳动力素质提升对不同地区的影响。本节的研究中，劳动力素质提升对经济的影响即为对经济总产出的直接影响。另外，我们将劳动力素质提升的影响分为短期影响与长期影响，前者指劳动力素质提升在2011年的影响，后者指劳动力提升在2011—2020年的影响的平均值。

一 强化劳动力素质提升政策对各区域经济的短期影响

（一）对不同区域的影响

分区域看，劳动力素质提升对东北地区、东部沿海地区、中部地区和西部地区均有正面冲击，四个地区的经济总量分别提高620亿元、4660亿元、1413亿元和1239亿元（见表14-3），区域的GDP增长率分别提高1.87%、2.14%、1.87%与1.79%（见表14-3）。可以看出，提高劳动力素质，对东部沿海地区经济增长率提高幅度最大，对东北地区及中部地区的经济增长率提高幅度次之，对西部地区的经济增长率提高幅度最小。

表14-3 劳动力素质提高对GDP量与增长率的短期影响：按区域分

单位：亿元，%

区 域	对GDP的影响	对GDP增长率的影响
东北地区	620	1.87
东部沿海地区	4660	2.14
中部地区	1413	1.87
西部地区	1239	1.79

资料来源：笔者计算。

上述结果与第八次中国公民科学素质调查主要结果相符合;第八次中国公民科学素质调查显示东部地区公民科学素质最高,中部地区次之,西部地区最低。与上述分析相结合,可以说明劳动力素质的提高有利于经济增长。

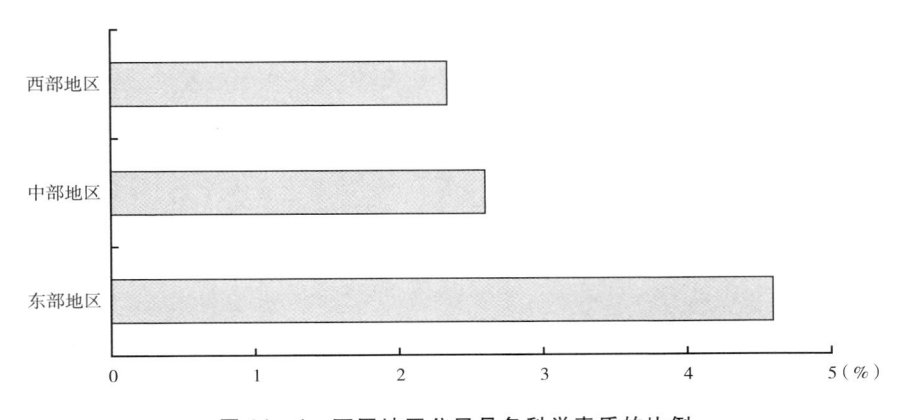

图 14-4 不同地区公民具备科学素质的比例

资料来源:第八次中国公民科学素质调查主要结果。

(二) 对各个省份的影响

强化劳动力素质提升政策对各省、自治区、直辖市(以下简称"各省")也有较大的差异;各省份提高 GDP 量的区间为 [7.65 亿元, 1050.06 亿元](见图 14-5)。劳动力素质提升提高了各省的经济总量,其中提高程度最大的前五个省份依次为广东、江苏、山东、浙江和上海。

我们还分析了劳动力素质提高对各省经济增长率的影响,从图 14-6 可以看出,对北京、上海、广东、天津和浙江的经济增长率提高幅度最大。这些省份均为东部沿海经济发达省份,从表 14-4 中东部沿海地区所受影响相对较大也可以看出这一现象。

劳动力素质提升对所有省份都有正面影响,但影响程度不一。图 14-7 分析的是各省受到的绝对影响量与相对影响量的排名。从图 14-7 可以看出,东部沿海发达省份无论是绝对影响排名还是相对影响排名都靠前,而西部落后省份则相反,无论是绝对影响排名还是相对影响排名都落后。个别省份,如江西、海南有一定偏差。总体而言,可以认为,从提升劳动力素质的

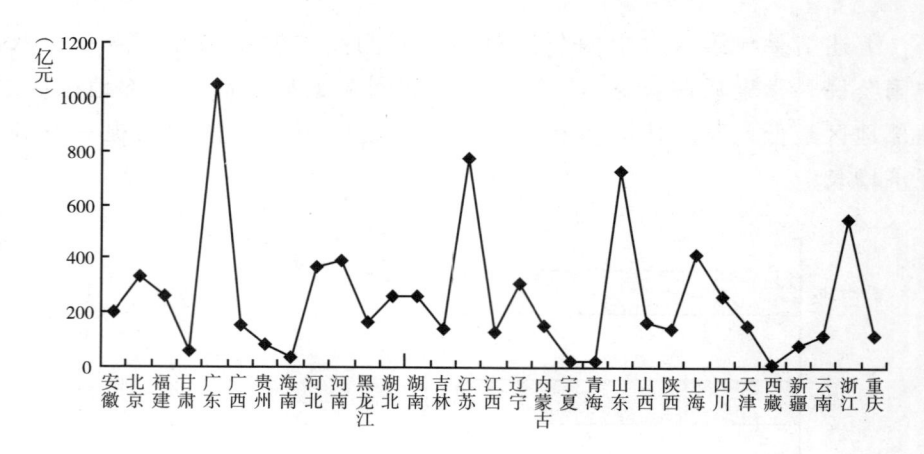

图 14-5 短期绝对影响：按省份分

资料来源：笔者计算。

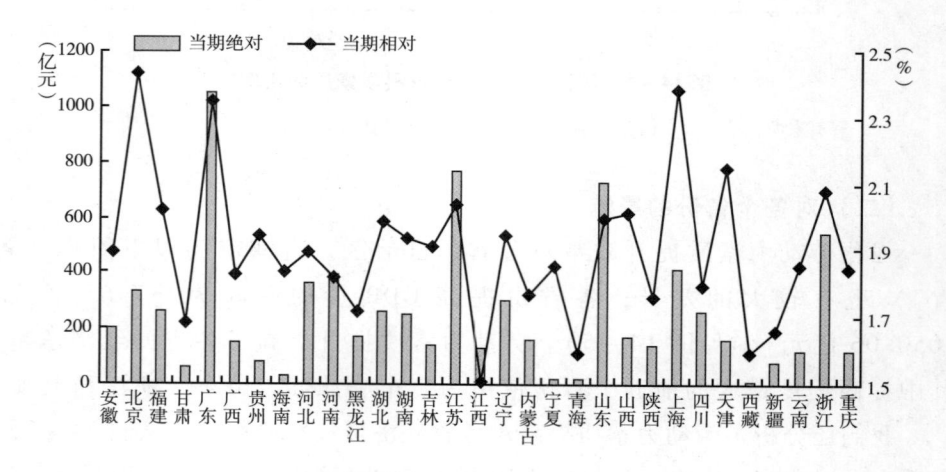

图 14-6 短期绝对影响与相对影响：按省份分

资料来源：笔者计算。

短期效应来看，越是经济发达的地区（东部沿海省份，也是劳动力素质较高地区），劳动力素质提高对经济增长的正向影响越大；越是经济落后的地区（西部地区，也是劳动力素质较低地区），劳动力素质提高对经济增长的正向影响越小。

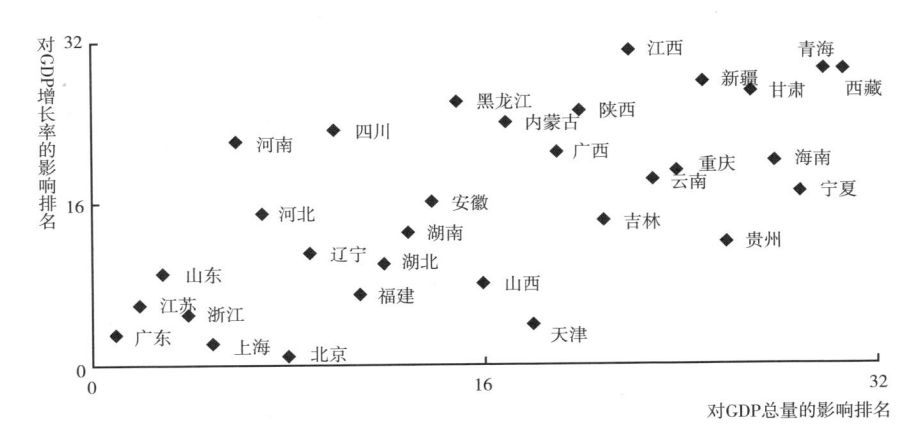

第十四章 劳动力素质对中国未来经济影响评估 345

图 14 - 7 对 GDP 总量及增长率影响排名：按省份分

资料来源：笔者计算。

二 强化劳动力素质提升政策对各区域经济的长期影响

(一) 对各区域长期经济增长的影响

分区域看，劳动力素质提升提高了东北地区、东部沿海地区、中部地区与西部地区四个地区的经济总量，提高的 GDP 量分别为 874 亿元、5806 亿元、1957 亿元与 1773 亿元（见表 14-4），分别提高了区域 GDP 增长率 1.84 个、1.86 个、1.81 个与 1.79 个百分点（见表 14-4）。这个结果与短期结果相比，可以看出劳动力素质对各区域的影响将趋同。

表 14-4 劳动力素质提高对 GDP 量与增长率的长期影响：按区域分

单位：亿元，个百分点

区域	对 GDP 量的影响	对 GDP 增长率的影响
东北地区	874	1.84
东部沿海地区	5806	1.86
中部地区	1957	1.81
西部地区	1773	1.79

注：对 GDP 量的影响为 2011—2020 年的平均数，对 GDP 增长率的影响为第一列数除以十年 GDP 的平均量。

资料来源：笔者计算。

(二) 对各省份长期经济增长的影响

分省来看，劳动力素质提升对各省的长期影响仍有较大差异；影响最大的前三个省份分别为广东、江苏和山东，对 GDP 的长期影响分别为 1226 亿元、981 亿元和 943 亿元。分项来看，GDP 受到影响的范围为 [11.96 亿元，1226.28 亿元] (见图 14-5)。

强化劳动力素质提升政策对各省经济增长率长期影响如图 14-8 所示。可以看出，强化劳动力素质提升政策对北京、上海、山西、天津和广东的长期相对影响较大。而对江西的长期相对影响最小。

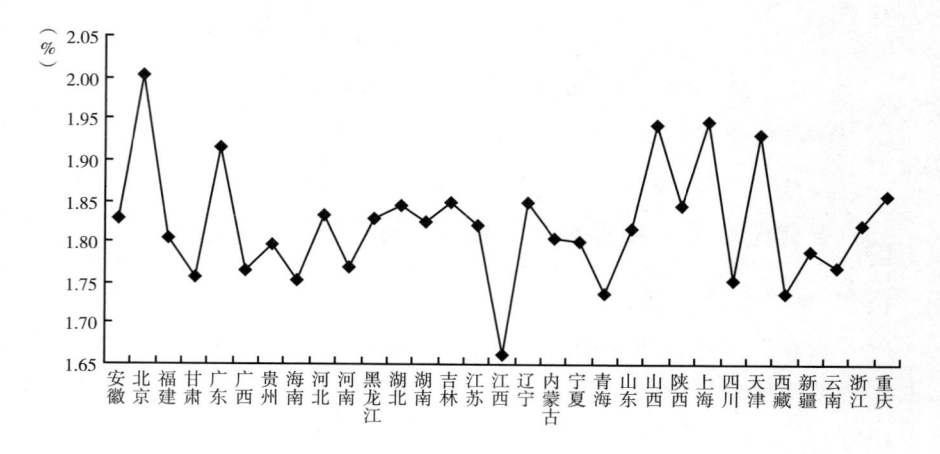

图 14-8 长期相对影响：按省份分

资料来源：笔者计算。

与短期影响排名相比，劳动者素质提升对各省的长期影响排名变化主要表现在相对影响排名上，绝对影响排名基本保持不变 (见图 14-10)。绝对影响排名方面，位序发生变动的省份只有 10 个，且变动幅度只有 1—2 个位次，变化较小；绝对影响排名基本与经济总量排名一致，东部沿海地区排名靠前，其次为中部地区，西部地区排名落后。

相对影响排名则存在一定程度的变动。如果以排名变动等于或超过 5 个位次来计算，14 个省份位序发生变动，比例接近总数的一半。排名上升位次最多的省份依次为陕西 (15 个位次)、黑龙江 (14 个位次)、重庆 (13 个位次)、吉林 (7 个位次)、新疆 (6 个位次)、内蒙古 (5 个位次)、山西

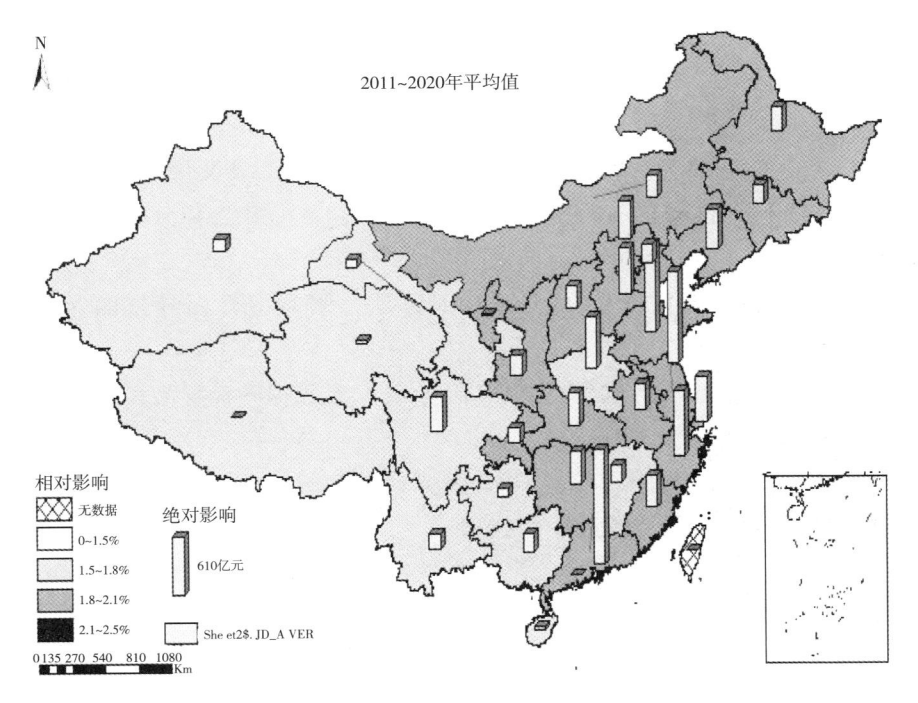

图 14-9 长期绝对影响和相对影响

资料来源：笔者计算。

（5个位次），均为经济发展水平较为落后的中西部地区；排名位次下降最多的省份依次为浙江（11个位次）、福建（11个位次）、江苏（9个位次）、贵州（9个位次）、山东（8个位次）、海南（7个位次）、云南（5个位次）、四川（5个位次），其中经济发展较好地区较多。从长期影响相对排名情况来看，四个直辖市排名非常靠前，北京、上海分列第一、第二位，天津列第三位，重庆列第六位，表明长期而言劳动者素质提升对获得国家较多政策倾斜的直辖市最为有利。此外，东部沿海地区排名虽然有所下降，但仍然高于绝大多数西部地区（重庆和陕西除外），而中部地区排名则有所前进，表明提升劳动者素质对东、中部地区经济发展的"马太效应"将会变小或消失，甚至可能有利于中部地区缩小与东部地区之间的绝对差距；而东、中部地区与西部地区相比，经济发展水平有进一步拉大的趋势。概括而言，提升劳动力素质长期将有利于东部和中部地区，尤其是中部地区，西部地区则获利最少;而短期则最有利于东部地区,西部地区则获利最少。根据图 14-10 中劳动力素质提高对各省 GDP 总量及增长率影响可以将其分为四大类。

(1) 左下角区域为劳动力素质提高对各省 GDP 总量及增长率影响较大的区域;位于这一区域的省份的 GDP 因劳动力素质提升而导致的增量较大,增速也较快。

(2) 左上角区域内的省份的 GDP 因劳动力素质提升而导致的增量大,但增速较慢。

(3) 右下角区域内的省份的 GDP 因劳动力素质提升而导致的增量较小,但增速较快。

(4) 右上角区域内的省份的 GDP 因劳动力素质提升而导致的增量较小,增速也较慢,此区域为受益最少的区域。

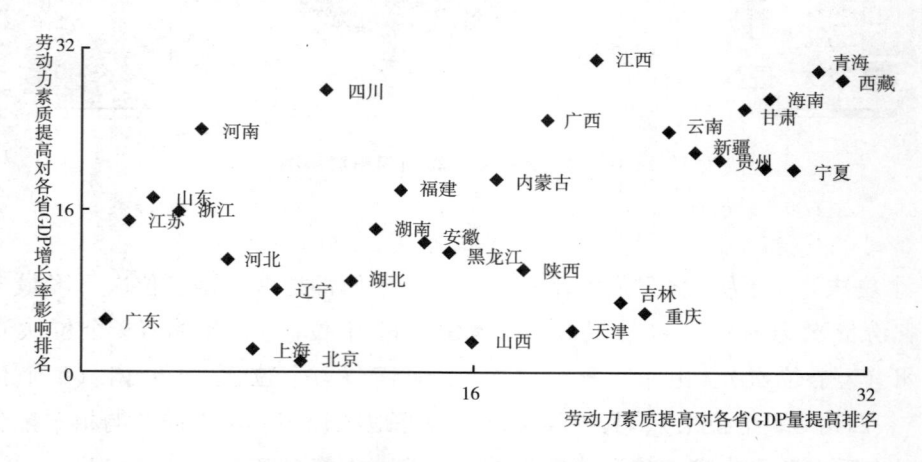

图 14-10　劳动力素质提高对各省 GDP 量与增长率长期影响的排名

资料来源:笔者计算。

(三) 对经济增长影响的动态变化

图 14-11 显示的是提高劳动力素质对各省未来每年绝对影响和相对影响的动态变化,所预测的时间段为 2011—2020 年。其中,相对影响程度被划分为 5 个级别,分别为 0、0—1.5%、1.5%—1.8%、1.8%—2.1%、2.1%—2.5%。受相对影响为 0 表示缺乏数据,包括香港、澳门和台湾。数

据中，没有省份所受相对影响超过其 GDP 的 2.5% 的情况，因而，所有数据都分布在 0—2.5% 这一范围内。

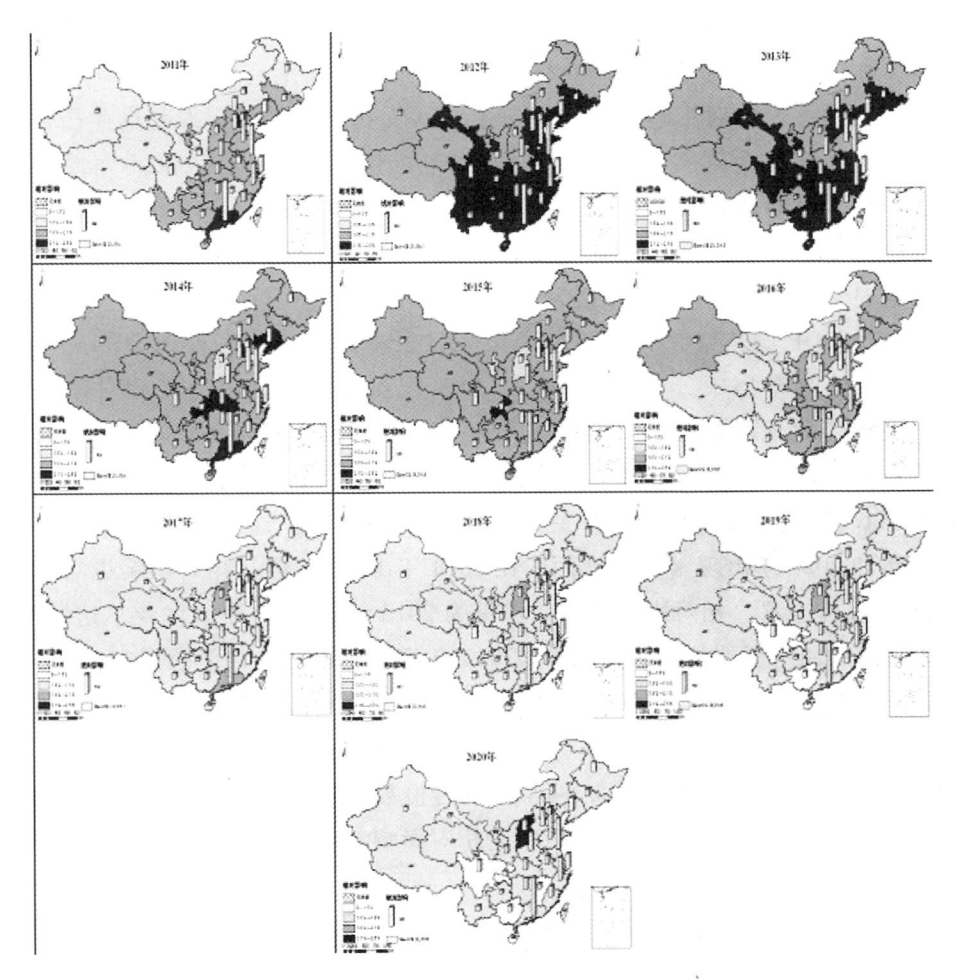

图 14-11　绝对影响和相对影响的动态变化：2011—2020 年

资料来源：笔者计算。

从绝对影响情况的动态变化来看，省份之间按照绝对影响大小排序基本不变。按照从大到小的顺序，受绝对影响最大的五个省份依次为广东、江苏、山东、浙江和河南，前四位均为东部发达省份。其中，江苏与山东所受绝对影响程度基本相当，为 700 亿—1100 亿元，前者略大于后者；广东每年所受绝对影响都超过 1000 亿元，相比江苏和山东而言高出后者 20%—40%；山东相比于排第四位的浙江，其所受绝对影响比后者高出 30%—40%；浙江所受绝对影响为 500 亿—800 亿元，比河南高出 20%—40%。这说明即便是在受绝对影响较大的省份中，其所受的绝对影响程度也存在较大差异。而按照从小到大排序，受绝对影响最小的五个省份依次为西藏、青海、宁夏、海南和甘肃，基本为西部落后省份。海南由于人口少、面积小及经济总量小，受到的绝对影响也很小。其中，西藏、青海、宁夏和海南四省所受绝对影响每年都低于 50 亿元，甘肃在 100 亿元上下徘徊。

从对 GDP 增长率影响的动态变化来看，总体而言，各省在 2011—2020 年的相对影响将集中分布在 1.5%—2.5%；经济发达地区所受相对影响要大于经济落后地区；此外，存在这样一个变化趋势：2011—2012 年，总体上相对影响不断变大；而 2012—2020 年，总体上相对影响不断变小。相对影响小于 1.5% 的情况出现较少，主要为江西、四川、重庆、海南和广西五省在 2019 年和 2020 年出现（其中江西还在 2018 年出现），但其相对影响也均大于 1.2%。总体来看，相对影响最大的年份为 2012 年和 2013 年这两年，这期间，所有省份的相对影响均高于 1.8%，2012 年高于 2.1% 的省份数目超过一半，2013 年为一半；2014 年和 2015 年绝对多数省份所受相对影响分别均分布在 1.8%—2.1%；2011 年和 2016 年各省份所受相对影响分别基本分布在 1.5%—1.8% 和 1.8%—2.1%，两个区的省份数目基本上各占一半；最后四年（即 2017—2020 年）绝大多数省份所受相对影响基本上分布在 1.5%—1.8%。

第五节 结论与政策建议

本课题主要对劳动力素质与经济增长的关系进行了研究，主要结论是：劳动力素质提高将促进经济增长。一方面劳动力素质提高将促进技术进步，另一方面劳动力素质提高也是有成本的，从而将会提高劳动力工资。我们的研究表明，劳动力素质的提高将会提高经济增长率，并且这种影响是长期的。CGE 模型运行的结果表明，劳动力素质的提高会促进经济增长。从

2011年到2020年每年提高经济增长2个百分点左右；到2020年累计提高经济增长20%。

通过劳动力素质的提高促进全要素生产率提升，实现经济增长方式的转变。劳动力素质的提高对经济增长的促进作用是通过提高全要素生产率的方式来进行的；也就是说，实现内涵式的经济增长，而不是简单地通过外延式扩大来促进经济增长。我们研究表明，劳动力素质每提高1%，技术进步就会提高0.638%。

提高劳动者工资在国民收入中的份额，改变GDP分配过度向资本倾斜的局面。学者研究发现从1990年开始劳动者报酬占GDP的比重不断下降，从1990年的53.4%降低到2007年的39.74%，降低了13.66个百分点；而同期营业余额却从21.9%增加到31.29%，增加了9.39个百分点。而美国等发达国家劳动力报酬占GDP的比例一般在50%以上。劳动者收入占GDP比例过低，不仅不利于和谐社会的建议，也是中国一些长期难以解决问题的根源。而通过提高劳动力素质促进经济增长，将会有利于提高劳动收入，从而改变GDP分配过度向资本倾斜的局面

劳动力素质的提高将促进各省经济发展，但对不同省份的影响程度是不同的。本课题组建立了动态评估劳动力素质提高对各省份经济影响的分析模型；评估结果显示虽然劳动力素质提高会促进各个省份的经济增长，但短期内对东部发达省份的促进作用更大，而对中、西部省份的促进作用要小些。但当评估期加长到十年时，劳动力素质对不同区域的影响将趋同。这表明东部地区可以率先通过劳动力素质的提升来实现经济增长方式的转变。

索 引

B

包络分析法 206，237
比较优势 12—14，18，23—26，32，34，126，130，138，224，267，268
边际产出 203
标准差分析 185
禀赋结构 12—14，23，24，32，105

C

财政赤字 139
产出无效值 206—211
产业创新 82
产业重新分配 11，13，23
产业发展 13，18，20，22，72，105，120，126，140，146，147，269，271，278
产业间转移 1，11，13，23
产业结构 1，2，4，7，11—14，18—27，31，32，34，69—73，75，76，78，80—82，91，92，95，99，101，102，104—107，114，120—124，147，162，188，224，237，247，250，254，255，258，260，270，271，274，279，280，294，337，340
产业结构演进理论 19
产业内转移 1，11，13，23
产业政策 12，22，24，25，32，120，126，145—147
超效率模型 207
超越对数生产函数 237
成本法 2，35，36，45—46，48—50，53，59，60，62—64
城市化率 40
出生率 4，287，288，289，292—294
储蓄率 23

D

多样性 21，109

F

房屋租赁 69，70，72—74，77，81
附加值 18，29，121，147，187，278

G

改革红利 260

干中学效应　24
工业化阶段理论　20，22
工业净产值　22，71
工业生产总值　71
贡献率　3，52，99，154，189—193，205
固定资本存量　40，215，216，336
关联效应　20，22
关联作用　27
国际金融危机　200，217，218，224，228，229，231
国际竞争力　7，18，25，109，146，253，260，268，295，318，320—322，329，332
国际贸易　12，26，27，32，254，266，335
国际外包　27
国民经济账户　203
国民收入　15，16，19，51，71，72，104—107，111—114，123，349
国民收入倍增计划　104—107，111，113，114，123

H

宏观经济模型　16
宏观调控　31，126，146
后发优势　108，120
霍夫曼定理　21，22
霍夫曼系数　22

J

机会成本　15，46—48，52
技术创新　23—25，70，104—109，134，140，146
技术进步　1，5，6，11，23，26，27，41，69，80，81，99，108，109，201，203—206，208，210—214，216，224—226，231—234，236—238，240—242，244，246，250，265，279，284，333—337，340，348，349
技术密集型产业　12，18，31，126，130，269
技术追赶　204，205
加权平均调整测量　17
交叉划分　17
教育法　2，35—37，46，61—64，86，114
经济绩效　18，26
经济增长　5—7，11—16，18，20，22，25—31，34，35，37，40—44，47，52，61，65，66，70，82，98，99，102，104，105，108，111—112，121，133，138，145，149，179，197，198，200—218，221，224—226，228，229，231—234，238，250，251，253，260，268，269，296，329，333，334，337，340—344，346，348，349
经济增长模型　16
经济增长瓶颈　296
经济重心　3，4，154，194—199
均衡分析　175，183

K

可持续发展　30，281
空间加总　206，212
跨期累计　206，212，213
跨熵法　335
扩散效应　22

L

劳动力结构　19，70，81—85，91，95，237，247，253，258，265—268

劳动力素质　1，2，4—7，11—18，23—33，35，58，69，80，81，98，101，102，104，105，111，121，122，125—130，142，149，200，236—238，246，247，250，253，266—274，276—279，281，283，287，288，294，295，318，329，333，334，337，340—346，348，349

劳动力素质净提升　129

劳动力转移理论　19

劳动密集型产业　13，25，187，188，198，247，268，350

劳动生产效率　12，70，96

利润率　55

LIHK 法　56，58

卢恩伯格指数　238

M

马太效应　185，345

曼姆奎斯特指数　204，238

面板数据　27，201，234

P

偏离份额法　27

Q

区域相对优势指数　183，184

全要素生产率　4，13，25，99，201，204，206，208，216，224，231，233，236—238，240—244，250，251，335，336，348

R

人均国内生产总值　20

人口红利　5—7，260，268

人口素质重心　3，4，154，194—199

人口重心　3，4，154，194—199

人力资本　1，2，5，11—16，23—25，34—62，102，111，112，125，126，130，131，133，138，143，160，188，204，233，256

人力资本理论　15，16

人力资本模型　15

人力资本损耗　49，63

人力资本投资　15，16，45—50，63，65，98

人力资本折旧率　49，55，59

人力资本指标　38

人文社科素质　302，306，307，311，329，331，332

S

社会分工　12

社会核算矩阵　335

社会生产力　12

生产函数　6，28，58，201，203—205，233，237，238，251，333，337

生产率核算　205，233

生产与技术转化效率　12，23

索 引　355

剩余劳动力　26，104，269，296，299
失业率　30
世界贸易组织　253
时间序列数据　19，216，334
市场化程度　40，199
适宜技术理论　25，26
收益法　2，35，36，51，53，58—60，64
收益率　16，55，64
双倍余额递减法　49
死亡率　45，287—289
随机前沿生产函数　201，203，237，238
索洛剩余　203

T

通货膨胀率　30
投入要素组合　25

V

VAR　17，19，23，33，75，76

W

外部性　23，24
外贸效应　40
外生变量　16
外源性效率　41
外资效应　40
外贸效应　40
完全劳动报酬　52，53
未来收益法　2，36，51，53，59，60，64

X

消费需求　126，148，149
新古典经济增长理论　12
新增长理论　16，27—29
序列 DEA 方法　208

Y

要素投入产出弹性　203
一般均衡　334
营业利润　55，59

Z

增加值率　69，75—77
折旧　46—50，55，59，62，63，147，215，216，228，229
折旧率　46，48，49，50，55，59，63，215，216，228，229
折算系数　43
知识密集型产业　21，120，147
制度创新　23
主导产业　18，22，23，71，146，269，278，280，281
主导产业理论　22
资本存量　5，28，37—40，43，44，46—50，52，55—62，65，66，105，111，131，215，216，228，232，233，243，251，336
资本积累　1，2，12，14，16，23，24，34，35，42，45，65，133，203，204，232，233

资本流动壁垒　266
资本密集型产业　6，13，333，340
资本深化　204，205，232
资本收益　55

资本转移　199
资源配置　13，24，99，203，224，232
终生雇佣制　144
最低工资　136

后　　记

　　2008年发生国际金融危机前后，我们在全国针对工业企业进行了一系列的实地调研。在调研中我形成了一个基本的判断：三十年前中国最具全球竞争力的要素是中低端的劳动力，而今后相当长的时间内中国最具全球竞争力的要素是中高端的劳动力（我将其称为初级知识分子）。因而，三十年前，中国最具有全球竞争力的产业是大量使用低端劳动力的传统劳动密集型产业；而今后相当长的时间内中国最具有全球竞争力的产业将是大量使用初级知识分子的新型劳动密集型产业。三十年前，中国一大批企业家把中国低端劳动力、全球要素与市场整合，中国崛起了一大批在传统劳动力密集型产业有世界影响力的企业；我相信，今后三十年中国也会有一大批企业家把中国初级知识分子、全球要素与市场整合，中国也将崛起一大批在新型劳动密集型产业有世界影响力的企业。

　　正是出于对以上问题的思考，2012年我申报了国家社科基金重点项目，并荣幸地获得资助。2014年初，该项目已经顺利结项，并于当年入选了国家哲学社会科学成果文库。我十分感谢国家社科基金对我们研究的资助，在有如此多重大问题需要研究的时代，社科基金能资助当时尚未成为热点问题的一名年青学者的自选题目，这需要多大勇气啊。

　　我要感谢我所在的机构中国社会科学院工业经济研究所，正是由于这个平台，我在进行理论研究的同时，能近距离地接触火热的现实，从而能进一步进行深入的思考。也正是由于这个平台，我有机会争取到更多的研究资源，从而能进行自己感兴趣的研究。

　　我要感谢课题组的每位成员。在这个"机会多多"的时代，你们能与我一起从事这些很寂寞、回报很低的理论研究工作。正是你们一点点的努力，使原来一些不成熟的想法最终能成为一批有影响力的理论成果，并入选国家哲学社会科学成果文库。全书的写作分工如下：第一章，李钢；第二章，龚健健、梁泳梅；第三章，向奕霓；第四章，崔云、梁泳梅；第五章，戴媛媛；第六章，梁泳梅；第七章，廖建辉；第八章，董敏杰、梁泳梅；第九章，梁泳梅、董敏杰；第十章，李钢；第十一章，梁泳梅、向奕霓；第十二章，董敏杰；第十三章，梁泳梅、廖建辉、李钢；第十四章，李钢、沈可挺、梁泳梅。

我还要感谢《中国经济学人》编辑部的每位同事。从 2005 年起，我开始担任《中国经济学人》编辑部主任。从事过期刊出版工作的人都知道编辑工作是如此的繁杂。每位同事都给了我很大的帮助，帮我承担了大量琐碎的日常工作，从而使我能有更多的时间进行研究工作。

我要感谢我的家人，特别是我的爱人，在这个"产品丰富"的时代，正是由于她对物质生活要求很低，我才能没有过多挣钱的压力，安心地进行自己感兴趣的研究工作。

我要感谢社会科学文献出版社的邓泳红老师及吴敏编辑，正是由于她们的信任及高效、高质量、高包容性的工作，此书才能得以顺利出版。

最后，我想感谢伟大的时代，我经常想我们是如此的幸运，几千年知识分子的梦想：衣食无忧，又有时间读书，在我们的身上得以实现。也正因为如此，我也经常感到一种压力与辜负时代厚望的内疚。只能寄希望今后能以加倍的努力与更多的成果回报社会，从而能无愧于我们伟大的时代。

李　钢
二〇一五年三月三日
于 UWO 4250 室

图书在版编目(CIP)数据

从数量型到质量型人口红利:劳动力素质对产业升级的影响研究/李钢等著.—北京:社会科学文献出版社,2015.4
（国家哲学社会科学成果文库）
ISBN 978 - 7 - 5097 - 7074 - 0

Ⅰ.①从… Ⅱ.①李… Ⅲ.①劳动力素质-影响-产业结构升级-研究-中国 Ⅳ.①F241 ②F121.3

中国版本图书馆 CIP 数据核字（2015）第 019362 号

·国家哲学社会科学成果文库·

从数量型到质量型人口红利
——劳动力素质对产业升级的影响研究

著　　者 / 李　钢 等

出 版 人 / 谢寿光
项目统筹 / 吴　敏
责任编辑 / 吴　敏

出　　版 / 社会科学文献出版社·皮书出版分社（010）59367127
　　　　　　地址：北京市北三环中路甲29号院华龙大厦　邮编：100029
　　　　　　网址：www.ssap.com.cn
发　　行 / 市场营销中心（010）59367081　59367090
　　　　　　读者服务中心（010）59367028
印　　装 / 北京盛通印刷股份有限公司
规　　格 / 开　本：787mm×1092mm　1/16
　　　　　　印　张：23.875　插　页：0.375　字　数：380千字
版　　次 / 2015年4月第1版　2015年4月第1次印刷
书　　号 / ISBN 978 - 7 - 5097 - 7074 - 0
定　　价 / 128.00元

本书如有破损、缺页、装订错误，请与本社读者服务中心联系更换

版权所有 翻印必究